Est classique le livre qu'une nation ou un groupe de nations ou les siècles ont décidé de lire comme si tout dans ses pages était délibéré, fatal, profond comme le cosmos et susceptible d'interprétation sans fin.

N'est pas classique (je le répète) un livre qui nécessairement possède tel ou tel mérite, mais un livre que les générations humaines, pressées par des raisons différentes, lisent avec une ferveur préalable et une mystérieuse loyauté.

Jorge Luis Borges

DANS LA MÊME COLLECTION

L. BRISSON (avec la collaboration de F. Plin) : *Platon 1990-1995 : bibliographie*, 416 p., 1999.

H. CHERNISS : *L'Énigme de l'ancienne Académie*, suivie en Appendice de E. N. TIGERSTEDT : *Le Système caché*. Introduction et traduction de L. Boulakia, Avant-propos de L. Brisson, 232 p., 1993.

J.-Y. CHATEAU (textes réunis par) : *La Vérité pratique. Aristote,* Éthique à Nicomaque, *livre VI*, 376 p., 1997.

N. L. CORDERO (textes réunis par) : *Ontologie et dialogue. Hommage à Pierre Aubenque*, 324 p., 2000.

G. DAHAN, I. ROSIER-CATACH (textes réunis par) : *La* Rhétorique *d'Aristote. Traditions et commentaires de l'antiquité au XVIIe siècle,* 360 p., 1997.

M. DIXSAUT : *Le Naturel philosophe. Essai sur les dialogues de Platon*, 424 p., 1985, 2e éd. 1994.

– (dirigé par) : *Contre Platon I. Le Platonisme dévoilé*, 464 p., 1993.

– (dirigé par) : *Contre Platon II. Renverser le platonisme*, 322 p., 1995.

M. DIXSAUT, F. TEISSERENC (textes réunis par) : *La Fêlure du plaisir. Études sur le* Philèbe *de Platon :*

– *1. Commentaires*, 1999.

– *2. Contextes*, 1999.

A. GIGANDET : *Fama deum. Lucrèce et les raisons du mythe*, 448 p., 1997.

V. GOLDSCHMIDT : *Platonisme et pensée contemporaine*, 272 p., 1990.

M.-F. HAZEBROUCQ (nouvelle traduction, commentaire et notes par) : *La Folie humaine et ses remèdes. Platon*, Charmide *ou* De la modération, 360 p., 1997.

H. JOLY : *Le Renversement platonicien. Logos, epistèmè, polis*, 408 p., 3e éd., 1994.

NIETZSCHE, RITSCHL, ROHDE, WILAMOWITZ, WAGNER : *Querelle autour de* La Naissance de la tragédie, Introduction et traduction par M. Cohen-Halimi, M. Marcuzzi, H. Poitevin, 304 p., 1995.

D.P. TAORMINA : *Jamblique, critique de Plotin et de Porphyre. Quatre études*, 192 p., 1999.

THÉMISTIUS : *Paraphrase de la* Métaphysique *d'Aristote (livre lambda)*, traduit de l'hébreu et de l'arabe, introduction, notes et *indices* par Rémi Brague, 176 p., 1999.

TRADITION DE LA PENSÉE CLASSIQUE

Directeur : Monique DIXSAUT

LEO STRAUSS : ART D'ÉCRIRE, POLITIQUE, PHILOSOPHIE

TEXTE DE 1941

Études réunies par

Laurent JAFFRO, Benoît FRYDMAN, Emmanuel CATTIN et Alain PETIT

Ouvrage publié avec le concours du Centre national du livre

PARIS
LIBRAIRIE PHILOSOPHIQUE J. VRIN
6, Place de la Sorbonne, Ve

—

2001

La citation de Borges présentée en exergue est extraite de *Enquêtes,* trad. Paul et Sylvia Benichou, coll. Folio / Essais, Gallimard, Paris, 1967, p. 251-252

Imprimé en France

ISSN 1251-4756

ISBN 2-7116-1469-7

PROLOGUE

E. CATTIN, B. FRYDMAN, L. JAFFRO, A. PETIT

Comment lire Leo Strauss? Chacun convient qu'il y a là, dans ces commentaires étincelants d'œuvres classiques et modernes, une œuvre elle-même singulière, qui ne se laisse reconduire qu'avec d'importantes résistances au genre qu'il est convenu de nommer, non sans difficultés, « histoire de la philosophie ». Chacun reconnaîtra, peut-être pour s'en inquiéter, qu'il s'agit d'une tentative obéissant à d'autres fins que la visée historique qu'elle reconnaît pourtant, modestement, aussi comme la sienne. Ou plutôt chacun voit que l'histoire est ici intégrée à une stratégie très concertée dont chaque expérience de lecture conduite par Strauss porte la marque, sans pour autant en dévoiler entièrement ni la méthode ni les fins. Il y a, dans toute cette rigueur, dans toute cette audace, la forme d'une énigme.

Par la *méthode* l'œuvre straussienne fera d'emblée question, son attachement scrupuleux à la lettre se retournant en nécessaire distance et précaution, lorsqu'elle découvre à même le texte considéré des motifs de s'en détourner, ou bien plutôt de redoubler de vigilance en l'interprétant selon les règles très délicates d'un *art d'écrire*, oublié aujourd'hui, ou si radicalement transformé qu'il nous est devenu presque inaccessible, mais qui, dans un demi-jour, en gouvernerait toute l'économie, et à travers celle-ci le sens ou la doctrine, l'*enseignement* qu'il entend communiquer. Le commentateur s'obligera alors à en reconstituer, à partir de l'auteur même et particulièrement de son *art de lire*, c'est-à-dire de son propre rapport à la tradition et de ce qu'il enseigne de la lecture, les procédures indirectes. C'est bien ici l'antique question de la rhétorique de la philosophie, ou d'une rhétorique elle-même philosophique, que Strauss ne cesse de ramener à la vie – considérablement transformée pourtant. Mais d'autre part il est impossible de ne pas remarquer que l'écriture même de Strauss s'est approprié cette obliquité si profondément qu'elle en a pris en quelque façon le tour, à la fois le sérieux et l'ironie : le sérieux de l'extrême attention aux énoncés, dans leur cohérence comme dans leur contradiction, laquelle doit bien vouloir dire aussi quelque chose (du moins la tâche de s'en inquiéter est-elle d'autre part indiquée au lecteur), l'ironie qui procède à toutes sortes de déplacements, d'ambiguïtés, de provocations. Strauss est l'auteur difficile de commentaires eux-mêmes obliques concernant des textes obliques de la tradition. Lire Strauss, ou le traduire, ne va pas sans mal, ou du moins sans questions : c'est peut-être la plus sûre justification des contributions rassemblées ici que d'appeler après d'autres à une lecture attentive de celui qui est sans doute le commentateur le plus difficile, le plus déconcertant de l'histoire de la philosophie.

Mais quant aux *fins* qui sont celles de Strauss notre embarras est plus grand encore. Strauss paraît bien rechercher la vérité historique de l'enseignement des auteurs qu'il commente. Mais à travers celle-ci c'est le conflit même de la vérité et de l'histoire qu'il s'agit pour Strauss de ranimer, questionnant à travers l'histoire de la philosophie politique l'émergence de notre historicisme lui-même, dans la réactualisation de querelles elles-mêmes oubliées – c'est-à-dire devenues « historiques » seulement –, celle des Anciens et des Modernes, celle des Lumières et de l'orthodoxie, celle de la politique et de la philosophie. Dans son extrême subtilité, le commentaire straussien ne se contente pas d'opposer des Classiques aux Modernes, contrairement à la représentation, elle-même politique, que l'on s'en fait communément : il découvre partout des territoires instables, les lignes de partages d'abord invisibles, des frontières indécises où ce qui à chaque fois se joue n'est rien de moins que la possibilité de la philosophie. Comment la philosophie est-elle possible dans la cité, quelle est sa place, si elle en a une, dans les affaires et les préoccupations humaines, et quelles sont les conditions politiques de son exercice, de l'enseignement qu'elle dispense, aux philosophes comme, différemment, aux non-philosophes ? En l'absence d'une politique philosophique, dont le concept fait en tout état de cause problème, quelle doit être la politique de la philosophie elle-même ? Davantage : une cité est-elle possible où les philosophes pourront vivre – d'un genre de vie philosophique ? Comment, en elle, les non-philosophes pourront-ils accéder à la philosophie, et comment les philosophes s'adresseront-ils à eux pour les y appeler, pour les y conduire ? Sur quelle sorte de communauté – ou de sens commun – la philosophie fera-t-elle nécessairement fond pour, tout ensemble, s'en libérer et les cultiver ? Y aura-t-il des limites à la tolérance politique envers la philosophie, ou à la tolérance de la philosophie elle-même envers ce qui n'est pas elle ? Strauss, à travers toutes sortes de montages herméneutiques, reconstitue minutieusement ces questions dans les textes de la tradition, où, pour un lecteur moderne, qui ne comprend plus ce qu'elles ont de vital, elles sont désormais enfouies – où elles étaient déjà, en raison de leur genre même, qui est politique, habilement voilées. Prudence, précaution, sagacité : les vertus de l'art d'écrire et de l'art de lire ont rendu possible la philosophie. Mais qu'en est-il aujourd'hui ? Ce n'est pas le moindre paradoxe de l'œuvre de Strauss que de penser constamment, à travers la tradition, le sens singulier d'un présent qui en est moins l'oubli paresseux que l'occultation historiciste, d'une tout autre nature. C'est avec cet historicisme qu'il nous faut compter, c'est de lui qu'il convient, pour nous, de partir : il s'agit moins d'y résister, directement du moins, que bien plutôt, et avant tout, de nous comprendre nous-mêmes. Strauss ne confond jamais l'histoire de la philosophie, qu'il pratique, avec la philosophie, qu'il commente : mais la question de la possibilité de celle-ci ne se pose peut-être plus, pour nous, exactement dans les mêmes termes. Comprendre notre présent n'implique pas seulement d'être au clair sur la tradition dont il procède, mais peut-être surtout de marquer les tournants, les déplacements, les gestes qui l'en ont détourné. Sur le chantier straussien ont lieu d'immenses préparatifs en vue de la compréhension de soi du présent. La fin qu'ils visent à travers elle n'est rien d'autre que *la philosophie elle-même* dans une époque qui, pour n'être plus, dans les conditions politiques ou théologico-politiques qui la caractérisent, hostile à son exercice – du moins sur le mode de la persécution –, ne lui est pourtant pas, dans le principe même qui dirige ses évaluations, plus favorable. La réserve straussienne se tient exactement entre la conscience de ce présent et l'inquiétude de cette visée.

C'est aussi à l'éclaircissement de ces quelques difficultés straussiennes concernant les fins de l'homme, le sens du présent et la possibilité politique de la philosophie, que ce recueil voudrait contribuer : où il ne s'agit pas d'être straussien, mais seulement de lire celui qui avait pris l'habitude, pour ainsi dire, de philosopher dans le texte.

Ce volume fait suite au colloque international qui s'est tenu en Sorbonne en décembre 1998. Cette manifestation était aidée par le conseil scientifique de l'Université Paris I Panthéon-Sorbonne et, en Belgique, par la Fondation Perelman et le Fonds de la Recherche Fondamentale Collective. Elle était organisée et soutenue conjointement par trois équipes, le pôle philosophie du Laboratoire de Recherche sur le Langage de l'Université Blaise Pascal, le Centre de Philosophie du Droit de l'Université Libre de Bruxelles et le Centre d'Histoire des Systèmes de Pensée Moderne de l'Université Paris I, dont nous remercions très vivement les responsables, respectivement, Élisabeth Schwartz, Guy Haarscher, Jean Salem. Nos remerciements vont également à André Tosel qui a accompagné ce projet et à Monique Dixsaut qui a bien voulu accueillir l'ouvrage qui en résulte dans cette collection.

PREMIÈRE PARTIE

LEO STRAUSS

« LA PERSÉCUTION ET L'ART D'ÉCRIRE »
TEXTE DE 1941

Présentation et traduction
par
Emmanuel Patard

PRÉSENTATION

Emmanuel PATARD

La version de « Persecution and the art of writing » traduite ici est le texte publié par Leo Strauss dans *Social Research*, vol. 8, 4 (1941), p. 488-504 [1]. Strauss avait d'abord envisagé, en 1946, d'inclure une version étendue de l'essai en question dans un projet d'ouvrage auquel il avait donné le titre provisoire de *Philosophy and the Law : Historical Essays*. Dans le plan de celui-ci [2], Strauss présentait « Persecution and the art of writing », et indiquait les développements qu'il prévoyait alors du sujet traité [3] :

> Ce que nous pouvons observer dans les sociétés totalitaires de notre époque – c'est-à-dire dans des sociétés qui, en raison d'une politique déclarée, suppriment la liberté de parole – nous fournit des indices importants pour la compréhension des conditions dans lesquelles de nombreux esprits libres des siècles passés ont pensé, se sont exprimés et ont écrit. Ce sujet sera traité dans :

1. Dans les citations, on se référera à cet article en utilisant l'abréviation *PAW*, suivie de la pagination de l'édition originale. Sauf autre indication, tous les ouvrages et articles cités dans les notes qui suivent sont de Strauss. Lorsqu'il existe une traduction française, on cite la pagination de celle-ci, suivie, entre crochets, de celle du texte original.

2. Ce plan (« Plan of a book tentatively entitled *Philosophy and the Law : Historical Essays* »), qui provient des archives de Strauss conservées à la bibliothèque de l'Université de Chicago, a été édité par K. H. Green dans *Jewish Philosophy and the Crisis of Modernity. Essays and Lectures in Modern Jewish Thought by Leo Strauss*, Albany, N. Y., State University of New York Press, 1997, p. 467-470. Le titre du projet rappelle bien sûr celui de l'ouvrage publié par Strauss en 1935, *Philosophie und Gesetz*, Berlin, Schocken Verlag.

3. K. H. Green, *op. cit.*, p. 470. La fin du passage cité introduit l'item suivant du plan, « A controversy on Spinoza » (Strauss n'a pas écrit d'article correspondant à ce titre). En décembre 1939, déjà, Strauss avait rédigé un texte intitulé « Exoteric teaching » (qui traite essentiellement du cas de Lessing), dont la question directrice recoupe en partie celle de « Persecution and the art of writing ». Dans *Die Denkbewegung von Leo Strauss*, Stuttgart-Weimar, J. B. Metzler Verlag, 1996, p. 15, note 4, H. Meier signale que ce texte n'était que la première partie, seule à avoir été développée, d'un projet plus vaste : Strauss avait esquissé le plan d'une deuxième partie, apparemment destinée à traiter de manière détaillée la question de l'enseignement exotérique chez les Anciens.

X. « La persécution et l'art d'écrire » (déjà publié dans *Social Research*, vol. 8 [1941]).
J'incorporerai dans cet essai des observations sur la controverse touchant les écrits de Maïmonide au début du XIIIe siècle.
Dans l'essai X, j'aurai à mentionner la question de savoir comment l'émergence de la société libérale moderne, qui est caractérisée par la reconnaissance du droit de chacun à la liberté de parole, a radicalement changé les conditions de la production littéraire des penseurs hétérodoxes ou pas totalement orthodoxes. Il semblerait désirable que je discute un exemple tiré de la période de transition, de la période durant laquelle les deux manières de voir la liberté de parole, l'ancienne manière de voir et la manière de voir moderne ou libérale, luttaient encore l'une contre l'autre. L'exemple le plus intéressant dans le contexte du présent sujet serait la controverse entre Moses Mendelssohn et F. H. Jacobi sur le spinozisme de Lessing. En préparant l'édition des écrits métaphysiques de Mendelssohn pour l'*Édition du jubilé* de ses œuvres, j'ai découvert des documents inconnus qui jettent une nouvelle lumière sur cette controverse. Une discussion de cette controverse me permettrait de traiter de la philosophie de Spinoza dans son rapport à la philosophie juive médiévale.

Au lieu du projet de *Philosophy and the Law*, Strauss a publié en 1952 *Persecution and the Art of Writing*, qui reprend, dans un esprit différent, quelques-uns des essais qu'il prévoyait de réunir dans le projet abandonné, et notamment l'essai qui a donné son titre à ce dernier ouvrage. Strauss a quelque peu modifié le texte de « Persecution and the art of writing » qu'il y a incorporé [1], mais pas dans le sens envisagé en 1946; il l'a surtout abrégé par rapport à la version initiale de 1941. On trouvera un intérêt particulier à prêter attention aux passages qui diffèrent d'une version à l'autre, si l'on considère l'importance accordée par Strauss lui-même à la surface d'un texte, et spécialement aux différences entre un énoncé et la « répétition » – c'est-à-dire la modification – qui en est faite [2].

Parmi les passages qui n'apparaissent plus dans le texte de 1952, on relèvera en tout premier lieu le contenu de la note 21 de « Persecution and the art of writing » (1941) : l'auteur y déclare sans détours que la sociologie,

1. Voir *Persecution and the Art of Writing*, Glencoe, The Free Press, 1952, p. 22-37. Trad. N. Ruwet, dans *Poétique, Revue de théorie et d'analyse littéraire*, vol. X, 38 (1979), p. 233-243; trad. O. Sedeyn, dans *La Persécution et l'art d'écrire*, Paris, Presses Pocket, 1989, p. 55-74.

2. Voir, par exemple, « Farabi's *Plato* », p. 382; *La Persécution et l'art d'écrire*, *op. cit.*, p. 100-102, 112 et 113 *sq.* [62-64, 74 et 75 *sq.*]; *Pensées sur Machiavel*, Paris, Payot, 1982, p. 234 [213]; *Études de philosophie politique platonicienne*, Paris, Belin, 1992, p. 129 [89]. « On observe généralement que les gens écrivent comme ils lisent », *La Persécution et l'art d'écrire*, p. 207 [144], trad. O. Sedeyn modifiée.

qui ne s'intéresse qu'à l'enseignement exotérique – seul capable d'avoir un « attrait populaire » –, « n'est pas suffisante » [1], car elle néglige le fait qu'« il y a toujours eu des gens qui n'ont pas été simplement des représentants de la société à laquelle ils ont appartenu, ni d'aucune société, mais qui se sont efforcés, avec succès, de quitter "la caverne" », autrement dit l'horizon changeant historiquement [2]. Strauss affirme, avec une vigueur qui n'a pas d'équivalent dans le reste de son œuvre, le caractère « superficiel et pratique » d'un éventuel accord du philosophe avec les opinions « de sa famille ou de sa classe » : la liberté de pensée du philosophe ne consiste pas dans « la capacité de choisir entre deux vues différentes, ou plus » (*PAW*, p. 488), mais dans sa tentative pour remplacer une opinion concernant toutes choses (« l'opinion est l'élément de la société » [3]) par une connaissance concernant toutes choses. Ce qui rend possible, selon Strauss, l'indépendance de « ces gens », c'est le fait que celle-ci ne constitue qu'« un aspect d'une indépendance plus fondamentale » (*PAW*, p. 503, note 21) : le philosophe peut être celui qui « s'est efforcé avec succès de quitter la "caverne" », s'il y a une nature humaine qui ne soit pas engendrée par l'état social [4].

1. Au début de l'introduction de *La Persécution et l'art d'écrire*, Strauss paraît plus conciliant au sujet de la sociologie : sa première phrase est pour déclarer que « la matière des essais suivants *peut* être dite appartenir au domaine de la sociologie de la connaissance » (*op. cit.*, p. 35 [7], trad. O. Sedeyn; nous soulignons). La critique de la sociologie y demeure circonstancielle : c'est en raison du caractère inadéquat des connaissances historiques sur la base desquelles elle a été érigée que la sociologie de la connaissance a négligé de considérer la possibilité que ce qui unit tous les philosophes authentiques soit plus important que ce qui unit un philosophe donné à un groupe particulier de non-philosophes (voir *ibid.*, p. 36 [7-8]). Strauss a traité de la théorie de Karl Mannheim dans un texte de 1929, « Der Konspektivismus » (éd. H. Meier, *op. cit.*, p. 364-375); sur la « mission » sociale de la « strate intellectuelle » selon Mannheim, voir en particulier *ibid.*, p. 373-374.

2. La possibilité de saisir les problèmes fondamentaux et éternels ne préjuge pas de la possibilité de parvenir à une pleine compréhension du Tout : voir *Droit naturel et histoire*, trad. M. Nathan et É. de Dampierre, Paris, Plon, 1954 (Champs-Flammarion, 1986), p. 34 [24] et 44 [35]. Strauss a distingué à plusieurs reprises une « seconde caverne », creusée par la « pseudo-philosophie » de notre temps, l'historicisme, qui aggrave les difficultés du philosophe dans sa tentative pour sortir de la première, dite caverne « naturelle » : voir *La Persécution et l'art d'écrire*, *op. cit.*, p. 219 [155-156] et, dans H. Meier (éd.), *Leo Strauss. Gesammelte Schriften*, t. 2, Stuttgart/Weimar, J. B. Metzler Verlag, 1997, « Religiöse Lage der Gegenwart », p. 385-386; « Besprechung von Julius Ebbinghaus », p. 439; *Philosophie und Gesetz*, p. 14, note 2 (pagination de l'édition originale, en marge; trad. R. Brague, « La philosophie et la Loi », dans L. Strauss, *Maïmonide*, Paris, PUF, 1988, p. 17, note 2). Comparer avec *Philosophie und Gesetz*, p. 46 (trad. citée, p. 53).

3. « Un art d'écrire oublié », dans *Qu'est-ce que la philosophie politique ?*, Paris, PUF, 1992, p. 213 [221]; « A giving of accounts », dans K. H. Green, *Jewish Philosophy...*, *op. cit.*, p. 463.

4. Voir *Droit naturel et histoire*, *op. cit.*, p. 90 [89].

Les philosophes sont « amoureux de la vérité au sujet du "tout", et pas simplement au sujet de "la totalité du processus historique" » (*ibid.*) : l'opposition de ces deux orientations est à rapprocher de celle que présente Strauss, à la fin de sa « Mise au point » (dans *De la Tyrannie*), entre, d'une part, le point de vue de la philosophie au sens strict et classique (qui présuppose qu'il y a un ordre éternel et inchangeable à l'intérieur duquel l'Histoire prend place et qui n'est en aucune manière affecté par celle-ci) et, d'autre part, le point de vue « néo-hégélien » de Kojève : selon Strauss, ce dernier présuppose que « l'Être se crée lui-même au cours de l'Histoire », ou que l'être le plus élevé est la Société et l'Histoire, ou que l'éternité n'est rien d'autre que la totalité du temps historique, c'est-à-dire du temps fini.

Ceux qui sont capables de pensée vraiment indépendante « peuvent être appelés, en l'absence d'un meilleur terme, la minorité intelligente, pour les distinguer de groupes tels que l'intelligentsia », des porte-parole d'une société ou d'une faction politique déterminée au sein de la société [1]. Ne pas opérer une telle distinction conduit à des interprétations du type de celle de H. A. Wolfson, dont Strauss indique quelques traits saillants dans une portion de la note 18 de « Persecution and the art of writing » qui a disparu de la version de 1952 (*cf. La Persécution et l'art d'écrire*, p. 35 [73], note 17) [2] : Wolfson attribue l'origine du « style allusif, évasif et elliptique de l'*Éthique* » de Spinoza, ainsi que d'autres faits du même ordre concernant ce philosophe, à une cause sociologique, « la circonstance qui faisait que Spinoza, un Juif, vivait dans un milieu non juif dans lequel il "ne se sentit jamais tout à fait libre d'exprimer sa pensée" » (*PAW*, p. 501-2, note 18). Strauss, de façon exceptionnelle, s'exprime à la première personne du singulier pour faire connaître sa conviction que Spinoza n'était pas la victime inconsciente d'un contexte sociologique accidentellement défavorable, mais qu'il « comprenait parfaitement bien la cause réelle » (*ibid.*) de son propre comportement, dû aux conséquences *naturelles* de sa situation de philosophe vivant dans la « cité ».

1. *PAW*, p. 489. Voir *Qu'est-ce que la philosophie politique ?, op. cit.*, p. 81-82 [81], note 2. On comparera avec ce que Strauss écrit, dans son maître ouvrage, au sujet de Max Weber, « qui n'hésita pas à décrire Platon comme un "intellectuel", sans prendre en considération un seul moment le fait que l'ensemble de l'œuvre de Platon peut être analysée comme une critique de la notion d'intellectuel » (*Droit naturel et histoire*, *op. cit.*, p. 64 [58]). La disparition de « la différence essentielle entre intellectuels et philosophes » – différence qui ne représente elle-même que la forme dégradée d'une double différence plus fondamentale – signifie la « politisation de la philosophie », l'oubli du sens de « la quête humanisante de l'ordre éternel » (*ibid.*, p. 42-43 [34]).

2. On retrouve des éléments diffus des remarques contenues dans cette portion de note, dans un développement ultérieur plus étendu sur le style de l'*Éthique* et l'interprétation de Wolfson : voir *La Persécution et l'art d'écrire*, *op. cit.*, p. 252-254 [187-189].

C'est cette situation qui conduit le philosophe à employer l'art d'écrire. Strauss précise, dans une phrase qui ne figure plus dans le texte de 1952, que « l'expérience et le raisonnement montrent que ce qui semble être un miracle [« parler dans une publication à une minorité, tout en restant silencieux pour la majorité de ses lecteurs »] est parfaitement naturel » (*PAW*, p. 491) : l'inclination naturelle des hommes à faire des généralisations injustifiées rend à la fois possible et nécessaire la manière d'agir des « hommes de jugement » qui ont observé une telle inclination [1]. Le philosophe indique son enseignement ésotérique entre les lignes, et « on doit regarder sous la surface de son enseignement » pour l'exhumer (*ibid.*, p. 503, note 21), c'est-à-dire lire entre les lignes de ses ouvrages. Pour cette raison, « on n'est pas autorisé à supprimer un passage, ni à en émonder le texte, avant que l'on ait pleinement examiné toutes les possibilités raisonnables de comprendre ce passage tel qu'il se présente – *deux* de ces possibilités étant que ce passage peut être ironique, *ou que l'éditeur ou le copiste responsable d'une altération de l'original était intelligent et savait ce qu'il faisait* » [2]. Dans la version de 1952, Strauss a supprimé la mention de la possibilité d'une altération en pleine connaissance de cause de l'original d'un texte : en faisant désormais silence sur cette possibilité, il offre une application exemplaire de celle-ci. Faut-il en conclure que les autres modifications ou suppressions doivent être interprétées comme des « additions significatives » (*PAW*, p. 491) à l'indice principal que représenterait cette omission centrale ? Cela suppose que nous acceptions de tenir cette omission pour un témoignage explicite, prouvant que l'auteur a utilisé l'art d'écrire entre les lignes – expression qui « indique le sujet de cet article » (*ibid.*, p. 490) – au moins dans la rédaction de la seconde version de l'article en question : l'essai dont Strauss a donné le titre à l'un de ses ouvrages n'établirait pas seulement un principe d'interprétation ; il constituerait également une illustration de son usage. On observera simplement que Strauss n'élève pas d'objection contre le fait d'écrire entre les lignes (*ibid.*, p. 502), et qu'il apporte une justification à l'existence d'une « littérature exotérique » dans « une société véritablement libérale » (*ibid.*, p. 504).

1. Voir *Qu'est-ce que la philosophie politique ?*, *op. cit.*, p. 132 [135] ; *La Persécution et l'art d'écrire*, *op. cit.*, p. 249-250 [184-185]. *Cf.* Spinoza, *Tractatus theologico-politicus*, éd. Gebhardt, vol. III, chap. II, p. 29 et V, p. 76.

2. *PAW*, p. 496 ; nous soulignons les parties modifiées ou supprimées. La phrase citée se trouve dans la page centrale de l'article ; dans la version de 1952, la phrase modifiée se trouve à la p. 30 – l'une des deux pages centrales de l'article. Voir, par exemple, *PAW*, p. 490-491 ; « Farabi's *Plato* », p. 371, note 35 ; *La Persécution et l'art d'écrire*, *op. cit.*, p. 42 et 250 [13 et 185].

Quoi qu'il en soit, l'intention guidant chacune des modifications plus mineures que Strauss a apportées à son texte demeure nécessairement délicate à apprécier à partir du principe d'interprétation mentionné ci-dessus. On relèvera ici en particulier : la substitution d'« absolument certain » (qui vient faire pendant à « moralement certain », à la fin de la phrase qui précède) à « une vérité au moins à la seconde puissance », dans la dernière phrase du second paragraphe; la suppression de la citation de Xénophon (note 5), qui rend le contexte indéterminé; la suppression de « généralement » (p. 494), qui élimine toute réserve; la suppression d'une explication de l'expression d'« éducation populaire » (p. 500) [1]; la substitution de « communiquer *leurs pensées* » (nous soulignons) à « s'exprimer » (*ibid.*); l'ajout d'« en puissance » [« *potential* »] au mot « philosophe » (*ibid.*) : pour leur part, les « philosophes prémodernes », dans la mesure où ils communiquaient leurs pensées, ne cherchaient à éclairer que des gens capables de devenir des philosophes accomplis.

Il n'est pas déplacé de porter une attention à la lettre des textes de Strauss ainsi qu'aux modifications qu'il a pu y apporter, dans la mesure où une telle attention est susceptible de nous éclairer sur son art d'écrire – donc sur son art de lire et sur la manière dont il veut être lu lui-même, s'il est vrai que l'on écrit comme on lit [2].

*

Les différences entre la version de 1941 et celle de 1952 sont indiquées de la manière suivante :

… : passage supprimé ou modifié dans *Persecution and the Art of Writing* (1952). Dans le cas d'une modification, on a ajouté une note, appelée par une lettre, pour faire figurer le texte de la version de 1952.

<…> : passage ajouté dans *Persecution and the Art of Writing* (1952).

La recherche de la littéralité la plus stricte a guidé la réalisation de la traduction. Pour faciliter la tâche du lecteur, nous avons, dans la mesure du possible, indiqué l'origine exacte des citations et renvoyé à des éditions récentes ou à des traductions françaises des textes cités par Strauss. Le cas échéant, nous avons cité et traduit des passages de ces textes.

Toutes ces indications sont distinguées du texte des notes de Strauss (appelées par des chiffres) par des crochets : [], ou bien sont données dans les notes appelées par des lettres.

1. Voir *Libéralisme ancien et moderne*, Paris, PUF, 1990, p. 38-39 [20].

2. Voir *La Persécution et l'art d'écrire*, *op. cit.*, p. 207 [144]. On trouvera en particulier l'exercice d'une telle attention dans les travaux de R. Brague, H. Meier et D. Tanguay.

La pagination de la version originale est insérée entre crochets dans le corps du texte.

Enfin, concernant l'interprétation de l'essai de Strauss, on se reportera au compte rendu de *Persecution and the Art of Writing* par Yvon Belaval, « Pour une sociologie de la philosophie », *Critique*, vol. IX, 7, 1953, p. 852-866 (voir en particulier les remarques critiques des trois dernières pages), ainsi qu'à la tentative de Claude Lefort pour appliquer à l'essai de Strauss le propre art de lire de celui-ci dans *Écrire : à l'épreuve du politique* (Paris, Calmann-Lévy, 1992), « Trois notes sur Leo Strauss », I, p. 261-269. Strauss a répondu aux critiques de Belaval dans « On a forgotten kind of writing », repris dans *What is Political Philosophy?* p. 221-232 (« Sur un art d'écrire oublié », trad. N. Ruwet dans *Poétique*, vol. X, 38, 1979, p. 244-252 ; trad. O. Sedeyn dans *Qu'est-ce que la philosophie politique ?*, Paris, PUF, 1992, p. 213-223).

Nous tenons à remercier ici Rémi Brague et Laurent Jaffro pour leurs remarques. Nous sommes bien évidemment seul responsable des erreurs qui pourraient subsister.

LA PERSÉCUTION ET L'ART D'ÉCRIRE

Leo STRAUSS

Que le vice se soit souvent avéré un émancipateur de l'esprit est l'un des faits les plus humiliants, mais, en même temps, l'un des plus indiscutables de l'histoire.

W. E. H. Lecky[a]

I

Dans un nombre considérable de pays qui, pendant environ une centaine d'années, ont joui d'une liberté de discussion publique pratiquement complète, cette liberté est maintenant supprimée et remplacée par une contrainte de coordonner le discours avec les vues que le gouvernement croit utiles ou soutient tout à fait sérieusement. Il peut valoir la peine d'examiner brièvement l'effet de cette contrainte, ou de cette persécution, sur les pensées aussi bien que sur les actions[1].

Une large partie des gens, probablement la grande majorité de la jeune génération[2], admet comme vraies les vues appuyées par le gouvernement, si ce n'est immédiatement, du moins après un certain temps. Comment

a. *History of the Rise and Influence of the Spirit of Rationalism in Europe*, vol. II, Londres, 1870, p. 65.

1. *Scribere est agere* [« écrire, c'est agir »]. Voir William Blackstone, *Commentaries* [*on the Laws of England*], livre IV, chap. VI [« Of High Treason »] [dans la 12e éd., Londres, 1795, la formule citée se trouve p. 80]. Comparer Machiavel, *Discorsi*, III, 6 (*I Classici del Giglio*, p. 424-426 [trad. Ch. Bec, *Œuvres complètes*, Paris, Robert Laffont, 1996, probablement p. 385]) et Descartes, *Discours de la méthode*, VI, au début.

2. « *Socrate :* Sais-tu par quels moyens ils peuvent être persuadés d'accepter cette histoire ? *Glaucon :* Par aucun moyen, pour autant qu'ils sont eux-mêmes concernés, mais je sais comment cela peut être fait pour ce qui regarde leurs fils et leurs descendants, et les gens d'une époque postérieure d'une manière générale. *Socrate :* [...] Je comprends plus ou moins ce que tu veux dire » (Platon, *République*, 415 c 6-d 5). [Nous traduisons littéralement le texte anglais donné par Strauss.]

ont-ils été convaincus ? Et où le facteur temps intervient-il ? Ils n'ont pas été convaincus par la contrainte, car la contrainte ne produit pas la conviction. Elle ouvre seulement la voie à la conviction en réduisant au silence la contradiction. Ce qu'on appelle la liberté de pensée, dans un grand nombre de cas, revient à – et même, en pratique, consiste en – la capacité de choisir entre deux vues différentes, ou plus, présentées par la petite minorité de gens qui sont [489] des orateurs ou des écrivains[3]. Si ce choix est empêché, la seule espèce d'indépendance intellectuelle dont beaucoup de gens sont capables est détruite, et c'est la seule liberté de pensée qui ait une importance politique. La persécution est, par conséquent, la condition indispensable à l'efficacité la plus haute de ce que l'on peut appeler la *logica equina* [« logique de cheval »]. Selon Parménide tiré par des chevaux, ou selon les Houyhnhnms de Gulliver, on ne peut dire, ou l'on ne peut raisonnablement dire, « la chose qui n'est pas » : c'est-à-dire, les mensonges sont inconcevables. Cette logique n'est pas particulière aux chevaux ou aux philosophes tirés par des chevaux, mais détermine également, bien que d'une manière quelque peu modifiée, la pensée de beaucoup d'êtres humains ordinaires. Ils admettraient comme quelque chose qui va de soi qu'un homme peut mentir et ment en effet. Mais ils ajouteraient que les mensonges ont la vie courte et ne résistent pas au test de la répétition – sans parler de celui de la répétition constante – et que, par conséquent, une déclaration qui est constamment répétée et n'est jamais contredite doit être vraie. Un autre type d'argumentation soutient qu'une déclaration faite par une personne ordinaire peut être un mensonge, mais que la vérité d'une déclaration faite par un homme responsable et respecté, et, par conséquent, en particulier, par un homme d'une position à haute responsabilité, ou d'une position élevée, est moralement certaine. Ces deux enthymèmes mènent à la conclusion qu'une déclaration qui est constamment répétée par le chef du gouvernement et n'est jamais contredite est une vérité à la seconde puissance au moins[b].

Ceci implique que, dans les pays concernés, tous ceux dont la pensée ne suit pas les règles de la *logica equina*, en d'autres termes, tous ceux qui sont capables de pensée vraiment indépendante, ne peuvent être amenés à

b. Le membre de phrase d'origine (« *a truth of at least the second power* ») a été remplacé par : « *absolutely certain* » (« absolument certaine ») dans la version de 1952 (tous les changements dans le texte signalés dans nos notes renvoient aux différences entre cette dernière version et celle de 1941).

3. « Raison n'est que choix » est la thèse centrale de l'*Areopagitica* de Milton [éd. bilingue de O. Lutaud, Paris, Aubier, 1956, p. 162 et 163 : « *when God gave* [*man*] *reason, he gave him freedom for choice, for reason is but choosing* » / « quand Dieu donna [à l'homme] la raison, il lui donna la liberté du choix : car raison n'est que choix »].

admettre les vues appuyées par le gouvernement. Ces gens peuvent être appelés, en l'absence d'un meilleur terme, la minorité intelligente, pour les distinguer de groupes tels que l'intelligentsia. La persécution, donc, ne peut empêcher la pensée indépendante. Elle ne peut même pas empêcher l'expression de la pensée indépendante. En effet, il est aussi vrai aujourd'hui qu'il y a plus de deux mille ans que c'est une entreprise sans danger de dire la vérité qu'on sait à des connaissances bienveillantes et dignes de confiance ou, plus précisément, à des amis raisonnables[4]. [490] La persécution ne peut même pas empêcher l'expression publique de la vérité hétérodoxe, car un homme à la pensée indépendante peut exprimer ses vues en public et demeurer indemne, pourvu qu'il agisse avec circonspection. Il peut même les exprimer par écrit sans courir aucun danger, pourvu qu'il soit capable d'écrire entre les lignes.

L'expression « écrire entre les lignes » indique le sujet de cet article. En effet, l'influence de la persécution sur la littérature consiste précisément en ce qu'elle contraint tous les écrivains qui soutiennent des vues hétérodoxes à développer une technique d'écriture particulière, la technique que nous avons en tête lorsque nous parlons d'écrire entre les lignes. Cette expression est manifestement métaphorique. Toute tentative pour exprimer sa signification dans un langage non métaphorique conduirait à la découverte d'une *terra incognita*, d'un champ dont les dimensions mêmes sont encore inexplorées, et qui offre un large rayon d'action à des investigations hautement fascinantes et même importantes. On peut dire, sans crainte d'être présentement convaincu d'exagération grave, que ce qui est presque le seul travail préparatoire pour guider l'explorateur dans ce champ est enfoui dans les écrits des rhéteurs de l'Antiquité.

Pour retourner à notre présent sujet, examinons un simple exemple qui, j'ai des raisons de le penser, n'est pas aussi éloigné de la réalité qu'il pourrait le sembler tout d'abord. Nous pouvons aisément imaginer qu'un historien vivant dans un pays totalitaire, un membre généralement respecté et insoupçonné du seul parti qui existe, pourrait être conduit par ses investigations à douter de la justesse de l'interprétation, appuyée par le gouvernement, de l'histoire de la religion. Personne ne l'empêcherait de publier une attaque passionnée de ce qu'il pourrait appeler la manière de voir libérale. Il aurait bien sûr à exposer la manière de voir libérale avant de l'attaquer; il pourrait faire cette exposition d'une manière calme, non spectaculaire et quelque peu ennuyeuse, qui ne semblerait que naturelle; il utiliserait de nombreux termes techniques, ferait de nombreuses citations et attacherait une importance indue à des détails insignifiants : il semblerait

4. Platon, *République*, 450 d 3-e 1.

oublier la guerre sainte de l'humanité dans les querelles mesquines des pédants. C'est seulement lorsqu'il aurait atteint le cœur de l'argumentation qu'il écrirait trois ou quatre phrases dans ce style sec et vigoureux qui est apte à retenir l'attention des jeunes gens qui aiment [491] penser. Ce passage central présenterait la cause des adversaires d'une manière plus claire, plus irrésistible et plus implacable qu'elle ne l'avait jamais été à l'apogée même du libéralisme, car il abandonnerait silencieusement toutes les excroissances insensées du credo libéral auxquelles on avait permis de se développer durant l'époque où le libéralisme avait réussi et, par conséquent, s'approchait de la léthargie. Son jeune lecteur raisonnable jetterait un œil pour la première fois sur le fruit défendu. L'attaque, le cœur de l'ouvrage, consisterait en des développements virulents des énoncés les plus virulents du livre sacré ou des livres sacrés du parti au pouvoir. Le jeune homme intelligent qui, étant jeune, avait jusqu'alors été quelque peu attiré par ces énoncés immodérés, serait maintenant tout simplement dégoûté d'eux et même, après avoir goûté au fruit défendu, ennuyé par eux. Lisant le livre une deuxième fois, puis une troisième, il décèlerait, dans la disposition même des citations des livres qui font autorité, des additions significatives à ces quelques déclarations sèches, <qui surviennent>[c] au centre de la plutôt brève première partie.

La persécution, donc, donne naissance à une technique particulière d'écriture, et par là à un type particulier de littérature, dans laquelle la vérité au sujet des choses cruciales est présentée exclusivement entre les lignes. Cette littérature ne s'adresse pas à tous les lecteurs, mais seulement aux lecteurs dignes de confiance et intelligents. Elle a tous les avantages de la communication privée sans en avoir l'inconvénient le plus grand – celui d'atteindre seulement les relations personnelles[d]. Elle a tous les avantages de la communication publique sans en avoir l'inconvénient le plus grand – la peine capitale pour son auteur. Mais comment un homme peut-il accomplir le miracle de parler dans une publication à une minorité, tout en restant silencieux pour la majorité de ses lecteurs? L'expérience et le raisonnement montrent que ce qui semble être un miracle est parfaitement naturel. Le fait qui rend cette littérature possible peut être exprimé par l'axiome : les hommes irréfléchis sont des lecteurs inattentifs, et seuls les hommes réfléchis sont des lecteurs attentifs. Par conséquent, un auteur qui souhaite s'adresser seulement aux hommes réfléchis ne doit écrire que de telle façon que seul un lecteur très attentif puisse déceler le sens de son

c. Les mots ajoutés (ainsi que la suppression de la virgule qui précède) dans la version de 1952 lèvent une possible ambiguïté dans la phrase anglaise.

d. « *Personal* » (« personnelles ») a été remplacé par « *the writer's* » (« de l'écrivain »).

livre. Mais, pourra-t-on objecter, il peut y avoir des hommes astucieux, des lecteurs attentifs, [492] qui ne soient pas dignes de confiance et qui, après avoir percé à jour l'auteur, le dénonceraient aux autorités. En fait, cette littérature serait impossible si la maxime socratique selon laquelle la vertu est connaissance, et, par conséquent, les hommes réfléchis en tant que tels sont dignes de confiance et non cruels, était entièrement fausse.

Un autre axiome, mais un axiome qui n'a de sens que tant que la persécution demeure à l'intérieur des limites de la procédure légale, est qu'un écrivain attentif d'une intelligence normale est plus intelligent que le censeur le plus intelligent, en tant que tel. En effet, la charge de la preuve repose sur le censeur. C'est lui, ou le ministère public, qui doit prouver que l'auteur soutient ou a exprimé des vues hétérodoxes. Afin de le faire, il doit montrer que certains défauts littéraires de l'ouvrage ne sont pas dus au hasard, mais que l'auteur a usé délibérément d'une expression ambiguë donnée, ou qu'il a mal construit une certaine phrase à dessein. C'est-à-dire que le censeur doit prouver non seulement que l'auteur est intelligent et bon écrivain en général, car un homme qui commet intentionnellement une bévue en écrivant doit posséder l'art d'écrire[5], mais, par-dessus tout, qu'il était au niveau habituel de ses capacités intellectuelles lorsqu'il a écrit les mots compromettants. Mais comment cela peut-il être prouvé, si même Homère sommeille quelquefois ?

II

La répression de la pensée indépendante a eu lieu assez fréquemment dans le passé. Il est raisonnable de supposer que les époques antérieures ont produit proportionnellement autant d'hommes capables de pensée indépendante que nous en trouvons aujourd'hui, et qu'au moins quelques-uns de ces hommes combinaient l'intelligence avec la prudence[e]. Par conséquent, on peut très bien se demander si certains des plus grands écrivains du passé n'ont pas adapté leur technique littéraire aux exigences de la persécution, en présentant leurs vues sur toutes les questions alors cruciales exclusivement entre les lignes.

e. « *Intelligence* » et « *prudence* » (traduits par les mêmes termes en français) ont été remplacés par « *understanding* » et « *caution* » (« compréhension » et « circonspection »).

5. Xénophon, *Mémorables*, IV, 2, 20. [« (*Socrate*) – Et, à ton jugement, lequel connaît le mieux ses lettres, de celui qui écrit mal à dessein ou de celui qui le fait involontairement ? (*Euthydèmos*) – Pour moi, c'est celui qui le fait à dessein ; car il pourra aussi le faire correctement, quand il voudra. (*Socrate*) – Ne peut-on pas dire en conséquence que celui qui écrit mal à dessein est lettré et que celui qui écrit mal volontairement est illettré ? » Trad. Chambry, Paris, Garnier, 1935, p. 440].

Certaines habitudes produites par un progrès relativement récent dans la recherche historique, ou liées à celui-ci, nous empêchent d'examiner cette possibilité, et encore plus d'examiner les questions qui s'y rattachent une fois qu'elle a été suggérée. [493] Ce progrès a été dû, à première vue, à l'acceptation générale et à l'application occasionnelle des principes suivants. Chaque période du passé, fut-il exigé, doit être comprise par elle-même, et ne doit pas être jugée par des critères qui lui sont étrangers. Chaque auteur doit, autant que possible, être interprété par lui-même : aucun terme de quelque importance ne doit être utilisé dans l'interprétation[f] d'un auteur, qui ne puisse être traduit littéralement dans sa langue, et qui n'ait été utilisé par lui ou qui n'ait été d'un usage assez commun en son temps. Les seules présentations des vues d'un auteur qui puissent être admises comme vraies sont celles qui sont confirmées, en dernière analyse, par ses propres déclarations explicites. Le dernier de ces principes est décisif : il semble exclure *a priori* de la sphère du savoir humain celles des vues des anciens écrivains qui sont indiquées exclusivement entre les lignes. En effet, si un auteur ne se lasse pas d'affirmer explicitement, à chaque page de son livre, que *a* est *b*, mais qu'il indique entre les lignes que *a* n'est pas *b*, l'historien moderne exigera encore une preuve explicite montrant que l'auteur croyait que *a* n'est pas *b*. Il n'est pas possible qu'une telle preuve survienne, et l'historien moderne fait triompher son argumentation : il peut écarter toute lecture entre les lignes comme une conjecture arbitraire, ou, s'il est paresseux, il l'admettra comme connaissance intuitive.

L'application de ces principes a eu d'importantes conséquences. Jusqu'à une époque dont des hommes qui vivent encore conservent la mémoire, beaucoup de gens, gardant à l'esprit les déclarations fameuses de Bodin, Hobbes, Burke, Condorcet et d'autres, croyaient qu'il y a une différence, dans les conceptions fondamentales, entre la pensée politique moderne et la pensée politique du Moyen Âge et de l'Antiquité. La présente génération de savants a appris de l'un des plus fameux historiens de notre temps qu'« au moins depuis les légistes du IIe siècle jusqu'aux théoriciens de la Révolution française, l'histoire de la pensée politique est continue, changeante dans sa forme, modifiée dans son contenu, mais toujours la même dans ses conceptions fondamentales »[6]. Jusqu'au milieu du XIXe siècle, [494] Averroès passait pour avoir été hostile à toute religion. Après

f. « *In interpretation* » devient « *in the interpretation* » ; cela ne change pas le sens en français ici.

6. A. J. Carlyle, *A History of Mediaeval Political Theory in the West*, vol. I (2e éd., Londres, 1927), p. 2.

l'attaque victorieuse de Renan contre ce que l'on appelle maintenant une légende médiévale, les savants actuels considèrent généralement Averroès comme un musulman[g] fidèle, et même comme un croyant[7]. Les écrivains antérieurs avaient cru que « la suppression de la pensée religieuse et magique » était caractéristique de l'attitude des médecins grecs. Un écrivain plus récent affirme que « les médecins hippocratiques… embrassaient, en tant qu'hommes de science, un dogme surnaturel »[8]. Lessing, qui fut l'un des plus profonds humanistes de tous les temps, combinant d'une façon extrêmement rare l'érudition, le goût et la philosophie, et qui était convaincu qu'il y a des vérités qui ne devraient pas ou ne peuvent pas être énoncées, croyait que « *tous*[h] les anciens philosophes » avaient distingué leur enseignement exotérique de leur enseignement ésotérique. Après que le grand théologien Schleiermacher a affirmé, avec une argumentation exceptionnellement habile, qu'il n'y a qu'un seul enseignement platonicien, la question de l'ésotérisme des anciens philosophes s'est réduite, en pratique, à la signification des « discours exotériques » d'Aristote; et, à cet égard, l'un des plus grands humanistes d'aujourd'hui[i] affirme que l'attribution d'un enseignement secret à Aristote est « à l'évidence une invention tardive trouvant son origine dans l'esprit du néopythagorisme »[9]. Selon Gibbon,

g. « *Moslem* » a été remplacé par « *Muslim* ».
h. « *All* » (« tous ») n'est plus souligné.
i. Strauss fait référence à Werner Jaeger; voir *infra*, note 9.

7. Ernest Renan, *Averroès et l'averroïsme* (3e éd., Paris, 1866), p. 292 *sq.* [rééd. Paris, Maisonneuve et Larose, 1997, p. 209 *sq.*; p. 213, on lit la formule : « la légende de l'Averroès incrédule »]. Léon Gauthier, *La Théorie d'Ibn Rochd (Averroès) sur les rapports de la religion et de la philosophie* (Paris, 1909 [réimpr. Paris, Vrin, 1983]), p. 126 *sq.* et p. 177 *sq.* Comparer avec, du même auteur, « Scolastique musulmane et scolastique chrétienne », *Revue d'histoire de la philosophie*, vol. II (1928), p. 221 *sq.* et p. 333 *sq.*

8. Ludwig Edelstein, « Greek medicine in its relation to religion and magic », *Bulletin of the Institute of the History of Medicine*, vol. V (1937), p. 201 et 211.

9. Lessing, *Ernst und Falk*, 2e dialogue [éd. bilingue de P. Grappin, *Ernst et Falk*, Paris, Aubier, 1946, p. 50-53 : « *Falk*: [...] *du erkennst ja schon Wahrheiten, die man besser verschweigt. Ernst*: *Aber doch sagen könnte. Falk*: *Der Weise kann nicht sagen, was er besser verschweigt* » / « *Falk* : [...] tu reconnais que certaines vérités ne sont pas bonnes à dire. *Ernst*: Mais que, pourtant, on pourrait les dire. *Falk*: Le sage ne peut pas dire ce qu'il vaut mieux taire »]; et *Leibniz von den ewigen Strafen*, *Werke* (édition Petersen et v. Olshausen), vol. XXI, p. 147 [*Werke*, Bd. 7, éd. H. Gödel, Münich, 1976, probablement p. 180 : « [Leibniz] *tat damit nichts mehr und nichts weniger, als was alle alten Philosophen in ihrem* exoterischen *Vortrage zu tun pflegten* » (« [Leibniz] ne faisait en cela rien de plus ni rien de moins que ce que tous les anciens philosophes avaient l'habitude de faire dans leurs exposés *exotériques* »). Friedrich Schleiermacher, *Platons Werke* (Berlin, 1804), vol. I, 1, p. 12-20 [*id.*, *Über die Philosophie Platons*, éd. P. M. Steiner, Hambourg, 1996, p. 34-42]. Werner Jaeger, *Aristotle* (Oxford, 1934, p. 33 [trad. anglaise de *Aristoteles*, Berlin, 1923, p. 33 de l'original allemand; trad. française par O. Sedeyn, Paris, L'Éclat, 1997, p. 33]). Voir aussi

Eusèbe « avoue indirectement qu'il a rapporté tout ce qui pourrait contribuer à la gloire de la religion, et qu'il a supprimé tout ce qui pourrait tendre à sa disgrâce »[j]. Selon un historien actuel, « le jugement de Gibbon, selon lequel l'*Histoire ecclésiastique* est d'une injustice criante, est [495] lui-même un verdict emprunt de préjugés »[10]. Jusqu'à la fin du XIXe siècle, beaucoup de philosophes et de théologiens croyaient que Hobbes était athée. À présent, beaucoup d'historiens rejettent, tacitement ou explicitement, cette manière de voir : un penseur contemporain, tout en sentant que Hobbes n'était pas exactement un homme pieux, a discerné dans les écrits de celui-ci les grandes lignes d'une philosophie néokantienne de la religion[11]. Montesquieu lui-même, de même que certains de ses contemporains, croyait que *De l'Esprit des lois* avait un bon, et même un merveilleux plan; Laboulaye croyait encore que l'obscurité apparente de son plan, de même que ses autres défauts littéraires apparents, étaient dus à la censure ou à la persécution. L'un des historiens actuels les plus éminents de la pensée politique, cependant, affirme qu'« il n'y a pas, en vérité, beaucoup d'enchaînement dans le contenu, et [que] la quantité de développements hors de propos est extraordinaire », et qu'« on ne peut dire que *L'Esprit des lois* de Montesquieu ait quelque ordre que ce soit[12] ».

j. E. Gibbon, *Histoire du déclin et de la chute de l'empire romain*, trad. M. F. Guizot, Paris, Robert Laffont, 1983, t. I, p. 426.

(suite de la note 3 page 28) Sir Alexander Grant, *The Ethics of Aristotle* (3e éd. Londres, 1874), vol. I, p. 398 *sq.* [appendice sur les *exoterikoi logoi*] et Eduard Zeller, *Aristotle and the Earlier Peripatetics* (Londres, 1897), vol. I, p. 120 *sq.* [trad. anglaise de *Aristoteles und die alten Peripatetiker*, Leipzig, 3e éd., 1879; section sur les écrits exotériques d'Aristote]. [Voir ce que Strauss écrit au sujet de Lessing et de Schleiermacher dans « Exoteric Teaching », trad. P. Guglielmina dans *La Renaissance du rationalisme politique classique*, Paris, Gallimard, 1993, p. 120-129.]

10. James T. Shotwell, *The History of History*, vol. I (New York, 1939), p. 356 *sq.* [Strauss a publié un compte rendu de cet ouvrage dans *Social Research*, vol. 8, 1 (1941), p. 126-127.]

11. Ferdinand Tönnies, *Thomas Hobbes* (3e éd., Stuttgart, 1925), p. 148. George E. G. Catlin, *Thomas Hobbes* (Oxford, 1922), p. 25. Richard Hönigswald, *Hobbes und die Staatsphilosophie* (Munich, 1924), p. 176 *sq.* Leo Strauss, *Die Religionskritik Spinozas* (Berlin, 1930), p. 80 [trad. G. Almaleh *et alii*, *La Critique de la religion chez Spinoza*, Paris, Cerf, 1996, p. 111-112]. Z. Lubienski, *Die Grundlagen des ethisch-politischen Systems von Hobbes* (Munich, 1932), p. 213 *sq.* [Strauss a publié en français un compte rendu de cet ouvrage dans les *Recherches philosophiques*, vol. II (1933), p. 609-622, repris en annexe dans Leo Strauss, *La Philosophie politique de Hobbes*, trad. A. Enegrèn et M. B. de Launay, Paris, Belin, 1991, p. 245-263.]

12. George H. Sabine, *A History of Political Theory* (New York, 1937), p. 556 et 551. Friedrich Meinecke, *Die Entstehung des Historismus* (Munich, 1936), [t. I] p. 139 *sq.* et p. 151, note 1 [3e éd., 1959, p. 129 *sq.* et 141, note 1]. Édouard Laboulaye, « Introduction à l'Esprit des Lois », *Œuvres complètes de Montesquieu* (Paris, 1876), vol. III, p. XVIII *sq.* Laboulaye cite dans ce contexte un passage important de l'« Éloge de Montesquieu » de

Ce choix d'exemples, qui n'est pas totalement arbitraire, montre [496] que la différence caractéristique entre les anciennes vues et les vues plus récentes n'est pas entièrement due au progrès de l'exactitude historique, mais aussi à un changement plus fondamental du climat intellectuel. Durant ces dernières décennies, la tradition rationaliste, qui était le dénominateur commun des anciennes vues, et qui était encore assez influente dans le positivisme du XIXe siècle, a été ou bien toujours plus transformée, ou bien entièrement rejetée par un nombre de gens toujours croissant. Savoir si ce changement doit être considéré comme un progrès ou comme un déclin, et dans quelle mesure, c'est une question à laquelle seul le philosophe peut répondre.

Un devoir plus modeste s'impose à l'historien. Il exigera seulement, et à juste titre, qu'en dépit de tous les changements qui se sont produits ou qui se produiront dans le climat intellectuel, la tradition de l'exactitude historique soit perpétuée. En conséquence, il n'acceptera pas un critère arbitraire de l'exactitude qui exclurait *a priori* du savoir humain les faits humains les plus importants du passé, mais il adaptera à la nature de son sujet les règles de la certitude qui guident ses recherches. Il suivra donc des règles telles que celles-ci : lire entre les lignes est strictement défendu dans tous les cas où ce serait moins exact que de ne pas le faire. Seule une lecture entre les lignes qui part d'un examen exact des déclarations explicites de l'auteur est légitime. Le contexte dans lequel une déclaration survient, et le caractère littéraire de l'ensemble de l'ouvrage, de même que son plan, doivent être parfaitement compris avant qu'une interprétation de la déclaration puisse raisonnablement prétendre être convenable, ou même correcte. On n'est pas autorisé à supprimer un passage, ni à en émonder le texte, avant que l'on ait pleinement examiné toutes les possibilités raisonnables de comprendre

d'Alembert. Voir aussi l'« Analyse raisonnée de l'Esprit des Lois » de Bertolini, *ibid.*, p. 6, 14, 23 *sq.*, 34 et 60 *sq.* Les remarques de d'Alembert, Bertolini et Laboulaye ne sont que des explications de ce que Montesquieu lui-même indique, lorsqu'il dit, par exemple, dans la préface : « Si l'on veut chercher le dessein de l'auteur, on ne le peut bien découvrir que dans le dessein de l'ouvrage ». (Voir aussi la fin du onzième Livre et deux lettres d'Helvétius, *ibid.*, vol. VI, p. 314, 320 [*Œuvres complètes de Montesquieu*, dir. A. Masson, Paris, Nagel, 1955, vol. III, p. 1105 *sq.* et 1538 *sq.*].) D'Alembert dit : « Nous disons de l'*obscurité* que l'on peut se permettre dans un tel ouvrage, la même chose que du *défaut d'ordre*. Ce qui seroit obscur pour les lecteurs vulgaires, ne l'est pas pour ceux que l'auteur a eus en vue ; d'ailleurs l'obscurité volontaire n'en est pas une. M. de Montesquieu ayant à présenter quelquefois des vérités importantes, dont l'énoncé absolu et direct auroit pu blesser sans fruit, a eu la prudence de les envelopper ; et, par cet innocent artifice, les a voilées à ceux à qui elles seroient nuisibles, sans qu'elles fussent perdues pour les sages ». De même, certains contemporains du « rhéteur » Xénophon croyaient que « ce qui est écrit de belle façon et avec méthode n'est pas écrit de belle façon et avec méthode » (*L'Art de la chasse*, XIII, 6).

ce passage tel qu'il se présente – deux[k] de ces possibilités étant que ce passage peut être ironique, ou que l'éditeur ou le copiste responsable d'une altération de l'original était intelligent et savait ce qu'il faisait. Si un maître dans l'art d'écrire commet des bévues qui feraient honte à un lycéen intelligent, il est raisonnable de supposer qu'elles sont intentionnelles, particulièrement si l'auteur discute, même incidemment, la possibilité de commettre des bévues intentionnelles en écrivant. Les vues [497] de l'auteur d'une pièce de théâtre ou d'un dialogue ne doivent pas être identifiées sans preuve préalable avec les vues exprimées par un ou plusieurs de ses personnages, ou avec celles sur lesquelles s'accordent tous ses personnages ou ses personnages sympathiques[l]. L'opinion réelle d'un auteur n'est pas nécessairement identique à celle qu'il exprime dans le plus grand nombre de passages. En bref, l'exactitude ne doit pas être confondue avec le refus, ou l'incapacité, de voir la forêt derrière les arbres. L'historien vraiment exact accepte le fait qu'il y a une différence entre l'emporter dans une discussion, ou prouver à pratiquement tout le monde qu'il a raison, et comprendre la pensée des grands écrivains du passé.

On doit donc considérer comme possible que lire entre les lignes ne conduise pas à un complet accord parmi tous les savants. Si c'est une objection contre la lecture entre les lignes en tant que telle, il y a la contre-objection que les méthodes généralement utilisées à présent n'ont conduit ni à un accord universel, ni même à un large accord en ce qui concerne des points très importants. Les savants du siècle dernier avaient tendance à résoudre les problèmes littéraires en ayant recours à la genèse de l'œuvre de l'auteur, ou même de sa pensée. Les contradictions ou les divergences à l'intérieur d'un livre, ou entre deux livres du même auteur, étaient censées prouver que sa pensée avait changé. Si les contradictions dépassaient une certaine limite, on décidait parfois sans aucune preuve externe que l'un des ouvrages devait être apocryphe. Cette manière de procéder est tombée dernièrement en un certain discrédit, et à présent de nombreux savants ont tendance à être plus conservateurs à propos de la tradition littéraire et moins impressionnés par une preuve purement interne. Le conflit entre les traditionalistes et les tenants de la critique des sources est, cependant, loin d'être réglé. Les traditionalistes pourraient montrer, dans des cas importants, que les tenants de la critique n'ont pas du tout prouvé leurs hypothèses; mais même si toutes les réponses avancées par les tenants de la critique des sources devaient, en dernière analyse, se révéler fausses, les questions qui ont détourné ceux-ci de la tradition et les ont poussés à essayer une nouvelle

k. « *Two* » a été remplacé par « *one* ».

l. « *Sympathetic* » (« sympathiques ») a été remplacé par « *attractive* » (« attirants »).

approche manifestent souvent une conscience de difficultés qui ne troublent pas le sommeil du traditionaliste typique. Une réponse convenable aux plus sérieuses de ces questions requiert [498] une réflexion méthodique sur la technique littéraire des grands écrivains des époques antérieures, à cause du caractère particulier des problèmes littéraires en jeu – obscurité du plan, contradictions à l'intérieur d'un ouvrage ou entre deux ouvrages, ou plus, du même auteur, omission de chaînons importants de l'argumentation, et ainsi de suite. Une telle méditation[m] transcende nécessairement les limites de l'esthétique moderne, et même de la poétique traditionnelle, et, je crois, contraindra tôt ou tard les exégètes à tenir compte du phénomène de la persécution. Pour mentionner quelque chose qui n'est à peine plus qu'un autre aspect du même fait, nous observons parfois un conflit entre une interprétation doxographique, traditionnelle et superficielle, des grands écrivains du passé, et une interprétation monographique, plus intelligente et plus profonde. Elles sont pareillement exactes, dans la mesure où elles sont toutes deux corroborées par des déclarations explicites de l'auteur concerné. Seul un petit nombre de gens à présent, cependant, prennent en considération la possibilité que l'interprétation traditionnelle puisse refléter l'enseignement exotérique de l'auteur, alors que l'interprétation monographique s'arrête à mi-chemin entre l'enseignement exotérique et l'enseignement ésotérique de l'auteur.

La recherche historique moderne, qui apparut en un temps où la persécution était l'objet d'un faible souvenir plutôt que d'une expérience forte, a combattu ou même détruit une tendance antérieure à lire entre les lignes des grands écrivains, <ou>à attacher plus de poids à leur dessein fondamental qu'aux vues qu'ils répétaient le plus souvent. Toute tentative pour restaurer l'approche antérieure en cet âge d'historicisme est confrontée au problème des critères pour distinguer la lecture entre les lignes qui est légitime de celle qui est illégitime. S'il est vrai qu'il y a une corrélation nécessaire entre la persécution et le fait d'écrire entre les lignes, alors il y a un critère négatif nécessaire : le livre en question doit avoir été composé dans une époque de persécution, c'est-à-dire en un temps où une certaine orthodoxie, politique ou autre, était imposée par la loi ou la coutume. Le critère positif est celui-ci : si un écrivain capable, qui a l'esprit clair et une connaissance parfaite de la manière de voir orthodoxe et de toutes ses ramifications, contredit subrepticement et, pour ainsi dire, en [499] passant l'une des présuppositions ou conséquences nécessaires de celle-ci qu'il reconnaît explicitement et maintient partout ailleurs, nous pouvons raisonnablement soupçonner qu'il était opposé au système orthodoxe en tant que

m. « *Contemplation* » (« méditation ») a été remplacé par « *reflection* » (« réflexion »).

tel et… nous devons étudier à nouveau l'ensemble de son livre depuis le début, avec un soin beaucoup plus grand et beaucoup moins de naïveté que jamais auparavant. Dans certains cas, nous possédons même un témoignage explicite, prouvant que l'auteur a indiqué ses vues sur les sujets les plus importants seulement entre les lignes. De telles déclarations, cependant, ne surviennent habituellement pas dans la préface ou en un autre endroit très en évidence. Certaines d'entre elles ne peuvent même pas être remarquées, encore moins comprises, tant que nous nous bornons à la manière de voir la persécution et à l'attitude envers la liberté de parole et la franchise qui se sont répandues durant les trois cents dernières années.

III

Le terme de persécution recouvre une variété de phénomènes, allant du type le plus cruel, tel que l'illustre l'Inquisition espagnole, au plus bénin, qui est l'ostracisme social. Entre ces deux extrêmes se trouvent les types qui ont le plus d'importance du point de vue de l'histoire littéraire ou intellectuelle. On trouve des exemples de ceux-ci dans l'Athènes des Vᵉ et IVᵉ siècles avant J.-C., dans certains pays musulmans[n] du haut Moyen Âge, dans la Hollande et l'Angleterre du XVIIᵉ siècle, et dans la France et l'Allemagne du XVIIIᵉ siècle – toutes périodes relativement libérales. Mais un coup d'œil sur les biographies d'Anaxagore, Protagoras, Socrate, Platon, Xénophon, Aristote, Avicenne, Averroès, Maïmonide, Grotius, Descartes, Hobbes, Spinoza, Locke, Bayle, Wolff, Montesquieu, Voltaire, Rousseau, Lessing et Kant[13], et même, dans certains cas, un coup d'œil sur les pages de titre de leurs livres, suffit pour voir qu'ils ont été témoins ou ont souffert, durant au moins une partie de leur vie, d'un genre de persécution qui était plus tangible que [500] l'ostracisme social. Nous ne devrions pas non plus négliger le fait, insuffisamment souligné par toutes les autorités, que la persécution religieuse et la persécution de la libre recherche ne sont pas identiques. Il y a eu des époques et des pays dans lesquels tous les

n. Voir *supra*, note g.

13. En ce qui concerne Kant, dont le cas est unique en son genre, même un historien aussi peu porté à la suspicion ou à toute autre sorte de scepticisme que C. E. Vaughan remarque : « Nous sommes presque conduits à soupçonner Kant de s'être joué de ses lecteurs, et d'avoir entretenu une sympathie ésotérique pour la Révolution » (*Studies in the History of Political Philosophy*, Manchester, 1939, vol. II, p. 83 [Strauss a publié un compte rendu de cet ouvrage, repris dans *What is Political Philosophy ?*, p. 264-267 ; trad. O. Sedeyn dans *Qu'est-ce que la philosophie politique ?*, Paris, PUF, 1992, p. 252-255]).

genres de cultes, ou du moins une grande variété de genres, étaient permis, mais pas la libre recherche[14].

L'attitude[o] que les gens adoptent envers la liberté de discussion publique dépend de façon décisive de leur attitude envers la possibilité, ou les limites, de l'éducation populaire, c'est-à-dire la communication de la vérité découverte par la philosophie ou la science aux gens qui ne sont ni philosophes ni hommes de science[p]. D'une manière générale, les philosophes prémodernes étaient plus timorés à cet égard que les philosophes modernes. Après le milieu du XVIIe siècle environ, un nombre toujours croissant de philosophes hétérodoxes qui avaient souffert de la persécution publièrent leurs livres non seulement pour s'exprimer[q], mais aussi parce qu'ils désiraient contribuer à l'abolition de la persécution en tant que telle. Ils croyaient que la répression de la libre recherche et de la publication des résultats de cette recherche était accidentelle – une conséquence de la construction défectueuse du corps politique –, et que le royaume des ténèbres complètes pouvait être remplacé par la république de la lumière universelle. Ils espéraient en une époque où, par suite du progrès de l'éducation populaire, une liberté de parole pratiquement complète serait possible, ou – pour exagérer à des fins de clarification – en une époque où personne ne subirait plus aucun mal d'entendre quelque vérité que ce soit[15]. Ils dissimulaient leurs vues seulement assez pour se protéger aussi bien que possible de la persécution; se seraient-ils montrés plus subtils que cela, ils auraient été à l'encontre de leur but, qui était d'éclairer un nombre croissant de gens qui n'étaient pas des philosophes <en puissance>. Il est, par consé-

o. « *The attitude* » a été remplacé par « *What attitude* »; cela ne change pas le sens en français ici.

p. Dans la version de 1952, l'original de la portion de phrase placée entre a été remplacé par : « ... *what they think about popular education and its limits.* » (« ... ce qu'ils pensent au sujet de l'éducation populaire et de ses limites »).

q. « S'exprimer » (« *express themselves* ») a été remplacé par « communiquer leurs pensées » (« *communicate their thoughts* »).

14. Voir le « fragment » de H. S. Reimarus, « Von Duldung der Deisten », dans Lessing, *Werke* (édition Petersen et v. Olshausen), vol. XXII, p. 38 *sq.* [*Werke*, Bd. 8, Hrsg. v. A. Schilson, Frankfurt am Main, 1989, probablement p. 122 *sq.*].

15. La question de savoir si ce but suprême peut être atteint dans des conditions autres que paradisiaques a été soulevée à notre époque par Archibald MacLeish dans « Post-War Writers and Pre-War Readers », *Journal of Adult Education*, vol. 12 (juin 1940) [p. 229-232], dans les termes suivants [p. 232] : « Peut-être le luxe de la confession complète, du plus profond désespoir, du doute le plus grand, devrait-il être refusé par les écrivains qui vivent en des temps autres que les mieux ordonnés et les plus stables. Je ne sais pas ». [L'auteur de l'article cité attribue aux ouvrages de guerre des écrivains de son temps – en particulier Dos Passos et Hemingway – une influence démoralisatrice sur la jeunesse, influence qu'il juge inquiétante à l'heure d'une grande menace contre la liberté.]

quent, relativement plus facile de lire entre les lignes de leurs [501] livres[16]. L'attitude d'un type antérieur d'écrivain était fondamentalement différente. Ils croyaient que le gouffre qui sépare « le sage » du « vulgaire » était un élément de base de la nature humaine que ne pouvait influencer aucun progrès de l'éducation populaire : la philosophie, ou la science, était essentiellement un privilège du « petit nombre ». Ils étaient convaincus que la philosophie en tant que telle était suspecte à la majorité des hommes, et haïe par eux[17]. Même s'ils n'avaient rien eu à craindre d'aucun secteur politique particulier, ceux qui partaient de cette supposition auraient été conduits à la conclusion que la communication publique de la vérité philosophique ou scientifique était impossible ou indésirable, non seulement pour le temps présent, mais aussi pour tous les temps. Ils doivent cacher leurs opinions à tous, excepté aux philosophes, que ce soit en se bornant à l'instruction orale d'un petit groupe de disciples soigneusement choisis, ou en écrivant sur le sujet le plus important au moyen d'une « brève indication »[18].

16. Je pense en particulier à Hobbes, dont l'importance pour le développement exposé à grands traits ci-dessus peut difficilement être surestimée. Ceci a été clairement reconnu par Tönnies, qui a spécialement mis l'accent sur ces deux mots de son héros : « *Paulatim eruditur vulgus* » [« Le vulgaire est instruit peu à peu », *De Homine*, chap. XIV, § 13, dans *Latin Works*, éd. Molesworth, Londres, 1839, vol. II, p. 128] » et « *Philosophia ut crescat libera esse debet nec metu nec pudore coercenda* » [« La philosophie, pour croître, doit être libre, et n'être retenue ni par la crainte ni par la pudeur », *Lux mathematica*, épître dédicatoire ; éd. cit., vol. V (1845), p. 92] (Tönnies, *op. cit.*, p. IV et 195). Hobbes dit aussi : « La répression de doctrines ne fait qu'unir dans l'exaspération, c'est-à-dire, accroît à la fois la malignité et le pouvoir de ceux qui y croyaient déjà » (*English Works*, édition Molesworth, vol. VI, p. 242 [citation du *Béhémoth* ; voir aussi trad. L. Borot, Paris, Vrin, 1990, p. 101]). Dans son *De la Liberté et de la nécessité* (Londres, 1654, p. 35 *sq.*), il écrit au marquis de Newcastle : « Je dois avouer que, si nous considérons la plus grande partie de l'humanité, non pas telle qu'elle devrait être, mais telle qu'elle est [...] je dois, dis-je, avouer que disputer sur cette question blessera plutôt qu'elle n'assistera leur piété. C'est pourquoi, si Sa Seigneurie (l'évêque Bramhall) n'avait pas désiré cette réponse, je ne l'aurais pas écrite, et je ne l'écris que dans l'espoir que Votre Seigneurie et lui-même la garderez secrète » [*De la Liberté et de la nécessité*, trad. F. Lessay, Paris, Vrin, 1993, p. 81-82].

17. Cicéron, *Disputations tusculanes*, II, I, 4. Platon, *Phédon*, 64 b; *République*, 520 b 2-3 et 494 a 4-10.

18. Platon, *Timée*, 28 c 3-5, et *Septième lettre*, 332 d 6-7, 341 c 4-e 3 [la citation provient de ce passage] et 344 d 4-e 2. Spinoza, qui n'était pas seulement un champion du libéralisme, mais aussi de la démocratie, montre de la manière la plus claire que la façon de voir mentionnée ci-dessus est conciliable avec le credo démocratique (*Tractatus politicus*, chap. XI, § 2, édition Bruder [même référence dans les autres éditions]). Voir son *Tractatus de intellectus emendatione*, § 14 et 17, ainsi que son *Tractatus theologico-politicus*, chap. V, § 35-39 ; XIV, § 20 [Spinoza, *Opera*, vol. III, éd. C. Gebhardt, Heidelberg, 1925, p. 76-77, 176] et XV, à la fin. Ce serait une erreur de penser que son *Éthique* est une présentation

[502] Les écrits sont naturellement accessibles à tous ceux qui savent lire. Par conséquent, un philosophe qui choisirait la seconde voie pourrait exposer seulement les opinions qui conviennent à la majorité non philosophique : tous ses écrits devraient être, à strictement parler, exotériques. Ces opinions ne s'accorderaient pas à tous égards avec la vérité. Étant un philosophe, c'est-à-dire, haïssant « le mensonge dans l'âme » plus que toute autre chose[r], il ne s'abuserait pas sur le fait que de telles opinions sont simplement des « contes vraisemblables », ou des « nobles mensonges », ou des « opinions probables », et il laisserait ses lecteurs philosophes dégager la vérité de la présentation poétique ou dialectique de celle-ci. Mais il irait à l'encontre de son but s'il indiquait clairement laquelle de ses déclarations exprime un noble mensonge, et laquelle exprime la vérité, encore plus noble. Pour les lecteurs philosophes, il ferait presque plus qu'il n'est nécessaire en attirant leur attention sur le fait qu'il n'a pas élevé d'objection contre le fait de raconter des mensonges qui soient nobles, ou des contes qui ressemblent simplement à la vérité. Au moins du point de vue de l'historien de la littérature, il n'y a pas, entre le philosophe prémoderne typique (qui est difficile à distinguer du poète prémoderne) et le philosophe moderne typique, de différence plus digne d'attention que dans[s] leurs attitudes envers les « nobles (ou justes) mensonges », les « pieuses tromperies », le « *ductus obliquus* » [la « voie

r. Voir Platon, *République*, 382 b 2-4.

s. « *Than that in* » (« que dans ») a été remplacé par « *than that of* » (« que celle de »).

(suite de la note 18 page 34) ésotérique, sans détour ou scientifique de sa doctrine parce qu'elle est *ordine geometrico demonstrata* [démontrée selon l'ordre géométrique] ; en effet, son *Renati Des Cartes Principia Philosophiae* est également *more geometrico demonstrata* [démontré à la manière géométrique], bien qu'il ne fût pas en désaccord avec ces principes sur peu de points (voir *Epistola* IX [*Ep.* XIII, Gebhardt, éd. cit., vol. IV]). Le professeur H. A. Wolfson a le grand mérite d'avoir fait ressortir le style allusif, évasif et elliptique de l'*Éthique*, et d'avoir observé, en particulier, que « les déclarations (de Spinoza) ne sont pas signifiantes en raison de ce qu'elles affirment effectivement, mais en raison des rejets qu'elles supposent ». Il a essayé de faire remonter l'origine de ces faits à la circonstance qui faisait que Spinoza, un Juif, vivait dans un milieu non juif dans lequel il « ne se sentit jamais tout à fait libre d'exprimer sa pensée ». En conséquence, il est contraint d'affirmer : « (Spinoza) ne comprenait que peu la cause réelle de son comportement » (*The Philosophy of Spinoza*, Cambridge, Mass., 1934, vol. I, p. 22-24 [trad. A.-D. Balmès, *La Philosophie de Spinoza*, Paris, Gallimard, 1999, pagination du texte original en marge]). Je suis pour ma part convaincu que Spinoza comprenait parfaitement bien la cause réelle, et que, par conséquent, le Spinoza de la maturité aurait été tout aussi « prudent, hésitant et réservé » s'il avait vécu dans un milieu purement juif. Voir aussi, par exemple, *Tractatus theologico-politicus*, chap. II, § 31 ; XV, § 2-3 et XVII, § 24 [respectivement p. 37, 180 et 205, éd. Gebhardt].

détournée »][19] ou l'« économie de la vérité ». Tout lecteur moderne respectueux des convenances est forcément choqué par la simple suggestion qu'un grand homme pourrait avoir délibérément trompé la grande majorité de ses lecteurs[20]. Et cependant, comme un théologien libéral l'a remarqué un jour, ces imitateurs [503] d'Ulysse plein de ressources étaient peut-être simplement plus sincères que nous lorsqu'ils appelaient « mentir noblement » ce que nous appellerions « prendre en considération ses responsabilités sociales ».

Un livre exotérique contient donc deux enseignements : un enseignement populaire à caractère édifiant, qui est au premier plan, et un enseignement philosophique concernant le sujet le plus important, qui est indiqué seulement entre les lignes[21]. Il ne s'agit pas de nier que certains grands

19. Sir Thomas More, *Utopia*, dernière partie du premier livre [dans l'édition bilingue d'A. Prévost, *L'Utopie de Thomas More*, Paris, Mame, 1978, la formule latine citée figure p. 62, l. 20 et p. 64, l. 4-5 et 17 (pagination du haut). Au sujet des « contes vraisemblables », des « nobles mensonges » et des « opinions probables » (*endoxa*), voir respectivement Platon, *Timée*, 29 d 1 ; *République*, 414 b 9 ; Aristote, *Topiques*, 100 b 21 *sq.*].

20. On trouvera une discussion quelque peu étendue de la « *magna quaestio, latebrosa tractatio, disputatio inter doctos alternans* » [« la grande question, l'étude obscure, la dispute pour et contre entre les doctes »], comme l'appelle Saint Augustin, dans Grotius, *De Jure Belli ac Pacis*, III, chap. I, § 7 *sq.* [trad. J. Barbeyrac, Amsterdam, 1724; rééd. Caen, 1984, p. 722 *sq.*], et en particulier § 17, 3 [*ibid.*, p. 738]. [La citation de Saint Augustin est faite par Grotius, *op. cit.*, p. 727 (texte latin à la note 8 du traducteur du *De Jure ...*, *op. cit.*, p. 726) : *cf. De Mendacio*, dans le *Corpus scriptorum ecclesiasticorum latinorum*, vol. XLI, *Sancti Aurelii Augustini*, Iosephii Zycha recensit, Prague-Vienne-Leipzig, 1900 : la première formule citée ouvre l'opuscule (chap. I, 1, éd. cit., p. 413); les deux mots qui forment la deuxième sont voisins mais n'appartiennent pas à la même phrase (*ibid.*, l. 10) ; la troisième n'est pas littérale (*cf.* chap. XVIII, 38, p. 458, l. 8 : « *Haec certe omnis disputatio quamvis alternet* [...] »). Voir trad. J.-Y. Boriaud, *Le Mensonge*, dans Saint Augustin, *Œuvres complètes*, vol. I, dir. L. Jerphagnon, Paris, Gallimard, coll. Pléiade, 1998, p. 733 et 770.] Voir aussi *inter alia* la neuvième <et la dixième> des *Provinciales* de Pascal, et Jeremy Taylor, *Ductor Dubitantium*, livre III, chap. II, règle 5 [*The Whole Works*, vol. XIII, Londres, 1828, p. 350-88].

21. Seul l'enseignement exotérique a de l'intérêt pour le sociologue de la connaissance, car seul l'enseignement exotérique avait, a pu avoir et a eu pour but d'avoir un attrait populaire. Mais la sociologie n'est pas suffisante : il y a toujours eu des gens qui n'ont pas été simplement des représentants de la société à laquelle ils appartenaient, ni d'aucune société, mais qui se sont efforcés, avec succès, de quitter « la caverne ». Ce sont ces gens, et ces gens seulement, que nous appelons toujours philosophes, amoureux de la vérité au sujet du « tout », et pas simplement au sujet de « la totalité du processus historique ». L'indépendance du philosophe, dans la mesure où il est philosophe, est seulement un aspect d'une indépendance plus fondamentale, qui a été reconnue aussi bien par ceux qui ont parlé d'un « état de nature » présocial que par ceux qui ont souligné si fortement le fait que « l'homme est engendré par l'homme et le soleil » [Aristote, *Physique*, II, 2, 194 b 13], non par la société. Il arrive parfois qu'un philosophe authentique s'accorde avec les vues politiques de sa famille, ou de sa secte, ou de sa classe, et que, par conséquent, les opinions politiques (et morales) qu'il expose dans ses écrits soient simplement des expressions plus impressionnantes et plus imaginatives de ce que son père, son oncle ou son frère ont dit aussi. Mais si l'on veut comprendre la raison

écrivains pourraient avoir énoncé certaines vérités importantes tout à fait ouvertement, en usant, comme porte-parole, de quelque personnage de mauvaise réputation : ils montreraient ainsi combien ils désapprouvaient l'expression des vérités en question. Il y aurait donc une bonne raison à ce que nous trouvions, dans la plus grande littérature du passé, autant d'intéressants démons, fous, mendiants, sophistes, ivrognes, épicuriens et bouffons. Ceux à qui de tels livres sont véritablement adressés ne sont, cependant, ni la majorité non philosophique ni le parfait philosophe en tant que tel, mais les jeunes gens qui pourraient devenir philosophes : les philosophes en puissance doivent être conduits, étape par étape, [504] des vues populaires, qui sont indispensables à toutes fins pratiques et politiques, à la vérité, qui est purement et simplement théorique, guidés par certains traits ostentatoirement énigmatiques de la présentation de l'enseignement populaire – obscurité du plan, contradictions, pseudonymes, répétitions inexactes de déclarations antérieures, expressions étranges, etc. De tels traits ne troublent pas le sommeil de ceux qui ne peuvent pas voir la forêt derrière les arbres, mais agissent comme des pierres d'achoppement stimulantes pour ceux qui le peuvent. Tous les livres de ce genre doivent leur existence à l'amour du philosophe mature pour les jeunes chiens[22] de sa race, dont il veut être aimé en retour : tous les livres exotériques sont des « discours écrits causés par l'amour ».

La littérature exotérique présuppose qu'il y a des vérités fondamentales qui ne peuvent être énoncées en public par aucun homme respectueux des convenances, parce qu'elles feraient du mal à beaucoup de gens qui, ayant été blessés, seraient naturellement enclins à blesser en retour celui qui énonce les vérités déplaisantes. Elle présuppose, en d'autres termes, que la liberté de recherche, et de publication de tous les résultats de la recherche, n'est pas garantie comme un droit fondamental. Cette littérature est donc essentiellement liée à une société qui n'est pas libérale. Par conséquent, on peut très bien soulever la question de savoir de quelle utilité elle pourrait être dans une société véritablement libérale. La réponse est simple. Dans le *Banquet* de Platon, Alcibiade – ce fils au franc-parler d'Athènes au franc-

cachée pour laquelle il a choisi ces vues politiques, et non celles d'une autre classe – car il était, en tant que philosophe, libre de choisir – on doit regarder sous la surface de son enseignement, en exhumant son enseignement ésotérique qui est indiqué entre les lignes, et qui n'est habituellement pas très flatteur pour le père, l'oncle ou le frère. Prendre l'accord superficiel et pratique d'un philosophe avec sa famille ou sa classe pour une preuve que ce philosophe était sous le charme des préjugés de sa famille ou de sa classe, est un exemple encore assez commun de *post hoc, ergo propter hoc*. Ce sophisme est plus sérieux qu'aucun paralogisme commis par Platon, par exemple, parce qu'il n'est pas remarqué par ceux qui le commettent.

22. Comparer Platon, *République*, 539 a 5-d 1, avec *Apologie <de Socrate>*, 23 c 2-8.

parler – compare Socrate et ses discours à certaines sculptures qui sont très laides d'aspect, mais qui renferment de nombreuses belles images de choses divines. Les ouvrages des grands écrivains du passé sont très beaux, même de l'extérieur. Et cependant, leur beauté visible est pure laideur, comparée à la beauté de ces trésors cachés qui se dévoilent seulement après un travail très long, jamais facile, toujours plaisant. Ce travail toujours difficile mais toujours plaisant est, je crois, ce que les philosophes avaient à l'esprit lorsqu'ils recommandaient l'éducation. L'éducation, ils le sentaient, est la seule réponse à la question toujours pressante, à *la*[t] question politique <*par excellence*[u]>, de savoir comment concilier un ordre qui ne soit pas oppression avec une liberté qui ne soit pas licence.

Traduit de l'anglais par Emmanuel PATARD

t. « *The* » (« la ») n'est plus souligné.
u. En français dans le texte.

DEUXIÈME PARTIE

UNE POLITIQUE DE LA PHILOSOPHIE

LA PHILOSOPHIE POLITIQUE COMME PHILOSOPHIE PREMIÈRE

Emmanuel CATTIN

> Nous nous détournons tous deux, en apparence, de l'Être pour nous tourner vers la tyrannie, parce que nous avons vu que ceux qui manquaient de courage pour braver les conséquences de la tyrannie, qui par conséquent *et humiliter serviebant et superbe dominabantur*, étaient en même temps contraints de fuir les conséquences de l'Être, précisément parce qu'ils ne faisaient rien d'autre que parler de l'Être [1].

Au principe de l'effort de Strauss, on découvrira la volonté de répondre à *une certaine sorte d'oubli* – la tentative, au moins, de comprendre comment ce qui a été oublié est tombé dans l'oubli. (Il n'est pas sûr qu'il soit possible de *revenir sur* cet oubli, au sens du moins où il s'agirait de *revenir à* ce qui a sombré dans l'oubli, comme s'il n'avait pas été oublié). Il arrive à Strauss de désigner ce qui est tombé dans l'oubli, et cet oubli lui-même, comme « oubli des choses les plus fondamentales », ou encore « oubli de la seule chose utile » [2]. Si « le plus fondamental » a été oublié, la tâche est en effet, non pas peut-être – non pas directement, si l'oubli a une signification autre que contingente, ou si la contingence de l'oubli a une signification essentielle – de surmonter ou d'abolir cet oubli, mais de rendre de quelque façon présent l'ancien qui a été oublié – dont le moderne est l'oubli même – et les moments décisifs de son oubli [3]. Il s'agira, dans ces

1. « Mise au point », en réponse à Alexandre Kojève, trad. H. Kern et A. Enegrèn, *De la Tyrannie*, Paris, Gallimard, 1997 [cité désormais *TYR*], p. 249-250.

2. « Thucydide : la signification de l'histoire politique », conférence formant le chap. 6 de *La Renaissance du rationalisme politique classique*, trad. P. Guglielmina, Paris, Gallimard, 1993 [cité désormais *RR*], p. 165.

3. D'une part le retour, comme « reprise pure et simple », n'est pas possible (voir *La Cité et l'homme*, Introduction, trad. O. Berrichon-Sedeyn, Paris, Presses Pocket, 1987 [cité désormais *CH*], p. 8), d'autre part, en tant que retour « conditionnel ou expérimental », il est

conditions, et non sans paradoxe, de faire l'histoire de cet oubli (la tâche se complique si l'on considère que l'histoire, dans le sens où nous l'entendons, appartient entièrement au mouvement de cet oubli).

Partant de là, ce que j'ai appelé le « principe » qui gouvernerait l'entreprise straussienne ne manquera pas d'évoquer, au moins de loin, un autre commencement : « La question de l'être est aujourd'hui tombée dans l'oubli [1]. » Rien n'exclut que la ressemblance ne soit ici particulièrement trompeuse, et qu'il ne s'agisse pas du tout, en fin de compte, de l'oubli au même sens. On remarquera seulement que les deux oublis, le straussien et le heideggerien, obligent également à une sorte de réactivation ou de répétition de l'oublié, « la philosophie politique classique » dans un cas, c'est-à-dire, comme on le vérifiera, *la philosophie politique tout court* [2], la gigantomachie *peri tès ousias*, ou la question de l'être, dans l'autre. Réactivation qui passe elle-même par une tâche de déblaiement, de *Destruktion*, appliquée à l'histoire de la philosophie politique moderne ou à l'histoire de l'ontologie depuis son commencement grec – la tradition, d'un seul mouvement, barrant l'accès à ce qu'elle transmet [3].

« nécessaire » (*ibid.*, p. 19) : il s'agit d'une tentative de retour aux « principes » de la philosophie politique classique en vue d'une « application sage [...] de ces principes à nos tâches » : mais dans cette application nous sommes seuls.

1. *Sein und Zeit*, § 1, Tübingen, Niemeyer, 1984 [cité désormais *SZ*], p. 2.

2. Voir Introduction de *CH :* les présuppositions de la philosophie politique moderne renferment déjà le principe de son effondrement, c'est-à-dire le déclin de toute fin universelle en idéologie particulière. *Cf.* « Qu'est-ce que la philosophie politique ? » (chap. I du volume de 1959 qui porte le même titre, trad. O. Sedeyn, Paris, PUF, 1992 [cité désormais *PHP*], p. 22-23) : « Nous exagérons à peine lorsque nous disons qu'aujourd'hui la philosophie politique n'existe plus, sinon comme quelque chose qu'on enterre, c'est-à-dire comme sujet de recherches historiques, ou encore comme thème à protestations timides et sans convictions ».

3. *SZ* § 6, p. 21 (*verdecken*, précisément). Que Strauss comprenne exactement de la même façon la tradition se laisse induire à partir du privilège qu'il accorde à la philosophie politique classique lorsqu'il la juge « naturelle » et « non traditionnelle ». Voir *PHP*, chap. I, p. 32-33 : « À toutes les époques ultérieures, l'étude des choses politiques par les philosophes a dû passer par une tradition de philosophie politique qui a été comme un écran entre le philosophe et les choses politiques, que le philosophe considéré suive ou rejette cette tradition. Il s'ensuit que les philosophes classiques voient les choses politiques avec une fraîcheur et une netteté qui n'ont jamais été égalées. Ils regardent les choses politiques du point de vue du citoyen éclairé ou de l'homme politique ». Nous reviendrons sur cette dernière clause, fondatrice de la possibilité même d'une philosophie politique. Qu'il soit possible de comprendre le travail de Strauss comme une sorte de *Wiederholung* en vue d'une certaine *Erinnerung*, et que cette opération puisse elle-même être entendue comme *déconstruction* ou, plus exactement encore, *Entdeckung*, un texte remarquable de *PHP* (chap. II, « La philosophie politique et l'histoire », p. 77) paraît bien l'autoriser : « C'est précisément cette contemporanéité de la pensée philosophique avec sa base qui n'existe plus dans la philosophie moderne, et dont l'absence explique la transformation ultime de la philosophie moderne en une philosophie intrinsèquement historique ». On aura considéré que les fondements étaient une fois pour toutes fermement établis, et que l'on pouvait construire sur eux sans revenir à eux : « De cette

Dans notre tentative de parallèle, Strauss immédiatement paraît nous arrêter :

> Ce n'est pas un oubli qui nous pousse à nous tourner avec un intérêt passionné, avec une volonté illimitée d'apprendre, vers la pensée politique de l'Antiquité classique [1].

Non pas un oubli – plutôt « la crise de notre temps ». Mais Strauss veut dire ici que le regard en arrière, le « retour » au sens de la réappropriation des questions et des principes de la philosophie politique classique, n'est pas destiné à corriger l'injustice du temps, mais à répondre à une préoccupation qui ne se comprend plus elle-même. Or la remontée à la question de l'être à travers la destruction ou déconstruction de l'histoire de l'ontologie, la traversée de cet « oubli », avait aussi, en 1927, le sens d'une « clarification » comme « tâche fondamentale » de l'ontologie [2] en vue de comprendre une crise, elle-même ontologique, qui ne pouvait se comprendre elle-même, et imposait la répétition de la *Seinsfrage* dans son sens de question.

Si pourtant la crise est tout autrement comprise par Strauss et par Heidegger (et ceci bien qu'elle vienne en question dans les deux pensées, à la suite de Nietzsche, comme « nihilisme »), si diffère par conséquent aussi ce à quoi il s'agit de remonter pour seulement le comprendre et nous comprendre à partir de lui, c'est que d'une part « le plus fondamental » n'est pas, dans l'un et l'autre cas, le même, ni sans doute, d'autre part, n'est considéré au même titre comme « fondamental » – la seconde différence pouvant d'ailleurs contribuer à réduire la première.

La question qui émerge de ces commencements parallèles est une question de *préséance :* il s'agira de nous réapproprier, à l'intérieur de la pensée straussienne, la difficulté aristotélicienne de la science architectonique. Difficulté dont on sait qu'elle met en présence la *sophia* et la politique dans leur égale prétention – qui n'est pas nécessairement rivalité – à la « seigneurie » ou à la « souveraineté maîtresse » parmi les sciences. Aux termes de la *Métaphysique* (A, 2, 982 a 16-17 et b 4-5), sera dite architectonique (*arkhikôtatè tôn epistèmôn :* « celle qui a le plus haut commandement parmi les sciences ») la science, « supérieure à toute science subordonnée »

manière, les fondements sont entièrement recouverts. La seule preuve nécessaire pour garantir leur solidité semble être fournie par le fait que la structure persiste et évolue. Dans la mesure où, cependant, la philosophie n'exige pas seulement une solidité ainsi entendue, mais la lucidité et la vérité, une espèce spéciale d'enquête devient nécessaire, dont le but est d'entretenir le souvenir, et le problème, des fondements que le progrès dissimule. Cette enquête philosophique est l'histoire de la philosophie ou de la science ».

1. Ouverture de l'Introduction de *CH*, p. 7.

2. *SZ* § 3, p. 11 (*Klärung*), sur « la préséance *Vorrang* ontologique de la question de l'être ».

(*mallon arkhikè tès hypèretousès*), « qui connaît en vue de quelle fin chaque chose doit être faite (*prakteon hekaston*), fin qui est le bien de chaque chose, et, d'une manière générale, le meilleur (*to ariston*) dans l'ensemble de la nature ». Or, si « le bien et le "ce en vue de quoi" ne font qu'un parmi les causes », « la science qui spécule sur les premiers principes et les premières causes (*tôn prôton arkhôn kai aitiôn... theôrètikèn*) », autrement dit sur « ce qui est par excellence connaissable », par conséquent « la science par excellence », qui connaît et sait en vue de connaître et savoir, c'est-à-dire la *sophia*, sera identifiée comme la science architectonique (*cf.* aussi B, 2, 996 b 10). L'*Éthique à Nicomaque*, de son côté, en commençant par poser la question de l'*agathon* et de l'*ariston*, et rencontrant la diversité des « activités », « arts » et « sciences », distingue aussi les « architectoniques » de celles qui se tiennent « sous elles » (*hyp'auta*) selon la hiérarchie de leurs fins (I, 1094 a 14-15). La question de la science architectonique reviendra par conséquent à celle de la fin que « nous souhaitons pour elle-même [*di'auto*] », donc à celle de l'*ariston*. Or de quelle *epistèmè* ou *dynamis* celui-ci relève-t-il ? De la science « maîtresse par excellence » (*kuriôtatè*) et « architectonique au plus haut degré » (*malista arkhitektonikè*) : *« Or la politique est manifestement une telle science »* (*toiautè d'hè politikè phainetai*) (1094 b 27-28). En quel sens au juste ? On remarquera avant tout que la question posée par Aristote au seuil de l'*Éthique* porte sur un *telos* qui serait au nombre des *prakta* (1094 b 17-18) [1], autrement dit que la préoccupation est ici tournée *pros ton bion*, « en vue de la vie » ou du « genre de vie » (1094 a 22). En second lieu, Aristote s'explique sur cette souveraineté architectonique « manifeste » de la politique en précisant qu'elle aura en propre de « prendre des dispositions » (*diatassei*) : d'une part elle déterminera « quelles sciences sont requises dans les cités », d'autre part « quelles sciences chacun doit apprendre et jusqu'à quel degré ». Au moment d'énoncer quelques-unes des *dunameis* qui se tiennent « sous elle », Aristote ne mentionne que des sciences pratiques : la science du stratège, l'économique, la rhétorique. Son caractère architectonique est reconduit au caractère englobant (*periekhoi*) de son *telos*, l'*anthrôpinon agathon*, par rapport aux fins des autres sciences, et à son orientation « législatrice » ou nomothétique – une législation dont l'objet est « ce qu'il faut faire » (*ti dei prattein*) et « de quelles choses il faut se tenir éloigné ». La politique – non pas exactement la *philosophie* politique, mais la politique qui « prend des dispositions » : cependant la philosophie politique sera bien elle-même *tis politikè* – est législatrice du

1. « Une fin parmi les fins praticables » – et non « une fin de nos activités » (*ti telos tôn praktôn* est différent de *ta telè tôn praxeôn*, 1094 a 17).

prattein. Or Aristote vient juste de dire : « dans la mesure où elle fait usage des autres sciences pratiques » (*khrômenès de tautès tais loipais praktikais tôn epistèmôn*) (1094 b 4). Bywater préfère supprimer *praktikais*, qui pourtant paraît s'accorder, d'un côté avec la détermination du *telos* de la politique comme *telos prakton* ou *anthrôpinon agathon* (même si le bien de la cité est dit aussi « plus divin » que celui d'un seul, 1094 b 10), d'un autre côté avec l'objet de la législation politique, le *prattein*.

Ce prologue aristotélicien contribuera peut-être à éclaircir le sens de la difficulté que je voudrais construire dans Strauss : en quel sens la philosophie politique est-elle philosophie *première*, ou *architectonique*, ou *maîtresse ?* En quel sens d'autres sciences, et quelles sciences, se tiendraient éventuellement sous elle ? Ou, ce qui est une autre façon de poser la même question, en quel sens la fin dont il est question en elle est-elle un *ariston ?* Pour accomplir ce programme, il s'agira en premier lieu de déterminer les « questions fondamentales » dont traite la philosophie politique, c'est-à-dire le *telos* qui est en question par excellence en elle. Il s'agira en deuxième lieu de proposer, à partir des indications straussiennes, une interprétation de la philosophie première comme *première philosophie*, c'est-à-dire de comprendre la nécessité de la philosophie politique *en vue de la possibilité de la philosophie*. En troisième lieu, si les « choses les plus fondamentales » sont tombées dans l'oubli, qu'en est-il de l'utilité présente et de la possibilité même de la philosophie politique, par conséquent aussi de la possibilité de la philosophie qui se tient, en un sens encore à déterminer, *sous* elle ? La philosophie politique *aujourd'hui* apparaîtra dès lors comme *une sorte* d'histoire de la philosophie politique – *tis politikè*, selon le mot, par là détourné, d'Aristote, ou une philosophie politique nécessairement oblique – qui prend sur elle la tâche de la déconstruction du nihilisme dans la figure radicale de l'historicisme (celui-ci s'accomplissant en Heidegger, « l'historiciste le plus radical » [1]), ou, comme il arrive aussi à Strauss de l'écrire, de la répétition du conflit des Lumières et de l'orthodoxie.

1. « Ce fut le mépris de ces traits permanents [de l'humanité, comme la distinction entre le noble et le vil] qui autorisa en 1933 l'historiciste le plus radical à se soumettre, ou plutôt à faire bon accueil, comme à un décret du destin, au verdict de la partie la moins sage et la moins modérée de sa nation, alors qu'elle se trouvait dans l'humeur la moins sage et la moins modérée, et en même temps à parler de sagesse et de modération. Le plus grand événement de l'année 1933 semblerait plutôt avoir prouvé, si une telle preuve était nécessaire, que l'homme ne peut pas abandonner la question de la bonne société, et qu'il ne peut pas se délivrer de la responsabilité d'y répondre en faisant appel à l'Histoire ou à tout autre pouvoir que celui de sa propre raison » (*PHP*, chap. I, p. 32).

I

La philosophie politique traite de « questions simples et premières » [1]. La première d'entre ces « questions premières » est celle du meilleur régime [2]. La question directrice de la philosophie politique tourne par conséquent autour d'un *ariston*, c'est-à-dire d'une fin, qu'il s'agit à travers elle de connaître, ou dont il s'agit de rendre raison en son optimalité même – en sa dignité à être choisie de préférence à toute autre. Mais par conséquent aussi la philosophie politique se propose, en tant qu'elle est indissolublement liée à la connaissance du meilleur régime, la « connaissance de la vie bonne » – la connexion, selon Strauss, est déjà platonicienne : « La quête du meilleur régime n'est que la forme politique de la quête de la vie bonne », c'est-à-dire requiert la position de la question « comment vivre ? » [3]. La philosophie politique, se préoccupant d'un *ariston*, cherche un préférable – les choses politiques prétendent « à l'obéissance, à l'allégeance des hommes » [4] –, c'est-à-dire qu'elle vise à faire le départ entre le meilleur et le pire. *Il n'y aura aucune neutralité possible pour la philosophie politique, puisqu'elle est tout entière concentrée autour de la connaissance d'un ariston :* les choses politiques ne sont ou ne deviennent politiques qu'au sens et à partir du moment où elles prétendent au meilleur, décident du meilleur.

À ce titre cependant la philosophie politique paraît bien n'être qu'une partie de la philosophie comme « recherche de la connaissance du Tout » [5]. Et en effet : « La philosophie est plus ancienne que la philosophie

1. *PHP*, chap. I, p. 32.

2. *PHP*, chap. I, p. 39.

3. *RR*, II, 6, « Thucydide : la signification de l'histoire politique », p. 160.

4. *PHP*, chap. I, p. 17. C'est la renonciation à cette prétention essentielle, avec la distinction entre faits et valeurs, qui caractérise le nihilisme et l'historicisme modernes, aboutissant à la dénaturation des choses politiques et à l'impossibilité de la philosophie politique. *Cf. Droit naturel et histoire*, chap. I et II. Autrement dit la philosophie politique requiert le jugement, dont la modernité historiciste conteste la possibilité.

5. *PHP*, chap. I, p. 16. Le lien entre le meilleur régime et la vie bonne apparaît également lorsque l'objet de la recherche est présenté par Strauss comme « la perspective d'un ordre politique le plus conforme aux exigences de l'excellence humaine » (« De la philosophie politique classique », *in RR*, II, 4, p. 115) : l'*ariston* est bien *anthropinon agathon*, et la philosophie politique, recherche sur les choses humaines. Toutefois, cela même ne voudrait pas immédiatement dire que « le meilleur humainement » et « le meilleur politiquement » sont nécessairement identiques, mais seulement que « le meilleur politiquement » ne peut pas se laisser déterminer sans la considération de ce qui est « meilleur humainement ». En tout état de cause, à la question « Comment vivre ? », les Modernes auront substitué celle-ci, qui fut d'abord machiavelienne : « Comment les hommes vivent-ils ? ».

politique [1] ». Au moment de répondre à la question : « Qu'est-ce que la philosophie ? », Strauss retrouve la *sophia* aristotélicienne en convenant que la philosophie est « recherche des *principes* » – ce qu'il traduit immédiatement par « recherche des *origines* de toute chose, recherche des *choses premières* » [2] – qui a d'abord voulu dire : recherche sur la *physis* (dont il est par là présupposé qu'elle est cachée), et n'aura pu commencer qu'avec la dissociation, absolument inaugurale, du bien et de l'ancestral, c'est-à-dire la contestation de l'autorité [3]. La philosophie est recherche sur les choses premières d'une part – la philosophie politique porte sur des questions premières d'autre part. Relevons que les « questions premières » de la *philosophie* politique doivent bien en dernière instance mobiliser aussi la connaissance de ces « choses premières » dont traite la *philosophie*, autrement dit il devra bien s'agir aussi dans la philosophie politique, à un moment ou à un autre, de choses éternelles et nécessaires [4] – comme la distinction du juste et de l'injuste –, faute de quoi celle-ci tomberait hors de la philosophie. La philosophie politique traitera bien de principes ou de choses premières, mais d'une part ces principes ne sont pas nécessairement les premiers d'entre les principes, les choses premières de la politique ne sont pas nécessairement les premières d'entre les choses premières dont la philosophie est la recherche, d'autre part – et surtout – ces choses premières qui viennent en question dans la philosophie politique ne surviennent peut-être pas *au commencement* de la philosophie politique : pas comme ses « questions premières ». On remarquera en tout état de cause que la philosophie politique n'aura pas été « première » au sens de l'ancienneté,

1. *Droit naturel et histoire*, trad. M. Nathan et É. de Dampierre, Paris, Champs-Flammarion, 1986 [cité désormais *DNH*], chap. III, p. 84.

2. *DNH*, chap. III, p. 84.

3. *DNH*, chap. III, p. 86 : « Le problème des choses premières et celui de la bonne manière ne peut pas être posé, il ne peut pas y avoir de philosophie, on ne peut pas découvrir la nature, tant que l'autorité en tant que telle n'est pas contestée ou tant que n'importe qui est cru sur parole ». *Cf.* la fin de la « Mise au point » sur le *Hiéron :* « La philosophie au sens strict et classique est la recherche de l'ordre éternel ou de la cause ou des causes éternelles de toutes choses » (*TYR*, IV, p. 249). La conséquence est tirée plus loin : « Sur les bases des hypothèses classiques, la philosophie exige un détachement radical à l'égard des intérêts humains : l'homme ne doit pas se sentir absolument chez lui sur la terre, il doit être citoyen du Tout ».

4. Comme Strauss les détermine plus loin, *DNH*, p. 90. Reste à savoir si la philosophie politique ne traitera pas aussi de choses non éternelles et non nécessaires : difficulté aristotélicienne de l'*akribeia* propre à chaque *logos* selon la matière dont il traite (précisément la politique, c'est-à-dire les choses « belles et justes », comportent « beaucoup de divergences et d'errances [*pollèn diaphoran kai planèn*] », « si bien qu'elles semblent être seulement par convention et non par nature » : *Éthique à Nicomaque,* 1094 b 11-16), mais déjà platonicienne : y a-t-il une idée de la Cité ? – ce qui, aux dires d'Aristote, présupposerait que la Cité fût une chose naturelle (voir *CH*, II, « Sur la *République* de Platon », p. 121. Strauss cite *Métaphysique*, 991 b 6-7 et 1070 a 18-21).

puisque la philosophie n'a pas commencé par être politique. On notera en second lieu qu'elle n'est pas non plus classiquement « première » au sens de l'ordre de l'exposition, puisque tout au contraire, pour toute une tradition, elle vient à la fin [1]. Mais tout ceci ne dit rien encore de la *préséance* dans l'intention et la tentative straussiennes.

En quel sens au juste les questions de la philosophie politique sont-elles « simples et premières » ? La simplicité est aussi ce par quoi il convient de commencer, la question simple est aussi la première question. La simplicité est d'abord le propre du *naturel :* la philosophie politique – classique, c'est-à-dire la philosophie politique *elle-même* – est naturelle en ce sens qu'elle considère la nature plutôt que la tradition ou la convention [2]. Mais à s'en tenir là, toutes les questions de la philosophie, comme recherche sur la nature, seraient « simples et premières » ! Et en un sens elles le sont effectivement. Mais il y a, à la simplicité des questions politiques, un second sens – qui est en même temps un autre sens du « naturel ». Les questions du philosophe politique sont « simples » au sens où elles sont d'abord les *questions mêmes* du citoyen éclairé ou du gentilhomme. Que le regard philosophique porte plus loin n'empêche pas qu'il soit tendu dans la même direction que celui du citoyen éclairé : celle des « choses mêmes ». Elles sont « premières » au sens où elles émanent de « la compréhension de sens commun des choses politiques » : premières, par conséquent, dans la philosophie politique *classique* par rapport à une science politique *moderne* coupée du sens commun, entendu comme compréhension pré-scientifique des choses politiques [3]. Pour autant, en tant que philosophique, la pensée du politique ne se laisse pas entièrement reconduire à ce dont elle se tient d'emblée si proche, la vie politique ou l'action politique en tant que celles-ci impliquent de toute nécessité une *opinion* sur les choses politiques. Mais l'opinion sur les choses politiques – c'est à cette condition qu'elle pourra être dite « éclairée » – est déjà en elle-même « orientée » vers la connaissance de la vie bonne et de la meilleure *politeia.* Il faut dire, sur un mode peut-être spinoziste, que tout n'est pas entièrement faux dans cette *doxa* sur les choses politiques – particulièrement les questions et leur orientation. À ce titre, la philosophie politique est la partie de la philosophie qui se tient au

1. Ainsi la politique est-elle pour les Médiévaux « à la dernière place dans l'édifice des sciences ». Comme fondation de la Loi à partir de la philosophie, « elle constitue la fin et la conclusion, ou, si l'on veut, le couronnement qui scelle la métaphysique » (« La Querelle des Anciens et des Modernes », in *Maïmonide*, trad. R. Brague, Paris, PUF, Épiméthée, 1988 [cité désormais *MAI*], p. 67). Mais le premier dans l'ordre de la préséance n'est pas nécessairement premier dans l'ordre de la présentation : il faudrait dire en quel sens il y a « scellement » de la métaphysique par la politique.

2. *PHP*, p. 32-33.

3. *CH*, Introduction, p. 20.

plus près « de la vie non-philosophique, de la vie humaine » [1]. Cependant celle-ci, dans les jugements auxquels, *en tant que politique*, elle est contrainte, est contradictoire : la vie politique est l'arène de prétentions opposées sur l'*ariston*. Dès lors la philosophie politique, qui commence par poser exactement les mêmes questions que par exemple les assemblées, est l'arbitre de ces prétentions, autrement dit prétend elle-même connaître l'*ariston* [2]. Le philosophe politique n'a pas seulement en commun avec le citoyen éclairé le souci de l'*ariston*, mais encore ses premières questions (qui ne sont donc en rien spécifiquement philosophiques : cependant le philosophe en viendra aussi à poser des questions « ultimes » qui ne sont jamais posées dans la vie politique) et la méthode de la controverse. Davantage : son effort pour mettre fin aux controverses – ou les « liquider », comme auraient dit les Classiques – n'est rien d'autre que l'accomplissement de l'œuvre propre du bon citoyen : il est donc, en tant que philosophe politique, un *aristos* entre les citoyens [3]. Relevons que la proximité de la philosophie politique avec la vie politique présuppose des citoyens éclairés ou des *gentlemen :* c'est-à-dire des citoyens qui vivent et conversent dans le souci de l'*ariston* plus que de la victoire – qui savent que celle-ci voudrait dire aussi la guerre civile – et qui, ne pouvant pas ne pas juger, gardent cependant ouverte la discussion sur le préférable [4].

1. *PHP*, p. 16 et 32-33. *Cf.* « De la philosophie politique classique », *RR*, II, 4, p. 103 *sq :* « La philosophie politique classique tentait d'atteindre son but en acceptant les distinctions fondamentales faites dans la vie politique, telles qu'elles étaient exactement signifiées et ordonnées dans la vie politique – en les pensant à fond, en les comprenant aussi parfaitement que possible ».

2. *RR*, II, 4, p. 105. Cet arbitrage philosophique est l'un des sens du caractère architectonique de la philosophie politique : « Tout législateur est en premier lieu concerné par la communauté particulière pour laquelle il légifère mais il est contraint de soulever des questions qui valent pour toute législation. Ces questions les plus fondamentales et les plus universelles sont naturellement destinées à devenir l'objet de la connaissance politique la plus « architectonique », véritablement « architectonique », cette science politique visée par le philosophe politique. Cette science politique est la connaissance qui permettrait à un homme de former des législateurs. Le philosophe politique qui parvient à cette connaissance est le maître des législateurs » (*RR*, II, 4, « De la philosophie politique classique », p. 108).

3. *RR*, II, 4, p. 106. « Cette conception du rôle du philosophe politique – le fait qu'il ne puisse être un partisan "radical" préférant la victoire dans la guerre civile à l'arbitrage – est aussi d'origine politique : c'est le devoir d'un bon citoyen que de faire cesser la dispute et de créer, par persuasion, l'entente parmi les citoyens. Le philosophe politique apparaît en premier lieu comme un bon citoyen pouvant remplir ce rôle de bon citoyen de la meilleure manière et au plus haut niveau possible ».

4. « Éclairés », ils le sont encore en vertu d'un « goût » pour les distinctions morales (entre « courage et lâcheté, justice et injustice, bienveillance humaine et égoïsme, douceur et cruauté, civilité et grossièreté ») qu'ils « tiennent pour établies » (*RR*, II, 4, « De la philosophie politique classique », p. 113-114). Au *gentleman* est essentielle la vertu de *modération* telle que la comprend Strauss, comme vertu même du dialogue.

À partir de là, on entrevoit un autre sens des questions de la philosophie politique en tant que questions premières selon Strauss : dans la mesure où la philosophie politique est foncièrement tournée *pros ton biôn*, ses questions sont premières selon une certaine hiérarchie humaine, ou naturelle à l'homme, des questions. Il y a pour l'homme des questions capitales, et des questions secondes seulement. Mais que veut dire ici exactement « capital » et « second » – de quelle hiérarchie s'agit-il ? Il s'agit-là des questions *les plus utiles :* qu'il est le plus utile de poser et auxquelles il est le plus utile de répondre – « la seule chose utile », portait le texte sur Thucydide. Mais si elles sont les plus utiles questions, c'est en vertu de la hauteur même, de la souveraineté de la fin autour de laquelle elles tournent, le bien humain par excellence. Si la philosophie politique est philosophie première, c'est, en un premier sens, dans la mesure même où la question de la vie bonne est première pour l'homme (il n'y a pas de différence, quant à la portée de la question, pour le *gentleman* et le philosophe), et où cette question même oblige à poser celle du meilleur régime qui rendra possible – ou du moins protègera – la vie bonne, par conséquent la question du meilleur régime en vue de l'excellence humaine. La philosophie politique reste première en ce sens *même si la vie politique n'est pas le meilleur genre de vie*, et que la vie mixte ou la vie théorétique l'emporte en fin de compte sur elle pour l'excellence humaine. Les questions de la philosophie politique sont premières au sens où sont premières les « questions de vie ou de mort » [1] – en tant que questions humaines par excellence : elles sont *les plus urgentes* questions, même si elles ne devaient pas, conduisant en effet à des « questions ultimes », trouver *les premières* leur réponse – même si elles devaient être, tout compte fait, les questions les plus difficiles, et ne pas trouver leur réponse, en tant que questions, sur le plan politique (ni dans la vie politique, ni dans la philosophie politique). La difficulté ici pourrait bien présenter deux versants, et recouvrir, d'une part, l'impossibilité, qui rend tout humanisme fragile, de comprendre l'humain à partir de lui seul, la nécessité de considérer ce qui est en dessous ou au-dessus de lui [2] : si la félicité de l'homme est dans une autre vie, ou bien si le « chef premier » de la cité parfaite doit être prophète, la philosophie politique devra bien aussi traiter des « choses divines » [3]. D'autre part et principalement, cette impossibilité pour la philosophie politique à ne pas être *en même temps*

1. *RR*, II, 6, « Thucydide : la signification de l'histoire politique », p. 165.

2. *RR*, I, 1, « Science sociale et humanisme », p. 54-55.

3. *MAI*, 2, « Quelques remarques sur la science politique de Maïmonide et de Farabi », p. 156 : les grands livres politiques de Farabi « sont en même temps des traités métaphysiques ».

métaphysique pourrait en quelque façon *jeter la politique hors d'elle-même*, jusqu'à la découverte qui attend le philosophe politique, quand

> il en vient à comprendre que le but ultime de la vie politique ne peut être atteint par la vie politique mais seulement par une vie consacrée à la contemplation, à la philosophie [1].

II

La philosophie politique est donc « première » au sens où elle pose les questions les plus utiles à la vie humaine, et, exactement en tant que philosophie politique *classique* par rapport à la philosophie politique *moderne*, « simple et première » au sens où ses questions *commencent* par être les mêmes que celles que se pose « naturellement » le *gentleman :* « comment vivre ? » – « comment vivre ensemble ? ». Ces traits nous découvrent une préséance elle-même double : 1. *Préséance* de la philosophie politique par rapport aux autres parties de la philosophie, non pas fondée sur l'ancienneté, non pas dans l'ordre de l'exposition, non pas enfin en dignité, comme si les « choses politiques » étaient plus hautes que les autres, mais dans le seul plan de l'utilité humaine. 2. *Préséance* de la philosophie politique classique sur la philosophie politique moderne – laquelle à vrai dire se confond avec la dissolution de toute philosophie politique. Les deux sens sont liés, la seconde préséance reposant entièrement sur la première : c'est le *gentleman* qui se pose les questions les plus utiles, qui étaient les premières questions de la philosophie politique classique. Les questions simples sont aussi les plus utiles.

Mais l'« utilité » est plus subtile qu'il n'y paraît, si la philosophie politique introduit aussi la nécessité de questions ultimes *qui ne sont plus* les questions du *gentleman*, et si l'excellence humaine en question dans la philosophie politique – c'est-à-dire : déjà dans la *politique* elle-même – ne saurait être reconduite au genre de vie politique, mais plutôt au théorétique. Dans ces conditions la philosophie politique est *la plus utile en vue de la philosophie elle-même*, et « première » en ce sens qu'elle est la première philosophie, non pas exactement au sens où il conviendrait de commencer par elle *en philosophie*, mais parce que c'est elle qui fonde la *possibilité politique* de la philosophie – qui la déborde absolument –, autrement dit d'un genre de vie non politique. Par conséquent, c'est *depuis la non-philosophie* qu'il conviendrait de commencer par elle – *avant toute résolution philosophique*. Elle déploie cette fondation, justification ou défense de la

1. *RR*, II, 4, « De la philosophie politique classique », p. 115.

philosophie, ou bien directement en tant que *politique philosophique*, ou bien indirectement en tant que *philosophie politique de la philosophie*. Dans cette dernière configuration, la philosophie politique apparaît comme un sas entre la vie et le public non-philosophiques et la vie philosophique privée, c'est-à-dire réservée aux amis – qui le restera au moins aussi longtemps qu'une politique philosophique n'est pas effectivement mise en œuvre. On comprendra que dans l'espace intermédiaire et raréfié de ce sas – espace de la mise en danger, c'est-à-dire aussi de la protection, espace de la prudence et de la sagacité – apparaisse la nécessité d'un art d'écrire : jusqu'où le *gentleman* est-il un *gentleman ?* Et après tout il serait peut-être préférable, en de certains temps où il se fait rare, de ne pas trop compter sur lui.

Plus d'une fois Strauss est revenu sur cette condition classique de la philosophie politique. La philosophie politique est alors moins délimitée par ce dont elle traite – les « choses politiques » – que par la *façon* qui est la sienne de philosopher. C'est un certain philosopher qui est politique, au sens où il part des questions communes et entre par là en communication avec la non-philosophie. La philosophie politique – c'est là ce que Strauss appelle son « sens profond » – est « philosophie populaire » ou « introduction politique à la philosophie », « la tentative pour conduire les citoyens compétents ou plutôt leurs fils compétents de la vie politique à la vie philosophique » [1]. Cette visée à la fois éducative et défensive est la raison directe de la langue commune de la philosophie politique et de son style dialectique d'argumentation, en même temps que des artifices dont elle use. Car cette compréhension commune des choses politiques n'est pour la philosophie politique qu'un commencement, qui a tout d'une *captatio :* la philosophie politique, en tant que discipline pratique, est destinée à s'effacer devant ce à quoi elle introduit et prépare : la visée, plus haute que l'action, de « comprendre les choses telles qu'elles sont » [2] – c'est-à-dire la philosophie comme genre de vie théorétique. La philosophie politique est la seule *introduction à la métaphysique*.

On s'aperçoit, dans ces conditions, que l'art d'écrire, faute d'une politique philosophique effective, n'a rien de contingent : aux portes de la philosophie il la protège, il est le sas lui-même, la philosophie en tant que politique, en tant qu'elle parle de manière politique, c'est-à-dire, traduit Strauss, « grossièrement » (ce qui veut dire en même temps : subtilement) – en tant qu'« enseignement exotérique » [3]. Les dehors sous lesquels la

1. *RR*, II, 4, « De la philosophie politique classique », p. 118.

2. *RR*, II, 4, p. 119.

3. *La Persécution et l'art d'écrire*, Introduction, trad. O. Berrichon-Sedeyn, Paris, Presses Pocket, 1989 [cité désormais *PER*], p. 47.

philosophie existe ou survit dans le plus grand danger deviennent le lieu où se décide la possibilité de la philosophie comme affaire *essentiellement privée* ou *amicale*. Ce plus grand danger peut bien être de la nature de la persécution. Resterait à savoir si « un danger » n'est pas, absolument, « inséparable de la philosophie » [1] – en sorte que l'hétérodoxie serait essentielle à celle-ci : on se demandera si, dans un temps de détresse, à l'époque du nihilisme, la philosophie, en son principe d'hétérodoxie, est encore seulement possible autrement que sur un mode désormais *entièrement* privé (et si même elle est possible sur ce mode), c'est-à-dire si elle est encore possible *en tant que politique*, où il s'agit de juger et de partir des « distinctions » tenues pour établies dans la vie politique. Si en effet le sérieux du jugement s'est effondré (la « volonté de vérité » en tant que « croyance » et « besoin de vérité », selon l'analyse nietzschéenne), la philosophie sans doute n'aura plus à se défendre, mais cette sûreté « moderne » lui aura coûté le prix fort : elle aura perdu toute communauté possible avec la vie non-philosophique, toutes ses façons « politiques ». Le nihilisme veut dire aussi l'impossibilité de l'hétérodoxie. C'est à partir de là que le sens ultime de l'effort straussien commence à devenir une question.

En tout état de cause, la nécessité de l'art d'écrire – c'est-à-dire d'« écrire entre les lignes » : un art tel qu'un Nietzsche en sera encore l'un des maîtres modernes – est dans son principe, à partir de notre interprétation, sélective et « aristocratique » (nous risquons le mot, avec la réserve qu'il ne s'agit pas du *kratos* en elle), reposant sur un dédoublement – au moins – de ce que Kant appelait « l'ensemble du public qui lit » [2], et présupposant d'autre part, dans une certaine mesure, l'identification socratique de la vertu et de la connaissance [3]. Ce principe de sélection des *aristoi* n'est cependant pas entièrement incompatible avec le souci de la *paideia* qui traverse la philosophie politique comme introduction à la philosophie ou première philosophie. Car la philosophie politique partira bien des questions premières du citoyen « éclairé » : toute la difficulté est de savoir jusqu'où celui-ci sera capable d'aller dans la compréhension de l'enseignement ésotérique, c'est-à-dire, comme nous pouvons l'identifier, des « questions ultimes » qu'il *ne pose pas* en tant que citoyen, qui requièrent de lui la destruction de la *doxa*, ou, dans le meilleur des cas, son *epokhè :* la « tentative » de toute philosophie politique n'aboutira que si le *gentleman* se retourne vers la *théôria* qui seule comprend les choses telles qu'elles

1. *PER*, Introduction, p. 51.

2. *Réponse à la question : Qu'est-ce que les Lumières ?,* AK VIII, 37 ; trad. H. Wismann, OPH t. II, Paris, Gallimard, 1985, p. 211.

3. *PER*, chap. II, p. 59.

sont. Il s'agit à la fois de sélectionner et d'éduquer les amis inconnus, les « fils compétents ». Mais tous ceux qui savent lire ne sont pas des *gentlemen* – il est par conséquent nécessaire de s'adresser à eux de façon à la fois naturelle et oblique. L'enseignement exotérique portera, dans ces conditions, le sceau d'une ambiguïté vertigineuse : destiné, d'une façon déjà en elle-même équivoque, à faire passer les jeunes gens à l'enseignement ésotérique (particulièrement à conduire à la *théôria*), à partir des questions premières jusqu'aux questions ultimes – et, en même temps, à protéger le genre de vie théorétique en son hétérodoxie [1]. Le sas ne fait pas seulement passer, il bloque aussi l'accès : exactement, il le réserve. Une question cependant apparaît. L'art d'écrire parviendra-t-il à ses fins contradictoires, indissolublement d'éducation et de protection, si d'une façon ou d'une autre n'est pas présupposé un « naturel philosophe », le sens qu'il conviendrait de donner à celui-ci dans la pensée de Strauss restant ici complètement indécidé ? Quoi qu'il en soit, l'impératif de la prudence requiert conjointement la subtilité de celui qui écrit et la sagacité de celui qui lit, et il ne paraît pas que la première puisse entièrement tenir lieu de la seconde : dans une certaine mesure au moins (toute la mesure requise par la protection), elle la présuppose au contraire.

Le « sens profond » de la philosophie politique comme première philosophie revient par conséquent à la profondeur même de la surface. C'est *l'existence en surface* de la philosophie qui est fondamentalement en

1. L'idéal d'un genre de vie théorétique est selon Strauss essentiellement lié à la nécessité de garder la vérité secrète. Ainsi dans les Lumières médiévales : « Le caractère ésotérique des "Lumières religieuses au Moyen Âge" se fonde sur la domination de l'idéal de la vie *théorétique*, de la même façon que le caractère exotérique des Lumières modernes se fonde sur la conviction que le primat revient à la raison *pratique*, conviction qui était déjà dominante longtemps avant que Kant ne la formule, ne la fonde et ne la radicalise » (*MAI*, « La Loi fondée sur la philosophie », p. 105). Le pratique, en effet, comme Kant aussi l'aura fortement marqué, est celui de la moralité commune, non un genre de vie proprement philosophique. Avec Lessing encore, aux yeux de Strauss, la nécessité de l'art d'écrire et de la « dissimulation de certaines vérités fondamentales » repose sur « l'imperfection de la vie politique en tant que telle », son infériorité par rapport à la vie contemplative et le conflit entre « les exigences du niveau le plus bas » et « les exigences du niveau le plus haut » (*RR*, II, 5, « L'enseignement exotérique », p. 122). – Pour Maïmonide, à cet égard peut-être le plus radical, l'art d'écrire est au fond toujours *art d'écrire sur les choses métaphysiques :* c'est la métaphysique qui exige un mode d'exposition oblique, « obscur et concis », en vertu de « la nécessité de la chose même » : « L'objet de la métaphysique n'est pas accessible au regard en tous temps et sans interruption comme les objets des autres sciences, qui peuvent par suite être exposés de façon méthodique et transparente ; tantôt il se montre, tantôt il se soustrait au regard. [...] C'est sur l'insuffisance de l'homme à connaître Dieu qu'est fondée la façon de communiquer qui caractérise la métaphysique, à savoir la communication ésotérique » (*MAI*, p. 95). La métaphysique ne donnera pas lieu à une exposition systématique ou « d'un seul tenant », mais sera constamment mêlée à d'autres objets.

question dans la philosophie politique. Que les questions et distinctions « simples et premières », au premier chef le partage du juste et de l'injuste, soient tombées dans l'oubli – d'un oubli qui s'accomplit dans la philosophie politique elle-même ! –, et c'est la philosophie politique tout entière qui aura sombré. Perdant ce qui l'attachait à la vie non-philosophique – perdant dans le même naufrage ce qui la menaçait – la philosophie sera pourtant déjà tombée dans le plus grand des dangers.

III

Le moment est venu de nous efforcer de « comprendre adéquatement » le sens de l'effort straussien dans la philosophie politique – adéquatement, c'est-à-dire tel qu'il le comprenait lui-même [1]. La difficulté principale – où se fera la décision – concerne le foyer du nihilisme en tant qu'historicisme – l'entente de l'histoire. Lors même en effet qu'il se livre à une sorte d'histoire, Strauss ne méconnaît pas que l'extinction de la philosophie politique prend aujourd'hui la voie d'une transformation de la philosophie politique en histoire de la philosophie politique [2]. Autrement dit, même si elle tolère ou appelle une *cognitio ex datis*, la philosophie politique reste – lorsqu'elle est elle-même – *cognitio ex principiis*. En sorte que l'historicisme adresse à la philosophie politique la question « la plus urgente » [3] : la question de sa possibilité *aujourd'hui*. On entrevoit dès lors que la question *première* de la philosophie politique pourrait bien désormais revêtir l'allure réflexive ou critique d'un questionnement sur elle-même, intégralement mené à partir du conflit qui l'oppose à celui qui est déjà son écrasant vainqueur, l'historicisme et son aboutissement nihiliste [4]. À son tour ce questionnement ne saurait lui-même prendre d'autre chemin que celui d'une *histoire qui serait entièrement la répétition de ce conflit*. La

1. Selon son fameux principe d'*interprétation :* « Une interprétation adéquate est une interprétation telle qu'elle comprend la pensée d'un philosophe exactement comme il la comprenait lui-même » (*PHP*, chap. II, « La philosophie politique et l'histoire », p. 68).

2. *CH*, Introduction, p. 15. Alors que « la philosophie politique n'est pas une discipline historique » et que « les questions philosophiques concernant la nature des choses politiques et de l'ordre politique le meilleur, ou de l'ordre politique juste, diffèrent fondamentalement des questions historiques, qui portent toujours sur des êtres individuels » (*PHP*, « La philosophie politique et l'histoire », p. 59). À l'inverse, l'historicisme est « l'affirmation selon laquelle la distinction fondamentale entre les questions philosophiques et les questions historiques ne peut pas en dernière analyse être maintenue » (*ibid.*, p. 60). Historiciste sera aussi toute recherche tournée vers le présent ou l'avenir en tant que tels (l'historicisme pouvant être « futuriste »).

3. *PHP*, p. 60.

4. *DNH*, chap. I, « Le droit naturel en face de l'histoire », p. 29.

philosophie politique n'est plus possible qu'en tant qu'histoire – non pas directement de la philosophie politique, car cette histoire est au contraire en son principe la destruction de la philosophie politique, son impossibilité – mais du conflit qui opposa les présuppositions de la philosophie politique aux présuppositions de l'historicisme. Le retour, décidément, ne peut pas être simple : il est impossible autrement que sur le mode de la subtilité tactique. La philosophie politique n'est désormais possible qu'en tant qu'histoire de la querelle des Anciens et des Modernes. Histoire oblique, qui contient, dans la répétition de cet affrontement, le principe d'une subversion de l'historicisme, d'une résistance ou d'une guérilla de la philosophie politique sous l'empire de l'historicisme. Il y aura donc, à l'époque du nihilisme, une sorte de clandestinité de la philosophie politique s'avançant *sub contraria specie*, sous les espèces renversées d'une histoire qui continue de différer « fondamentalement » d'avec elle. Il ne serait pas vraiment surprenant, dans ces conditions d'exténuation de son principe, que la philosophie politique ainsi entendue fût contrainte de réinventer les ruses de l'art d'écrire. L'écriture énigmatique de Strauss répondrait à cette nécessité d'inquiéter l'historicisme sur son propre territoire, c'est-à-dire de répéter, sous les traits maquillés de l'historique, les « questions simples et premières ». Strauss se placerait exactement au site architectonique qui était celui du philosophe politique classique, dans une position appelant la même stratégie, la même prudence et la même sagacité, à des fins désormais d'éducation plutôt que de protection – à moins que le danger ne soit d'une autre nature : au point de rebroussement, celui de l'émergence du philosophique depuis le non-philosophique, c'est-à-dire, aujourd'hui, l'historique. À ceci près, qui est d'importance, qu'il s'agit désormais d'accéder aux *questions premières elle-mêmes*, que le philosophe politique classique avait en commun avec le *gentleman*, et qui sont aujourd'hui enfouies, entièrement recouvertes. La question de la vie théorétique serait plus éloignée qu'elle ne l'a jamais été : *notre* question, la question première sur le plan de l'urgence c'est-à-dire de l'utilité présente, est celle de l'assise philosophique-politique, de la philosophie dans ses façons politiques à partir de laquelle seulement il deviendrait à nouveau possible d'introduire la question de la vie théorétique. En ce sens la philosophie de Leo Strauss serait bien, plus exactement sans doute que toute autre, *tis politikè*, « une sorte de politique ». Il n'est pas possible de parler de l'Être si l'on n'a pas affronté la question de la tyrannie, non pas en tant que question historique, mais *avec* la distinction du juste et de l'injuste – c'est-à-dire en répétant la question à partir de cette distinction : comme question *classique*. Mais parler de la tyrannie ne revient qu'« en apparence » à se détourner de l'Être – le chemin détourné de cette « apparence » restant *le seul chemin* pour accéder à l'Être. Dans le temps de ce détour *apparemment* historique et *en vérité* classique, c'est-à-dire non historiciste, à travers lequel il s'agit pour nous d'accéder à nouveau aux distinctions tombées dans l'oubli, et par elles à la philosophie elle-même, dans le temps, ainsi, du nihilisme, la vertu « première » serait peut-être la vertu la plus proche, tout ensemble, de la justice et de la *sophia*, celle dont Thucydide avait fait une vertu morale [1], la *modération*.

Le destin de l'effort de Strauss – qui n'est rien d'autre que l'effort ultime *en vue de la philosophie* – reste entièrement non décidé. La question devient pour nous ce qu'elle était peut-être déjà pour lui : Strauss trouvera-t-il des amis ?

1. « Thucydide : la signification de l'histoire politique », *in RR*, p. 146-147 et 150-151.

LEO STRAUSS ET LA MODERNITÉ JUIVE PRÉSENCE ET RETOUR

Gérard BENSUSSAN

La plupart des ouvrages de Leo Strauss se présentent comme des recueils contenant souvent, sans que leur titre ne l'annonce expressément, un ou deux textes plus ou moins centrés, parfois obliquement si l'on ose dire, autour du « judaïsme ». Pour autant qu'on entende ce dernier comme la transmission continue d'une pensée et d'une foi, on peut convenir qu'il détient dans la réflexion straussienne une importance axiale, bien qu'en discontinuité, comme une ligne toujours tenue, insistante et légère à la fois. Et cela à un double titre, ou selon une double transversalité. D'un côté le judaïsme, le judaïsme classique, empressons-nous de le préciser, fait, pour sa part propre, le contenu de la tradition dans son opposition polaire à la modernité, et, d'un autre côté, il inscrit dans la tradition elle-même une opposition interne, et multiséculaire, à la philosophie. Jérusalem (ou Bagdad ou Cordoue) fait concurrence à Athènes, mais du dedans de la tradition. On serait ainsi confronté à « deux expériences du passé », à deux « sagesses », qu'il nous faut « comprendre » au lieu de les « expliquer » [1] ou de croire les expliquer. Les deux traditions sont donc dans un « désaccord qui présuppose un certain accord » [2]. Contre les Modernes, et après les Modernes bien sûr, en querelle fondamentale avec eux, les deux courants, également anciens, sont et l'un et l'autre « mémoires de mémoires » dit Strauss en reprenant un mot de Machiavel [3]. Ils sont également et l'un et l'autre mis en crise par la critique moderne d'abord et par la critique moderne de la modernité ensuite – radicalité à double détente qui finit par

1. « Jérusalem et Athènes. Réflexions préliminaires », *Études de philosophie politique platonicienne*, Paris, Belin, 1992, p. 209 et p. 212.

2. « Progrès ou retour ? », *La Renaissance du rationalisme politique classique*, Paris, Gallimard, Bibliothèque de Philosophie, 1993, p. 325.

3. *Ibid.*, p. 215 (Machiavel parle dans les *Discorsi* de « mémoires d'histoires anciennes »).

disqualifier toute philosophie qui entendrait assumer sa déliaison d'avec la science et toute morale qui croirait pouvoir s'affranchir de la croyance [1]. Et l'un et l'autre, puisqu'ils ne passent pas, contribuent à poser à notre modernité la question d'un « retour » en amont d'elle-même, vers ce que la pensée ou la philosophie peut avoir de « classique ». Ce classicisme, on le sait, se concentre et se révèle au plus juste selon Strauss dans la philosophie politique, première chez les Classiques, oxymorique chez les Modernes. Ses contenus peuvent en effet se comprendre à partir du contraste majeur qu'ils dessinent avec la modernité politique et avec la philosophie politique moderne et contemporaine. Ceci peut sembler paradoxal puisqu'il s'agit de *comprendre* les Classiques, soit de les comprendre comme eux-mêmes se sont compris. Il n'y a pourtant là nulle inconséquence : c'est à partir de la crise du monde moderne que s'aperçoit et, peut-être, se regagnera l'horizon oublié. C'est en raison de la « crise actuelle de l'Occident », peut-on lire dans *La Cité et l'homme*, que le penseur contemporain se voit contraint de se tourner vers les Grecs pour interroger leur pensée, cette pensée qui sut mettre en pleine lumière, dès son éveil, les thèmes les plus cruciaux de la philosophie politique (la loi, la légitimité, la démocratie, la vertu, la justice, le rapport de la nature et de la convention, le droit et la force). Tout autant que le fit, sans qu'on le retienne toujours, la pensée prophétique venue de Jérusalem,

> cette cité [où] on a pris plus sérieusement que partout ailleurs le thème de la philosophie politique, « la cité de la droiture, la cité fidèle » [2].

Socrate et les prophètes, comme dit Strauss en corrigeant Hermann Cohen [3], nous ont donc donné une leçon sur les principes qui demeure « un acquis pour tous les temps ». La crise de la modernité occidentale, depuis le hors-temps de cet acquis, peut aisément être saisie dans ses signes et ses effets temporels : perte de confiance, essoufflement des valeurs distinguées des faits, impossible adhésion de la société à des valeurs désormais indistinctes, énergie propulsive dorénavant épuisée de la démocratie en tant que meilleur régime. Elle peut l'être aussi bien dans ses origines historiques et intellectuelles qui, précisément, ressortissent de la philosophie politique en sa mise en crise « moderne », cette « mauvaise passe dans laquelle elle s'est fourvoyée » [4] – il faudrait dire cette série de mauvaises passes, les

1. *Ibid.*, p. 318-319.

2. C'est sur ce très surprenant hommage en référence à Isaïe, I, 26, 2 (qui à la « droiture » et à la « fidélité » ajoute la « paix ») que s'ouvre, dès ses premières lignes, *Qu'est-ce que la philosophie politique ?*, Paris, PUF, 1992, p. 15.

3. *Études de philosophie politique platonicienne*, *op. cit.*, p. 240.

4. *Droit naturel et histoire*, Paris, Champs-Flammarion, 1986, p. 42.

fameuses trois vagues. Ces origines sont connues : l'individualisme, voire le subjectivisme, emportés par la « crise du droit naturel moderne », l'historicisme qui en est l'aboutissement, le positivisme de la « science politique », bref le(s) nihilisme(s) qui dénie(nt) tout sens à la question du sens (du bien et du mal, du juste et du faux, du juste et de l'injuste). Ce nihilisme des Modernes traduit la crise. Mais la crise lui est en même temps parfaitement imputable. D'où la thèse straussienne qui peut paraître exorbitante puisqu'elle pense le déclin comme l'effet politique d'une crise théorique : (1) la crise politique (de l'Occident, de la démocratie, des valeurs libérales) est une crise de la modernité ; (2) la crise de la modernité est essentiellement une crise de la philosophie politique moderne, elle en est induite ; (3) ce processus relève d'une sécularisation où un principe parvient à son accomplissement.

Telle est la topique, grossièrement esquissée, où se déploient les procédures analytiques conditionnelles et expérimentales de Strauss. D'autres s'interrogeront sur les stimulants paradoxes qu'elle supporte à son niveau propre. Je voudrais en examiner la réfraction dans le judaïsme, faire prendre en quelque sorte par le judaïsme le relais et la charge des questions générales soulevées par la pensée straussienne afin de les mettre à l'épreuve. Il n'y a là ni arbitraire ni sollicitation forcée. Le pli du judaïsme structure le champ et la distinction entre Anciens et Modernes et, par ailleurs, le « problème juif », selon Strauss lui-même, illustre symptômalement la « crise » parce qu'il serait « le symbole le plus manifeste du problème humain pour autant qu'il est un problème social ou politique » [1].

Un premier constat s'impose de soi. Le judaïsme, comme pensée et/ou philosophie [2] autant que comme pratique communautaire, éthique pratique, voire politique de la Loi, est lui aussi traversé par la coupure de la tradition et de la modernité, du classicisme et du modernisme. Ce point mérite qu'on

1. « Préface à la traduction anglaise de *La Critique de la religion chez Spinoza* » (1965), *Le Libéralisme antique et moderne*, Paris, PUF, 1990, p. 331-332 (texte repris dans *Le Testament de Spinoza*, Paris, Cerf, 1991). Cette thèse s'articule doublement chez Strauss. D'une part elle se réapproprie un paradigme assez constant de la pensée juive elle-même (« qu'est-ce qu'un Juif ? » renvoyant à « qu'est-ce qu'un homme ? » selon une position d'indéterminabilité). D'autre part, dans les analyses du sionisme et de l'assimilation, elle fait de la question juive une sorte de révélateur des limites du libéralisme, de sa distinction entre la sphère privée (différence du judaïsme) et la sphère publique (indifférence du citoyen), ainsi que de l'échec du communisme (antisémitisme comme sous-classe de l'exploitation de l'homme par l'homme).

2. Je laisse entièrement de côté cette question que Strauss ne se pose pas explicitement. Une comparaison avec les positions de Julius Guttmann ou de Shlomo Pinès ferait cependant apparaître chez lui les linéaments épars d'une histoire de la *philosophie* juive, la communication transculturelle intrajuive l'emportant toujours dans ses textes sur la détermination socio-historique.

s'y arrête car il redouble la question straussienne en la posant sur un terrain qui en amplifie l'intensité. La césure, notons-le pour commencer, est trans-historique. Depuis quelque vingt siècles, des Anciens et des Modernes se querellent dans l'histoire du judaïsme, les Palestiniens micropolitiques et les Alexandrins cosmopolitiques du temps de Philon par exemple. La distinction détient donc un caractère quasi-épistémologique et itératif. Strauss ne l'ignore évidemment pas, mais son propos consiste à en relever les termes et les contenus et à les redistribuer à partir de la fracture historique et politique de l'émancipation, à partir de la « sortie du ghetto », selon le titre d'un ouvrage célèbre de Jacob Katz. L'émancipation, l'accès à l'égalité juridique et civique, libère, elle affranchit de façon incontestable. Mais elle emporte aussi une désidentification, selon un processus historique relativement long et désormais bien connu. Cette crise du judaïsme émancipé, c'est-à-dire réduit au même de l'assimilation, Leo Strauss, «jeune Juif né et élevé en Allemagne qui se trouvait aux prises avec le problème théologico-politique » [1], en fut le contemporain actif. Il a suivi les enseignements de Hermann Cohen, le héros intellectuel de sa jeunesse. Il a travaillé avec Julius Guttmann à l'Institut de recherche de l'Académie pour la Science du Judaïsme de Berlin où il a mené les recherches consignées dans *La Critique de la religion chez Spinoza*. Il a enseigné au *Freies Jüdisches Lehrhaus* de Francfort fondé par Rosenzweig, à qui est dédiée ladite *Critique*, et il l'a fait d'ailleurs dans les formes pédagogiques inédites prescrites par ce dernier dans des textes qui associent anti-idéalisme radical et invention de cadres et de méthodes inédits de transmission. Ces trois noms, surtout ceux de Cohen et Rosenzweig, disent à eux seuls l'intensité de la confrontation straussienne avec la philosophie juive et la *Wissenschaft des Judentums*, restituée dans la préface de 1965 à l'édition américaine de la *Critique*. Je voudrais essayer de reconstruire la critique straussienne, articulée dès 1935, des penseurs judéo-allemands mentionnés, Rosenzweig surtout, puis ensuite, proposer quelques éléments de réflexion critique sur cette critique.

À partir de la césure émancipatrice, le judaïsme, explique Strauss, s'est progressivement éloigné de la tradition. Ce mouvement aurait en gros consisté à mettre à distance, ou à limiter, ou à réévaluer le contenu même de la Révélation. Pour la tradition, essentiellement maïmonidienne ici, ce contenu est rationnel, ce qui ne signifie pas que tout soit rationnel dans la Révélation. La découverte de cette rationalité plus ou moins étendue de la Révélation fait suite à la reconnaissance de son autorité, laquelle

1. Selon ses propres termes dans *Le Libéralisme antique et moderne*, *op. cit.*

commande l'activité philosophique, pour les Médiévaux en tout cas. On pourra disputer autant qu'on voudra de la rationalité de tel ou tel commandement et du statut, réel ou « virtuel », de cette rationalité, cette disputation elle-même, soit le travail philosophique proprement argumenté, est prévenue par l'affirmation inconditionnelle de l'antériorité de la Loi révélée et de la nécessité de s'y soumettre. C'est à partir de là que Strauss peut montrer que philosopher, pour les Médiévaux, consiste à fonder la philosophie dans sa fondation à partir de la Loi. Une autorité positive, qui est elle-même instance de vérité, préconditionne la recherche de la vérité, ce qui ne revient pas, ou pas nécessairement, à sa limitation prescriptive, comme l'explique par exemple Averroès au § 18 du *Discours décisif*. La positivité de la Loi révélée s'affirme ou se traduit dans l'observance des commandements qui en est la manifestation extérieure. Ce caractère d'*extériorité* qualifie en profondeur la tradition, comme le montre bien Leo Strauss. Par exemple, la croyance en Dieu, pour être véritablement croyance en sa réalité objective et absolue, doit croire en l'extériorité de la création du monde. La croyance, au sens de la tradition, croit en un Dieu qu'elle « découvre », si l'on veut, à partir du « cosmos » dont l'homme est une partie naturelle ou créée, prééminente certes, mais tout aussi naturelle et créée que tous les autres êtres naturels et créés. Or c'est cette extériorité de la « loi cérémonielle », comme on dit en Allemagne depuis Mendelssohn, que la modernité juive va tâcher de résorber ou de contourner. Elle ne pourra bientôt plus soutenir la radicalité de cette extériorité des objets de la croyance, au point d'en pleurer. On connaît l'anecdote rapportée par Strauss à Rosenzweig. Un vieux Juif pieux, après l'avoir longuement écouté exposer son judaïsme comme religion de la raison, demanda à Hermann Cohen : et le *boré olam*, le créateur du monde, dans tout ça ? Cohen ne sut quoi répondre et fondit en larmes. Ces larmes de la modernité juive, ou d'une certaine modernité juive, sont rapportées par Strauss à leur signification symptômale. Il les lit comme un aveu d'impuissance autant que comme un désir de retour. Impuissance philosophique si tant est que contrairement au rire de Socrate les larmes sont bien peu philosophiques [1]. Nostalgie de la tradition oubliée et de ce qu'elle avait, ou qu'elle pourrait avoir encore, de vivant.

L'« abandon de l'objectivité » [2] des objets de la croyance est donc le trait de modernité caractéristique de la pensée juive moderne (qui pourrait aussi bien qualifier les penseurs ou les théologiens chrétiens, Karl Barth ou Friedrich Gogarten par exemple). L'intenabilité d'une position

1. *La Renaissance du rationalisme politique classique*, *op. cit.*, p. 280.
2. *Ibid.*, p. 343.

d'extériorité radicale a emporté la progressive « intériorisation » de la croyance [1], telle qu'elle se dispose à partir des conflits internes aux Lumières entre radicaux et modérés, de Lessing à Schleiermacher. Les intériorisations des postulats de la tradition seraient en quelque façon des formations de compromis destinées à se protéger de la littéralité trop voyante des prescriptions dogmatiques relatives à la création, aux miracles, à l'immortalité de l'âme ou à la résurrection des corps. Désormais, les « pièces justificatives » de la Révélation devront être intérieures [2] et non plus appuyées sur l'authenticité attestée par la continuité d'une transmission, de témoin en témoin du témoignage et en témoin du témoin…, depuis le Sinaï. La modernité juive ne fait que se tenir « en équilibre sur les prémisses fondamentales de la philosophie moderne en général » [3], en reprenant l'un des traits principaux qu'en relève « Progrès ou retour ? » [4], « l'anthropocentrisme », soit la position originaire du sujet comme effet philosophique hautement paradoxal de la révolution copernicienne, de même qu'est paradoxal la fondation du désenchantement de la politique, par le souci moderne de la survie, de la conservation et de la sécurité, sur la fiction d'un individu autosuffisant. Nulle « blessure narcissique » ici selon Leo Strauss, malgré les apparences. La philosophie moderne s'est faite elle-même conscience de soi de la science nouvelle, suturant par avance la plaie qui risquait de lui être infligée. L'intériorisation désobjectivante des croyances traditionnelles serait, dans le judaïsme, le signe précis de cette subjectivisation anthropocentrée de la Révélation.

Or, pour peu qu'on sache répéter et représenter le conflit des Lumières et de l'orthodoxie, explique Strauss, pour peu qu'on s'en réapproprie consciencieusement les termes, il s'avèrera que les affirmations de la tradition n'ont pas été réfutées en leur « extériorité » par leurs critiques éclairés, trop peu attentifs à séparer méthodologiquement et épistémologiquement les objets de savoir des objets de croyance. Ni l'expérience ni l'usage du principe de contradiction ne le permettent. Les libres penseurs qui estiment que la science moderne ou la critique biblique ont invalidé la Révélation ne font qu'appeler ou rappeler les questions qu'ils croient résoudre tout en nourrissant involontairement les recrudescences sectaires ou fondamentalistes. Les présupposés ultimes de l'orthodoxie religieuse

1. L'expression est récurrente. Voir, notamment, l'Introduction à « La philosophie et la Loi », *Maïmonide*, Paris, PUF, 1988, p. 14 *sq.*

2. Préface de 1965, in *Le Libéralisme antique et moderne*, *op. cit.*, p. 334.

3. *La Renaissance du rationalisme politique classique*, *op. cit.*, p. 291 (L. Strauss l'affirme à propos de « la philosophie juive moderne de Moïse Mendelssohn à Franz Rosenzweig »).

4. *Ibid.*, p. 322.

demeurent donc pleinement consistants aussi longtemps que l'impossibilité ou l'irréalité des miracles, par exemple, n'auront pas été démontrées. Le conflit ne sera donc jamais une « affaire classée » [1]. C'est un conflit interminable et sa répétition même constituerait l'enjeu le plus décisif de toute pensée « sérieuse » [2].

Si l'extériorité de la création et de la Révélation demeure irréfutée, et démonstrativement irréfutable, si la répétabilité sans fin de son conflit avec la modernité qui la tourne en dérision faute de l'avoir réfutée [3] rend possible la perspective d'un retour à ses postulats, comment comprendre la position de ceux qui, dans le judaïsme, ont entendu faire retour à la tradition, ces grands contemporains de Leo Strauss, et qui pourtant furent « absolument modernes » ?

N'ayant pas mesuré la radicalité du non-dépassement intégral du conflit des Anciens et des Modernes, ils auraient cru pouvoir *faire retour*, et même mieux faire retour, en passant *par l'intériorisation*, c'est-à-dire, aussi, par l'évitement de la confrontation authentique avec la tradition, ce qui aurait de malencontreux effets non seulement philosophiques, mais aussi religieux.

Strauss critique par exemple avec force la « corrélation » cohénienne comme une forme éminente d'idéalisation intériorisée. Pour Cohen en effet, après la révolution kantienne, la question de Dieu ne peut plus se poser en soi, comme réalité absolue, dans son « extériorité » traditionnelle, mais à partir du moi comme sujet libre conscient. Elle ne se laissera donc penser que dans des corrélations entre Dieu et l'homme en particulier, et, par cette médiation, entre Dieu et la nature [4]. La Révélation n'est donc pas dévoilement d'un mystère mais relation à une transcendance, médiatisée par une loi éthique. Dieu se révèle moins *dans* le monde qu'il ne se révèle *à* l'homme chargé d'accomplir dans l'histoire une loi morale, ayant été créé comme être de raison. Il s'agira donc, et c'est le sens de ce que Cohen appelle « religion de la raison », de dégager le contenu rationnel immanent à la religion, soit aux sources textuelles du judaïsme considéré comme la

1. *Maïmonide*, *op. cit.*, p. 20.

2. Le conflit de Jérusalem et d'Athènes distribue les termes du conflit des Anciens et des Modernes qui les réinvente. L'enjeu tournant ultimement autour de la « vie bonne », ce double tracé serait également sans fin, souterrain, quasi-intemporel : « Ce conflit non résolu est le secret de la vitalité de la civilisation occidentale » (« Progrès ou retour ? », *La Renaissance du rationalisme politique classique*, *op. cit.*, p. 352).

3. « L'importance qu'a la dérision pour la critique de la religion par les Lumières est une preuve indirecte du caractère irréfutable de l'orthodoxie. C'est pourquoi l'orthodoxie peut survivre aux attaques des Lumières [...] » (*Maïmonide*, p. 22).

4. Voir, par exemple, *La Religion dans les limites de la philosophie*, Paris, Cerf, 1991, p. 64.

première et la plus universalisable des manifestations du monothéisme. Selon Strauss, cette « religion de la raison » ne laisserait aucune place à l'obéissance aux commandements, destituée. Ou alors il s'agirait d'une obéissance « autonome » guère plus acceptable qu'un « cercle carré » : car au nom de l'autonomie et d'une éthique rationnelle et scientifique, Cohen resterait à son corps défendant sur la réserve par rapport à la tradition à laquelle il entend à sa façon faire retour. Il lui a donc fallu idéaliser les sources scripturaires, spiritualiser la création et la Révélation, corréler Dieu et l'homme en un rapport de co-activité que la tradition (comme le vieux Juif pieux qui le fit pleurer) ne peut évidemment même pas soupçonner [1]. En fait, la modernité de Cohen serait patente dans un texte que lit et critique Strauss, « L'idéal social chez Platon et les prophètes ». Elle s'exprime dans cette croyance selon laquelle la synthèse moderne (des classicismes juif et grec) serait supérieure aux éléments prémodernes qu'elle recompose [2]. La supériorité de la « culture » (soit, pour Cohen, la science et l'érudition profane *plus* la morale autonome fondatrice d'une politique démocratique et socialiste *plus* l'art) sur ses deux sources primitives ferait le fond de l'idéologie moderne. Elle serait même poussée à son comble dans le judaïsme moderne, en Allemagne plus qu'ailleurs, car plus encore que d'autres courants philosophiques ou que d'autres religions positives, en raison de sa position diasporique, il lui faut synthétiser, concilier, amalgamer, être ainsi encore plus moderne et plus culturel que la culture moderne en général – ce que les pangermanistes et les antisémites allemands ont d'ailleurs toujours perçu de cette façon : les Juifs comme promoteurs et passeurs d'une modernité cosmopolitique dévastatrice.

À cette critique de Cohen, Strauss associe la critique, peut-être un peu plus ambivalente, on verra pourquoi, de Rosenzweig :

> Franz Rosenzweig [...] est allé sur le chemin de Cohen plus loin que Cohen lui-même (et) n'a laissé aucun doute sur l'impossibilité qu'il y avait pour lui de faire sienne la foi traditionnelle en l'immortalité ou la conception de la Loi [...] [3].

On ne peut guère ici s'attarder sur la relation Cohen/Rosenzweig et la critique, souvent forte et précise du premier par le second [4], nonobstant la

1. *Études de philosophie politique platonicienne*, *op. cit.*, p. 339-340.

2. *Ibid.*, p. 239. Or « les deux composantes », Platon et les prophètes, sont « plus solides » que leur synthèse, « la culture moderne ».

3. *Maïmonide*, *op. cit.*, p. 19.

4. Selon Rosenzweig, la découverte de la « corrélation » a permis à Cohen de transgresser les limites de son propre idéalisme dès lors qu'était par là affirmée l'irréductibilité de la facticité sous la philosophie. « La violence en lui de cet événement » (*L'Étoile de la Rédemption,* Paris, Seuil, 1982, trad. A. Derczanski et J. L. Schlegel, p. 32) n'aurait pas

reconnaissance d'une dette théorique ineffaçable – critique dont Strauss, qui la connaissait, s'approche au demeurant par certains aspects. Il associe les deux penseurs parce qu'il y voit deux figurations d'un semblable retour manqué à la tradition. Manqué car incapable de radicalité, incapable de prendre les choses à la racine même de la tradition, ce retour ne serait en fin de compte qu'une reprise non pas de la tradition (il ne plongerait pas assez profond, il ne rétrograderait pas assez pour cela), mais de ce qu'il faudrait appeler une certaine tradition de la modernité, assise sur le verdict ou le pseudo-verdict de la victoire irréversible des Lumières sur l'orthodoxie. S'agissant de Rosenzweig, le signe le plus sûr en serait la grande confrontation philosophique avec Hegel qui a emporté toute sa carrière de penseur, toute la « nouvelle pensée » déployée dans *L'Étoile de la Rédemption*. Au lieu d'affronter directement la tradition elle-même, voire son « dépassement » par les Lumières, Rosenzweig se serait contenté de s'inscrire dans le sillage du dépassement (hégélien) de ce dépassement, tout en en critiquant les présuppositions idéalistes. On aurait là un premier « raté » qui lui-même se déduirait de la légèreté désinvolte dont témoignerait la lecture rosenzweigienne des Grecs. Strauss se réfère ici à quelques lignes de « La nouvelle pensée » où les dialogues platoniciens sont déclarés ennuyeux [1] parce qu'ils ne feraient que dissimuler la forme essentiellement monologale de la pensée sous une pseudo-multiplicité dramatique de paroles faussement échangées. L'ennui naîtrait de ce que la pensée (« pensante ») sait d'avance ce qu'elle pense alors que la parole (ou plutôt la « pensée parlante ») s'aventure et se risque dans sa propre exposition. Cette distinction attesterait du coup la force du souci rosenzweigien de la différence entre expérience et tradition, entre ce qui peut être connu par expérience, ou plus exactement « expériencé », et ce qui est reçu et appris par tradition. Ceci est évidemment la façon straussienne de dire un aspect très important de la pensée de Rosenzweig. Son analytique élémentale indique bien en

échappé au philosophe de Marbourg. L'auteur de *L'Étoile* souligne donc ce que pouvait avoir d'implosif la « corrélation » (du jugement et de la catégorie par exemple) en ce qu'elle rendait sa fluidité à la fixité d'un rapport. Pour lui cependant, le méta-idéalisme cohénien demeure trop attaché à la « tradition » de la division de la philosophie en physique/logique/éthique, alors que son propre trinôme méthodologique *méta* (-physique, -logique, -éthique) a pour office de « rompre avec cet usage » et d'inventer un « autre principe de systématicité » (*Gesammelte Schriften*, La Haye, Martinus Nijhoff, 1984, vol. 3, p. 141).

1. *Le Libéralisme antique et moderne*, *op. cit.*, p. 337. Le passage en question de Rosenzweig se trouve *in* « Das neue Denken » (*Gesammelte Schriften*, vol. 3, p. 151). « La nouvelle pensée » a été traduit en français par M. de Launay dans la livraison des *Cahiers de la nuit surveillée* consacrée à Rosenzweig, Lagrasse, Verdier, 1982.

effet une tension entre ce qui est expériencé et ce qui est pensé [1]. Dieu-Monde-Homme, les « éléments » désignés par ce seul mot triple, sont une ou trois réalités préréflexives, comme la texture de multiplicité, la trame de l'être-là, que rencontre en différentes strates l'expérience. C'est sous ce considérant de bonne intelligibilité qu'il faut lire ce petit passage de « La nouvelle pensée » : « Nous savons [...] ce que Dieu, ce que l'Homme, ce que le Monde "est", chacun pris pour soi [2]. » Je retiens cette phrase délibérément provocatrice et stimulante parce que Strauss entend lui faire un sort dans sa Préface de 1965 à *La Critique de la religion chez Spinoza* [3], omettant très significativement les guillemets rosenzweigiens qui entourent le « est » et qui font évidemment le sens très précis de l'énoncé – sans qu'il soit possible de dire s'il y a là une lecture inattentive de sa part (!) ou si son interprétation est intéressée ou strictement exotérique. Sous ces trois chefs, le *dépassement*, l'*expérience* et le *savoir d'un être*, tous « grecs », le verdict straussien tombe, qui statue sur l'authenticité du retour : « Le retour de Rosenzweig ne fut pas inconditionnel », car il « ne crut jamais que son retour [...] pourrait être un retour [...] sous la forme où la foi s'était exprimée et comprise elle-même dans le passé » [4]. Je voudrais revenir sur ces points, réévaluer ainsi la critique straussienne et proposer ainsi quelques éléments pour une reconstruction du dialogue philosophique de Strauss et Rosenzweig sur le judaïsme moderne.

Le « dépassement » d'abord. Il est tout à fait inadéquat, et franchement peu sérieux, de vouloir retenir la pensée de Rosenzweig dans les rêts de sa filiation hégélienne. Il y a dans *L'Étoile de la Rédemption* et quelques autres textes postérieurs une critique de la dialectique idéaliste d'une grande profondeur. Dans des pages très denses, son auteur oppose logique dialectique et pensée créaturielle. Pour lui, la synthèse dialectique constitue le principe générateur d'une pensée s'autoproduisant sans cesse. Si chaque opposé contient l'autre, c'est qu'il ne peut être pensé sans l'autre et qu'il ne peut contenir de vérité, pris à part, puisque la vérité ne pourra se soutenir plénièrement que de l'unité synthétique totale des petites vérités mutilées de chaque moment saisi dans l'unilatéralité de la réflexion du Tout sur soi, pour parler comme Hegel. La synthèse crée, croit créer, sa positivité ou son effectivité à partir d'un donné ininterrogé quant à sa donation. Le jeu constructif, « la construction des éléments », ne fait en revanche que

1. Ce qui est très différent de la tension entre l'expérience et la tradition que Rosenzweig n'a cessé de penser dans ses dernières années de vie et qu'il réfléchit comme conflictualité de la « vie » et de la « Torah ».

2. « Das neue Denken », art. cit., p. 145.

3. *Le Libéralisme antique et moderne*, *op. cit.*, p. 337.

4. *Ibid.*, p. 343 et p. 281 de la traduction dans *Le Testament de Spinoza*, *op. cit.*

re-créer après-coup le jeu de l'être. La dialectique idéaliste est dans un faux mouvement. L'illusion conceptuelle produit le leurre d'un déplacement effectif, alors qu'elle demeure dans le « surplace », selon le mot de Schelling, dans le mouvement du même au même. La topique élémentale, en désignant la fixité des points qu'elle décrit comme fixes, est l'indice d'elle-même et de son autre. Seule l'expérience en effet (*Er-fahrung* et *Erlebnis*) met en mouvement les éléments. Ce mouvement précède même les points fixes dont la pensée ne peut que reconstituer les contenus, prévenue qu'elle est par plus ancien qu'elle. Rien ne saurait donc être « dépassé ». La catégorie rosenzweigienne fondamentale de paganisme [1] constitue un vigoureux déni de toute temporalité du dépassement, de la suppression qui conserve-supprime. Elle rappelle au sens de l'éternité qui traverse toute la pensée rosenzweigienne, aussi résolument anti-historiciste que celle de Strauss. On pourrait très utilement comparer les contenus et les fonctions de la *tradition* straussienne et du *paganisme* rosenzweigien. Création sans Révélation, le paganisme caractérise dans *L'Étoile* une immémoriale Antiquité : un prémonde, un passé qui me prévient, que je trouve toujours déjà avant moi, mais un passé « perpétuel », perpétuellement présent, *immerwährend* – qu'on pourrait traduire, en jouant sur l'allemand, « toujours-pendant », en suspens dans un présent qui dure. Sourdement, muettement, le paganisme est toujours présent. Il n'est d'aucune façon un moment dans l'histoire de l'Esprit, une « vieille pensée qu'il s'agit de dépasser » dans une « nouvelle » [2], mais « la vérité sous sa forme élémentaire », « il a une réalité permanente » [3]. Exactement comme la pensée, dont les concepts tendent forcément à adopter la forme du passé : « Fondement, cause, origine, présupposé, *a priori :* à chaque fois le monde est projeté dans le passé pour devenir connaissable [4]. » L'équation rosenzweigienne pensée=passé=création=paganisme comme permanence de l'élémentaire ruine radicalement la possibilité qu'usage soit fait de manière quelconque, même triviale, du concept d'*Aufhebung*. Il n'y a de création

1. Si fondamentale qu'elle devait donner son titre au premier livre de *L'Étoile*, le plus (anti-)philosophique des trois, censé constituer une « philosophie du paganisme », expression par ailleurs aussi redondante aux yeux de Rosenzweig que : dialectique idéaliste.

2. *Le Libéralisme antique et moderne*, *op. cit.*, p. 337. L. Strauss incrimine à la fois Rosenzweig et Heidegger, le second ayant fait preuve d'une « compréhension plus profonde de ce qu'impliquait la découverte de la nécessité [...] de remplacer la philosophie traditionnelle qui reposait sur des fondements grecs par une pensée nouvelle » (*ibid.*). S'agissant aussi bien du « retour aux Grecs » de Heidegger que du statut de la « pensée nouvelle » de Rosenzweig, on peut contester que le « dépassement » ou le « remplacement » en soient le motif ou le ressort théorique.

3. *Kleinere Schriften*, p. 381.

4. *L'Étoile de la Rédemption*, *op. cit.*, p. 159.

(passée) que révélée par le présent de l'être-créé. Cette catégorie de création désigne donc un commencement, et aussi un commencement du savoir, qui manifeste le statut créé, déjà-là, du monde. Mais dire qu'il n'y a que de la création révélée, ne fait nullement de la Révélation le « dépassement » de la création [1]. Les mouvements création-Révélation-rédemption sont des corrélations, des mobilisations expériencielles n'obéissant à aucune espèce de dialectique, mais s'inscrivant dans des temporalités différentielles non-coïncidentes et contemporaines à la fois. Chez Rosenzweig, le retour à la foi des Anciens est sans doute conditionné par ce modèle, mais il n'en est nullement bloqué ou empêché pour cause de « dépassement », comme l'avance Strauss.

Ce qui certainement le commande, c'est l'expérience dont le statut est structurellement central dans l'*Étoile*, puisqu'il se confond avec celui de la Révélation et d'un présent, instantané cette fois et non plus perpétuel. Peut-on y voir avec Leo Strauss, une forme particulièrement moderne, existentielle, de l'intériorisation, voire de l'inversion ou du renversement moderne des Classiques ? Pour Rosenzweig, il est vrai, l'expérience, c'est l'effectif, le seul effectif (*Wirklichkeit*). Le temps, le « besoin d'un autre », le langage (termes entre lesquels la nouvelle pensée établit une quasi-équivalence) en sont les principales articulations [2]. Mais l'expérience est encore un terme trop général et vague. Elle advient à chaque fois sur un mode spécifique de sa temporalité. Dans la temporalité d'un connaître, d'abord, soit dans un rapport qui fixe, détermine, établit ce qui est passé. Dans la temporalité de l'événement ensuite, de ce qui est en train d'advenir au présent, que je vis et dont j'ai à répondre. Dans la temporalité plus communautaire enfin, portée et tissée par la prière, par un nous collectif se constituant dans une anticipation de ce qui est à venir. C'est depuis cette centralité proprement irradiante de l'expérience vécue que la procédure constructive de *L'Étoile* est intelligible. Les « éléments » désignent à la fois les réels élémentaires et éclatés produits par l'accès expérienciel au réel et à l'Un, et, en même temps, les principes univoques et exclusifs de la totalité du réel érigés par les philosophes et les théologiens de l'Ionie à Iéna. Ceci confère d'ailleurs à la théo-cosmo-anthropologie rosenzweigienne une fonction descriptive assez voisine de celle de l'onto-théologie heideggerienne. Leo Strauss s'en souvient probablement lorsqu'il évoque « l'anthropocentrisme » [3] comme caractère distinctif de la modernité, de la même façon que le théocentrisme

1. Ce que présupposerait « l'intégration hégélienne de la Révélation dans le Tout » contestée tout particulièrement par Kierkegaard (*ibid.*, p. 16).

2. *Gesammelte Schriften*, vol. 3, p. 151 *sq.*

3. « Progrès ou retour ? », *La Renaissance du rationalisme politique classique*, *op. cit.*, p. 322.

caractériserait la période médiévale et le cosmocentrisme l'Antiquité grecque, ce que dit à la lettre Rosenzweig lorsqu'il explique le fonctionnement des unitotalités [1]. Or cette coupe ou cette segmentation historiale ne se peut selon lui que dans le mouvement de détotalisation du grand récit de la métaphysique occidentale qui marque ce qu'il appelle « la révolution post-hégélienne » de la philosophie [2]. Ce serait donc le point de vue d'une certaine modernité « post-hégélienne » qui autoriserait la critique de cette même modernité et la visée d'un retour. Ce point de vue, cette position, constitutifs de la pensée expériencielle, feraient la « modernité » rosenzweigienne. C'est cela que Strauss cerne comme dépassement d'un dépassement, soit comme faux ou mauvais retour. Pour lui, le risque serait là patent d'une « historicisation de la Torah » [3]. Il écrit :

> Quand on parle de l'expérience juive, on doit partir de ce qui est premier, de ce qui fait autorité pour la conscience juive et non de ce qui constitue la condition de possibilité de l'expérience juive [4].

On doit donc partir de la Torah, laquelle précède le peuple juif et même le constitue et non, fâcheuse inversion, du peuple juif lui-même ou du judaïsme comme vie et expérience. Il faut avouer qu'il y a là, dans l'idée et la pratique du retour ainsi proposée, quelque chose qui laisse perplexe. Le retour, selon les termes de ce débat reconstitué avec Rosenzweig, est explicitement rapporté au contenu de la *techouvah* (repentir, reconversion, réfection de soi, retour). Comment partir de ce à quoi, dans la situation moderne du judaïsme, où sionisme et assimilation se disputent le poste de commandement, il s'agit précisément de retourner, la Torah, et qui est perdu ? Rosenzweig avait une conscience très aiguë de la question. C'est évidemment lui que vise Leo Strauss dans les quelques lignes citées plus haut. Dans un texte intitulé *Neues Lernen* [5], il explique qu'il s'agit d'inventer « un apprendre qui renverserait la direction »,

1. Soit la position d'un théorème selon lequel « tout "est" un et un seul » : tout est Homme, ou Dieu, ou Monde. Ou encore : l'Être est Tout (Parménide), Tout est plein de Dieux (Thalès), (le) Tout est (le) Vrai (Hegel), *etc.* C'est la copule autour de quoi pivote le théorème que Rosenzweig va destituer en raison de sa non- ou pseudo-effectivité (voir *infra*).

2. *L'Étoile de la Rédemption*, *op. cit.*, p. 26.

3. Préface de 1965, in *Le Testament de Spinoza*, *op. cit.*, p. 282.

4. *Ibid.*, p. 281.

5. *Gesammelte Schriften*, vol. 3, p. 505-513. Ce titre dit tout. Le retour passe par un apprendre, une étude au sens ancien de la tradition, mais forcément par un apprendre nouveau : si cet apprendre était demeuré ce qu'il fut depuis les commencements, la question du retour perdrait toute pertinence. Il faut par ailleurs remarquer que « l'ancien » pour Rosenzweig, c'est le judaïsme assimilé institutionnel et vénérable et que le « nouveau », c'est l'ensemble des forces vivantes capables de retourner à la tradition. Dans une lettre à son collaborateur Rudolf Hallo, il recommande d'utiliser la question du nom de l'Institut qu'il

> non plus un apprendre qui partirait de la Torah pour entrer dans la vie, mais à l'inverse, un apprendre qui partirait de la vie, qui partirait d'un monde qui ne sait rien ni ne veut rien savoir de la Loi, pour faire retour à la Torah [1].

Le diagnostic de crise extrême de la modernité juive est porté par les deux penseurs. Mais Leo Strauss affirme et appelle, toujours avec une très grande vigueur, une restauration de principe du primat de la Loi, ce qu'il nomme d'une étrange formule

> une régression violente qui mènerait de la pensée la plus nouvelle [celle de Rosenzweig entre autres] à la pensée ancienne [2].

Comme passage à rebours d'une forme de la philosophie à une autre, du moderne à l'ancien, de Nietzsche à Platon, ce retour est peut-être envisageable, encore qu'on ne puisse en sous-estimer la considérable difficulté puisqu'il s'agit de passer d'un temps de la philosophie à un autre et donc de faire pleinement valoir l'éternité du concept. Comme *techouvah*, il implique qu'une autre éternité que celle du concept se substitue à la temporalité du « progrès » [3]. L'expérience (puisqu'il s'agit d'une éternité « expériencée » dans la rédemption comme entr'appartenance de l'homme et du monde) y jouera alors le rôle d'un puissant levier. Quelle expérience peut commander au retour ? Pour Rosenzweig, l'expérience de la mort sur les champs de bataille de 1914-1918 puis de la crise de la modernité, du monde sans la Loi, du judaïsme comme « vie », l'expérience aussi bien d'une régression violente comme rupture avec la modernité instituée (l'Université, l'écriture de livres, la philosophie académique), l'expérience enfin que seule la transmission, soit l'invention de formes nouvelles d'enseignement, permettra de retrouver la tradition, qu'en elle et par elle seule, la tradition pourra être réinvestie dans sa présence vivante. La différence avec Leo Strauss semble ici patente. La perplexité s'accroît cependant lorsqu'on considère certains textes où celui-ci admet explicitement que la « rejudaïsation » passe nécessairement par une expérience, plus ou moins consentie. Par exemple : « Certains de nos contemporains croient que cette *techouvah* est totalement impossible parce qu'ils croient que la foi juive » a été réfutée et qu'ils acceptent le verdict des Lumières. Ces Juifs contemporains

venait de fonder comme un schibboleth pour distinguer les « anciens » (attachés à l'appellation très allemande de *Volkshochschule*) des « nouveaux » (qui disaient *Lehrhaus*, calque de l'antique et traditionnel *Beth Ha-Midrach*).

1. *Ibid.*, p. 507.

2. *Maïmonide*, *op. cit.*, p. 46.

3. Voir « Progrès ou retour ? », *La Renaissance du rationalisme politique classique*, *op. cit.*, p. 317.

(songeons évidemment ici aux Allemands des années 20) n'ignorent pas que leur problème serait résolu par ce retour, mais ils se refusent à « sacrifier l'intellect » pour un « besoin vital » [1]. Et même lorsqu'ils acceptent de quelque façon ce retour, ils « le font sur le mode autoréflexif », si bien que « leur attitude est historique plutôt que traditionnelle » [2]. Franz Rosenzweig fait ici parfaite figure de contre-exemple. Il « sacrifie » la carrière universitaire, prenant acte de sa transformation d'« historien académique » qu'il était, destiné à l'enseignement supérieur, en « philosophe inacadémique » [3], conscient que le temps du *Büchermachen* est révolu, qu'il convient désormais d'aller au-delà du livre puisque tout livre ne vaut de toute façon que par son hors-livre [4]. Il consacre les quelques années qui vont de la publication de l'*Étoile* à sa mort prématurée à enseigner et à traduire, soit à transmettre et, par cette transmission, à restaurer les formes et les contenus de la tradition dans cet Institut francfortois qu'il créa [5] et où, on l'a dit, Leo Strauss enseigna selon les procédures pédagogiques du « change » enseignant/enseigné qu'il mit au point [6]. Le « besoin vital » évoqué dans « Progrès ou retour ? » est expressivement attesté, dans sa force d'arrachement à « l'intellect », par les quelques biographèmes rosenzweigiens qu'on vient de mentionner. Comment mieux les ramasser, après tout, que sous l'expression straussienne elle-même, « la vie marquée par l'idée de retour », contre-distinguée de « la vie marquée par l'idée de progrès » [7] ? Avant de revenir sur cette ambivalence straussienne, examinons pour finir le troisième point critique relevé.

Franz Rosenzweig aurait affirmé, avec une impardonnable désinvolture, que nous savons tous ce qu'*est* Dieu, le Monde et l'Homme, témoignant ainsi d'« une compréhension suffisante de la philosophie grecque » [8],

1. Préface de 1965, in *Le Libéralisme antique et moderne*, *op. cit.*, p. 333.

2. *La Renaissance du rationalisme politique classique*, *op. cit.*, p. 311-312.

3. Voir la très belle lettre en forme de confession qu'il envoie en août 1920 à son vieux maître Meinecke (*Gesammelte Schriften*, vol. 1, II, p. 680-681), dans laquelle il explique que la connaissance ne peut plus être à elle-même sa propre fin (*Selbstzweck*), mais doit se faire service (*Dienst*). Heidegger a recours à ce même mot de *Dienst* (« un servir qui n'a pas de résultat ») pour qualifier « la pensée attentive à la vérité de l'être » (« Qu'est-ce que la métaphysique ? », *Questions I*, Paris, Gallimard, Tel, p. 83).

4. *Gesammelte Schriften*, vol. 3, p. 491.

5. Je me permets de renvoyer sur ces points à « Franz Rosenzweig et le *Freies Jüdisches Lehrhaus* de Francfort », à paraître dans la revue *Pardès*.

6. Rosenzweig le rappelle dans une lettre du 9 octobre 1926 (*Gesammelte Schriften*, vol. 1, II, p. 1107).

7. *La Renaissance du rationalisme politique classique*, *op. cit.*, p. 306.

8. *Ibid.*, p. 337. L. Strauss ajoute que Heidegger n'aurait certainement jamais écrit pareille chose. Les guillemets de Rosenzweig indiquent pour le moins qu'il y va pourtant dans cet énoncé de la question de l'être, même s'il est parfaitement vrai que « l'épreuve » de

entendons d'une flagrante insuffisance philosophique. Dans la phrase incriminée, on s'en souvient, Rosenzweig met le verbe « *ist* » entre guillemets, ce qui rend fautive la lecture straussienne. Pour mieux comprendre de quoi il s'agit, il faut renvoyer à la formule plus générale qu'on peut lire trois ou quatre pages plus loin dans « La nouvelle pensée » : « *Das Wirkliche "ist" nicht* [1] ». Ce que Rosenzweig a ici en vue, c'est le questionnement de la métaphysique à propos de l'essence. Pour dire très vite, et grossièrement, les choses : en se demandant ce qu'est vraiment l'objet *x*, la métaphysique idéaliste, par « réduction » ou par « fondation » dans un ciel intelligible ou dans un arrière-monde, y répondrait toujours en concluant que *x* est autre-que-*x* et, d'un même mouvement, que *tout est* cet autre-que-*x* auquel *x* doit être rapporté comme à son être ou à son essence. La « nouvelle pensée » en tant qu'elle est une « philosophie expériençante » [2], affirme et confirme au contraire qu'en l'homme, il n'y a rien que de l'humain, en Dieu du divin et dans le monde du mondain (ou que de l'humain, il n'y en a qu'en l'homme, du divin qu'en Dieu et du mondain que dans le monde). Et, du coup (mais c'est d'un improbable coup de force qu'il s'agit), c'en serait fini de la philosophie : *Finis philosophiae* [3] ! Cette conclusion est autorisée par le bris de la totalité pratiqué dans tout le premier livre de *L'Étoile* et que nous ne pouvons ici exposer. En ce sens, le « savoir » que nous avons ou croyons avoir de Dieu-Monde-Homme quant à leur être essentiel et total ne rencontre jamais leur effectivité puisque, pas plus que Dieu-Monde-Homme, l'effectif n'est. Dire que nous savons ce

laquelle l'ontothéologie et l'unitotalité s'excluent est celle de l'« Être » pour l'un et celle de la Révélation ou de l'« expérience » pour l'autre (ce qui emporte, on s'en doute, bien des différences). Peut-être convient-il de distinguer deux configurations successives chez Heidegger. La première, chronologiquement, laisse place à un commencement prémétaphysique et privilégie donc les Présocratiques et le « matin grec ». La seconde est beaucoup plus proche de l'esquisse rosenzweigienne. Heidegger parle alors de « l'histoire de la métaphysique d'Anaximandre à Nietzsche ». Le moment prémétaphysique est annulé, ce qui bien évidemment ne dispense nullement du retour. Mais ce dernier vise désormais une origine plus matinale encore que le matin grec, auquel on accèderait cependant à partir des Grecs. Le dépassement de la métaphysique ouvrait dans le premier cas de figure à une histoire qui reviendrait sur l'oubli de l'être. Dans le second, la pensée pourrait s'éveiller à son histoire propre en faisant retour à l'être qui la soutient par-delà ce qui est grec. Un cheminement voisin conduit Rosenzweig à estimer que le retour ne saurait être un retour aux Grecs (ce serait reparcourir une voie qui a inexorablement mené à la crise), mais un changement de terrain. La *techouvah* réorienterait ainsi *dans* la modernité, sans déni de soi (assimilation) ni entêtement en soi (sionisme). Les Grecs sont « abandonnés », les Juifs « retrouvés », philosophiquement, à partir d'une crise de la modernité philosophique, et aussi de soi comme philosophe s'agissant de Rosenzweig.

1. *Gesammelte Schriften*, vol. 3, p. 148.
2. *Ibid.*, p. 143.
3. *Ibid.*, p. 144.

qu'ils sont, c'est dire que ce « savoir » de leur essence manque leur effectivité. Or Rosenzweig « refuse d'obtempérer » [1] à cette modalité métaphysique où la question de l'être est toujours posée dans l'horizon du Tout : « Que l'on ne veuille pas le moins du monde dire : "tout est...", voilà ce qu'elle [la métaphysique de la subjectivité] ne peut se mettre dans la tête [2] ! » La réduction-fondation en unitotalité se constitue à partir d'une représentation de « l'étantité de l'étant » articulée autour du Tout et de l'Un. Du Tout parce qu'elle vise l'étant dans sa plus grande universalité, soit dans sa totalité. De l'Un parce que la totalité de l'étant sera ordonné par l'Étant le plus haut. Les vocables heideggerien et rosenzweigien sont ici volontairement mêlés car, dans les passages de référence de sa Préface de 1965, Leo Strauss associe les deux penseurs sous une même rubrique, la « nouvelle pensée », label qui n'appartient pourtant en propre qu'à Rosenzweig.

La différence entre la modernité rosenzweigienne et le classicisme épistémologique de Strauss est patente, alors que le contraste semblait résulter d'un malentendu ésotérique/exotérique sur la question du dépassement et affecté d'une très profonde ambiguïté sur celle du retour.

Le problème de l'être est en effet ultimement traité par Rosenzweig comme problème de la vérité dans le temps, de la temporalisation du vrai, on en a dit très vite un mot. Ceci renvoie par ailleurs à la question du type de rapport existant entre l'effectivité (et non plus l'être) et la vérité. Une formule forte et précise l'énonce dans *L'Étoile :*

> La vérité ne prouve pas la réalité, mais la réalité maintient la vérité ; l'essence du monde est ce maintien (et non la preuve) de la vérité [3].

Le rapport qu'indique cette proposition ne peut pleinement s'entendre en français, sans pour autant que le mérite des traducteurs puisse être pris en défaut. Il est en effet réglé tout entier par le déplacement de la *Bewährung* (la preuve) à la *Bewahrung* (le maintien ou la garde). Pour résumer en la simplifiant à l'extrême la thèse rosenzweigienne, on dira que la vérité ne saurait s'administrer dans une preuve qui ne serait que sauvegarde logique du vrai de la vérité ; elle se maintient, elle est portée par sa maintenance dans le vrai (« *Bewahrung* » autant que « *Bewährung* » disent également une relation au vrai, comme l'indique leur commune racine « *wahr* »). Elle est assurée par la réalité effective. Sans effectivité, sans monde pourrait-on dire aussi, pas de vérité, pas de preuve de la vérité. D'un point de vue straussien, qu'on pourrait sans doute discuter, on a là à faire à une relativisation de la vérité. En tout état de cause, si, pour Strauss, la dérive

1. *L'Étoile de la Rédemption*, *op. cit.*, p. 30.
2. *Gesammelte Schriften*, vol. 3, p. 143.
3. *L'Étoile de la Rédemption*, *op. cit.*, p. 25.

historiciste et relativiste conduit au triomphe des sciences sociales et à l'oubli du politique comme ordre normé par des fins, c'est que cette dérive se produit concomitamment à la dégradation progressive de la vérité en valeur, cette « seconde caverne » où la modernité nous a fait tomber [1] et à laquelle nous avons quelque chance d'échapper en réinventant le geste ancien de la sortie, sous la figure, précisément, du retour. Il y a donc une hétérogénéité certaine des questionnements straussien et rosenzweigien sur l'être et sur la vérité. Irréductible, elle relève moins cependant de l'antagonisme que de la disparité. Le jeu rosenzweigien de la *Bewahrung* et de la *Bewährung* travaille sur ou dans le *vrai* et échappe à la subjectivité des choix et donc au nihilisme de la relativité des valeurs. Les riches développements de la fin de *L'Étoile* sur la facticité de la vérité montrent, dans une analyse sémantique de l'impossible proposition « Il n'y a pas de vérité », que « le caractère indéniable de la vérité » comme fait est forcément prévenu par « une confiance ultime dans la vérité » : la vérité serait ainsi toujours à elle-même son propre présupposé [2]. Comme vérité intégrale du tout-un, elle ne peut donc jamais être donnée mais, pour cette raison même, elle est toujours partagée [3]. Ces analyses demanderaient à être rapprochées, sans nullement forcer leur interprétation, du propos straussien sur la « contradiction interne » ou l'« absurdité » de l'historicisme lorsqu'il est nécessairement conduit à s'exempter de son propre verdict [4] – à condition de ne pas perdre de vue que le nerf des deux arguments n'est ni le même ni soumis à la même finalité.

Après l'examen de trois sphères de confrontation où Leo Strauss a pu rencontrer « une pensée juive moderne », comme Levinas qualifia la philosophie de Rosenzweig, une certaine perplexité demeure. On conclura sur quelques hypothèses, plutôt interrogatives, relatives à ce qui, dans le dialogue des deux pensées, se maintient dans l'indétermination, notamment sur la question du retour.

Leo Strauss le pense comme un retour aux Grecs et aux Juifs tout à la fois. C'est ce qui, chez lui, est intrigant et stimulant. Cela lui permet de maintenir la distinction tranchée entre Anciens et Modernes, et de la faire fructueusement travailler. Mais il ne peut la penser tout uniment, sous une seule et même modalité, puisque le judaïsme et la philosophie sont des

1. *Maïmonide*, *op. cit.*, p. 17. *Cf. Droit naturel et histoire*, Paris, Champs-Flammarion, 1984, p. 24.

2. *L'Étoile de la Rédemption*, *op. cit.*, p. 456-457.

3. Ainsi le judaïsme figure-t-il la reconcentration du Tout dans l'un (des rayons de l'étoile dans son point central) et le christianisme l'expansion de l'un dans le Tout (le rayonnement du point), chacun ayant part à la vérité selon des modalités opposées.

4. *Droit naturel et histoire*, *op. cit.*, p. 21 *sq.*, p. 35, par exemple.

orientations et des vocations exclusives. La *techouvah* est une chose, la réappropriation de la pensée grecque ancienne dans le champ de la modernité une autre. Toutes deux sont expressément données comme souhaitables, et à peu près impossibles. La première plus encore que la seconde, académiquement difficile mais après tout ouverte sur des pratiques productives d'insertion de l'ésotérisme dans l'exotérisme. Il faut relever ici un écart, et tâcher de comprendre approximativement sa signification à partir des quelques éléments pris en compte sous le contraste, à certains égards idéaltypique, Strauss/Rosenzweig. On pourrait dire que la position de Strauss se caractérise par un héroïsme de la pensée mais qui ne se peut jusqu'au bout et dont la visée plus ou moins proleptique consisterait en un rappel insistant à ne jamais en finir avec la pensée de la tradition, celle des Classiques grecs et médiévaux, celle du judaïsme. C'est là que l'écart devient signifiant. Retourner aux Grecs et aux Médiévaux suppose, en tant qu'affirmation du primat des Classiques sur les Modernes, une décision philosophique, une prise de position audacieuse dans le champ moderne. Faire de la philosophie, et notamment de la philosophie politique, autrement, c'est adopter une position solitaire dans la confrérie des philosophes, mais la singularité, à condition d'être aussi fine, originale et intelligente que chez Leo Strauss, y vaut malgré tout pour elle-même : c'est beau comme de l'antique. Une prémodernité ainsi revendiquée finit par apparaître de quelque façon postmoderne. Autrement dit, Leo Strauss, pour reprendre ses propres termes, ne « sacrifie » pas « l'intellect » en réclamant une « régression violente » vers la pensée politique gréco-médiévale. Il « répète » le conflit et appelle à sa répétition généralisée. Requête atypique, hors-normes, au point qu'elle le fait « moderne ». Car si le propre de la philosophie moderne, c'est « de comprendre le typique à partir de l'extrême » [1], il y a évidemment quelque chose de très moderne dans l'extrémité straussienne. Mais cette question concerne avant tout la stratégie d'écriture et de communication de Strauss et la détermination d'un lectorat idéal ou universel pour son œuvre écrite [2]. C'est plutôt l'écart entre « sacrifice de l'intellect » et « besoin vital » qui requiert un commentaire pour notre propos. S'il accomplit sa *metanoia* philosophique et surtout s'il vise à produire des effets de type conversif du dedans de la modernité, Leo Strauss ne fait évidemment pas sa *techouvah*. Le portrait qu'il dresse de ces Juifs qui la font sans tout à fait la faire paraît en bonne part un autoportrait. Il l'explique lui-même, cette *techouvah* pour être conséquente, passe par une

1. *Maïmonide*, *op. cit.*, p. 16. « Le choc est devenu la norme » disait semblablement W. Benjamin à propos de la « modernité » baudelairienne (*Charles Baudelaire. Un poète lyrique à l'apogée du capitalisme*, Paris, Payot, 1982, p. 159).

2. Je renvoie sur ce point à la contribution de L. Jaffro dans le présent recueil.

rupture (un « sacrifice ») très radicale avec la philosophie. Or il demeure, lui, expressément philosophe et n'entend pas, ou ne peut pas, procéder à une quelconque auto-immolation. Le possible héroïsme philosophique du retour procède de quelque façon de l'impossible *techouvah*, d'autant plus qu'il implique de façon plutôt singulière les prophètes avec les philosophes anciens. Dans cette disposition générale, le conflit des Anciens et des Modernes détient en fait [1] le même caractère interminable, insoluble et vital que le conflit de Jérusalem et d'Athènes.

On peut ainsi très bien comprendre pourquoi et comment Spinoza est la figure cruciale de la pensée straussienne. Il est le plus juif des Grecs, ou l'inverse, et le plus médiéval des Modernes. C'est à partir de la philosophie de Spinoza que se distribuent diversement les monnayages de la double opposition constitutive de la modernité européenne. Faire retour à l'orthodoxie juive ne se pourra donc qu'à la condition que l'on démontre que Spinoza s'est trompé sur toute la ligne [2], ce que tente Hermann Cohen en s'y cassant les dents [3], ou bien en changeant de façon très radicale de terrain. Spinoza, Juda Halevi et Maïmonide représentent structurellement trois pôles, trois ingrédients, trois positions du judaïsme entre lesquelles la pensée straussienne navigue et s'organise. Le *sionisme* et l'*assimilation* originaires indiquent le choix du même dans ses deux grandes formes historiques différenciées, et, à ce titre, « le judaïsme moderne », nécessairement, est « une synthèse entre le judaïsme rabbinique et Spinoza » [4]. La *techouvah* dessine un tracé qui, de Juda Halevi, va en droite ligne jusqu'à Rosenzweig. La *philosophie juive* enfin dont les cimes entraccordent leur rationalité foncière, de Maïmonide [5] jusqu'à Hermann Cohen et au-delà. Le champ ainsi esquissé permet de mieux comprendre la position de Strauss face à Rosenzweig, son ambivalence aussi telle qu'elle peut s'exprimer dans le contraste entre la dédicace de la *Critique* et les thèses philosophiques rosenzweigiennes passées au crible de l'analyse, et, à partir de là toute la pensée straussienne du judaïsme.

1. Strauss le laisse parfois clairement entendre ; voir *La Renaissance du rationalisme politique classique*, *op. cit.*, p. 321, où il est dit de la modernité qu'elle ne désigne pas le moment d'une chronologie et, de la même façon, de la résistance à la modernité qu'elle qualifie une constante.

2. *Le Testament de Spinoza*, *op. cit.*, p. 284.

3. *Ibid.*, p. 285 *sq.* et également *Études de philosophie politique platonicienne*, *op. cit.*, p. 237 *sq.*

4. *Le Testament de Spinoza*, *op. cit.*, p. 305. On sait que le *Traité théologico-politique* annonce inauguralement et germinativement « sionisme » et « émancipation ».

5. S'il n'en relève pas expressément selon Strauss, c'est, en fait, seulement au sens « moderne » où la philosophie s'autocomprend.

Rosenzweig fut bel et bien l'homme du retour, celui qui sacrifia pour le besoin vital, qui renonça à l'Université pour faire *techouvah.* Héroïsme rosenzweigien qu'à coup sûr Leo Strauss estimait et admirait. C'est à ses yeux la plus juive des positions juives possibles et son propre sionisme [1] en est probablement une forme substitutive (il est bien loin d'être le seul dans ce cas). Pourquoi alors, se demandera-t-on, critiquer avec tant de vigueur les thèses de Rosenzweig, sur les trois points relevés par exemple ? Parce qu'il serait encore trop « philosophe-juif-moderne ». Le Rosenzweig qui sacrifie, n'écrit plus de livres, enseigne et traduit, est le destinataire de la dédicace. L'auteur de « La nouvelle pensée » est en revanche la cible de Strauss. Ce dernier, en le cassant en deux, fige le mouvement autocritique et les discontinuités qui marquent le cheminement rosenzweigien du livre au hors-livre, de la vie à la Loi et, en fin de compte, de Meinecke à la Torah, de la modernité hégélienne de l'Histoire et de l'État à la tradition retrouvée jusque dans sa composante théologico-politique.

Peut-être Leo Strauss reste-t-il par trop tributaire de l'alternative, d'origine spinozienne, entre la négation juive (le fameux « mépris ») de la philosophie et la négation philosophique du judaïsme. Aussi est-il souvent réticent devant les résultats de cette forme mixte et difficile à circonscrire qu'est la philosophie juive, encore que, contrairement à d'autres penseurs juifs contemporains, son anti-historicisme en légitime théoriquement et épistémologiquement le statut. On le voit bien lorsqu'il oppose, en une lecture strictement « littérale » des deux textes, le *Guide des égarés*, livre juif non-philosophique, à *L'Étoile de la Rédemption*, système non-juif de philosophie. On retrouve encore dans sa critique de Guttmann [2] l'effet stimulant du même présupposé interne à son art de lire. À bien y regarder, le très intéressant paradoxe que Strauss déconstruit avec la dernière minutie peut valoir d'être tenu jusqu'à ses conséquences les plus rigoureuses. Les Médiévaux, explique Guttmann, à l'aune de leur aristotélisme ou de leur anti-aristotélisme, auraient été à la fois plus grecs, donc plus philosophes que les Modernes, tout en restant beaucoup plus enracinés dans la tradition. D'un point de vue juif, il y aurait donc une « supériorité » ou une « certaine supériorité » des Modernes sur les Anciens. On ne peut ici retracer le détail de la controverse. En tout état de cause, Guttmann, lui aussi critique bien

1. Dans une lettre du 6 décembre 1924, Rosenzweig porte un jugement sévèrement mitigé sur le sionisme du jeune Strauss : « En janvier, Leo Strauss doit intervenir au *Lehrhaus* à propos de la "théorie du sionisme politique". Je le laisse faire bien volontiers parce que le vrai sionisme bien bête n'a jamais encore eu la parole au *Lehrhaus*, seulement l'hérétique. Et lui, au moins, le représente sous les dehors de l'esprit… » (*Gesammelte Schriften*, vol. 1, II, p. 1007).

2. *Maïmonide*, *op. cit.*, p. 34-77.

que fort admiratif à l'égard de Rosenzweig, permet une organisation différente des deux axes Juifs/Grecs et Anciens/Modernes qui n'en distribuerait pas les termes aussi exclusivement que chez Strauss. Dans certaines de ses composantes, la modernité juive autoriserait peut-être, sous divers requisits philosophiques, une *techouvah*, une reconstruction extra-philosophique, expériencielle, de la tradition, un regain de la croyance pieuse et fidèle qui échapperait à l'alternative de l'extériorité et de l'intériorisation. Mais il faut s'en tenir à ce « peut-être ». L'aventure du *Freies Jüdisches Lehrhaus*, dont il faudrait longuement parler pour elle-même, fut sans doute l'expérience d'un retour rendu possible par le primat de la transmission sur l'écriture, de la parole, enseignante notamment, sur le monologue du livre ou de la recherche solitaire, soit par l'invention ou la réinvention de formes anciennes suscitées par la critique moderne et extra-moderne de la modernité. Pourtant quelque chose de ce retour fut bel et bien manqué et Franz Rosenzweig, vers la fin, sembla s'y résigner. Le questionnement demeure entièrement ouvert, et avec lui les irritantes contrariétés qu'il porte. Leo Strauss le nourrit de très belle façon, à condition qu'on s'efforce de lui appliquer cette « herméneutique de la réticence » dont parlait, à son propos, Momigliano.

LE PHILOSOPHE ET LE PROPHÈTE DANS *DROIT NATUREL ET HISTOIRE*

François COPPENS

Publié en 1953, *Droit naturel et histoire* [1] reprend un ensemble de conférences que Strauss a prononcées en 1949 à l'Université de Chicago, à l'invitation de la Walgreen Foundation. À sa suite, Eric Voegelin y prononcera des conférences publiées en 1952 sous le titre de *The New Science of Politics* [2]. Pendant cette période, les deux hommes entretiennent une correspondance [3] éclairante pour la lecture de *Droit naturel et histoire.* On y peut lire notamment, dans des pages passionnantes, ce que dit Strauss de l'éventuelle publication des conférences qu'il avait données :

> L'ouvrage demeure un risque [...], quand bien même je ne fais rien de plus que présenter le problème du droit naturel comme un problème non résolu [4].

La lecture présentée ici repose sur le fait que le droit naturel apparaît bien dans ce livre comme un problème, et non comme une doctrine.

1. L. Strauss, *Natural Right and History*, Chicago, University of Chicago Press, 1953. Trad. M. Nathan et É. de Dampierre, *Droit naturel et histoire*, Paris, Plon, 1954 (rééd., Paris, Champs-Flammarion, 1986). Pour toutes les citations qui suivent, nous donnerons d'abord la référence à la traduction française; mais le texte cité sera notre traduction du texte original dont la référence sera donnée entre parenthèses.

2. Eric Voegelin, *The New Science of Politics. An Introduction*, Chicago, University of Chicago Press, 1952.

3. *Faith and Political Philosophy. The Correspondence between Leo Strauss and Eric Voegelin, 1934-1964*, trad. et éd. P. Emberley et B. Cooper, University Park, Pennsylvania State UP, 1993. Cet ouvrage reprend également un certain nombre d'essais de et sur Strauss et Voegelin.

4. *Ibid.*, Lettre 35 (10 décembre 1950), p. 74.

D'une première lecture de l'œuvre

Droit naturel et histoire est un livre problématique. Tout le monde l'a lu, c'est par lui que le grand public universitaire connaît l'œuvre de Strauss. C'est un livre autosuffisant, on peut le comprendre sans recourir à une aide extérieure comme cette correspondance évoquée à l'instant. Plusieurs indices montrent cependant qu'il n'est pas clos sur lui-même comme un livre qui voudrait rassembler le vrai en un savoir et le proposer de façon systématique. C'est donc aussi un livre énigmatique. Le lecteur est, dès l'introduction, frappé par l'un de ces indices qui doivent éclairer toute la lecture du livre :

> Le dilemme fondamental dans lequel nous nous débattons est dû à la victoire de la science naturelle moderne. Une réponse adéquate au problème du droit naturel ne peut être trouvée avant que ce problème fondamental ait été résolu. Inutile de dire que ces conférences ne peuvent traiter de ce problème [1].

Le troisième chapitre est le plus énigmatique. Consacré à « l'origine de l'idée de droit naturel », il est d'une extraordinaire complexité, derrière son apparente simplicité. Délibérée ou non, cette complexité est en tout cas bien réelle pour le lecteur.

Une première lecture de ces pages, et du livre dans son ensemble, conduit le plus souvent à la perception d'une opposition relativement simple et tranchée entre deux camps. D'un côté, les tenants de l'existence du droit naturel, à savoir les Anciens ou la philosophie politique classique. De l'autre, ceux qui nient l'existence d'un tel droit naturel : le positivisme et l'historicisme, les philosophes modernes qui ont rompu avec la philosophie classique et, avec eux, leurs précurseurs conventionalistes…

Cette lecture, cependant, doit être abandonnée si l'on prête attention à la façon dont Strauss met en œuvre le conventionalisme, ou aux indications qu'il donne quant à l'existence d'une tradition de philosophie politique classique « non idéaliste ».

Nous verrons que, dans la perspective qui apparaît alors, le propos n'est pas simplement de reprocher aux Modernes d'avoir rompu avec « la » philosophie classique que l'on identifierait à l'affirmation de la connaissance d'un ordre naturel, objectif et éternel. Il s'agit plutôt de percevoir à nouveau ce qu'implique l'ignorance de ce qui est aussi mis en œuvre par cette tradition « anti-idéaliste » [2] de la philosophie politique classique. Il s'agit de percevoir, plus généralement, ce qu'implique l'abandon de la

1. *Droit naturel et histoire*, *op. cit.*, p. 20 (8).
2. *Ibid.*, p. 154 (168).

possibilité même de la philosophie au sens classique du terme et, par conséquent, de la philosophie politique classique. Faut-il parler, là, d'une erreur des Modernes ? Ou, bien plutôt, d'un certain nombre de choix qui ont été faits, parfois lucidement, par des hommes comme Machiavel, Hobbes ou Rousseau ?

Cette première lecture, enfin, est remise en question lorsque l'on perçoit et que l'on tente de comprendre l'insistance de Strauss sur l'ambiguïté qui, selon lui, caractérise toujours l'idée de droit naturel telle qu'elle est mise en œuvre par les philosophes classiques.

Cette ambiguïté est essentielle si l'on veut comprendre l'enseignement de Strauss dans ce livre, au-delà de la dénonciation du rejet du droit naturel. Les considérations qui suivent n'ont pas d'autre but que de souligner cette ambiguïté et, surtout, de tenter d'en découvrir certains enjeux, certaines implications concernant les problèmes fondamentaux auxquels nous reconduit l'œuvre de Strauss.

Il faut d'abord dire quelques mots de ces enjeux, avant de tenter de comprendre, à la lumière de ces problèmes fondamentaux, l'enseignement sur le droit naturel classique qui nous est présenté dans ce livre.

Un accès vers des enjeux fondamentaux

Qu'est-ce que l'œuvre de Strauss ? Tous ceux qui en ont entendu parler savent qu'il ravive deux querelles : la querelle entre les Modernes et les Anciens, et le conflit entre Jérusalem et Athènes [1].

Tous s'accordent à reconnaître que son enseignement se veut plus proche de la pratique « ancienne » de l'activité philosophique que du discours moderne. De cela témoigne le fait qu'il ravive ce conflit entre Jérusalem et Athènes, ce conflit que la modernité croyait avoir définitivement résolu et dont il montre au contraire qu'il se pose à nous d'une façon toujours aussi radicale que par le passé.

Dans cette seconde querelle, cette fois-ci, la position de Strauss semble plus difficile à interpréter. Est-il « pour » Athènes ? Est-il « pour » Jérusalem ? Est-il du côté du philosophe, qui ne reconnaît d'autre autorité que la libre raison par laquelle il connaît le réel et l'ordre des choses ? Ou du côté du prophète, porte-parole d'une injonction par rapport à laquelle l'homme va alors se situer dans un rapport d'obéissance, soumis à une autorité qui lui dicte ce qu'il doit faire ? C'est dans cette alternative que se formuleraient les deux termes de ce conflit que ravive effectivement

1. Nous ne dirons rien ici de la querelle entre la philosophie et la poésie, sur laquelle débouche cependant toute la réflexion menée dans ces pages.

Strauss. À l'appui d'une formulation aussi simple et tranchée, on peut citer cette conférence bien connue, *Sur l'interprétation de la Genèse,* prononcée en 1957. Nous sommes confrontés, nous dit Strauss dans cette conférence, à une alternative fondamentale. Cette alternative est clairement formulée :

> La vie en obéissance à la Révélation, la vie dans l'obéissance, et la vie dans la liberté humaine, celle-ci étant représentée par les philosophes grecs [1].

Il faut pourtant faire quelques remarques à propos de cette conférence, sur laquelle nous reviendrons plus loin. Strauss l'avait inaugurée en se présentant de la façon suivante :

> Mon domaine est la science politique, spécialisé en théorie politique. On dit souvent que la théorie politique s'intéresse aux valeurs du monde occidental [2].

Il la conclut à peu près en affirmant ceci :

> Un livre grec, le plus grand exemple étant le dialogue platonicien, reflète la parfaite évidence à laquelle aspire le philosophe; il ne s'y trouve rien qui n'ait un fondement connaissable, parce que Platon avait un fondement [3].

On ne peut avoir fréquenté l'œuvre de Strauss sans être plongé dans une très grande et heureuse perplexité en lisant ce genre de phrases. Elles sont un modèle d'ironie. L'alternative fondamentale dont nous parle Strauss est une réalité plus complexe que cette opposition entre deux camps [4].

L'alternative n'est-elle pas, pourtant, aussi claire qu'on peut le souhaiter? Soit Athènes, soit Jérusalem. Soit la libre raison, soit l'obéissance. Soit la philosophie, soit la Bible. Soit le philosophe, soit le prophète.

Cette clarté est cependant remise en question au fil de la lecture de l'enseignement de Strauss. Certes, il ravive cette alternative, il souligne son caractère fondamental. Il dénonce comme illusoire toute prétention de

1. L. Strauss, « Sur l'interprétation de la Genèse », trad. N. Ruwet, dans *L'Homme*, janvier-mars 1981 (XXI, 1) (précédé du texte anglais « On the interpretation of Genesis »), p. 34 (19).

2. *Ibid.*, p. 22 (6).

3. *Ibid.*, p. 36 (20).

4. Voir aussi L. Strauss, « Jerusalem and Athens : some preliminary reflections », *Studies in Platonic Political Philosophy*, Chicago, University of Chicago Press, 1983, p. 147-173. Trad. : « Jérusalem et Athènes : réflexions préliminaires », *Études de philosophie politique platonicienne*, Paris, Belin, 1992, p. 209-246. Cette conférence prononcée en 1967 est, elle aussi, énigmatique, et l'enjeu de bien des interprétations contrastées : K. H. Green, *Jew and Philosopher : The Return to Maimonides in the Jewish Thought of Leo Strauss*, Albany, State University of New York Press, 1993.

synthèse qui voudrait intégrer les deux termes en croyant n'en sacrifier aucun. Mais il montre aussi, par tout son enseignement, qu'il faut aller plus loin dans la compréhension de chacun des deux termes de cette alternative. Par tout son enseignement, il montre que cette alternative est autre chose ou plus que ce qu'on croit d'abord qu'elle est. La tension irréductible entre le philosophe et le prophète, la tension entre la philosophie et la religion est autre chose que ce choix exclusif, entre la libre raison et l'obéissance, qui apparaît à la surface du conflit entre Athènes et Jérusalem. Il est vrai que Strauss ne cesse d'appeler notre attention sur cette surface; mais ce qui apparaît, dans cette tension sans synthèse possible, c'est une réalité qui ne se réduit pas à l'alternative elle-même.

On ne peut prendre pour ultime une description du conflit entre Athènes et Jérusalem dans laquelle « Athènes » apparaît dans des termes dont Strauss montre par ailleurs qu'ils correspondent à la conception moderne de la philosophie, et où « Jérusalem » apparaît dans des termes qui sont une formulation réduite, caricaturale, d'une réalité dont Strauss nous fait percevoir, par ailleurs, l'extrême complexité.

L'argument développé dans les pages qui suivent est que *Droit naturel et histoire* nous offre un accès privilégié vers une compréhension plus profonde de ce qui est véritablement en jeu dans cette tension entre le philosophe et le prophète.

Cet accès ne réside pas tellement dans ce que l'on retient le plus souvent de ce livre : un plaidoyer pour le droit naturel, dont nous avons besoin, contre le nihilisme qui résulterait du rejet du droit naturel. Car, comme le souligne Strauss lui-même [1], montrer que nous avons besoin du droit naturel, comme il le fait abondamment, n'est pas montrer que ce droit naturel existe ! Les nombreux passages qui insistent sur l'importance vitale, pour nous, de l'existence d'un droit naturel ne peuvent donc pas être lus comme des arguments démontrant cette existence [2].

Cet accès que nous offre *Droit naturel et histoire* réside surtout dans la manifestation de l'ambiguïté, évoquée plus haut, inhérente à l'idée du droit naturel telle qu'on la trouve dans la philosophie classique. Il réside aussi dans la mise en œuvre discrète et surprenante, par Strauss, de ce qu'il appelle une « tradition non idéaliste » de la philosophie politique classique. Il réside, enfin, dans la mise en lumière progressive de ce qu'est la

1. *Droit naturel et histoire*, *op. cit.*, p. 18 (6). Cette remarque de Strauss, malgré son aspect anodin, est à prendre absolument au sérieux pour la lecture de cet ouvrage dans son ensemble.

2. Voir V. Gourevitch, « The problem of natural right », dans K. L. Deutsch and W. Soffer (éd.), *The Crisis of Liberal Democracy : a Straussian Perspective*, Albany, State University of New York Press, 1987, p. 30-47.

philosophie, comme l'activité la plus haute et essentiellement problématique de ce *tertium non datur* qu'est l'homme, pour reprendre ici une expression qui apparaît, quelques années plus tard, dans les *Pensées sur Machiavel*[1].

Pour le dire brièvement, il s'agit donc ici de remonter de l'ambiguïté de l'idée classique du droit naturel à une tension ou une ambiguïté inhérente à la nature même de l'humain, à l'âme humaine elle-même, décrite le plus adéquatement comme « entre-deux » (*in-between, zwischen*)[2]. Ici, précisément, la confrontation avec la pensée de Voegelin serait des plus enrichissantes[3]. C'est à cette tension irréductible que renvoie l'alternative entre le philosophe et le prophète, entre Athènes et Jérusalem. C'est donc à la lumière de cette tension que doit être comprise cette alternative. C'est en elle que s'enracinent les différentes possibilités de l'humain que sont Socrate et les sophistes, Lucrèce et Thomas d'Aquin, mais aussi la théologie et la philosophie, le prophète et le philosophe. Une telle entreprise imposera à notre réflexion quelques apparents détours, comme tout chemin de montagne, qui sont cependant utiles pour atteindre l'objectif.

Le prophète dans Droit naturel et histoire

Le prophète est-il vraiment le compagnon du philosophe sur ce chemin parsemé d'embûches qu'est la réflexion sur le problème du droit naturel ?

Il est en tous les cas le compagnon du lecteur de ce livre. D'abord parce qu'un lecteur amical de cette œuvre sait que son auteur s'était consacré auparavant à la figure du prophète, telle qu'elle se dégage de l'œuvre de ces philosophes que sont Maïmonide ou Farabi. Ce lecteur sait que, pour Strauss, le prophète est une figure plus complexe que celle de l'obscur porte-parole d'un Dieu seulement incompréhensible, dont on ne pourrait pas imaginer, quant à lui, qu'il accompagne le philosophe sur le chemin qui est le sien… sauf à vouloir le convertir. On peut penser ici au texte qu'il a écrit sur le *Kuzari* de Juda Halevi[4]. À propos de la question du droit naturel,

1. L. Strauss, *Thoughts on Machiavelli*, Chicago, University of Chicago Press, 1958. p. 78. Trad. : *Pensées sur Machiavel*, Paris, Payot, 1982.

2. *Droit naturel et histoire*, *op. cit.*, p. 140 (152). Voir aussi l'excellent T. Marshall, « Leo Strauss, la philosophie et la science politique », dans *Revue Française de Science Politique*, 1985 (4), p. 605-638, et 1985 (5), p. 801-839.

3. E. Voegelin, *The New Science…*, *op. cit.*, et *Anamnesis : Zur Theorie der Geschichte und Politik*, Munich, 1966, trad. anglaise *Anamnesis*, Notre Dame (Ind.), University of Notre Dame Press, 1978.

4. L. Strauss, « The law of reason in the *Kuzari* », *Persecution and the Art of Writing*, Chicago, University of Chicago Press, 1952. Texte publié pour la première fois en 1943.

la tension entre le rabbin et le philosophe, ces deux personnages mis en scène par Juda Halevi, prend un tour autrement plus complexe que ce qu'elle paraît d'abord être.

Cette figure du prophète est le compagnon du lecteur aussi parce que le problème du droit naturel, et l'affrontement philosophique à ce problème philosophique, est placé d'emblée, dans *Droit naturel et histoire,* sous les auspices de deux citations des Livres des Prophètes. À la lecture de ces citations, on voit qu'elles font plus et autre chose que donner un ordre auquel il faudrait seulement obéir et se soumettre.

Ce compagnon apparaît aussi dans la citation par Strauss d'un texte de Max Weber, où celui-ci affirme que la civilisation occidentale est à la croisée de deux chemins : soit l'extinction de toute possibilité humaine autre que celle des « spécialistes sans esprit ni vision et des voluptueux sans cœur », soit « des prophètes entièrement nouveaux ou une puissante renaissance de pensées et d'idéaux anciens » [1].

Weber, selon Strauss, met sur le même plan, pour ce qui est de la raison, ces deux modes de vie que sont le mode de vie « des spécialistes sans âme ni vision et des voluptueux sans cœur » et le mode de vie « recommandé par Amos et par Socrate ». L'opposition fondamentale ne serait donc pas d'abord entre Révélation et raison, entre Amos et Socrate ? L'« antisocrate » dont parle Strauss, l'alternative permanente à Socrate, à la sagesse socratique, ne serait donc pas d'abord Amos, le prophète, le religieux ?

Il faut encore souligner deux choses à propos de cette citation. Comme le remarquent certains commentateurs [2], Strauss vise moins, dans son chapitre consacré à Weber, le conventionalisme ou même la distinction entre les faits et les valeurs que, plus fondamentalement, le caractère indécidable de l'alternative entre raison et Révélation dans lequel Weber veut se maintenir. D'autre part, Strauss a découvert chez Nietzsche, auquel renvoie cette citation de Weber et dont il est un bon lecteur, une mise en œuvre de la figure du prophète très proche de celle qui se dégage de la fréquentation des textes de Maïmonide et de Farabi [3].

Trad. O. Berrichon-Seyden, « La loi de la raison dans le *Kuzari* », *La Persécution et l'art d'écrire*, Paris, Presses Pocket, 1989.

1. *Droit naturel et histoire*, *op. cit.*, p. 50 (42) et note 10.

2. Voir R. Eden, « Why wasn't Weber a nihilist ? » dans *The Crisis of Liberal Democracy...*, *op. cit.*, p. 213-242.

3. Voir notamment *La Volonté de puissance*, aphorisme 972. Signalé par Strauss dans *Philosophie und Gesetz*, trad. R. Brague dans L. Strauss, *Maïmonide*, PUF, 1988 (chap. 1, note 25). À ce propos voir évidemment les articles de R. Brague, surtout « Leo Strauss et Maïmonide » dans S. Pinès and Y. Yovel (éd.), *Maimonides and Philosophy*, Dordrecht, Martinus Nijhoff, 1986, p. 246-268.

Finalement, si le prophète est le compagnon du lecteur de *Droit naturel et histoire*, c'est surtout à cause de ce que nous révèle cette œuvre de la philosophie au sens propre. C'est cela qui nous intéressera ici. Socrate, le philosophe, y apparaît d'une façon telle que la tension entre le philosophe et le prophète se révèle, là aussi, être très complexe. Surtout, plus proche et plus serrée que ne le laissent croire les formulations les plus visibles du conflit entre Athènes et Jérusalem. Socrate, tel qu'il apparaît, aussi bien que le prophète tel qu'il apparaissait dans l'œuvre antérieure de Strauss, nous oblige à nous confronter à ce qu'est la philosophie politique. La réflexion menée ici sur le personnage de Socrate devrait permettre de mieux percevoir cette proximité.

La révolution socratique

Le noyau de cet ouvrage sur le problème du droit naturel réside, en effet, dans la compréhension de la sagesse et de l'enseignement socratiques. Cela deviendra vrai, d'ailleurs, de l'ensemble de l'œuvre de Strauss. C'est autour de cet axe que doivent se comprendre les multiples acteurs que Strauss fait intervenir dans ce drame dont nous tentons de démêler l'intrigue. C'est donc cet axe qui devrait nous fournir la clé de cette intrigue.

Quels sont ces acteurs ? Nommons-en quelques-uns, dans le désordre : l'opinion courante, Platon et Aristote, les philosophes présocratiques, les philosophes modernes, le conventionalisme, l'hédonisme, l'épicurisme, l'épicurisme vulgarisé, le stoïcisme, le conventionalisme vulgarisé, les sophistes… Ils interviennent tous dans un drame à plusieurs voix, et la grande difficulté est d'apprécier qui parle lorsque Strauss fait parler tel ou tel de ces acteurs.

Prenons comme porte d'entrée cette phrase, bien connue et apparemment si simple, qui ouvre le chapitre consacré au « droit naturel classique » :

> Socrate, dit-on, a été le premier à faire descendre la philosophie du ciel et à la forcer à faire des recherches sur la vie et les usages et les choses bonnes et mauvaises. En d'autres mots, on dit qu'il a été le fondateur de la philosophie politique [1].

Efforçons-nous de comprendre ce qui est impliqué par cette opinion que Strauss reprend de manière apparemment non problématique. Deux expressions sautent aux yeux, lorsqu'on lit cette phrase dans le contexte où elle intervient : « dit-on » et « le fondateur ».

1. *Droit naturel et histoire*, *op. cit.*, p. 115 (120).

1. D'abord, cette affirmation est reprise explicitement comme une opinion : Socrate, *dit-on*, fut le premier à faire redescendre sur terre la philosophie… Qui dit cela ? Tout le monde, et Strauss nous renvoie en particulier aux jugements de Cicéron et de Hobbes. Or, sur ces deux philosophes, Strauss dit un certain nombre de choses qui montrent qu'on ne peut simplement, si l'on veut comprendre son enseignement, se fier à leurs déclarations explicites sur cette tradition de philosophie dont Socrate serait le fondateur, ni donc à leur opinion explicite sur Socrate. Non certes que cette opinion soit simplement erronée ; mais pour comprendre ce que signifie vraiment cette opinion aux yeux de Strauss, il faut qualifier son apparente simplicité descriptive de la réalité qu'est « Socrate » par le contexte auquel elle appartient.

Qui est Cicéron ? Un stoïcien, nous dit d'abord Strauss. Le stoïcisme, dira-t-il plus loin, peut être considéré comme appartenant au premier des trois types d'enseignements classiques sur le droit naturel, à la première de ce qu'il appelle « trois manières différentes dont les Classiques ont entendu le droit naturel »[1] : l'enseignement socratique-platonicien, qu'il faut distinguer, selon lui, de l'enseignement aristotélicien et de l'enseignement thomiste.

Cette dernière affirmation suscite une question. Comment situer, par rapport à ces trois enseignements que Strauss distingue dans la philosophie classique, les pensées « non idéalistes » de la philosophie politique classique ? Cette question nous oblige à nous rappeler que Strauss maintient une distinction importante entre enseignement et sagesse ou pensée, qu'ils ne peuvent être réduits l'un à l'autre – et que, donc, on ne peut simplement identifier à ces enseignements la pensée des auteurs qui les formulent.

Qu'en est-il de Cicéron ? Stoïcien, donc, il présente dans ses écrits une loi naturelle qui, nous dit Strauss,

> ne semble pas devoir être amendée pour satisfaire aux nécessités de la société civile ; elle semble naturellement en harmonie avec elle[2].

Il s'avère cependant, nous dit Strauss, que cette apparence doit être qualifiée par une lecture plus attentive des dialogues de Cicéron. Ce serait une cause d'erreur que de tenir Cicéron simplement pour un adhérent de l'enseignement exotérique des stoïciens sur la loi naturelle[3]. Après tout, insiste Strauss, Cicéron était un sceptique de l'Académie, et non un

1. *Ibid.*, p. 136 (146).
2. *Ibid.*, p. 142 (154).
3. *Ibid.*, p. 143 (155). Voir E. Fortin, « Natural law », dans *Human Rights, Virtue and Common Good : Untimely Meditations on Religion and Politics, Collected Essays*, vol. III, Rowman and Littlefield, 1996, p. 159-164.

stoïcien. Dans cette perspective, le jugement porté sur Socrate prend un sens différent de celui qu'on lui donnerait dans la bouche d'un philosophe identifiant simplement le droit naturel et ce que Strauss appelle l'enseignement stoïcien exotérique sur la loi naturelle.

Que nous dit Strauss de Hobbes, quant à lui? Celui-ci veut rompre, héritier en cela de Machiavel, avec cette tradition fondée par Socrate, en laquelle il voit « plutôt un rêve qu'une science » [1]. En quoi précisément rompt-il avec cette tradition, qu'entend-il précisément par cette tradition et, par conséquent, par « Socrate »? Dans le regard qu'il porte sur cette tradition, il « identifie implicitement la philosophie politique traditionnelle avec la tradition idéaliste » [2], c'est-à-dire avec une philosophie *public spirited*, soucieuse du bien public. Hobbes laisserait donc de côté la tradition anti-idéaliste, représentée par les « sophistes », Épicure et Carnéade. Elle n'appartiendrait pas à la tradition classique de philosophie politique : elle n'est pas *public spirited*.

> On peut dire que sa philosophie dans son ensemble est l'exemple classique de la combinaison typiquement moderne de l'idéalisme politique et d'une vue matérialiste et athée du Tout [...]. Il peut avoir été conscient, ou non, du fait qu'il était, en fait, en train de combiner deux traditions opposées. Il était pleinement conscient du fait que sa pensée présupposait une rupture radicale avec toute la pensée traditionnelle, ou l'abandon du terrain sur lequel « platonisme » et « épicurisme » avaient mené leur combat séculaire [3].

En quoi ce portrait que donne Strauss nous amène-t-il à qualifier ce jugement qui voyait en Socrate le premier à faire descendre la philosophie du ciel vers la terre et à la forcer à investiguer sur la vie et les usages, les choses bonnes et mauvaises? En cela, qu'il nous oblige à nous demander, finalement, quelle est la tradition que Socrate a réellement fondée selon Strauss. Il nous oblige à nous poser la question du lien qu'il y a entre cette philosophie fondé par Socrate et ces différents types d'enseignements classiques sur le droit naturel, et cette philosophie dite, en termes modernes, idéaliste : il apparaît que le « Platonisme », cette tradition appelée « Platonisme » n'est pas simplement identique à la tradition fondée par Socrate.

2. De quoi Socrate a-t-il été le fondateur? Qu'est-ce que cela signifie, qu'il est le fondateur de la tradition de la philosophie politique classique? À première lecture, il semblerait que cela revienne au même que de dire qu'il fut à l'origine de toute la tradition des enseignements sur le droit naturel.

1. *Droit naturel et histoire*, *op. cit.*, p. 156 (170).
2. *Ibid.*, p. 155 (168).
3. *Ibid.*, p. 156-157 (170). Séculaire ou séculier?

Reprenons cependant, avec attention, la citation commencée tout à l'heure :

> En d'autres mots, on dit qu'il a été le fondateur de la philosophie politique. Dans la mesure où cela est vrai, il a été l'initiateur de toute la tradition des enseignements sur le droit naturel. La doctrine du droit naturel particulière qui a été initiée par Socrate et développée par Platon, Aristote, les stoïciens et les penseurs chrétiens (surtout Thomas d'Aquin) peut être appelée la doctrine classique du droit naturel. Elle doit être distinguée de la doctrine moderne du droit naturel qui a émergé au XVIIe siècle [1].

Dans la suite du texte, il apparaît cependant que la périodisation et la distinction énoncées dans ce passage, qui semblent pourtant si facilement acceptables, posent un certain nombre de problèmes. Vers quoi s'oriente vraiment la position de Strauss, derrière la reprise de cette opinion courante sur Socrate ?

Peut-on, comme nous y induit cette périodisation, penser que Strauss identifie tout simplement la philosophie politique, la philosophie politique classique ou même la philosophie politique socratique ou platonicienne, à l'*enseignement* classique sur le droit naturel ? Si Socrate est le fondateur de la philosophie politique, comment s'articule par rapport à cette fondation le fait, cet autre fait, qu'il est à l'origine de toute la tradition des enseignements sur le droit naturel ? Est-ce la même chose ? Comment comprendre cette révolution par laquelle Socrate *force* la philosophie à devenir philosophie politique ? Qu'est, finalement, l'enseignement classique sur le droit naturel, si nous le comprenons à la lumière de cette révolution par laquelle fut fondée la philosophie politique ?

Qu'est-ce qui caractérise vraiment *la* doctrine classique du droit naturel, quand Strauss insiste dans la suite du chapitre sur les différences entre les trois types d'enseignements classiques sur le droit naturel : socratique-platonicien, aristotélicien et thomiste ? Quand il parle, dans la phrase que nous venons de citer, des stoïciens et des penseurs chrétiens en ligne continue, comme s'ils constituaient l'ensemble de la philosophie politique prémoderne, alors que toutes ses recherches sur les auteurs médiévaux tendent à montrer le contraire ? Avec quoi la modernité rompt-elle réellement, lorsqu'elle rompt avec l'enseignement classique sur le droit naturel ?

Il faut nous attacher maintenant à clarifier ces questions, à comprendre plus précisément de quoi, selon Strauss, Socrate a bien été le fondateur.

1. *Ibid.*, p. 115 (120).

Alors nous serons à même de mieux percevoir ce qui est en jeu dans la question du droit naturel.

La cosmologie et l'homme

On ne peut pas concevoir que Strauss considère comme allant de soi, tout simplement, l'identité entre philosophie politique platonicienne et enseignement sur le droit naturel.

Pour comprendre cela, il faut développer ce qui, selon Strauss, constitue le trait le plus caractéristique de cette révolution socratique qu'il s'efforce de comprendre. Il a été amené à cette interrogation en bonne partie par son étude de la prophétologie médiévale et il ne va cesser de la mettre en œuvre dans son enseignement ultérieur. Cette mise en œuvre sera de plus en plus concentrée et ira de pair avec un certain nombre de remaniements dans sa lecture d'auteurs comme Spinoza et Hobbes.

> La complète intelligence de la doctrine classique du droit naturel exigerait une complète intelligence du changement intellectuel qui a été accompli par Socrate.

Et d'ajouter :

> Une telle compréhension n'est pas à notre disposition [1].

Cette compréhension, selon Strauss, n'est pas à notre disposition. Néanmoins il s'y essaie, déjà dans *Droit naturel et histoire*. Comment décrit-il cette révolution par laquelle Socrate a forcé la philosophie à redescendre sur terre ?

Socrate se tourne vers l'intelligence des choses humaines. Le « bavard qui mesure l'air », mis en scène par Aristophane, se transforme en ce personnage dont Platon et Xénophon nous présentent l'apologie, qui prétend ne pas s'intéresser à ces études qu'Aristote appellera « physiologie ». Socrate, nous dit ici Strauss, semble vouloir revenir à une certaine « sobriété » après l'« ivresse » de ses prédécesseurs [2].

Que sont cette ivresse et cette sobriété dont parle Strauss ? Disons provisoirement que les questions que pose Socrate ne portent plus sur la physiologie, sur l'étude de la nature ou du Tout, sur « la nature du soleil », sur la cosmologie, mais seulement sur les choses humaines.

1. *Ibid.*

2. *Ibid.*, p. 118 (123). À ce propos, voir le *Phèdre* (et son commentaire par Derrida) et les commentaires de L. Strauss sur *Les Lois* et sur l'œuvre de Xénophon. Voir aussi S. Rosen, *Hermeneutics as Politics*, Oxford, Oxford UP, 1987.

Cette révolution est donc à comprendre par rapport à l'ivresse de ses prédécesseurs qui faisaient de telles recherches sur la nature. De cette nature, Strauss a montré dans le chapitre consacré à « L'origine de la notion du droit naturel » qu'elle ne va pas de soi et que sa découverte est présupposée par la notion de droit naturel [1]. La notion de nature est la condition nécessaire, mais non suffisante, de la notion de droit naturel. Quelle fut la conséquence de cette découverte de l'idée de nature, conséquence dont Socrate va se démarquer par sa révolution intellectuelle ?

En d'autres termes : « Qu'est-ce qui cloche avec la cosmologie » ? Quittons un instant cette investigation qui nous plongeait au cœur de la philosophie classique et reprenons un peu de hauteur : voyons à nouveau la philosophie comme un tout, comme cette démarche de connaissance du réel par la raison humaine, qui s'oppose, en tant que telle, à cet autre mode de vie dont parle Strauss, le mode de vie religieux, la vie dans l'obéissance.

Nous lisions tout à l'heure un passage du texte « Sur l'interprétation de la Genèse ». Dans cette conférence, l'auteur met en œuvre une lecture du texte biblique qui oblige à y voir un avertissement sévère contre une tentation bien particulière : la tentation, nous dit-il, en laquelle consisterait la philosophie grecque, c'est-à-dire la philosophie elle-même [2].

Le récit de la Genèse présente l'alternative à cette tentation qu'est la philosophie. Comment le fait-il, selon Strauss ? Par le deuxième chapitre de la Genèse, qui est animé, dit-il, par une dépréciation de ce qui est en fait le thème premier et l'intention de la philosophie.

Il n'est heureusement pas question ici d'entrer dans les détails de ce texte retors. Cependant certaines lignes de ce texte nous aideront à poursuivre la question de la philosophie qui nous intéresse dans *Droit naturel et histoire :*

> Il y a donc une profonde opposition entre la Bible et la cosmologie en tant que telle et, puisqu'en dernière analyse toute philosophie est cosmologie, entre la Bible et la philosophie [3].

La Bible s'oppose à la philosophie, parce qu'elle s'oppose à la cosmologie et que, ultimement, la philosophie est toujours cosmologie. Et Strauss de continuer, plus loin :

1. *Droit naturel et histoire*, *op. cit.*, p. 83 (81).

2. Ce terme de « tentation », appliqué à la philosophie, nous fait immédiatement penser aux remarques sur Juda Halevi, dont Strauss nous dit qu'il a fait l'expérience, un très court moment, préfère-t-il penser, de ce risque qu'est la philosophie : un enfer pour l'esprit. « La loi de raison dans le *Kuzari* », *La Persécution et l'art d'écrire*, *op. cit.*, p. 109.

3. « Sur l'interprétation de la Genèse », *op. cit.*, p. 31 (15).

> La question doit se poser : de quel droit l'horizon de la cosmologie, des choses que nous voyons, décrivons et comprenons, est-il transcendé ou, en d'autres mots, qu'est-ce qui cloche avec la cosmologie ? Qu'est-ce qui cloche avec l'effort que fait l'homme pour trouver sa voie à la lumière de ce qui est évident à l'homme en tant qu'homme [1] ?

La suite de cette interrogation est encore plus intéressante pour nous ici, dans la mesure où Strauss prétend là dégager simplement le sens qui ressort du texte biblique en tant que texte biblique, c'est-à-dire, nous dit-il, opposé à la philosophie au sens propre :

> Quel est le vrai caractère de la vie humaine ? Qu'est-ce que la juste vie de l'homme ? Cette question est le point de départ du second récit de la création dans le deuxième chapitre. Le premier récit s'achève avec l'homme ; le second récit commence avec l'homme. Il semble qu'un récit qui s'achève avec l'homme ne soit pas suffisant. Pourquoi ? [...] Il résulte du premier récit que l'homme est séparé au plus haut point, qu'il peut se mouvoir et changer de lieu, même dans un sens très métaphorique, au plus haut point. Mais ce privilège, cette faculé, liberté, est aussi un grand danger. L'homme est la créature la plus ambiguë ; par conséquent l'homme n'est pas appelé bon. Il y a un lien entre l'ambiguïté de l'homme, le danger auquel l'homme est essentiellement exposé, et le ciel, ce que représente le ciel, la tentative de trouver sa voie à la lumière de ce qui est évident à l'homme en tant qu'homme, la tentative de détenir la connaissance du bien et du mal comme les dieux. Maintenant, si l'homme est la créature la plus ambiguë, en fait la seule créature ambiguë, nous avons besoin d'un supplément à ce récit dans lequel l'homme apparaît aussi comme une partie du Tout. Nous avons besoin d'un récit qui soit centré sur l'homme seul [2].

Et ainsi jusqu'à cette phrase surprenante :

> Si vous n'en croyez pas la Bible, vous pouvez en croire la *Politique* d'Aristote !

Cet apparent détour nous apporte une aide précieuse pour comprendre ce qui selon Strauss fait la spécificité de la philosophie, au sens propre, comme interrogation sur le Tout. Il en résulte en effet que le moteur de l'opposition de la Bible à la philosophie, ce serait le fait que celle-ci représenterait la tentation de la vie dans la liberté humaine, fondée sur la notion

1. *Ibid.*, p. 32 (16).
2. *Ibid.*

suivante : la contemplation du ciel, la compréhension du ciel, est la fondation de ce qui nous mène à la vie droite [1].

Si cela est la philosophie au sens propre, qu'en est-il alors de la philosophie fondée par Socrate ? Il faut donc aller plus loin dans la compréhension de cette révolution qu'il a opérée. Il n'est pas possible en effet que Strauss identifie l'opposition de la Bible à la philosophie et l'opposition de Socrate à ses prédécesseurs. Par rapport à ce portrait de la philosophie, comme ce contre quoi il faudrait se prémunir à cause de l'essentielle ambiguïté propre à l'homme, comment comprendre la révolution intellectuelle accomplie par Socrate, par le *philosophe* Socrate, qui est le fondateur de la philosophie politique et l'initiateur de la tradition du droit naturel ?

Le portrait de Socrate comme le fondateur de la philosophie politique nous offrait une première clé pour entrer dans ce livre. Mais c'était pour nous trouver aussitôt devant une autre porte scellée : cette complète compréhension de ce que fut la révolution intellectuelle accomplie par Socrate, qui est nécessaire si l'on veut pleinement comprendre la doctrine classique du droit naturel, n'est pas à notre portée ou plutôt n'est pas à notre disposition.

Le conventionalisme

Peut-être trouverons-nous une seconde clé dans la façon dont Strauss met en œuvre le double visage du conventionalisme ? Le conventionalisme, qui s'appuie sur la découverte philosophique de la nature, est un des acteurs importants de ce livre. Ses conséquences, semble-t-il, ont toujours constitué une menace pour la cité et donc pour le bien humain, qu'il s'agisse de la cité dans laquelle vivait Socrate, celle dans laquelle vivait Gassendi ou celle que décrit Strauss dans les deux premiers chapitres du livre, où le conventionalisme semble être le fondement de l'historicisme.

On peut trouver là un axe qui nous permet de mieux comprendre le rôle joué par différents acteurs dans le drame qui nous intéresse : les prédécesseurs de Socrate, qui ont découvert la notion de nature, la tradition du droit naturel inaugurée par Socrate et poursuivie par ses successeurs, mais aussi l'épicurien Lucrèce, et Hobbes. Concernant ce dernier, Strauss fait ce commentaire frappant :

> Il nous est difficile de comprendre comment Hobbes pouvait avoir tant d'espoir quand il y avait tant de causes de désespoir. En quelque sorte, l'expérience, aussi bien que l'anticipation légitime, d'un progrès inouï

1. Il faudrait développer ici les remarques que Strauss ajoute, de façon elliptique, sur le livre grec comme œuvre d'art.

> dans la sphère qui est sujette au contrôle humain doivent l'avoir rendu insensible au « silence éternel de ces espaces infinis » ou aux craquements des *moenia mundi* [1].

Les *moenia mundi* sont les « remparts du monde » décrits par Lucrèce dans son poème, « le plus important document que nous ayons du conventionalisme philosophique » [2], auquel Strauss nous renvoie par la reprise de cette expression.

Les *moenia mundi* sont les murailles ou les remparts qui entourent et protègent le monde dans lequel les hommes peuvent mettre leur confiance. Lucrèce raconte ainsi l'histoire des hommes, qui s'étaient rassemblés en une communauté heureuse, des remparts protégeant le monde auquel ils sont attachés, le monde fini ou l'horizon clos dans lequel, dès lors, ils pouvaient vivre.

Ensuite ces remparts ont été ébranlés, mais la foi dans les dieux est apparue comme un recours contre cet ébranlement et a permis de les consolider. La bonté des dieux permet de compenser le manque de solidité des remparts… mais elle provoque aussi des maux, dont il faut se libérer. Le seul remède contre ces maux, c'est de passer à travers ces remparts, qui protègent le monde auquel nous sommes attachés, et de se réconcilier avec le fait que nous vivons dans une cité sans remparts, que ce à quoi nous sommes attachés n'est pas éternel. Cela, ce mouvement, c'est la philosophie, la seule chose en laquelle réside en fait le bonheur, qui est le terme des plaisirs vers lequel tend l'épicurisme.

Voilà ce qui est important, pour notre propos, dans la manière dont Strauss met en œuvre le conventionalisme philosophique tel qu'il le lit dans le texte de Lucrèce. C'est à partir de cela que peut se comprendre la différence de ce conventionalisme philosophique par rapport à sa forme vulgarisée, mais aussi par rapport à la reprise moderne, chez Hobbes, de l'épicurisme.

Nous pouvons lire les commentaires suivants :

> Finalement, nous sommes amenés à voir qu'il y a un terme au plaisir, un plaisir complet, et ce plaisir s'avère être la fin vers laquelle nous tendons par nature et être accessible seulement par la philosophie [3].

1. *Droit naturel et histoire*, *op. cit.*, *p.* 161 (175).

2. *Ibid.*, p. 107 (111). Strauss publiera plus tard des *Notes* sur ce poème, beaucoup plus détaillées que les remarques, cruciales mais brèves, faites à ce propos dans *Droit naturel et histoire*. « Notes on Lucretius », *Liberalism Ancient and Modern*, New York, Basic Books, 1967, chap. 5. Trad. : « Notes sur Lucrèce », dans *Le Libéralisme antique et moderne*, Paris, PUF, 1990.

3. *Droit naturel et histoire*, *op. cit.*, p. 106 (110).

Certes, après la découverte de l'idée de nature, le bien a été séparé de l'ancestral. Les normes ont été comprises comme conventionnelles. La société civile et ses normes ont été dépréciées par rapport à ce qui est naturel, et finalement l'agréable s'est substitué à l'ancestral comme critère du bien pour l'épicurisme. Pour autant, insiste le commentaire de Strauss, cette substitution n'impliquait pas nécessairement, par elle-même, la disparition de cette fin vers laquelle nous tendons par nature et qui n'est accessible que par la philosophie.

Ainsi, dans l'histoire racontée par le poème de Lucrèce, le problème de la philosophie apparaît clairement :

> Cependant la philosophie est repoussante pour le peuple parce qu'elle requiert l'indépendance de tout attachement à « notre monde ». D'autre part, le peuple ne peut revenir à la simplicité de la société antérieure. Ils doivent donc poursuivre la vie entièrement non naturelle qui est caractérisée par la coopération de la société coercitive et de la religion. La vie bonne, la vie selon la nature, est la vie retirée du philosophe qui vit aux marges de la société civile. La vie vouée à la société civile et au service des autres n'est pas la vie selon la nature [1].

Le commentaire que fait Strauss du conventionalisme philosophique oblige donc à distinguer celui-ci de sa vulgarisation, notamment de sa vulgarisation par les sophistes. Il faut aussi en distinguer la forme qu'a prise le conventionalisme dans sa réhabilitation par Hobbes, dans le contexte d'un dualisme entre nature et volonté. Car cette reprise moderne constitue en fait une transformation profonde de l'épicurisme :

> Selon la doctrine épicurienne, l'individu est par nature indépendant de tous liens sociaux parce que le bien naturel est identique au plaisant, c'est-à-dire fondamentalement avec ce qui est plaisant pour le corps. Mais, selon la même doctrine, l'individu est par nature maintenu dans des liens déterminés parce qu'il y a une limite naturelle au plaisir, nommément le plaisir le plus grand ou le plus haut : l'effort sans fin est contre nature. La transformation par Hobbes de l'épicurisme implique la libération de l'individu non seulement de tous liens sociaux qui ne trouvent pas leur origine dans sa volonté mais aussi de toute fin naturelle. Rejetant la notion d'une fin naturelle de l'homme, il ne comprenait plus par la « bonne vie » de l'individu le fait de se conformer, ou de s'assimiler, à un modèle universel qui est appréhendé avant d'être voulu [2].

1. *Ibid.*, p. 109 (113). Nous sommes ici tout près de ce qui est au cœur du long dialogue entre Strauss et Kojève.

2. *Droit naturel et histoire*, *op. cit.*, p. 241 (279).

Par cette mise en œuvre du conventionalisme, Strauss attire notre attention moins sur la différence entre nature et *nomos* que sur la tension entre la philosophie et les *moenia mundi*, les remparts du monde, et l'attachement ou les limites, les limites qui constituent le monde clos auquel appartient l'homme et auquel il est attaché. Où se situerait exactement la faiblesse du conventionalisme, s'entend, du conventionalisme philosophique ? Dans le fait de ne pas se prémunir contre la vulgarisation de son enseignement, donc de manquer de modération dans son discours, c'est-à-dire de prudence dans sa philosophie.

Le droit naturel

À la lumière de tout ce qui vient d'être posé, pouvons-nous maintenant mieux comprendre cette révolution par laquelle Socrate s'intéresse dorénavant aux choses humaines ?

> Contrairement aux apparences, le tournant socratique vers l'étude des choses humaines était basé non pas sur le désintérêt pour les choses divines ou naturelles mais sur une nouvelle approche de la compréhension de toutes choses [1].

Cette nouvelle approche se définit par la connaissance de son ignorance, c'est-à-dire par la prise en compte de la nature propre à cet homme qui ne peut pas être seulement envisagé comme une partie d'un Tout qu'il s'agirait alors de décrire adéquatement.

Il ne s'agit pas, par conséquent, de ne plus s'interroger sur le Tout, pour ne plus s'intéresser qu'à cet être particulier que serait l'homme. Car toujours, partout, l'homme met en œuvre une certaine compréhension ou précompréhension du Tout ou une certaine opinion sur le Tout. Mais il s'agit, précisément, d'interroger cela : de partir des opinions de l'homme, et non de les balayer car, alors, ce à quoi nous arriverions ne serait pas la vérité mais le vide [2].

Dans cette perspective, la cosmologie, la *science* du Tout organisé qu'est le cosmos, prend un sens radicalement différent et qui la distingue de la physiologie :

> Comprendre le Tout ne signifie plus d'abord découvrir les racines à partir desquelles le Tout achevé, le Tout consistant en groupes distincts de choses, le Tout intelligible, le cosmos, s'est développé, ou découvrir la cause qui a transformé le chaos en un cosmos, ou percevoir l'unité qui est

1. *Ibid.*, p. 117 (122).
2. *Ibid.*, p. 118 (124).

> cachée derrière la variété des choses ou des apparences, mais comprendre l'unité qui est révélée dans l'articulation manifeste du Tout achevé. Cette perspective fournit la base pour la distinction entre les différentes sciences : la distinction entre les différentes sciences correspond à l'articulation naturelle du Tout. Cette perspective rend possible, et elle favorise en particulier, l'étude des choses humaines en tant que telles [1].

Voilà en quoi réside la « sobriété » qui caractérise la manière socratique de s'interroger sur le Tout, à la différence de l'« ivresse » de ses prédécesseurs. Elle recherche l'unité qui est révélée par l'articulation *manifeste* du Tout, en comprenant la science du Tout comme la science de ce que chacun des êtres est, donc aussi, nécessairement, en assumant en particulier ce qu'est l'homme, cet être qui philosophe, qui recherche cette science du Tout.

Là est la base de l'opposition de la philosophie socratique (et straussienne) au conventionalisme, et plus précisément la base sur laquelle fut inaugurée la tradition des enseignements sur le droit naturel dans les différentes formes que cette tradition a prises dans l'histoire. Cette base est la connaissance de son ignorance, ou la réalité de l'homme en tant qu'il est un « entre-deux », en tant qu'il est, dans sa nature même, constitué de cette tension qui le traverse et qui se nomme Éros.

Là, précisément, peut se saisir la fondation de la philosophie politique :

> À la fois l'évidente dépendance de la vie philosophique envers la cité et l'affection naturelle que les hommes ont pour les hommes, et surtout pour leurs semblables, indépendamment du fait que ces hommes aient ou non une « bonne nature » ou soient des philosophes potentiels, rendent nécessaire pour le philosophe de descendre à nouveau dans la caverne, c'est-à-dire de prendre soin des affaires de la cité, que ce soit d'une manière directe ou plus éloignée. En redescendant dans la caverne, le philosophe admet que ce qui est intrinsèquement ou par nature le plus élevé n'est pas le plus urgent pour l'homme, qui est essentiellement un être « entre-deux » entre les brutes et les dieux [2].

Pour conclure, tâchons de voir, à la lumière de cette affirmation fondamentale concernant la nature de l'homme et, par conséquent, de la philosophie, ce qu'il en est du droit naturel. Dans les remarques très brèves qui suivent, nous prendrons comme fil conducteur la cosmologie, cette cosmologie à laquelle, dit-on aujourd'hui, l'enseignement classique sur le droit naturel est intrinsèquement lié ; on ajoute que, puisqu'elle a été réfutée

1. *Ibid.*, p. 117 (123).
2. *Ibid.*, p. 140 (152).

par la science moderne, de même la loi naturelle qui en découlerait serait, elle aussi, réfutée.

Mais précisément, selon Strauss, le droit naturel n'est pas la loi naturelle, et il n'est pas sûr que la cosmologie qui accompagnait ce droit naturel soit ce qui a été réfuté scientifiquement par la science moderne. Plus que la cosmologie, c'est la nature de l'âme qui fonde l'enseignement classique sur le droit naturel. La cosmologie qui accompagne l'enseignement classique sur le droit naturel doit s'entendre par rapport à cette nature de l'âme, plutôt que par rapport à l'enseignement des présocratiques, des « physiologues », sur la nature.

Strauss distingue, nous l'avons dit, plusieurs enseignements à l'intérieur de la doctrine classique du droit naturel.

Dans l'examen de ces différents enseignements, il apparaît qu'aussi bien Platon qu'Aristote maintiennent une ambiguïté quant au droit naturel, une ambiguïté qui n'apparaît ni dans l'enseignement stoïcien sur la loi naturelle ni dans l'enseignement thomiste. Presque depuis le début de l'ère chrétienne, dit Strauss [1], c'est une forme profondément modifiée du droit naturel classique qui a exercé l'influence la plus profonde sur la pensée occidentale. Le droit naturel ou plutôt la loi naturelle est par conséquent devenue indépendante de la question du meilleur régime. Pour autant, cet enseignement ne recouvre pas l'ensemble de la philosophie du Moyen Âge, comme le montre à l'évidence, par ailleurs, l'étude de la philosophie politique d'un certain nombre d'auteurs médiévaux sur lesquels, dit Strauss, le stoïcisme n'a guère exercé son influence.

Comment Strauss lit-il l'enseignement de Platon et d'Aristote, sur la base ainsi définie? Il souligne le fait qu'il n'y a pas pour eux de règles d'action universellement valables :

> Le seul critère universellement valable est la hiérarchie des fins. Ce critère est suffisant pour porter un jugement sur le degré de noblesse d'individus et de groupes et d'actions et d'institutions. Mais il est insuffisant pour guider nos actions [2].

Le seul critère universellement valable est la hiérarchie des fins, saisie par la pensée dans le cadre de cette science du Tout telle qu'elle a été modifiée par la révolution socratique, donc à partir de la connaissance de soi ou connaissance de son ignorance.

1. *Ibid.*, p. 135 (144).
2. *Ibid.*, p. 149 (163).

Il y a donc là une différence essentielle par rapport à l'enseignement stoïcien sur la loi naturelle qui réside dans le fait que celui-ci est « basé sur la doctrine de la divine providence et sur une téléologie anthropocentrique »[1]. L'enseignement exotérique stoïcien est basé sur une doctrine théologique-téléologique, donc foncièrement distincte de la cosmologie fondée sur la nature de l'âme humaine ou sur l'Éros que Strauss découvre chez les auteurs classiques.

Il en va de même en ce qui concerne l'enseignement de Thomas d'Aquin :

> Quoi qu'il en soit, la conséquence ultime de la perspective thomiste sur la loi naturelle est que la loi naturelle est pratiquement inséparable non seulement de la théologie naturelle, mais même de la théologie révélée[2].

Autrement dit, il apparaît que cet enseignement ne se comprend plus dans le cadre d'une pensée qui assumerait cette ambiguïté essentielle à l'âme humaine, qui assumerait à la fois l'attachement de l'homme au monde qui est le sien, protégé par les *moenia mundi*, et la nécessité de traverser ces remparts. Elle ne paraît plus se comprendre, donc, dans le cadre d'une pensée qui assumerait cette situation inconfortable d'être à la fois dans et hors de la caverne, qui assumerait la réalité de la philosophie politique. La question du droit naturel, du moins dans cette forme modifiée qui a exercé l'influence la plus profonde et la plus visible sur la pensée occidentale, a cessé dès lors d'être une question de philosophie politique. Par rapport à cet enseignement-là, comme le souligne Strauss, la rupture opérée par les Modernes marque, en réalité, la possibilité d'un retour à la question du droit naturel en tant que question de philosophie politique[3].

La cosmologie qui caractérise la philosophie classique, la pensée du philosophe Socrate, apparaît donc foncièrement différente de la téléo-théologie ou de la téléologie anthropocentrique à laquelle sont liés les enseignements dont nous venons de parler. Non pas parce que, dans cette cosmologie, l'homme serait perdu comme une petite partie d'un Tout bien organisé qui lui définirait sa place, au lieu d'être placé au centre du Tout. Mais bien parce que cette compréhension du Tout interroge chaque être selon son être propre, et donc s'intéresse aux choses humaines en tant que telles, et donc aussi et d'abord à la connaissance de son ignorance.

1. *Ibid.*, p. 142 (154).
2. *Ibid.*, p. 151 (164).
3. *Ibid.* L'enseignement de Strauss sur la querelle des Anciens et des Modernes n'est donc pas, lui non plus, aussi unilatéral qu'on veut bien le dire.

C'est pourquoi la cosmologie n'est pas la physiologie des prédécesseurs de Socrate : parce que, comme le disait le texte sur l'interprétation de la Genèse,

> l'homme est la créature la plus ambiguë, il est en fait la seule créature ambiguë, et donc nous avons besoin d'un autre récit que celui dans lequel l'homme apparaît aussi comme une partie du Tout [1].

Conclusion

Il apparaît donc que la ligne du partage des eaux qui est mise en œuvre dans *Droit naturel et histoire* ne passe pas où pourrait le faire croire une première lecture. Il ne s'agit pas tant de l'opposition entre les Anciens et les Modernes, ni même de l'opposition entre ceux qui affirment l'existence d'un droit naturel et ceux qui nient une telle existence.

Bien plus fondamentalement, il s'agit de la ligne de partage entre les pensées marquées par la prudence et celles qui ne le sont pas, que cette absence de prudence soit due à l'ignorance ou à l'ivresse.

Et même, plus que du repérage de la ligne de partage entre deux camps s'opposant, le plus important dans ce livre est la mise en œuvre prudente de ce qu'*est* cette ligne de partage, donc de ce qu'est la philosophie et, autant que faire se peut, de ce qu'est l'humain, et donc de la philosophie politique.

Sur cette crête en effet se tient le philosophe. La philosophie est au cœur de cette tension et donc ne peut, sans se trahir, négliger la prudence qui se manifeste dans la modération. Modération non pas de la pensée, mais du discours : dans l'art d'écrire. Sur cette crête se rencontrent ces deux personnages qui traversent l'œuvre de Strauss : le philosophe et le prophète.

S'il en est ainsi, si l'homme est essentiellement un « entre-deux », si l'humanisme apparaît dès lors comme un « tiers exclu », que peut alors espérer la philosophie ?

La prudence, ce « dieu d'ici-bas » selon l'expression que Strauss reprend à Burke [2], est précisément ce qui est négligé aussi bien par le doctrinarisme que par l'existentialisme, qu'ils soient anciens ou modernes.

> Les hommes sont constamment attirés et trompés par deux charmes opposés : le charme de la compétence qui est engendré par les mathématiques et par tout ce qui est proche des mathématiques, et le charme de l'humble angoisse, qui est engendré par la méditation sur l'âme humaine et ses expériences. La philosophie est caractérisée par le refus calme,

1. « Sur l'interprétation de la Genèse », *op. cit.*, p. 33 (17).
2. *Droit naturel et histoire*, *op. cit.*, p. 277 (321).

quoique ferme, de succomber à aucun des deux charmes. Elle est la forme la plus haute de l'union du courage et de la modération. Malgré sa grandeur ou sa noblesse, elle pourrait apparaître comme sisyphéenne ou laide, quand on compare ce qu'elle parvient à faire à son but. Cependant elle est nécessairement accompagnée, soutenue et élevée par l'Éros. Elle reçoit sa grâce de la grâce de la nature [« *It is graced by nature's grace* »] [1].

1. *What is Political Philosophy?*, Chicago, University of Chicago Press, 1988, p. 40. Trad. : *Qu'est-ce que la philosophie politique ?*, Paris, PUF, 1992, p. 44.

LA CRITIQUE DE L'HISTORICISME

Adrien BARROT

I am not such a fool as I look, quoth Plato to his disciples.

Conrad, *Heart of Darkness*

Je ne veux pas substituer au traitement du sujet qui m'est imparti une trop longue explication des raisons pour lesquelles il me sera impossible de le traiter de façon satisfaisante : ce serait pousser la supercherie un peu loin [1]. Disons donc simplement que les limites de mon propos sont doubles, et qu'elles se conjuguent : celles du genre auquel je dois me plier, bien sûr, mais aussi, non moins évidemment, celles de ma compréhension. J'essayerai en conséquence de vous faire part de ce que je crois avoir compris jusqu'ici, allant pour ainsi dire à marche forcée, en court-circuitant bien des détours qu'il me faudrait en toute rigueur parcourir.

Vous aurez sans doute constaté que le titre de mon intervention ne recèle aucune surprise. Il y a bien dans l'œuvre de Strauss une critique de l'historicisme. *Droit naturel et histoire* ayant presque été pendant trente ans le seul livre de Strauss accessible en français, il semble que nous soyons particulièrement avertis de cet aspect, si important en effet, de sa réflexion. J'avoue que lorsque j'ai pris conscience de la tâche qui m'était réservée, je me suis d'abord demandé, bêtement, comment j'allais pouvoir trouver quelque chose d'original à dire sur un sujet disons, aussi… canonique. Mais je me suis heureusement ressaisi et j'ai repris espoir en me disant que l'originalité n'est pas précisément une vertu que Strauss considérait comme philosophique, qu'elle n'est même probablement pas du tout à ses

1. Cette intervention a été conçue pour être exposée devant un auditoire. Je n'y ai pas apporté les profondes modifications, de forme mais aussi de contenu, que son exposition à la lecture aurait appelées. Elle conserve tout autant son style que l'imprudence de ses formulations. Seules l'exergue, qui m'a paru particulièrement bien venue s'agissant de L. Strauss, et les notes, ont été ajoutées.

yeux une vertu [1]. L'originalité, au sens courant du terme, est une notion, pour tout dire, historiciste. Cependant, être original peut aussi vouloir dire, plus littéralement, revenir à l'origine ou aux origines : de la philosophie, par exemple. Strauss serait-il original en ce sens ? Sa critique de l'historicisme, justement, n'implique-t-elle pas le projet d'un tel recouvrement des origines de la philosophie ? Sans doute. À condition toutefois de préciser aussitôt ceci : le retour aux origines de la philosophie n'est, à proprement parler, philosophique, que s'il est en même temps retour à l'idée selon laquelle l'enquête philosophique commence par le rejet du culte de l'origine ou des origines, c'est-à-dire par la découverte de cela qui, plus ancien que toute origine, est naturellement occulté par tout récit des origines, à savoir la nature. Strauss montre ainsi comment la *République* de Platon ne commence véritablement que lorsque le vieux Céphale se retire de la conversation et sort de la scène pour accomplir des sacrifices aux dieux. Dès cet instant, le respect de l'opinion traditionnelle sur la justice laisse la place à l'enquête philosophique sur la nature de la justice [2]. La pensée de Strauss n'est certes pas originale, elle ne prétend pas à la nouveauté, mais elle n'est pas non plus traditionnelle.

Mais nous voilà déjà entraînés trop loin, à force d'impatience. Je dois faire un pas en arrière. Nous savons donc qu'il y a une critique straussienne de l'historicisme, mais nous ne pouvons cerner cette critique que si nous parvenons à cerner son objet. Or toute la difficulté est là. Dès que l'on essaye de mettre la main sur ce que Strauss appelle « historicisme », on est plongé dans un grand embarras, une grande perplexité, pour employer un mot qui, cette fois, est un des favoris de Strauss [3]. À peine croit-on l'avoir saisi qu'il réapparaît ailleurs. Il semble, à lire Strauss, que l'historicisme puisse exister à l'état latent, embryonnaire, *in statu nascendi*, qu'il puisse être naïf, mais aussi pleinement développé, conséquent, radical, sophistiqué, qu'il puisse être vulgaire mais aussi philosophique, et pourquoi pas

1. Je pense en particulier à une remarque de Strauss au sujet de Maïmonide et de Spinoza : « Je doute que l'originalité au sens de la découverte ou de l'invention de "systèmes" ait quoi que ce soit à voir avec la profondeur philosophique ou la véritable originalité. Spinoza fut beaucoup plus original au sens que ce mot reçoit aujourd'hui que le fut Maïmonide; mais Maïmonide fut néanmoins un penseur plus profond que Spinoza ». Voir « Sur un art d'écrire oublié », dans *Qu'est-ce que la philosophie politique ?*, trad. O. Sedeyn, Paris, PUF, 1992, p. 221.

2. Pour être tout à fait précis, Strauss écrit que « la piété est remplacée par la philosophie ». Voir *La Cité et l'homme*, trad. O. Sedeyn, Paris, Presses Pocket, 1987, p. 86-87.

3. La notion de perplexité est centrale dans la pensée de Strauss. Celui-ci l'emprunte de toute évidence à Maïmonide et à son *Guide*. Strauss suggère ainsi à son lecteur que toute son œuvre peut en un sens être considérée et lue comme un nouveau *Guide des perplexes*, qui nous permettrait de remonter de « notre perplexité actuelle » (« La philosophie et la Loi », dans L. Strauss, *Maïmonide*, trad. R. Brague, Paris, PUF, 1988, p. 46) à la perplexité naturelle.

scientifique, juridique, esthétique, que sais-je encore ? On est tenté d'emprunter à d'illustres auteurs une formule. L'historicisme est-il ce cercle dont le centre est partout, la circonférence nulle part ? Est-il plutôt cet hôte inquiétant qui s'insinue partout dans le monde d'aujourd'hui ? Mais peut-être faut-il résister à la tentation d'emprunts qui, si gratifiants soient-ils, n'en sont pas moins abusifs et ne dissiperaient pas notre perplexité. Sans doute serait-il plus straussiennement légitime de comparer l'historicisme à ce sophiste qui ne cesse de glisser entre les doigts de ceux qui le traquent. Quoi qu'il en soit, il y a sûrement quelque chose de nécessaire dans cette diversité d'aspects sous lesquels l'historicisme apparaît dans l'œuvre de Strauss, quelque chose qui tient à la nature de l'historicisme.

C'est ici le moment de citer Strauss une première fois. Dans un article sur « La philosophie politique et l'histoire », il écrit ceci :

> L'historicisme n'est pas seulement une école philosophique parmi beaucoup d'autres, mais un élément actif très puissant qui affecte plus ou moins toute la pensée contemporaine. S'il est possible de parler de l'esprit d'un temps, nous pouvons en toute sécurité affirmer que l'esprit de notre temps est l'historicisme [1].

Même si cette formule reste partiellement négative et formelle, donc insuffisante pour nous qui essayons de comprendre ce que Strauss appelle « historicisme », il est possible d'en tirer quelques enseignements, provisoires peut-être, mais précieux. Il est tout d'abord très frappant que l'historicisme n'apparaisse pas ici, contrairement à ce que le terme lui-même nous laisserait attendre, comme un contenu de pensée, ou, en tout cas, pas seulement comme un contenu de pensée. Au moment de le définir, Strauss estime manifestement nécessaire de lever l'hypothèque d'une telle compréhension de l'historicisme. Que celui-ci ne soit pas seulement une école philosophique parmi beaucoup d'autres, au sens où le scepticisme, le stoïcisme, l'épicurisme, sont des écoles philosophiques ; qu'il ne soit pas seulement, pourrait-on dire, une doctrine, un corps de doctrines, ce que j'ai appelé un contenu de pensée, cela veut dire que l'historicisme, en réalité, n'est pas *essentiellement* une école philosophique, une doctrine, un contenu de pensée. Ce serait alors se méprendre sur sa nature, lui donner une consistance qu'il n'a pas, et peut-être demeurer sous son emprise, que de le considérer comme tel. Nous pouvons ainsi nous tourner vers la partie plus substantielle, plus positive, de la formule de Strauss.

N'étant pas essentiellement un contenu de pensée, l'historicisme est donc défini comme « un élément actif très puissant qui affecte plus ou

1. Voir « La philosophie politique et l'histoire », dans *Qu'est-ce que la philosophie politique ?, op. cit.*, p. 60.

moins toute la pensée contemporaine ». Bien sûr, nous ne savons pas pour le moment ce qu'est plus précisément « un élément actif très puissant », mais nous pouvons du moins comprendre que, à défaut d'être un contenu de pensée, l'historicisme est en quelque sorte ce qui, en amont de toute pensée, détermine ou informe le contenu ou les contenus de toute pensée, plus exactement de toute pensée contemporaine. « Plus ou moins », ajoute Strauss. Nous avons maintenant une explication, un début d'explication en tout cas, de la perplexité à laquelle je faisais allusion pour commencer. Si l'historicisme nous échappe, s'il nous glisse entre les doigts à chaque fois que nous croyons avoir mis la main sur lui, s'il présente en somme une telle diversité d'aspects, c'est bien parce qu'il n'est pas isolable comme un contenu de pensée, mais « affecte », c'est-à-dire détermine, conditionne, informe « plus ou moins », mais, ajouterons-nous, essentiellement, « toute la pensée contemporaine ». Toute pensée contemporaine est, pourrait-on dire, historiciste, quel que soit son contenu, en tant que contemporaine. C'est pourquoi nous dirons que si l'historicisme n'est pas une école philosophique parmi beaucoup d'autres, il n'est pas non plus un aspect de la pensée contemporaine parmi beaucoup d'autres. Le lien, au sens strict, j'allais dire au sens carcéral du terme, entre l'historicisme et la pensée contemporaine est beaucoup plus étroit. L'historicisme est ce qui met en mouvement, façonne, conditionne, et finalement entrave, emprisonne la pensée contemporaine en tant que telle. L'historicisme est ce qui condamne la pensée à être, et à n'être que, contemporaine, exclusivement contemporaine, enfermée dans sa contemporanéité. L'historicisme assigne la pensée à résidence, à la résidence du temps, ou de l'époque, qui lui donne le jour. Dès lors, la définition de l'historicisme comme « l'esprit de notre temps », proposée pour finir par Strauss, ne peut bien entendu que s'avérer provisoire. Sa pertinence est d'ailleurs affectée d'une restriction qui n'est pas de pure forme : « s'il est possible de parler de l'esprit d'un temps ». Or parler de l'esprit d'un temps, c'est parler la langue de Hegel. Cette notion de *Zeitgeist* est empruntée au hégélianisme, et la philosophie de Hegel est déjà affectée – faut-il aller jusqu'à dire infectée ? – par l'historicisme. Dire que l'historicisme est l'esprit de notre temps reviendrait ainsi à parler de l'historicisme de manière historiciste, et donc à demeurer, encore une fois, sous son emprise. Aussi Strauss ne le dit-il pas à proprement parler, mais seulement sous la forme d'une approximation volontaire et ironique, intéressante pour nous à un double titre : parce qu'elle enveloppe ou esquisse déjà la manière dont Strauss met l'historicisme en question, et plus immédiatement parce qu'elle nous conduit, et même nous contraint, à élargir notre notion de ce qui nous est contemporain.

Un peu plus loin en effet dans le même article, Strauss écrit ceci : « Un examen satisfaisant de l'historicisme reviendrait à une analyse critique de la philosophie moderne en général ». Et Strauss d'ajouter :

> Nous ne pouvons avoir l'audace de tenter de faire plus que de formuler quelques considérations susceptibles d'empêcher de prendre l'historicisme pour quelque chose qui va de soi [1].

Gardant en mémoire cette circonspection straussienne, j'essayerai de rester prudent et modéré dans mes exagérations même. En tout cas, la formule de Strauss que je viens de vous citer nous fait implicitement passer de la pensée contemporaine en général à la philosophie moderne en général. La philosophie moderne en général déborde, en tant que moderne, la pensée contemporaine *stricto sensu*. N'est-ce pas exagéré ? N'y a-t-il pas un coup de force, plus qu'une audace, une intrépidité, voire une violence, dans cette invocation d'une philosophie moderne en général ? Existe-t-il quelque chose comme *la* philosophie moderne en général ? Je me contenterai de remarquer qu'on reproche à Strauss de le penser [2], et je reviens à l'idée selon laquelle il y a, il y aurait un lien, non pas seulement entre l'historicisme et la pensée contemporaine, mais entre l'historicisme et la philosophie moderne en général. Mais je dois aussitôt formuler un autre problème. L'historicisme n'a-t-il pas été défini comme quelque chose d'essentiellement autre qu'une école philosophique, fût-elle moderne et non simplement contemporaine, ainsi que Strauss semble désormais en faire la suggestion ? Permettez-moi d'enjamber provisoirement cette difficulté, et de faire un pas de plus, de surenchérir, sans trahir, je l'espère, absolument Leo Strauss, en suggérant maintenant que d'après lui, il y a un lien entre l'historicisme et la modernité en général. Voilà qui expliquerait comment l'historicisme peut non seulement synchroniquement, en un même moment, aujourd'hui, revêtir une grande diversité de formes – de la plus vulgaire à la plus élevée – mais aussi comment il peut diachroniquement, c'est-à-dire sucessivement, revêtir des formes plus ou moins développées – de la plus embryonnaire à la plus achevée. Nous dirons donc que toute pensée moderne est, en tant que moderne, historiciste. Elle est historiciste à l'état naissant lorsque la modernité est à l'état naissant ; elle est historiciste au plus haut point lorsque la modernité atteint son point culminant, c'est-à-dire le point à partir duquel elle commence à décliner, à entrer en crise. La critique straussienne de l'historicisme appartiendrait au moment où la modernité, c'est-à-dire l'historicisme, entre en crise. J'en

1. *Ibid.*, p. 63.
2. Voir L. Ferry, *Philosophie politique*, Paris, PUF, 1984, vol. 1, p. 78-105 ; et A. Renaut et L. Sosoe, *Philosophie du droit*, Paris, PUF, 1991, p. 120-124.

suis donc venu, insensiblement, à tracer un certain nombre de signes d'équivalence : entre historicisme et modernité, entre crise de l'historicisme et crise de la modernité, entre critique de l'historicisme et critique de la modernité.

En conséquence, si vous voulez bien accréditer mes exagérations que j'appellerai, faute de mieux, pédagogiques, nous sommes maintenant confrontés à l'idée selon laquelle critiquer l'historicisme, c'est-à-dire sortir de l'historicisme, se libérer de l'historicisme, cela reviendrait à sortir de la modernité, à se libérer de la modernité. Je voulais en arriver là, fût-ce en allant trop vite, parce que tôt ou tard, me semble-t-il, et au fond plus tôt que plus tard, comme je vais essayer de vous le montrer, lorsqu'on s'interroge sur la critique straussienne de l'historicisme, on est amené à envisager le rapport entre cette critique et le discours de Strauss sur ce qu'il appelle parfois la crise de la modernité (*the crisis of modernity*) [1], parfois la crise de notre temps (*the crisis of our time*) [2], parfois encore la crise de l'Occident (*the crisis of the West*) [3]. Notre connaissance par ouï-dire de la critique straussienne de l'historicisme ne doit pas en effet nous faire négliger le contexte straussien qui détermine, en principe, pour le lecteur, sa prise en vue de la critique straussienne de l'historicisme, en éclairant celle-ci d'un jour qui pourrait bien être un faux jour, et lui donne un premier sens qui pourrait bien s'avérer, en définitive, un contresens sciemment ourdi par Strauss.

En réalité, on peut dire que, dans l'œuvre de Strauss, l'évocation de la crise de la modernité précède l'analyse ou l'évocation de l'historicisme. Je veux dire par là que l'évocation, ou mieux, l'*invocation* de cette crise fournit dans la plupart des cas leurs exordes à différents articles ou conférences de Strauss, à telle enseigne qu'il n'est pas absolument exagéré de dire que l'œuvre de Strauss, toute l'œuvre de Strauss, dans son ensemble, commence par l'invocation de la crise de la modernité. Vous le savez, Strauss semble entendre par là que l'Occident est devenu incertain de son propre but, que l'Occident a perdu sa foi en lui-même. C'est en quelque

1. Voir par exemple « Progrès ou retour », dans *La Renaissance du rationalisme politique classique*, conférences et essais réunis et présentés par T. L. Pangle, trad. P. Guglielmina, Paris, Gallimard, 1993, p. 304-352.

2. Voir L. Strauss, « The crisis of our time » et « The crisis of political philosophy », dans *The Predicament of Modern Politics*, dir. H. J. Spaeth, Detroit, The University of Detroit Press, 1964, p. 41-59 et 91-103. Je trouve la formule banale « la crise de notre temps » particulièrement intéressante, parce qu'elle nous invite subrepticement à interroger *notre* conception du temps. Strauss nous suggère ainsi de réfléchir au décalage possible entre la manière dont nous sommes, comme modernes, déterminés à prendre le temps en vue, et ce qu'est le temps par nature.

3. Voir par exemple *La Cité et l'homme*, *op. cit.*, Introduction.

sorte la *Krisis* de Strauss, mais une *Krisis* anti-moderne [1]. Le spectre du relativisme, du nihilisme, la menace de sa métamorphose en obscurantisme fanatique sont agités par Strauss. Il nous fait peur, ou, à tout le moins, il joue de notre peur ou sur notre peur. Ce « discours de crise » suscite une attente : aux grands maux les grands remèdes; en tout cas un remède à la mesure d'une crise de cette ampleur. Nous sommes ainsi déterminés à attendre de Strauss non pas qu'il rétablisse ou restaure la modernité sur son sol originel mais, puisqu'aussi bien c'est la modernité elle-même qui constitue la crise, qu'il dessine pour nous, fût-ce en creux, quelque chose comme les contours d'un projet alternatif, d'un autre paradigme global susceptible de relever la modernité, ou plutôt d'en prendre la relève. Je laisse de côté la question de savoir s'il faut être favorablement ou défavorablement impressionné par tout cela. J'essaye seulement d'esquisser très grossièrement l'effet que Strauss me semble vouloir produire. À cet égard, notre séduction ou notre répulsion peuvent parfaitement résulter d'un même malentendu. Strauss est assez subtil pour intoxiquer ses partisans comme ses adversaires, pour se *susciter* des partisans et des adversaires en les lançant sur la même fausse piste, ne s'adressant en définitive qu'à ceux qui auront la patience de le suivre jusqu'au bout.

Dans la mesure où, à la lumière de cet exorde prophétique sur la crise de la modernité, l'historicisme apparaît *ensuite*, en quelque façon comme la maladie congénitale où s'originent et se rassemblent tous les maux que la modernité nous réserve, nous sommes amenés, avant même d'avoir saisi les contours de ce que Strauss appelle « historicisme », à attendre plus précisément que Strauss emprunte au passé dont la modernité s'est extraite le paradigme global qui pourrait nous sauver. Il n'en faut guère plus, d'autant moins à vrai dire que nos réflexes sont sur ce point conditionnés – et Strauss le sait – pour que nous voyions s'esquisser dans la pensée de Strauss une version de plus d'un « retour aux Grecs ». Encore une fois, que nous soyons séduits par cette perspective ou repoussés par cet épouvantail réactionnaire, voilà sans doute un effet induit par le discours de Strauss, mais ce n'est pas pour nous l'essentiel. La seule chose qui compte est de savoir ce que veut réellement Leo Strauss, « *what he stands for* », comme disent les Américains. Or comment ne pas être frappé par ceci : Strauss lui-même, en plusieurs occasions, attire notre attention sur le fait que les plus grands penseurs qui, avant lui, et parfois bien avant lui, ont déjà établi quant à la modernité le diagnostic de sa crise, sous des formes diverses et sous

1. Voir sur ce point *Faith and Political Philosophy. The Correspondence between Leo Strauss and Eric Voegelin, 1934-1964*, trad. et éd. par P. Emberley et B. Cooper, University Park, Pennsylvania State UP, 1993, Lettre 9, p. 17 et Lettre 11, p. 35.

l'inspiration, à des titres divers, de la Grèce antique, ont tous, à commencer sans doute par Rousseau, jusqu'à Nietzsche et Heidegger, fait le lit ou creusé toujours davantage le lit de l'historicisme, emportant ainsi la modernité dans un mouvement de fuite en avant, de radicalisation ultra-moderne [1]. Ce seul fait, pour n'évoquer que celui-là, devrait nous conduire à nous interroger cette fois sur le statut du discours, du *logos* de Strauss sur la crise de la modernité. Que l'invocation de cette crise apparaisse dans son œuvre au titre d'exorde, cela ne doit-il pas, finalement, attirer notre attention sur ce qui pourrait bien être son caractère rhétorique, pédagogique et même psychagogique, sur la manière dont Strauss suscite chez son lecteur une attente historiciste, pour mieux la décevoir au bout du compte, et le guérir de cette attente, éveillant à la place un autre désir?

Décidément, c'est une compréhension plus précise, plus complète, de ce que Strauss appelle «historicisme» qui nous est nécessaire si nous voulons sortir de notre perplexité, et tenter de comprendre la manière straussienne de rompre avec la modernité. Le moment est donc venu de citer une nouvelle fois Leo Strauss. *Droit naturel et histoire* nous offre une définition plus consistante, plus décisive, de l'historicisme. Voici ce que nous y pouvons lire :

> Tandis que, chez les Anciens, philosopher signifie sortir de la caverne, chez nos contemporains, toute démarche philosophique appartient essentiellement à un «monde historique», à une «culture», à une «civilisation», ou à une *Weltanschauung*, en somme précisément à ce que Platon appelait la caverne. Nous appellerons cette théorie l'historicisme [2].

Dans un premier temps, nous avons vu l'historicisme défini comme «un élément actif très puissant qui affecte plus ou moins toute la pensée contemporaine». Nous voyons maintenant l'attention de Strauss se focaliser – et par là notre attente subit une première modification – sur un impact ou sur un point d'impact particulier de l'historicisme. L'historicisme affecte la pensée de nos contemporains particulièrement en ceci qu'il détermine une certaine prise en vue de la démarche philosophique. Il semble que cet impact particulier de l'historicisme soit si important, si essentiel, qu'il suffit, à lui seul, à définir désormais l'historicisme. Je me risque donc à affirmer que c'est cet impact-là de l'historicisme qui

1. On reconnaît ici le thème des trois vagues de la modernité, dont le caractère énigmatiquement platonicien est impliqué par le mot « vagues », qui renvoie implicitement aux trois vagues de difficultés soulevées par Socrate dans son examen du meilleur régime dans la *République*. Voir L. Strauss, «Les trois vagues de la modernité», trad. Y. Hersant, *Cahiers philosophiques*, 1984 (20), p. 11-23.

2. Voir *Droit naturel et histoire*, trad. É. de Dampierre et M. Nathan, Paris, Champs-Flammarion, 1986, p. 24.

intéresse, qui préoccupe essentiellement, pour ne pas dire uniquement, Leo Strauss – et notre attente continue de se modifier. Si nous nous remémorons le rapport d'équivalence que j'ai rapidement esquissé entre historicisme et modernité, il nous faudra alors comprendre ceci : la modernité préoccupe essentiellement, pour ne pas dire uniquement Leo Strauss dans la mesure où elle détermine une certaine prise en vue de la démarche philosophique, c'est-à-dire dans la mesure où elle affecte la possibilité même de la philosophie. De sorte que la mise en question de la modernité, annoncée par l'invocation prophétique de sa crise, prendra en réalité la forme suivante, décevante si l'on veut par rapport à notre attente ou demande initiale, mais portée par un désir qui n'est peut-être pas moins démesuré : qu'en est-il de la possibilité de la philosophie, et d'être philosophe, dans la modernité ?

En effet, si nous regardons d'un peu plus près la définition de l'historicisme offerte par *Droit naturel et histoire*, nous voyons qu'elle oppose, de manière apparemment symétrique, deux termes : disons, pour aller vite, platonisme et historicisme. Je note au passage que lorsqu'il s'agit pour Strauss d'opposer à l'historicisme une pensée, peut-être un antidote, et pourquoi pas une *pharmacie*, quoique ce mot soit employé par un de nos plus illustres – et historicistes – contemporains, c'est le nom de Platon qui est prononcé [1]. Platon est donc, en quelque sorte, ici en tout cas, le nom générique des Anciens. Les Anciens sont, du point de vue de leur compréhension de la démarche philosophique, platoniciens. Le platonisme, dirons-nous, est non pas la philosophie de Platon, mais la compréhension classique de la philosophie ou du philosopher. Classique seulement ?

Bien sûr que non. Car l'opposition mise en place par Strauss n'est pas une opposition entre philosophie classique d'un côté et philosophie moderne de l'autre. L'alternative que Strauss esquisse ici n'est pas « philosophie classique ou philosophie moderne », mais « platonisme ou historicisme ». Il y a là sans doute deux compréhensions de la philosophie, mais la symétrie n'est qu'apparente et masque un décalage dont on ne saurait surestimer l'importance. Je suggère que Strauss appelle en fait platonisme l'autocompréhension de la philosophie, la compréhension que la démarche philosophique a d'elle-même, la compréhension philosophique de la philosophie, c'est-à-dire la compréhension naturelle de la philosophie. Ainsi le platonisme est dans l'élément de la philosophie, il est *la* démarche philosophique, la philosophie tout court. En revanche, et c'est là que réside le conflit, l'historicisme est en surplomb, je disais tout à l'heure en amont de

1. Pour une approche comparée des points de vue straussien et derridien sur Platon, on pourra consulter Catherine H. Zuckert, *Postmodern Platos*, Chicago et Londres, The University of Chicago Press, 1996, p. 104-200 et 201-253.

toute pensée contemporaine ou moderne, et donc en surplomb, en particulier, de la philosophie. Ainsi l'historicisme n'est pas une philosophie, mais plutôt une manière de prendre en vue la philosophie, de comprendre la philosophie mieux qu'elle ne se comprend elle-même, et finalement de lui donner congé, de lui signifier son impossibilité. Alors que la philosophie, lorsqu'elle se comprend elle-même, aspire à sortir de la caverne, l'historicisme, lorsqu'il comprend la philosophie, la comprenant mieux qu'elle ne se comprend elle-même, lui signifie le caractère illusoire, et même absurde, de cette aspiration. L'historicisme est donc d'autant moins une école philosophique parmi d'autres qu'il implique une critique radicale de la philosophie comme telle. Si je maintiens toujours mon signe d'équivalence, grossièrement esquissé, entre historicisme et modernité, je suis maintenant contraint d'affirmer quelque chose d'exorbitant, ou d'affirmer que Strauss nous suggère quelque chose d'exorbitant : il n'y a pas de philosophie moderne. Il n'y a pas, il ne peut pas y avoir de philosophie moderne, c'est-à-dire, puisque c'est la même chose, historiciste. Une philosophie historiciste n'est pas plus concevable qu'un cercle carré. Il est possible que l'historicisme ait été couvé dès l'origine, dès son origine ou l'origine de la modernité, dans la langue de la philosophie, pendant son lent et secret mûrissement. Mais l'historicisme, parvenu à maturité, doit nécessairement s'extraire de la philosophie, sortir de la philosophie, et se retourner contre la philosophie. Sans doute n'en venait-il pas à proprement parler. En tout cas l'historicisme, s'il se comprend lui-même, s'il essaye de le faire, s'il essaye d'être conséquent, implique un dépassement de la philosophie. C'est pourquoi l'alternative ne peut pas être « philosophie classique ou philosophie moderne », mais seulement « philosophie ou historicisme ». Ce dépassement historiciste de la philosophie est en un sens préparé par Nietzsche. Il est accompli, peut-on croire, par Heidegger.

Je ne peux pas aborder ici l'explication de Strauss avec Heidegger, avec l'historicisme radical, que Strauss considère comme la forme la plus élevée et la plus sophistiquée sans doute de l'historicisme. La tâche serait trop longue et trop difficile, en partie pour la raison suivante : l'historicisme, sous sa forme heideggérienne, la sortie ou l'effraction de Heidegger hors de la philosophie en direction d'une « autre pensée » ou de « la pensée », est un des éléments qui ont incité Strauss à faire porter le poids de son analyse critique sur la genèse de l'historicisme, sur ses commencements, plutôt que sur le moment de son apogée. L'œuvre de Strauss ne présente par conséquent que des remarques éparses, soigneusement distillées, le plus souvent allusives, au sujet de Heidegger [1].

Je veux en revanche essayer de dire un mot, et ce sera mon dernier mot, sur la sophistication essentielle, sur le caractère essentiellement sophistique de l'historicisme comme tel, aux yeux de Strauss. Je dois pour cela faire une de ces remarques que Strauss, parfois, appelle pédantes et bureaucratiques, à première vue du moins. Nous lisons en conclusion du passage de *Droit naturel et histoire* qui nous a arrêté : « Nous appellerons cette théorie l'historicisme ». La traduction est malheureusement erronée sur le point décisif. Car l'historicisme, étant une critique radicale de la *theôria*, ne peut pas être défini comme une théorie. Strauss dit en anglais « *We shall call this view historicism* » [2]. « *A view* » n'est évidemment pas « *a theory* ». On pourrait traduire inélégamment par « vue », ou par « point de vue », ou encore par « perspective », terme qui aurait le mérite, et le défaut, d'attirer notre attention sur le lien entre la pensée de Nietzsche et l'historicisme. Mais quitte à s'écarter de la littéralité à laquelle Strauss tient tellement, il me semble que l'on peut raisonnablement, et somme toute fidèlement, traduire « *view* » par « opinion ». Or nous avons d'abord vu l'historicisme défini comme « un élément actif très puissant » qui affecte, en réalité, toute la pensée moderne en tant que moderne, sans pouvoir alors cerner plus précisément ce que Strauss appellait « un élément actif très puissant ». Nous pouvons maintenant affirmer que cet « élément actif très puissant » n'est pas autre chose que l'opinion moderne. Non pas le préjugé moderne – car « préjugé » est une catégorie moderne, qui résulte justement d'une historicisation de la catégorie d'opinion – mais bien l'opinion moderne par excellence, l'opinion qui détermine et façonne les contours de notre caverne, la caverne de la modernité, la caverne de l'histoire. L'historicisme est *notre* opinion, une opinion dont, selon Strauss, ou selon ce que je comprends de lui, seule la *theôria* peut nous affranchir, dans les limites de la *theôria*, à partir d'une saisie du caractère naturellement opiniâtre de l'opinion, c'est-à-dire sur le mode d'une mise en question. Il faudrait montrer comment cette mise en question, prudemment présentée par Strauss comme un *préalable* – c'est-à-dire ici présentée de manière historiciste, formellement et ironiquement historiciste – déploie *déjà* de façon beaucoup plus audacieuse que Strauss ne l'avoue – et parce qu'il ne l'avoue pas – l'acte même, platonicien, du philosopher.

1. Le seul texte de Strauss entièrement consacré à Heidegger est une conférence non destinée à la publication et éditée par T. Pangle sous le titre « Introduction à l'existentialisme de Heidegger », dans *La Renaissance du rationalisme politique classique*, *op. cit.*, p. 77-99.

2. *Natural Right and History*, Chicago et Londres, The University of Chicago Press, 1953, p. 12.

L'opinion moderne, *notre* opinion, Pierre Manent l'a formulée de la façon suivante : « Nous sommes modernes », cela veut dire « nous sommes historiques » [1]. Dès lors, s'affranchir de l'opinion moderne en la mettant en question ne consiste pas à fomenter la subversion, fût-ce philosophiquement, de la modernité par un paradigme social et politique global qui serait par exemple celui de la Grèce antique – projet qui resterait pris dans les rêts de l'historicisme. Cela veut simplement dire, comme le suggère de nouveau Pierre Manent, que « nous sommes modernes comme les Athéniens étaient Athéniens » [2], et donc, ajouterai-je pour ma part, que nous ne sommes pas plus modernes que les Athéniens n'étaient Athéniens. Nous sommes par nature ouverts au Tout: telle est, selon Strauss, la situation noétique de l'homme, Athénien ou moderne. Mais nous sommes par nature ouverts au Tout d'une manière telle que le Tout ne nous est d'abord donné que réfracté et diffracté par la caverne particulière à laquelle nous appartenons naturellement, c'est-à-dire par l'opinion qui façonne à chaque fois les contours de notre caverne. C'est le foyer de la philosophie politique de Strauss, dont Emmanuel Cattin vient de nous parler, et dont je dirai simplement, pour ne pas faire double emploi, qu'elle est une phénoménologie, non transcendantale certes, mais politique [3].

Il faut donc éviter tout malentendu portant sur le lien entre la critique straussienne de l'historicisme et le conservatisme de Strauss. Sa pensée est assurément conservatrice, mais c'est dire qu'elle est à mille lieues de toute *révolution* conservatrice. Même le meilleur régime politique, esquissé en parole par Socrate dans la *République*, élucidant la nature des choses politiques, c'est-à-dire leurs limites, même ce meilleur régime politique par nature dessine, en tant que politique, les contours d'une caverne. Mais si la pensée de Strauss, en quelque façon conservatrice par nature, n'a rien de subversif, c'est parce qu'elle est radicalement, ou tout aussi naturellement, transgressive. Elle n'est conservatrice, c'est-à-dire, en un sens, politique ou *premièrement* politique, que parce qu'elle est transgressive, c'est-à-dire transpolitique. Le régime du philosophe est en définitive par nature le régime du solitaire. Strauss est beaucoup plus fou, et beaucoup plus raisonnable, qu'on ne le pense souvent. Il ne s'évade de la modernité, de notre caverne, donc de l'historicisme, qu'entre les lignes ou entre les pages de ses livres, c'est-à-dire entre les opinions que ses livres mettent en

1. Voir P. Manent, *La Cité de l'homme*, Paris, Fayard, 1994, p. 13.

2. Voir « Variations sur l'amour et l'amitié, Rousseau, Shakespeare, et Platon lus par Allan Bloom. Entretien avec P. Manent », *Esprit*, août-septembre 1997, p. 32.

3. Voir sur ce point « La philosophie comme science rigoureuse et la philosophie politique », dans *Études de philosophie politique platonicienne*, trad. O. Sedeyn, Paris, Belin, 1992, p. 41-53.

question. Le philosophe, comme Céphale, doit lui aussi sacrifier aux opinions. Non certes pour avoir la conscience tranquille, mais pour avoir l'esprit libre. Le philosophe est naturel, ce qui ne veut précisément pas dire « naturiste ». Comme la nature au contraire, il aime se cacher. Par exemple : sous le masque, approprié à « notre opinion », d'un historien de la philosophie, préoccupé du déclin de l'Occident.

TROISIÈME PARTIE

L'ÉCRITURE ET L'INTERPRÉTATION

LEO STRAUSS ET LES MÉDIÉVAUX

Rémi BRAGUE

J'ai déjà eu plusieurs fois l'occasion de traiter de la dimension « médiévale » de la pensée de Strauss [1]. Je me bornerai ici à quelques additions, notamment en m'appuyant sur des textes inédits jusqu'à une date récente, septembre 1997, celle de la publication du second tome de l'admirable édition par Heinrich Meier des *Gesammelte Schriften* de Strauss [2]. Cette édition contient cent pages inédites datant du tournant des années 20-30. Certaines de ces pages sont du plus haut intérêt.

En effet, Strauss a une pensée d'une continuité telle qu'il lui arrive de publier par écrit des idées présentées oralement trente ans auparavant. Son ami Shlomo Pinès le fait remarquer quelque part [3]. Nous avions déjà de cette continuité un exemple célèbre dans un long passage allemand de la préface de *Philosophie und Gesetz*, rédigée en 1935, et que Strauss traduit en anglais dans la préface de la traduction de son livre sur Spinoza, parue en 1965 [4]. Nous en avons désormais un exemple de plus dans les pages sur Socrate datant de 1931 [5] : brèves, mais denses, elles contiennent en germe tous les développements postérieurs, alors que les conférences *The Problem of Socrates* ont été prononcées en 1958 seulement.

1. Voir « Leo Strauss et Maïmonide », S. Pinès et Y. Yovel (éd.), *Maimonides and Philosophy*, Dordrecht, Martinus Nijhoff, 1986, p. 246-268 ; « Athènes, Jérusalem, La Mecque. L'interprétation "musulmane" de la philosophie grecque chez Leo Strauss », trad. par B. Vergely d'un original anglais inédit, *Revue de Métaphysique et de Morale*, 1989, p. 309-336; version anglaise augmentée : « Athens, Jerusalem, Mecca. Leo Strauss' "Muslim" understanding of Greek philosophy », *Poetics Today. Hellenism and Hebraism Reconsidered : The Poetics of Cultural Influence and Exchange* II, 19-2, 1998, p. 235-259.

2. L. Strauss, *Gesammelte Schriften*, Herausgegeben von Henrich Meier, t. 2 : *Philosophie und Gesetz – Frühe Schriften*, Stuttgart, Metzler, 1997, XXXIV-635 p. Je cite : « Cohen und Maimuni » (*CM*) « Die geistige Lage der Gegenwart » (*GLG*) ; « Religiöse Lage der Gegenwart » (*RLG*). Les paginations sans référence renvoient à ce volume.

3. « Sur Leo Strauss » [hébreu], *Molad*, 1976, p. 455 a.

4. *Philosophie und Gesetz*, p. 25-26 ; *Liberalism Ancient and Modern*, p. 255-256.

5. *CM*, p. 411-413.

Quant au problème qui nous occupe, je me concentrerai sur cette période allemande. Il me faudra donc laisser de côté des textes aussi fondamentaux que « Farabi's Plato » (1945) ou que « The literary character of the *Guide of the Perplexed* » (1941). La période allemande de Strauss a pour notre propos un intérêt stratégique majeur : elle est comme le créneau qui sépare la découverte de l'écriture ésotérique de son application par Strauss lui-même. Cette application, on le sait, fut menée d'une façon de plus en plus systématique, et elle rend l'interprétation de Strauss de plus en plus délicate au fur et à mesure qu'on avance dans le temps.

Strauss lecteur des Médiévaux

La thèse que je reprends ici, après l'avoir soutenue ailleurs, est celle du rôle central joué dans la vie et dans l'œuvre de Strauss par l'étude des Médiévaux.

Cette thèse doit être défendue contre une habitude contraire : en effet, Strauss est lu le plus souvent comme un commentateur des philosophes modernes, comme par exemple Hobbes, ou encore Spinoza et Machiavel. À la rigueur, on le lit comme un commentateur des Anciens. Il est peu pris en vue à partir des Médiévaux. La raison est toute simple, et c'est que, d'une manière générale, notre façon de faire de l'histoire de la philosophie n'est pas impartiale envers les périodes de l'histoire : alors qu'il nous semble aller de soi qu'il faut lire Hobbes, *etc.*, nous sommes peu accoutumés à lire les Médiévaux et à les lire comme des philosophes. C'est tout spécialement le cas là où il s'agit des Médiévaux musulmans ou juifs, écrivant en arabe ou en hébreu.

Or Strauss a étudié ces penseurs pendant la période formatrice de sa pensée. Certes, il a commencé dès le début l'étude des Modernes, avec une thèse sur Jacobi. Elle fut préparée sous la direction de Cassirer, qui venait de publier le 3e tome de son *Erkenntnisproblem* (1920), et soutenue en décembre 1921 – Strauss a à peine 22 ans. Vient ensuite le livre sur Spinoza, écrit entre 1925 et 1928, et publié seulement en 1930. Mais Strauss n'a jamais cessé, parallèlement, d'étudier les Médiévaux. Il le fait tout d'abord comme arrière-plan de Spinoza, dans le cadre d'une recherche systématique des sources du *Traité théologico-politique*. Il étudie ensuite Gersonide pour des raisons d'abord alimentaires, car il a reçu une bourse pour ce faire [1]. En revanche, le premier texte publié sur un ancien est « The spirit of Sparta or the taste of Xenophon », qui date de novembre 1939. Le dernier sur un Médiéval, la « Note on Maimonides' Book of Knowledge »

1. P. XIII, XVIII.

date de 1967, six ans avant la mort de Strauss en 1973; j'ignore de quand datent les deux petites pièces sur le *Traité de logique* et sur la *Lettre sur l'astrologie*.

Les sources médiévales de l'art d'écrire

Par ailleurs, j'ai une seconde thèse : Strauss a atteint ce qu'il a de plus profond et de plus personnel à partir de la lecture des Médiévaux, et de ces Médiévaux-là. C'est peut-être le cas de sa *pensée*, c'est spécialement le cas de son *enseignement*, à savoir son art de lire et d'écrire.

Cette seconde thèse approfondit la première. La première constatait un fait : les Médiévaux ont été l'objet de la réflexion de Strauss; la seconde affirme que les Médiévaux ont joué un rôle clé dans l'herméneutique de Strauss, même là où il s'agit de comprendre d'autres qu'eux, c'est-à-dire, bien entendu, puisqu'il n'y a que trois possibilités, des Anciens ou des Modernes.

Là aussi, les apparences vont nettement à l'encontre de cette idée. Certes, le livre sur Machiavel (1958) cite de temps en temps Averroès et Farabi. De même, le livre sur Aristophane (1966) se termine par une référence à Razi; et celui sur les *Lois* de Platon (1971, parution posthume en 1975) commence par une épigraphe tirée d'Avicenne. De même, *The City and Man* (1964) cite deux fois Averroès. Cela ne suffit pourtant pas pour rendre plausible une influence prépondérante. Et que dire du *Hobbes*, publié en 1936 ? Celui-ci ne cite pas une seule fois un Médiéval appartenant à cette tradition. Le seul Médiéval qui y figure est Thomas d'Aquin, mentionné une seule fois, p. 53, sans référence précise.

Sed contra, donc, nous lisons cette phrase énigmatique dans une lettre à Gershom Scholem : « En attendant, je publie une introduction au *Moreh* sous le titre : “La science politique de Hobbes en son développement” [1] ». Nous nous frottons les yeux : le livre sur Hobbes serait dans le fond une introduction au *Guide des égarés!* Même si l'on fait la part du badinage, voire de la galéjade qui sont de mise dans une correspondance privée entre des amis, cette phrase est intéressante.

J'ai essayé ailleurs de montrer que la compréhension que Strauss a de Socrate et de Platon est influencée de façon décisive par trois penseurs médiévaux : Razi, Farabi et Avicenne. Je ne referai pas cette démonstration ici. J'ajoute cependant que nous pouvons désormais dater plus précisément la découverte du passage d'Avicenne, *Division des sciences intellectuelles*, où celui-ci dit que l'œuvre clé pour la théorie de la prophétie est les *Lois* de

1. Lettre à Scholem du 2 octobre 1935, p. XXIII, note 25.

Platon. Cette découverte, effectuée vers 1929-1930 à la *Staatsbibliothek* de Berlin, semble avoir eu, de l'aveu de Strauss lui-même, une importance décisive [1]. Or le passage est cité dans un texte terminé en mai 1931 [2].

Je me bornerai à l'idée directrice du présent colloque, à savoir l'art d'écrire, plus précisément l'idée d'écriture ésotérique. Celle-ci apparaît à plusieurs reprises, avant de recevoir un puissant développement dans *Persecution and the Art of Writing* (1952), lequel est centré sur un long essai consacré à Maïmonide (1941). L'idée est supposée connue dans les essais sur Maïmonide de la seconde moitié des années 30, comme « Quelques remarques sur la science politique de Maïmonide et de Farabi » (1936) ou « Der Ort der Vorsehungslehre nach der Ansicht Maimunis » (1937) [3]. La plus ancienne apparition que j'aie pu trouver figure dans un texte récemment publié, à savoir l'exposé sur Cohen et Maïmonide, qui a été prononcé le 4 mai 1931 [4]. Cet exposé contient la première esquisse de l'essai sur la prophétologie de Maïmonide, achevé en juillet 1931 et qui orchestre puissamment l'idée [5]. Je soutiens donc : Strauss est arrivé à l'idée d'un ésotérisme des philosophes à partir de la lecture de Maïmonide.

Certes, il arrive à Strauss d'invoquer des auteurs plus modernes. La préface de *Persecution*... en invoque plusieurs. C'est tout particulièrement le cas de Lessing [6]. Strauss a écrit un essai « Exoteric Teaching », qui est centré sur ce penseur allemand. Il date de décembre 1939, même s'il ne fut publié que de façon posthume [7]. Strauss caressait l'idée d'écrire un livre sur Lessing, dont il a écrit au moins la préface [8]. Par ailleurs, Strauss fréquentait cet auteur depuis longtemps, au moins depuis qu'il avait commencé à éditer les œuvres de Mendelssohn. Cependant, il y a un écart de plusieurs années entre l'apparition de l'idée d'ésotérisme et le texte sur Lessing ; j'ai donc tendance à voir dans la référence à Lessing la confirmation par une autorité d'une intuition déjà acquise par ailleurs.

1. « A giving of accounts », *The College*, 22-1, avril 1970, p. 3 b.

2. Respectivement p. XVIII et *CM*, p. 424.

3. Respectivement p. 137, p. 179, note 3, et p. 186.

4. *CM*, p. 420.

5. *PhG*, p. 89.

6. *Cf.* Meier, *Denkbewegung*..., p. 15, note 4.

7. L. Strauss, *The Rebirth of Classical Political Rationalism*, éd. T. Pangle, The University of Chicago Press, 1989, p. 63-71.

8. P. 607-608.

Le contexte intellectuel : Nietzsche et Heidegger

Il faut se demander pourquoi Strauss a eu besoin de la clé herméneutique que représente l'écriture ésotérique. Pour ce faire, essayons de reconstituer l'arrière-plan intellectuel de celui-ci à la fin des années 20. Celui-ci me semble marqué par Nietzsche et par Heidegger.

a) Nietzsche

J'ai émis ailleurs l'hypothèse d'une influence décisive de Nietzsche sur Strauss [1]. Il y a là une version faible de la thèse, devenue bruyante et, chez certains, accusatrice, d'une allégeance de Strauss au nietzschéisme. Je prétends quant à moi que Strauss partage bien avec Nietzsche le diagnostic sur le monde moderne, mais qu'il n'est pas nécessairement d'accord avec lui quant au traitement à appliquer. En tout cas, je vois dans les textes récemment publiés de quoi confirmer cette intuition.

Strauss, quoi qu'il en soit de son adhésion ou non à une quelconque forme de nietzschéisme, reconnaît à plusieurs reprises l'influence de Nietzsche. J'ai déjà cité ailleurs une lettre écrite à Karl Löwith pour le remercier de l'envoi de son livre sur l'éternel retour chez Nietzsche. Strauss y déclare avoir été un nietzschéen à tous crins : « Tout ce que je puis dire, c'est que, entre ma vingt-deuxième et ma trentième année, Nietzsche m'a dominé et ensorcelé à ce point que, de ce que je comprenais de lui – et, comme je viens de le voir grâce à votre livre, ce n'est là qu'une partie de sa doctrine – je croyais tout sur parole [2]. » Dans la même lettre, il se désigne lui-même comme « le vieux nietzschéen que je fus ». Le passé (« le nietzschéen que je *fus* ») est certes important. Mais il faut se demander, si Nietzsche a été quitté, dans quelle direction il l'a été : est-ce pour revenir sur les conquêtes de celui-ci ? ou est-ce pour les radicaliser encore ?

Les textes de jeunesse confirment en tout cas le rôle crucial joué par Nietzsche dans la remise en question de la tradition occidentale. Nietzsche s'est efforcé de descendre vers des profondeurs pré-« chrétiennes » de l'esprit juif comme de l'esprit hellénico-européen. Il a abattu (*eingerissen*) les piliers de notre tradition, les prophètes et Platon [3]. Nietzsche a en particulier le mérite d'avoir montré que les adversaires de ces deux piliers de l'Occident, à savoir respectivement les rois et les sophistes, avaient peut-être raison. On connaît les deux conflits « éternels » par lesquels Strauss aime à résumer sa pensée : Athènes et Jérusalem, la philosophie et la poésie.

1. *Cf.* mon « Leo Strauss et Maïmonide », *op. cit.*, p. 259 *sq.*

2. S. Klein, H. & W. Meier (éd.), « Correspondence Karl Löwith and Leo Strauss », *The Independent Journal of Philosophy*, 5/6, 1988, p. 183 a.

3. Respectivement *Das Heilige*, p. 308, et *RLG*, p. 389.

Peut-être faudrait-il en ajouter deux autres : celui, plus traditionnel, entre le philosophe et le sophiste, et un plus oublié entre le prophète et le roi. Le jeune Strauss semble s'être tout spécialement intéressé au problème de la royauté en Israël [1].

Selon Strauss Nietzsche, en réveillant ces deux derniers conflits, a accompli (*Vollendung*) les Lumières. Enfin, nous lisons cette phrase capitale : « En tout cas, Nietzsche nous a mis à même de comprendre à nouveau la question socratique, de la reconnaître comme *notre* question ». Cette question est « quelle vie faut-il mener? (*pôs biôteon*) » [2]. On notera que Strauss ne dit pas : « d'y apporter une réponse ».

b) Heidegger

Quant à Heidegger, Strauss ne le nomme pas une seule fois dans les œuvres des années 20 et 30 recueillies dans les deux premiers tomes de l'édition complète. Il y fait pourtant une allusion transparente, et le désigne comme « un philosophe, au sens plein de ce mot ». Et surtout, il écrit dans une version encore inédite du livre sur Hobbes : « C'est seulement l'idée de la "destruction de la traduction" selon Heidegger qui a rendu possible la recherche effectuée dans le présent paragraphe et dans ceux qui le précèdent [3]. ». Strauss écrit dans la préface à la traduction anglaise du livre sur Spinoza – texte dans lequel il est d'ailleurs question de Heidegger – qu'il croyait, au moment où il a composé son livre, qu'« un retour à la philosophie pré-moderne était impossible » [4]. Ce qui suggère que ce retour lui semble désormais possible.

Strauss écrit ailleurs, dans un hommage à son condisciple Jacob Klein, que Heidegger lui a montré que l'on pouvait *comprendre* les philosophes anciens : « La véritable importance de Heidegger est que, en déracinant la tradition philosophique, au lieu de simplement la rejeter, il a rendu possible pour la première fois après bien des siècles – on hésite à dire combien – de voir les racines de la tradition et, peut-être, de savoir ce que tant de gens se contentent de croire : que ces racines sont les seules racines naturelles et saines. [...] Klein fut le premier à comprendre la possibilité que Heidegger avait ouverte sans en avoir l'intention : celle d'un authentique retour à la

1. Voir « Zur Auseinandersetzung mit der europäischen Wissenschaft » (1924), p. 346; « Biblische Geschichte und Wissenschaft » (1925), p. 361.

2. Respectivement p. 446-447, *GLG*, p. 461 et *RLG*, p. 388. La formule vient de Platon, *Gorgias*, 492 d 5.

3. Respectivement *RLG*, p. 383, et ms. inédit, cité par H. Meier, *Die Denkbewegung von Leo Strauss. Die Geschichte der Philosophie und die Intention des Philosophen*, Stuttgart, Metzler, 1996, p. 29, note 10.

4. *Liberalism Ancient and Modern*, New York et Londres, Basic Books, 1968, respectivement p. 227, 233-237 et p. 257.

philosophie classique, à la philosophie d'Aristote et de Platon, un retour effectué les yeux ouverts et en toute clarté quant aux infinies difficultés qu'il implique [1]. » Si l'on rapproche ces deux derniers textes, il s'ensuit une conséquence inattendue, à savoir que Strauss aurait, sur ce point du moins, évolué vers plus de fidélité à Heidegger...

De ces deux auteurs, Strauss a donc retenu deux idées, celle d'une nécessité et celle d'une possibilité. À Nietzsche, il doit la nécessité d'une interrogation « destructrice » du passé de la philosophie; à Heidegger, il doit la possibilité d'un retour.

Pourquoi l'histoire?

On comprend alors pourquoi la philosophie doit prendre la figure, peut-être le masque, de l'histoire. Que le philosophe doive se déguiser en historien de la philosophie, c'est ce qu'explique Strauss à propos de Farabi, dans un texte postérieur à la période sur laquelle je me concentre. Il y est question de « transmettre la connaissance la plus précieuse, non pas dans des œuvres "systématiques", mais sous l'apparence d'un récit historique (*in the guise of a historical account*) » [2]. Mais pourquoi ce déguisement?

Strauss utilise une image très suggestive, en reprenant la célèbre allégorie platonicienne de la caverne. Sous cette première caverne, naturelle, aurait été creusée une seconde caverne, historique. L'idée, sans la formule, apparaît pour la première fois le 21 décembre 1930 [3]. La formule est en toutes lettres dans la recension d'un livre de Julius Ebbinghaus, publiée en décembre 1931, puis dans un texte du 6 février 1932, dans une lettre inédite à Krüger du 17 novembre de la même année, dans l'introduction de *Philosophie und Gesetz*, rédigée en février 1935, et dans un manuscrit inédit de la seconde moitié des années 30 [4]. L'idée est enfin – sans la formule – dans « How to study Spinoza's *Theologico-Political Treatise* », publié en 1948 [5]. Un texte nomme « la caverne de la Modernité » [6]. C'est pourquoi il faut opérer une étude critique de la

1. « An unspoken prologue to a public lecture at Saint John's », *Interpretation*, 7, 1978, p. 1-3, cit. p. 2.

2. « Farabi's *Plato* », *Louis Ginzberg Jubilee Volume on the Occasion of his 70th Birthday*, New York, The American Academy for Jewish Research, 1945, p. 377.

3. *RLG*, p. 385-389.

4. Respectivement p. 439, *GLG*, p. 456, p. 14, note 2. Les inédits sont cités dans Meier, *Denkbewegung...*, p. 21, 22, note 2, 25, note 7.

5. *PAW*, p. 155.

6. *GLG*, p. 462. Le mot *Modernität* n'est pas très fréquent dans l'allemand de Strauss. Autre occurrence dans « Ecclesia militans » (1925), p. 352.

tradition; sa nécessité est affirmée en 1929 dans une satire dirigée contre Karl Mannheim [1].

Or l'idée d'une complication historique de la situation naturelle de l'homme vient d'un Médiéval, en l'occurrence de Maïmonide. Celui-ci complète une citation d'Alexandre d'Aphrodise sur les trois causes d'ignorance par une quatrième, l'habitude :

> Alexandre d'Aphrodise dit que les causes de désaccord au sujet de certaines choses sont trois : 1) le désir de dominer et celui de vaincre, qui empêchent l'homme de percevoir la vérité telle qu'elle est; 2) la subtilité de la chose perceptible en elle-même, sa profondeur et la difficulté de la percevoir; 3) l'ignorance de celui qui perçoit, et son incapacité de saisir même ce qu'il est possible de saisir. Voilà ce que dit Alexandre.
> De nos temps (*fī azminatinā*), il y a une quatrième cause qu'il n'a pas mentionnée parce qu'elle n'existait pas chez eux : c'est l'habitude et l'éducation, car il est dans la nature de l'homme d'aimer ce qui lui est familier et d'y être attiré. Ainsi tu vois les bédouins (*ahl' al-bādiyya*), malpropres (*šu 'ṯ*) comme ils sont, privés de jouissances et se nourrissant misérablement, éprouver une répugnance pour les villes, être insensibles aux plaisirs qu'elles offrent, et préférer la situation mauvaise à laquelle il sont habitués à une situation meilleure à laquelle ils ne sont pas habitués : de sorte qu'ils n'ont pas de plaisir à habiter les palais (*al-quṣūr*), ni à se vêtir de soie, ni à se procurer les délices du bain, des huiles et des parfums. Il arrive de même que l'homme aime les opinions qui lui sont familières et dans lesquelles il a été élevé, qu'il les prend sous sa protection, et qu'il s'effraie de ce qui est hors d'elles. Et par la même cause l'homme ferme les yeux à la perception des vérités et penche vers ses habitudes, comme cela arrive au vulgaire dans la question de la corporéité et dans beaucoup de choses métaphysiques, ainsi que nous l'exposerons; tout cela à cause de l'habitude et parce qu'on a été élevé avec des paroles, objet constant du respect et de la foi, dont le sens littéral indiquerait la corporéité et des choses imaginaires sans aucune vérité, mais qui ont été dites par voie d'allégorie et d'énigme, et cela pour des raisons dont je parlerai [2].

Chez Strauss, la citation apparaît dans le même passage que l'idée de seconde caverne. Un autre texte reprend le même passage de Maïmonide,

1. *Der Konspektivismus*, p. 372.

2. Maïmonide, *Guide des égarés*, I, 31, p. 44, 29-45, éd. Joel, p. 16; trad. Munk, p. 107-109. J'ai eu l'occasion de dire quelques mots de ce texte dans « Eorum praeclara ingenia. Conscience de la nouveauté et prétention à la continuité chez Farabi et Maïmonide », D. Mallet (éd.), *Études de Philosophie Arabe*, Actes du Colloque, Bordeaux, 17-19 juin 1994, *Bulletin d'Études Orientales*, XLVIII, 1996, p. 87-102.

mais sans en désigner l'auteur autrement que par la formule, d'ailleurs surprenante, « un célèbre scolastique » [1].

Pourquoi l'écriture ésotérique ?

Ma seconde question sera : pourquoi cette étude et le retour aux Anciens à opérer doivent-ils s'effectuer à travers le prisme de l'écriture ésotérique ? Les textes regroupés dans *Persecution and the Art of Writing* insistent, comme le titre en donne l'impression, sur l'aspect social de cette technique : il s'agit d'éviter la persécution exercée par les institutions chargées du respect des opinions orthodoxes. Mais pourquoi ce style d'écriture est-il pratiqué par Strauss lui-même ? Celui-ci vit à une époque où ces institutions n'ont plus de pouvoir temporel, et – en tout cas à partir de son exil dans les démocraties anglo-saxonnes – à un endroit dans lequel il ne risque rien. Quelle raison, indépendante de l'époque et du contexte social, fait que les vérités qui seraient ramenées au jour, ou au moins, ramenées de l'obscurité totale de la seconde caverne vers la pénombre de la première, resteraient dangereuses ?

Une explication possible est que n'importe qui n'est pas capable d'accepter n'importe quelle vérité. Cette idée à résonance nietzschéenne – une fois de plus – entraîne un élitisme radical : il existe une élite naturelle de philosophes capables de contempler la vérité. Entre celle-ci et le vulgaire qui doit se contenter de la morale, il y a un abîme au-dessus duquel on ne peut jeter aucun pont.

Or c'est là encore une idée médiévale. Chez le Strauss du début des années 30, l'idée d'élitisme apparaît en même temps que celle d'ésotérisme, et dans le contexte d'une discussion de Maïmonide. Dans le style télégraphique des notes pour la conférence sur Cohen et Maïmonide, nous lisons : « Distinction entre les Sages et la masse *fondamentale* : ésotérisme [2]. » Cette distinction est appuyée par une référence au *Guide*, I, 54 et à *Éthique à Nicomaque*, X, 7. Je suppose qu'il s'agit de rapprocher l'idée d'imitation de Dieu : « l'extrême de la perfection de l'homme est l'imitation de Dieu (*ġāyat faḍīlat 'il-insān tašabbuh bi-hi ta'āla*) », d'une part, et d'autre part le conseil qui nous enjoint de « faire l'immortel » (*athanatizein*) [3]. L'idée selon laquelle, alors que les vertus éthiques

1. Respectivement *RLG*, p. 386, et *GLG*, p. 455-456.

2. *CM*, p. 420.

3. Respectivement Maïmonide, *Guide*, I, 54; éd. Joel, p. 87; trad. Munk, p. 224; et Aristote, *Éthique à Nicomaque*, X, 7, 1177 b 33.

profitent à autrui, les vertus dianoétiques et leur couronnement dans la contemplation profitent au solitaire, est explicite chez Maïmonide [1].

L'écriture ésotérique permet de s'adresser à un seul quand bien même ce serait dans une œuvre écrite et qui, de ce fait, ne peut pas ne pas tomber entre les mains de tout le monde.

1. Maïmonide, *Guide*, III, 54; éd. Joel, p. 469; trad. Munk, p. 462.

LEO STRAUSS ET L'ÉSOTÉRISME PLATONICIEN

Alain PETIT

L'un des traits majeurs de l'art de Leo Strauss dans sa lecture de Platon réside notoirement dans son recours au concept d'ésotérisme, qu'il conçoit comme une manière de dire entre les lignes, ou plutôt de dire en cachant, forme de communication sélective et oblique, sélective parce qu'oblique. Le dialogue platonicien vu sous cet angle contient des signes ténus de sa propre incomplétude, qui est délibérée. Il est à la fois clos sur lui-même et allusif, de manière à pluraliser sa propre réception selon les facultés de ses lecteurs. Ce modèle interprétatif aux apparences archaïsantes n'a pas, il s'en faut, la meilleure presse du monde parmi les platonisants contemporains, d'autant qu'il s'énonce sur un mode parfois lui-même allusif. Comme la rareté des références à Leo Strauss dans la littérature relative aux dialogues l'attesterait à l'évidence, l'hypothèse même de l'ésotérisme, pris dans le sens d'une communication sélective et oblique, heurte les *habitus* les mieux enracinés de l'exégèse platonicienne qui prévaut aujourd'hui. Ainsi, conviendrait-on de l'effectivité et de l'importance de l'ironie dans les dialogues, qu'on ne croira pas pour autant que l'auteur ne cherche nullement à être explicite, alors que tel est le cas selon Leo Strauss. De même, l'idée que le dialogue organise sa propre incomplétude, si chère à Leo Strauss, se heurte à la volonté de tenir la dialectique pour un mode d'explicitation radicale, réduisant le plus possible la part du présupposé. Enfin, l'idée d'un discours à double fond, telle qu'elle ressort des propos au demeurant assez sibyllins de Leo Strauss, rappelle le mode symbolique d'expression du pythagorisme, qui ne semble pas pouvoir se transposer dans le jeu réglé de l'entretien, où nul n'est censé occuper la position de maître, et dont l'auteur ne revendique pas ostensiblement cette qualité. C'est là une communication réticente, filtrant son auditoire par le mode même de sa construction.

On peut tenter de disposer à tout le moins du troisième des griefs que l'on vient d'énoncer, en sériant les cibles possibles de l'anti-ésotérisme contemporain. Car celui-ci, tout légitime qu'il soit, risque d'avoir pour effet moins désirable de nous dissimuler les différences qu'il convient d'établir entre les diverses formes concevables d'ésotérisme, et, à cet égard, un retour sur le concept proprement straussien d'ésotérisme aurait une vertu clarifiante.

Des ésotérismes concurrents

De fait, les ésotérismes disponibles pour rendre compte de l'entreprise platonicienne ne sauraient être confondus : le plus fréquemment avancé, on vient de le voir, est l'ésotérisme de type pythagoricien, ésotérisme de la communication réticente plutôt que de la communication oblique. Il importe donc, pour discerner ce qu'a de propre l'hypothèse straussienne, de bien marquer la différence entre ces deux formes de communication.

L'ésotérisme pythagoricien correspond pour sa part à un dessein de sélection de l'auditoire, mais il n'use pas de l'écrit, c'est un *ésotérisme de l'oralité*, qui se sert de termes comme autant de « mots de passe » (ce que l'on appelle le mode symbolique [1]). L'impératif qui y préside n'est pas tant celui de la prudence que de la *sélection*, les formules pythagoriciennes ayant pour caractéristique de dissimuler une cosmologie derrière des expressions à caractère rituel; le symbole est une condensation dissimulatrice, avec un sens obvie et un sens caché. Il n'est pas à cet égard l'ancêtre de l'ésotérisme platonicien tel que le conçoit Leo Strauss; tout au moins son sens politique n'apparaît-il pas dominant: les pythagoriciens sont certes soucieux de se soustraire à la communauté civique, mais leur ésotérisme correspond assez étroitement à un ésotérisme de secte, ils usent de l'énigme pour transmettre leur doctrine sans la répandre, et la réserver ainsi aux détenteurs du code. Le symbole sans la doctrine est vide, on en reste à la fonction originelle de « mot de passe », par laquelle la cité est comme tenue à l'écart. Dans ce cas où l'on a affaire à un signe de reconnaissance, on ne peut pas vraiment parler d'une communication oblique, car cette dernière, au sens de Leo Strauss, suppose que la cité soit visée au moins comme élément de la communication philosophique, sinon comme destinataire : en effet, la communication oblique a pour horizon la cité, tant pour en déceler et en retenir les individus les plus perspicaces, que pour, d'un même geste, protéger ceux qui ne sauraient manifester une telle perspicacité, et se protéger d'eux.

L'ésotérisme pythagoricien paraît bien davantage l'ancêtre de l'ésotérisme que l'on prête à Platon dans l'école contemporaine d'exégètes

1. Voir Porphyre, *Vie de Pythagore*, 41 = Diels-Kranz (DK), 58 C I.

du platonisme dite école de Tübingen [1], puisqu'il y a aux yeux des membres de cette école un système platonicien réservé ou caché [2] qui coïncide avec un enseignement oral. Cette hypothèse, soumise, dans une forme antérieure aux travaux de l'école de Tübingen [3], à la critique dévastatrice d'Harold Cherniss [4], n'est pas celle de Leo Strauss, qui déclare adhérer sans réserves à la thèse de ce dernier, selon laquelle c'est aux dialogues et aux dialogues seuls qu'il faut s'adresser pour comprendre l'enseignement de Platon [5]. Il n'en est que plus singulier de voir Leo Strauss, retournant l'argument de Cherniss, fonder un ésotérisme sur la seule considération des dialogues. Il fait un usage assez subtil, pour ne pas dire retors, de la très disputée *Lettre VII :* Cherniss, niant son authenticité, pensait que dans l'hypothèse contraire, on ne saurait vouloir chercher à découvrir la vraie doctrine de Platon [6]. Or Leo Strauss fait de cette « septième lettre » un usage tout différent : à ses yeux, loin d'invalider toute exégèse ésotériste, elle la confirme, elle « nie simplement que l'enseignement profond soit communicable à la manière dont les autres enseignements le sont » [7].

Leo Strauss suit un chemin beaucoup plus détourné que les « ésotéristes » qui postulent un système platonicien caché et leurs adversaires tels

1. Voir les ouvrages classiques de K. Gaiser, *Protreptik und Paränese bei Platon. Untersuchungen zur Form des platonischen Dialogs*, Stuttgart, 1959; *Platons ungeschriebene Lehre. Studien zur systematischen und geschichtlichen Begründung der Wissenschaft in der Platonischen Schule,* Stuttgart, 1963; et de H. J. Kramer, *Arete bei Platon und Aristoteles. Zum Wesen und zur Geschichte der platonischen Ontologie*, Heidelberg, 1959.

2. L'école de Tübingen peut se réclamer à cet égard de Wilhelm Gottlieb Tennemann (*System der platonischen Philosophie*, Leipzig, 1792-1795). *Cf.* les paroles de Tennemann citées par Hegel, *Leçons sur l'histoire de la philosophie*, t. 3, *La Philosophie grecque. Platon et Aristote*, trad. P. Garniron, Paris, Vrin, 1972, p. 398 : « Platon use du droit appartenant à tout penseur de ne communiquer ses découvertes que pour autant qu'il le juge bon et de ne le faire qu'à ceux qu'il croit capables de les recevoir ».

3. Une forme plus ancienne de cette hypothèse est en effet représentée, *int. al.*, par Léon Robin, *La Théorie platonicienne des Idées et des Nombres d'après Aristote*, Paris, 1908, par Werner Jaeger, *Studien zur Entstehungsgeschichte der Metaphysik des Aristoteles*, Berlin, 1912, et par Julius Stenzel, *Zahl und Gestalt bei Platon und Aristoteles*, Leipzig-Berlin, 1924.

4. Harold Cherniss, *The Riddle of Early Academy*, University of California Press, 1945, trad. L. Boulakia, *L'Énigme de l'Ancienne Académie*, Paris, Vrin, 1993 (voir surtout la première conférence, intitulée : « Les Leçons de Platon : une hypothèse pour résoudre une énigme », p. 71-103).

5. Voir L. Strauss, *Persecution and the Art of Writing*, Glencoe (Illinois), The Free Press, 1952, trad. O. Berrichon-Sedeyn, *La Persécution et l'art d'écrire*, Paris, Presses Pocket, 1989, p. 322, note 26 de l'Appendice intitulé « Sur une nouvelle interprétation de la philosophie politique de Platon ».

6. Harold Cherniss, *L'Énigme de l'Ancienne Académie*, *op. cit.*, p. 87 : « Pour ma part, je ne crois pas que Platon soit l'auteur de cette *Lettre ;* si pourtant je le croyais, il me faudrait alors reconnaître qu'il a lui-même par avance démenti tout ce que je pourrais dire sur le sens véritable de sa pensée ».

7. *La Persécution et l'art d'écrire*, Appendice, *op. cit.*, p. 301.

que Harold Cherniss; il n'entend pas dissocier l'ésotérique et l'exotérique comme si ce devait être là deux enseignements extérieurs l'un à l'autre, l'un oral, l'autre écrit, cette dissociation faisant référence à une coupure entre l'école et la cité, le thiase et le reste. Car, même si les « ésotéristes » admettent qu'il y ait dans les dialogues des allusions aux doctrines non-écrites, ils n'en prêtent pas moins à Platon un enseignement réservé, et se proposent d'interpréter les dialogues à l'aide de cet enseignement. Quant à Cherniss, il nie l'existence d'une doctrine extérieure [1], et n'interprète pas le texte de la *Lettre VII*, ainsi que le font au contraire les ésotéristes que l'on pourrait nommer scolastiques, comme l'autorisation de rechercher hors des dialogues une doctrine dont les disciples de Platon auraient donné des comptes rendus écrits (selon l'interprétation la plus forte du passage dit de la « digression philosophique » dans cette *Lettre*). Le point qui divise Harold Cherniss (ou ses partisans) et les ésotéristes scolastiques est l'accès – la possibilité de l'accès – à une doctrine des principes, que les dialogues ne transmettraient pas, mais qu'une autre tradition écrite, non platonicienne, nous permettrait de connaître [2]. C'est le point faible de l'ésotérisme scolastique de réputer secrète une doctrine que la tradition indirecte alléguant une *Leçon* de Platon sur le Bien nous permet de tenir pour publique, comme le souligne Cherniss [3] : on ne saurait se prévaloir d'une oralité ésotérique. Leo Strauss semble en meilleure posture, puisqu'il propose de s'en tenir aux dialogues [4] et d'exorciser le fantôme du système ésotérique.

Les tenants de l'ésotérisme scolastique n'ont pas manqué de récuser l'hypothèse straussienne en la rabattant sur la notion d'un « ésotérisme immanent au dialogue », ou d'un ésotérisme « herméneutique », à la façon de Thomas A. Szlezák dans son ouvrage *Platon lesen* [5]. Mais il n'y a pas dans le cas de Strauss de supposition d'un système caché, on n'est pas soumis à l'administration de la preuve de l'effectivité d'un tel système. Il lui est en revanche plus malaisé de justifier qu'il soit malgré tout question d'ésotérisme, puisqu'il ne ratifie pas l'idée d'un dogmatisme platonicien [6] : Strauss garde bien l'*arcanum*, si l'on veut, mais qu'y met-il? Pourquoi parler d'un ésotérisme, s'il n'est rien à cacher?

1. Harold Cherniss, *L'Énigme de l'Ancienne Académie*, *op. cit.*, p. 87.

2. Voir sur ce point M.-D. Richard, *L'Enseignement oral de Platon*, Paris, Cerf, 1986 (en particulier le chap. III, intitulé « Le contenu de l'enseignement oral », p. 171-242).

3. Harold Cherniss, *L'Énigme de l'Ancienne Académie*, *op. cit.*, p. 85.

4. *La Persécution et l'art d'écrire*, Appendice, *op. cit.*, p. 301-304.

5. Thomas Szlezák, *Platon lesen*, Stuttgart, 1993, trad. M.-D. Richard, *Le Plaisir de lire Platon*, Paris, Cerf, 1996, chap. 9, p. 51.

6. *La Persécution et l'art d'écrire*, Appendice, *op. cit.*, p. 303.

Un ésotérisme rhétorique

La question de l'ésotérisme pour Strauss ne relève pas proprement de la doctrine, comme c'était le cas dans le modèle pythagoricien; c'est sur la piste de ce que nous appellerons un *ésotérisme rhétorique* que Leo Strauss entend nous entraîner [1]. Cela revient à former une hypothèse sur un discours à double entente, dont le *pedigree*, pour peu que l'on mette en œuvre le principe straussien selon lequel « on écrit comme on lit » [2], devrait se laisser retracer jusqu'à une pratique rhétorique de l'ambiguïté, antérieure à Platon. Ce n'est pas du côté du *symbolikôs* qu'on irait alors le plus volontiers chercher, mais peut-être plutôt du côté d'une rhétorique de la brièveté, où l'art de l'ellipse occupe une position dominante. Tel est le cas d'Héraclite [3], qu'une tradition bien attestée nous montre faisant l'objet d'exégèses, ainsi de la part d'Euripide qui le fit lire à Socrate [4]. Cratyle, lui-même, peut être compté au nombre de ces exégètes. Une autre tradition héraclitéenne, dont Diogène Laërce se fait l'écho, veut que l'Éphésien ait « écrit de façon délibérée plus obscurément, afin que seuls ceux qui en avaient la capacité pussent pénétrer ses propos » [5]. Tout l'ésotérisme héraclitéen, s'il en est un, consisterait dans le choix de l'énigme (*ainiktès* [6]) destinée à éprouver les esprits et à anticiper en quelque manière sur les qualités que son usage doit précisément faire passer à l'acte. La noétique qui se trouve impliquée ici est une noétique de la compréhension par mise en rapport soudaine, lorsque deux aspects de l'expérience communément disjoints se trouvent rapprochés par le paradoxe (« Le nom de l'arc est vie, mais son œuvre est mort [7] »).

On pourrait sans trop de témérité joindre à cette noétique de l'énigme (pour laquelle il importe de lire Giorgio Colli [8]), la noétique de la métaphore telle qu'elle est analysée par Aristote dans la *Rhétorique :* « Les

1. *La Persécution et l'art d'écrire*, chap. II (constitué par l'article du même titre publié en 1941 dans la revue *Social Research*), *op. cit.*, p. 57.

2. *What is Political philosophy ?,* Glencoe (Illinois), Free Press, 1959, trad. O. Sedeyn, *Qu'est-ce que la philosophie politique ?,* Paris, PUF, 1992, chap. IX, « Sur un art d'écrire oublié », p. 221 (il s'agit de l'article « On a forgotten kind of writing » publié en 1954 dans la *Chicago Review*).

3. C'est ce que nous avons essayé de montrer dans un article consacré à « La brièveté héraclitéenne », *Romanica Wratislaviensia*, XXXVI, Wroclaw, 1991, p. 77-87.

4. Voir Diogène Laërce, *Vies et doctrines des philosophes illustres* (en abrégé *D.L.*), II, 22 et IX, 12.

5. *D.L.*, IX, 6 (notre traduction).

6. Voir *D.L.*, IX, 6.

7. *D.L.*, 48.

8. Voir Giorgio Colli, *La Sapienza Greca*, 1977, trad. M.-J. Tramuta, Combas, L'Éclat, t. I, 1990, p. 340-369 (Aenigmata).

métaphores procèdent par énigmes» (*metaphorai gar ainittontai*), et, surtout, «la plupart des bons mots (*asteia*) se font par une métaphore et se tirent d'une illusion où l'on a d'abord jeté l'auditeur (*dia metaphoras kai ek tou prosexapatan*)» [1]. Selon Aristote, «il devient plus manifeste pour <l'auditeur> qu'il a compris (*emathe*)» [2] quand la conclusion est contraire à son attente. Ainsi l'usage d'une expression elliptique et paradoxale trouve-t-il dans les deux cas son fondement dans une conception du renversement noétique, qui conduit l'esprit à suspendre la foi qu'il ajoute tout d'abord à l'interprétation obvie, pour rechercher l'*huponoia*, l'arrière-signification. On voit que l'on touche là bien plus à un ésotérisme rhétorique qu'à un ésotérisme scolastique: c'est l'exercice de l'esprit qui est la visée de cet art ésotérique de l'expression, non l'allusion à un enseignement secret. Le précédent héraclitéen pourrait à tout le moins donner substance à la règle straussienne que l'on évoquait à l'instant, règle selon laquelle «on écrit comme on lit», et l'on pourrait se réclamer de lui pour interpréter l'ésotérisme que Strauss prête exactement à Platon. En effet, l'éventualité d'un dessein, de la part de Platon, de produire une compréhension sélective de ses dialogues, se concevrait plus aisément, si l'on avait le droit de le rapporter à un art ésotérique de l'écriture, dont Platon aurait été notoirement le lecteur – or la chose ne fait pas de doute en ce qui regarde la lecture platonicienne d'Héraclite.

Thomas A. Szlezak [3] conteste la possibilité d'attribuer à Platon un tel ésotérisme, puisque selon lui Platon récuserait l'interprétation du discours par énigmes: entre autres *loci*, il allègue le *Cratyle*, où l'on trouverait un usage *ironique* de la méthode d'interprétation des noms des dieux («*ouk ennoô onoma ti bouletai*» et la réponse de Socrate, «*onoma* epikekrummenon *estin*» [4]), ainsi que le *Phèdre* [5], où Socrate dévalorise l'interprétation allégorique des mythes. Mais la critique n'est pas dirimante: l'ouvrage

1. Voir Aristote, *Rhétorique*, III, 1405b3-5 (la première formule citée se trouve en 1405b4-5), 1410b21-26 et tout particulièrement 1412a19-22 (où se trouve la seconde formule citée), trad. M. Dufour et A. Wartelle, Paris, Les Belles Lettres, p. 69. Nous nous permettons de renvoyer sur cette question à notre article «Métaphore et *mathèsis* dans la *Rhétorique* d'Aristote», *Recherches sur la philosophie et le langage*, 9, Grenoble, 1988, p. 59-71.

2. Aristote, *Rhétorique*, III, 11, 1412a20-21, *op. cit.*, p. 69. On pourrait traduire aussi «*emathe*» par «appris» (*cf.* la traduction par «*learnt*», due à John Henry Freese, dans Aristotle, *The "Art" of Rhetoric*, Londres, Loeb Classical Library, 1926, p. 409).

3. Thomas A. Szlezák, *Le Plaisir de lire Platon*, *op. cit.*, chap. 10, p. 54-59.

4. Platon, *Cratyle*, trad. L. Méridier, Paris, Les Belles Lettres, 1931, respectivement 402 c5 («je ne conçois pas ce que le nom <de Téthys> veut dire»), et 402 c 6-7 («c'est un nom... *déguisé*» – nous soulignons).

5. Platon, *Phèdre*, 229 c-230 a.

de Charles L. Griswold jr., *Self-Knowledge in Plato's Phaedrus* [1], permet d'établir de manière assez plausible que Socrate, dans le passage du *Phèdre* sur lequel s'appuie Szlezack, entend plutôt exercer une activité herméneutique qui ne soit pas réductionniste, sa seule intention est d'éviter dans l'herméneutique de « rectifier l'apparence mythique » (« *epanorthousthai to eidos* » [2]), c'est-à-dire de substituer à la représentation une signification rationnelle. Or une telle réduction du vraisemblable n'est pas impliquée par l'ésotérisme rhétorique que nous avons attribué à Platon, car il ne s'agit pas dans ce cas de réduire une *Darstellung* à une explication satisfaisante, mais de maintenir la dualité entre la représentation et le sens caché. De même le passage du *Cratyle* serait-il allégué avec plus de propriété contre l'ésotérisme pythagoricien, car le nom caché dans le nom, l'autre nom sous un nom, évoquerait plus volontiers une doctrine secrète qu'une incitation noétique provoquée par une expression condensée et elliptique. Ce n'est peut-être pas l'interprétation du discours par énigmes qui fait les frais de l'ironie de Socrate dans ce passage du *Cratyle*, mais davantage le lien entre cette dernière et la doctrine dite mobiliste, que la mise en scène d'une « étymologie » dogmatique décèlerait. Szlezak, tout à sa volonté de récuser l'ésotérisme de l'immanence en le privant de tout précédent « énigmatique », demeure en outre insensible à ce que l'ironie peut avoir, précisément, d'énigmatique. Il ne serait pas sans intérêt, au demeurant, de se demander, avec l'aide de Strauss, si l'ironie, en tant que mode de transposition, à la dialectique, de l'ambiguïté oraculaire des aphorismes, ne peut pas constituer l'équivalent platonicien de l'expression elliptique que l'on trouve dans Héraclite.

Des difficultés pour l'ésotérisme selon Strauss

À vrai dire, l'ésotérisme « straussien » rend perplexe plus d'un commentateur. Alan C. Bowen, dans un article intitulé « *On interpreting Plato* », évoquant l'ésotérisme dominant que nous avons appelé scolastique, incline à concevoir l'ésotérisme tel qu'il est considéré par Strauss et ses partisans comme produit par « *a new species of esotericist* » :

1. Charles L. Griswold jr., *Self-Knowledge in Plato's Phaedrus*, New Haven et Londres, Yale UP, 1986, p. 12-13.

2. Platon, *Phèdre*, 229 d 6. La traduction proposée correspond à la version donnée par Charles L. Griswold (« *correcting* », *op. cit.*, p. 38).

> *Those who follow Strauss seem to assume that Plato deliberately conceals his thought in the dialogues, and that only those who know how to read them can discern his secret meaning* [1].

Mais s'il s'agit de cacher et de montrer, comme dans le fragment 93 D. K. d'Héraclite (« Le maître à qui appartient l'oracle, celui de Delphes, ne dit ni ne cache, mais *sèmainei* » – « *gives a sign* » [2], « indique » [3]), c'est bien d'un art de la communication qu'il doit alors s'agir, au caractère en quelque manière hybride : on aurait une communication à l'adresse de quiconque lit, enveloppant en quelque manière une communication restrictive à l'adresse des lecteurs sagaces. Strauss n'est pas vulnérable aux critiques dirigées contre une activité philosophique platonicienne non attestée par les dialogues, mais il est exposé au grief de dissimulation imaginaire (ainsi celui formulé par Richard Kraut dans son « Introduction to the study of Plato » [4]) ; d'autre part, et surtout, l'art de lire des énigmes en forme d'aphorismes ou de sentences (sorte d'art de lire aristocratique), se laisse malaisément transposer dans le cas de dialogues, où les présupposés se trouvent soumis à l'examen de manière ouverte [5]. On a plus de marge de manœuvre avec un ésotérisme à la mode de Tübingen, même si la conciliation d'un dogmatisme du système oral et d'une dialectique écrite est déjà assez malaisée. Mais enfin, la règle de l'ésotérisme, en ce cas, évite l'incompatibilité manifeste. Au contraire, dans le cas de l'hypothèse ésotériste straussienne, la difficulté est tout à fait sensible, car l'on pourrait avoir le sentiment que la dialectique rend l'art d'écrire, sous sa forme énigmatique, intenable. Dans une conférence reprise dans le recueil *The City and Man*, Leo Strauss a tenté de résoudre, semble-t-il, la difficulté, en mettant l'essentiel de l'accent sur l'ironie [6], qui lui paraît autoriser l'idée d'une

1. Alan C. Bowen, « On interpreting Plato », in *Platonic Writings. Platonic Readings*, éd. Charles L. Griswold jr., Londres, Routledge, 1988 (voir la note 13 du chap. 3, p. 276).

2. Telle est la traduction de Griswold.

3. C'est la traduction proposée par Jean Bollack et Heinz Wismann dans *Héraclite ou la séparation*, Paris, Minuit, 1972, p. 273 (voir le commentaire que donnent les auteurs p. 274 : « Le discours divin *ne dit ni ne cache* parce qu'il dit-et-cache, indiquant par ce qu'il dit ce qu'il ne dit pas »).

4. Richard Kraut, « Introduction to the study of Plato », in *The Cambridge Companion to Plato*, éd. Richard Kraut, Cambridge UP, 1992, p. 28.

5. Sur ce point, voir Platon, *Sophiste*, 230 c-d, en particulier c 8-d 4 : « <L'âme> ne tirera, de ce qu'on lui peut ingérer de sciences, aucun bénéfice jusqu'à ce qu'on l'ait soumise à la réfutation et que, par cette réfutation, lui faisant honte d'elle-même, on l'ait débarrassée des opinions qui ferment les voies à l'enseignement, amenée à l'état de pureté manifeste et à croire savoir tout juste ce qu'elle sait, mais pas davantage », trad. A. Diès, Paris, Les Belles Lettres, 1969^5 (1925^1), p. 325.

6. *The City and Man*, Chicago et Londres, The University of Chicago Press, 1964^1, chap. II, « On Plato's *Republic* » (p. 50-55 du reprint par Phoenix Edition, 1978).

communication indirecte dans le dialogue même. Il fait fond à cet égard sur le Socrate de Xénophon [1], qui n'abordait pas tous les hommes de la même manière, mais adaptait sa communication au type d'homme auquel il avait affaire : aux yeux de Strauss, il est possible d'en inférer que le dialogue platonicien, pris en tant qu'œuvre écrite, s'adapte lui aussi *au type de lecteur* auquel il a affaire. Sans y insister, voire subrepticement, Strauss est ainsi en train de transformer un art rhétorique en un art de l'écriture, et une capacité noétique mise en jeu dans l'audition en une capacité de lecture. Il veut que l'écrit platonicien échappe aux limites qui frappent l'écrit selon le Platon du *Phèdre* (tout particulièrement celle-ci : « Chaque discours s'en va rouler de tous côtés, pareillement auprès de gens qui s'y connaissent (*epaiousin*), comme aussi bien près de ceux auxquels il ne convient nullement; il ignore à quelles gens il doit ou ne doit pas s'adresser [2] »). Le discours écrit n'a pas le sens du *kairos,* ni à l'égard du « quand », ni à l'égard du « qui »; Strauss pense néanmoins que Platon, par feinte, prête à son propre écrit les caractères d'un discours kaïrique.

Cette hypothèse manifeste ainsi une extension de la figure de l'énigme à la totalité d'une œuvre, qui est traitée méthodiquement sur le mode, non de la rétention doctrinale, mais du paradoxe, le lecteur disposant comme de signes de tout ce que le dialogue comporte, *dramatis personae*, action dramatique, en un mot traits individualisants qui seraient peut-être aux yeux de Strauss l'équivalent dans le registre de l'*art of writing* de l'adaptation et de la kaïricité du discours oral. L'interprétation straussienne de la *République*, échantillon de la méthode, est à cet égard frappante : prenant pour ainsi dire à rebours les exégèses qui y voient un propos sur la cité paradigmatique, Leo Strauss aborde le *logos* de la *République* à ses points critiques, tout particulièrement celui du règne des philosophes. Il est beaucoup moins intéressé par le *pattern of the just city* que par ce qu'il nous révèle *a contrario* de la cité et de ses limites. Loin de présumer que la philosophie et la politique puissent s'harmoniser, Strauss discerne au livre V une tension non résolue, et jamais susceptible de l'être, entre la philosophie et la cité [3]. Dans l'élaboration même de la cité juste, apparaît pour Strauss une sorte de renversement – de *peripeteia* – par lequel l'excès du philosophique sur le politique et la menace représentée par le politique pour le philosophique se laissent ressaisir. Mais le renversement le plus frappant tient à l'alliance

1. Xénophon, *Memorabilia*, I, 6, 14, IV, 1 2-2 1.

2. Platon, *Phèdre*, 275 d 9-e 3 (trad. L. Robin, *in* Platon, *Œuvres complètes,* La Pléiade, t. II, p. 76).

3. C'est aussi le cas de Diskin Clay, « Reading the *Republic* », in *Platonic Writings. Platonic Readings*, éd. Charles L. Griswold jr., *op. cit.*, p. 32.

paradoxale de Socrate et de Thrasymaque [1], de la dialectique et de la *dèmègoria*. Platon dissimulerait ainsi dans la *République* une conception profonde de la cité justifiant la prudence du philosophe à son égard; il y aurait bien une énigme dans le dialogue, décelable à qui prend absolument au sérieux la dramaturgie, à celui qui s'y entend (*epaiôn*).

Mais comment ce qui peut valoir pour une forme brève comme l'aphorisme peut-il valoir aussi pour le dialogue? Et ce dernier n'est-il pas entièrement *en acte* dans sa linéarité même, de telle sorte que rien ne demeure inexplicité?

Dans l'aphorisme héraclitéen, le paradoxe permet à l'esprit de chercher; la présence de l'*huponoia* derrière la formule se laisse discerner, de sorte que l'esprit puisse en entreprendre l'exégèse. Dans le dialogue platonicien, les indices, si l'on en croit Strauss, seraient disposés sur toute la longueur du discours, et le lecteur aurait à la fois une compétence synoptique et microscopique; comme le dit Richard Kraut dans son article déjà cité, « *the idea is that each dialogue contains within itself* all the materials *we need for its understanding* » [2]. Le modèle pourrait bien en être la célèbre comparaison de Socrate avec un Silène sculpté, dont use Alcibiade dans son éloge de Socrate [3] : c'est un ésotérisme du double fond, ou, pour le dire comme Szlezák, « herméneutique » et non pas « historique » [4]. Ce serait la même disposition qui vaudrait pour l'aphorisme et pour le dialogue, dans une culture qui, comme Giorgio Colli le rappelle opportunément dans *La Sagesse grecque*, est une culture de l'*agôn* [5]. L'ironie serait la médiation entre l'énigme et le dialogue, car elle suspendrait tout dogmatisme, neutraliserait pour ainsi dire les discours des protagonistes du dialogue, permettant ainsi de s'enquérir d'arrière-significations. La chose ne va pas sans mal, cependant : car l'ironie socratique a une application individuelle, et à ce titre authentiquement kaïrique, ce qui n'est pas le cas d'un écrit, quel qu'il soit. La difficulté a été bien vue par Charles Griswold, qui distingue dans son livre *Self-knowledge in Plato's Phaedrus*, « *the Socratic (or simply intradialogical) irony* » et « *the Platonic irony* », laquelle est enchâssée dans la totalité du texte [6]. Mais l'on retombe alors sur la seconde objection formulée plus haut, celle selon laquelle tout serait en acte dans la

1. *The City and Man*, chap. II, « On Plato's *Republic* », *op. cit.*, p. 123-124.

2. Richard Kraut, « Introduction to the study of Plato », in *The Cambridge Companion to Plato*, *op. cit.*, p. 28 (nous soulignons).

3. Voir Platon, *Banquet*, 216 d-e.

4. Thomas A. Szlezák, *Le Plaisir de lire Platon*, chap. 9, *op. cit.*, p. 51.

5. Voir Giorgio Colli, *La Sagesse grecque*, I, Introduction, *op. cit.*, p. 26-27.

6. Charles Griswold, *Self-knowledge in Plato's Phaedrus*, New Haven et Londres, Yale UP, 1986, p. 12-13. Voir aussi Stanley Rosen, *Plato's Symposium*, Yale UP, 1968, p. XXV.

linéarité même du dialogue. L'ironie socratique peut être entendue comme une feinte méthodique autorisant celui qui en use à procéder à l'examen des *doxai* de l'autre. En ce sens, elle ne se présente pas comme pourvue d'une *huponoia*, elle a plutôt vocation à produire une sorte d'*epokhè* (que l'on voie le Gorgias: *neôterous... diaphteirein* aporein *poiounta*[1]). L'ironie n'est pas ésotérique, même si elle est à quelque égard en effet discriminante (comme l'a souligné Jacob Klein dans son commentaire du *Ménon*[2]). Il se peut que Leo Strauss n'ait pas voulu dire autre chose, en déclarant dans *La Persécution et l'art d'écrire* « qu'aucun exposé écrit ne peut être à strictement parler ésotérique », ce qui signifie que tout livre est accessible à tous ceux qui peuvent lire la langue. Le livre doit donc discriminer, et il doit le faire, dans le cas du dialogue écrit, par la représentation même qui en est indissociable, c'est-à-dire en tant qu'il constitue, selon Aristote, une *mimèsis*. Mais s'il doit discriminer, il n'en doit pas moins protéger aussi, tout autant que se protéger: la protection est d'abord requise à l'égard des opinions que la philosophie prise en elle-même met en péril[3], ce que Leo Strauss, dans *The City and Man*, lit jusque dans la *République*[4]; elle est ensuite autoprotection de la philosophie[5], par la discrimination et la dissimulation (*concealing*) qu'opèrent l'*art of writing*.

Mais, dira-t-on (et c'est bien ce que fait Richard Kraut dans l'ouvrage déjà cité), Platon donne-t-il le sentiment d'avoir eu recours à une telle protection, étant donnée, par exemple, sa critique ouverte de la démocratie dans la *République ?* N'est-ce pas la « doxocratie » par excellence qui est ainsi visée sans fard, cette critique rendant superfétatoire l'hypothèse du « *concealing* »? Il n'est pas sûr, pourtant, que l'on ait par cet argument répliqué de façon définitive à Strauss. Certes, ce dernier paraît user du même art qu'il prête à Platon, et n'est pas circonstancié dans son célèbre article, « Persecution and the art of writing ». Mais il semble que pour lui (il l'exprime d'ailleurs sous le couvert de Farabi dans l'*Introduction* au recueil éponyme[6]), Platon ait substitué à la dialectique socratique, exposée au péril, un art contourné qui lui évitait le sort de Socrate. Dans l'article publié

1. Platon, *Gorgias*, 522 b 7 (nous soulignons); *cf. Ménon*, 70 a et *Théétète*, 151 a 6-151 b 1.

2. Jacob Klein, *A Commentary on Plato's Meno*, Chicago, 1989² (1965¹), p. 6.

3. « Sur un art d'écrire oublié », in *Qu'est-ce que la philosophie politique ?*, chap. IX, *op. cit.*, p. 213-214. L'ésotérisme constitue donc aussi un moyen, pour la philosophie, de soustraire la cité à la radicalité de son exercice.

4. *The City and Man*, *op. cit.*, p. 124 (ce passage fait allusion à *République*, VI, 498 c-d).

5. *La Persécution et l'art d'écrire*, chap. II, *op. cit.*, p. 58-59.

6. *La Persécution et l'art d'écrire*, Introduction, *op. cit.*, p. 45-46 (*cf. The City and Man*, chap. II, p. 123).

en 1941, Platon est un témoin de la persécution [1], qui, peut-on dire sans risquer une conjecture trop lourde sur le sens de l'exégèse straussienne, a dû méditer sur l'impossibilité de pratiquer la « dialectique négative » (selon l'expression autrefois forgée par George Grote [2]) à même la cité, sans mettre en péril tant la cité que cette dialectique elle-même. Or, comme l'a montré E. R. Dodds, parlant, dans *Les Grecs et l'irrationnel*, d'« une série de procès en hérésie unique dans l'histoire athénienne » [3], le point le plus critique ne devait pas tant être la démocratie que la question des dieux de la cité – Platon pouvait d'ailleurs songer également aux violences anti-pythagoriciennes. En d'autres termes, une des raisons foncières de l'adoption par Leo Strauss d'un art d'écrire ésotérique serait d'ordre non strictement politique, mais théologico-politique.

Ce serait là le péril planant constamment sur l'exercice de la philosophie, que Platon aurait résolu de conjurer en transformant l'ironie de Socrate (« *intradialogical* », comme le dit Charles L. Griswold) en une entreprise inspirée par la prudence, guidé qu'il était par le sentiment que le conflit entre la cité et la philosophie ne pouvait avoir de fin [4]. La critique de Richard Kraut est ici dépouillée de sa pertinence, en ce sens que ce n'est pas la démocratie dans sa particularité qui serait l'objet de l'*arcanum*, mais la disproportion fondamentale de la philosophie et de la cité, sensible dans le sort de Socrate. Il y a donc une équivoque quant à l'interprétation que l'on doit donner de l'aspect politique de l'éventuelle prudence platonicienne. Car si c'est l'opinion prise comme telle qui peut être mise en péril par l'exercice de la philosophie, la prudence est alors requise à l'égard de l'opinion comme élément de la société prise en général. Ce n'est pas l'hostilité que l'on tient pour exprimée dans la *République* à l'égard de la démocratie qui pourrait être l'*arcanum*.

À vrai dire, la prudence, ou la réserve, associées à l'usage de l'art d'écrire ésotérique, sont loin d'être aussi transparents ; pour Platon, le cas de Socrate n'aurait pas représenté, selon Strauss, l'échec d'une tentative politique, mais le symptôme d'un *adunaton*, la mise en cause des *doxai* dans l'élément même de la *doxa :* il l'aurait conduit au diagnostic d'une non-coïncidence pour ainsi dire structurelle entre la nature de l'activité

1. *La Persécution et l'art d'écrire*, chap. II, *op. cit.*, p. 66.

2. Voir George Grote, *Plato and the Other Companions of Socrates*, Londres, 1875 (3ᵉ éd.).

3. E. R. Dodds, *The Greeks and the Irrational*, Berkeley, University of California Press, 1959, trad. M. Gibson, *Les Grecs et l'irrationnel*, Paris, Champs-Flammarion, 1977², chap. VI, p. 189 (voir toute l'analyse contenue p. 189-191).

4. Sur ce point, voir Rémi Brague, *Le Restant*, Paris, Vrin, 1978, p. 17, qui cite *Phédon*, 64 b 5, *République* VI, 494 a 4-10 et *Apologie*, 23 d 1-7.

philosophique et l'ordre politique dont la *République* analyserait la nature [1]. Si tel est bien le cas, l'art d'écrire permet à Platon de poursuivre l'entreprise philosophique de Socrate tout en faisant droit aux exigences de stabilité de l'ordre politique, de distinguer, pourrait-on dire, l'ordre de la *philia* et l'ordre de la *polis*, et à ce titre également on peut le qualifier de discriminant. Il est clair que, dans l'hypothèse straussienne, il doit y avoir une anticipation de l'écrit sur sa lecture, ou plutôt sur ses lecteurs, et un présupposé relatif aux types d'esprits (présupposé « aristocratique ») ; si un écrit « roule indifféremment en tous sens », comme le dit le *Phèdre*, l'art platonicien d'écrire pallierait cette situation en construisant proleptiquement la discrimination entre les interprétations, ce qui constituerait l'équivalent le plus proche dans l'écriture de l'ironie socratique.

C'est à ce moment de l'analyse que se laisse reconnaître une nouvelle raison de l'usage de l'art d'écrire ésotérique : la *paideia*. Dans le « public » auquel on s'adresse ainsi, on fait fond sur des natures déjà différenciées, qui auront la capacité d'entrer dans ce que l'on pourrait appeler le cercle intérieur, et on leur donne ainsi l'occasion de s'exercer (*askèsis*). Mais cette vertu est aussi un grand risque, comme Richard Kraut l'a assez nettement mis en lumière, en remarquant dans *The Cambridge Companion to Plato* :

> *If we think that the manifest meaning of a dialogue must be set aside and its hidden message revealed, we leave ourselves little or nothing to serve as evidence* [2].

Leo Strauss était lui-même au fait de ce grief possible, puisque dans son essai « Sur un art d'écrire oublié », il rapporte une affirmation d'Alexandre Kojève à son propos, selon laquelle la méthode qu'il met en œuvre diffère de celle du détective en ce qu'elle « ne peut aboutir à l'aveu du criminel » [3]. En fait, comme le remarque non sans fondement Laurent Jaffro, l'hypothèse straussienne serait arbitraire « si elle n'était étayée par des indications tangibles et explicites de l'auteur » [4]. Or c'est ce que Leo Strauss relève lui-

1. *The City and Man*, *op. cit.*, p. 138 (ce passage renvoie à Cicéron, *De re publica*, II, XXX, 52 : « *<Plato>... civitatemque optandam magis quam sperandam, quam minimam potuit,* non quae posset esse, *sed* in qua ratio rerum civilium perspici posset, *effecit* »). *Cf.* L. Strauss, *The Argument and the Action of Plato's Laws*, Chicago et Londres, The University of Chicago Press, 1975, p. 1, ainsi que *Qu'est-ce que la philosophie politique ?*, chap. I, *op. cit.*, p. 37.

2. Richard Kraut, « Introduction to the study of Plato », in *The Cambridge Companion to Plato*, *op. cit.*, p. 28-29.

3. « Sur un art d'écrire oublié », in *Qu'est-ce que la philosophie politique ?*, chap. IX, *op. cit.*, p. 222.

4. Laurent Jaffro, *Éthique de la communication et art d'écrire. Shaftesbury et les Lumières anglaises*, Paris, PUF, 1998, p. 17.

même à propos de Platon, lorsque, dans une note à l'Appendice de *La Persécution et l'art d'écrire* (« Sur une nouvelle interprétation de la philosophie politique de Platon »), il allègue discrètement pour preuves d'ésotérisme différents passages de la *République*, du *Sophiste*, du *Philèbe*, du *Politique*, et du *Timée* [1].

Des indices problématiques

Cependant, ces différents *loci* ne constituent pas vraiment un faisceau d'indications allant toutes dans le même sens : le passage du *Timée*, qui est le dernier évoqué, va dans le sens d'une limite du discours sur la génération du Tout, qui est indépendante de la distinction de l'exotérique et de l'ésotérique [2], dans la mesure où, quelles que soient nos capacités respectives, nous nous situons dans le devenir, et ne pouvons en parler comme en surplomb. Une telle déclaration de probabilisme laisse attendre une limite pour tous les esprits, une impossibilité tenant à la chose même. Pourtant, la formule au cœur du passage du *Timée* auquel la note de Leo Strauss fait précisément référence (« *eis pantas adunaton legein* »), semble indiquer que le propos est autre, et que ce qui est effectivement en cause, c'est une différenciation noétique. Mais, quand on concéderait le point (ce que même l'anti-ésotériste résolu qu'est Luc Brisson admet dans une note *ad locum* de sa traduction de ce dialogue [3]), il reste à établir que le passage en question soit une indication de l'art d'écrire ésotérique. Leo Strauss entend se prévaloir de la volonté de rétention que lui paraît autoriser la formule « eis pantas *adunaton legein* » [4]; elle aurait alors une résonance ésotérique, comme le « *mè panta pasi* » qu'attribue Aristoxène aux pythagoriciens [5]. Car cet *adunaton legein eis pantas* impliquerait une communication sélective, un *kruptein*, qui correspondrait à un *legein* indirect, un *sèmainein* au sens d'Héraclite. Telle est du moins la version straussienne, qui fait fond sur la seule écriture. En effet, il n'y a pas dissimulation d'un dogmatisme qui attendrait l'initié – et en ce sens Leo Strauss est plus héraclitéen que pythagoricien –, puisque le « dire à quelques-uns » n'est pas extérieur au

1. *La Persécution et l'art d'écrire*, Appendice, note 29 à la p. 302, *op. cit.*, p. 323 : « *République*, de 506 b 8 à 507 a 5, 509 c 3-10, 517 b 5-8, 533 a 1-5; *Sophiste*, de 247 e 5 à 248 a 1, 254 c 5-8; *Philèbe*, 23 d 9-e 1; *Politique*, 262 c 4-7, 263 a, 284 c 7-d 2; *Timée*, 28 c 3-5 ».

2. On le voit dans la suite immédiate de ce passage (*Timée*, 29 c 3-d 2).

3. Voir Platon, *Timée*, trad. L. Brisson, Paris, GF-Flammarion, 1992, note 105 au passage de 28 c portant la formule « il n'est pas possible d'en parler à tout le monde », p. 230.

4. Nous soulignons.

5. *DL*, VIII, 15.

logos écrit. Le concept de *rétention* appliqué à l'ésotérisme platonicien tel que le conçoit Strauss est donc d'usage problématique : il faudrait présupposer dans le discours platonicien la vérité d'une thèse sur l'origine du Tout, ce que Strauss n'assume pas, et même exclut. On peut parler dans le cas de l'exégèse straussienne d'un ésotérisme d'exercice, qui aurait pour fin d'éviter qu'un texte de Platon ne fasse autorité [1]. Passons sur l'objection selon laquelle, au sein de l'Académie, il n'y avait pas de toute façon d'orthodoxie (ce qui est l'argument d'Harold Cherniss [2]), et qu'à cet égard l'ésotérisme était superfétatoire. Il n'en resterait pas moins qu'il peut avoir une vertu anti-dogmatique par l'incitation à « lire entre les lignes », le « legein *kai* kruptein » [3] conduisant le lecteur à conjecturer, non à adhérer – cette dernière propension étant caractéristique de la *doxa*. Cela voudrait dire que l'extériorité à l'égard de la *doxa* ne va vraiment pas de soi, qu'on ne franchit pas d'un bond la limite présumée de l'opinion et de la philosophie, par une révélation au sein du cercle intérieur. Sortir de l'opinion, cela ne se fait pas massivement, ni sans moyen d'actualiser une capacité ou prédisposition noétique, ce que va offrir précisément l'écrit ésotérique, en donnant des signes de son incomplétude.

De cet ordre apparaissent aussi à Strauss, outre l'allusion fameuse du *Philèbe* à un cinquième genre [4], le passage du *Politique* évoquant *« tèn peri auto takribes apodeixin »* [5]. Le premier peut passer pour une indication ironique de ce qui est présent sur le mode de l'*huponoia* (à savoir, que le discriminant, c'est le Bien), le second est moins manifestement un signe d'ésotérisme au sens straussien du terme – à moins de s'autoriser d'un renvoi à une démonstration future, comme le fait Strauss pour le *Philèbe*, de même que pour le *Sophiste* [6], ce que l'on appelle le futur intra-dialogique pouvant en effet avoir cette valeur. Ce qui est redoutable pour la discipline de la lecture prônée par Leo Strauss, est qu'elle suppose ces signes d'incomplétude tout en insistant fortement sur la nécessité de trouver *dans le dialogue même* les éléments de son interprétation. Elle refuse la

1. *La Persécution et l'art d'écrire*, Appendice, *op. cit.*, p. 303.

2. Voir Harold Cherniss, *L'Énigme de l'Ancienne Académie*, 3e conférence, « L'Académie : orthodoxie, hérésie ou interprétation philosophique ? », *op. cit.*, p. 135-161.

3. Nous soulignons.

4. Platon, *Philèbe*, 23 d 9-e 1 : « Mais n'auras-tu pas besoin en outre d'une cinquième espèce, dont le pouvoir sera de discriminer ? – Peut-être, mais du moins pas à présent. Si cependant j'ai besoin d'un genre, tu me pardonneras, je pense, de me mettre à la poursuite d'un cinquième » (trad. L. Robin, *in* Platon, *Œuvres complètes*, La Pléiade, t. II, p. 568 – légèrement modifiée).

5. Platon, *Politique*, 284 d 1-2 (« une démonstration exacte sur le sujet », trad. A. Petit, Paris, Hachette, 1996, p. 68).

6. Platon, *Sophiste*, 247 c-248 a.

négligence à l'égard du « détail », ne sachant pas s'il ne s'y trouvera pas un indice crucial ; elle se veut lente, cauteleuse, jamais sûre de ses prises.

L'hypothèse ésotériste straussienne n'a ainsi aucune sorte de rapport avec la protection d'un dogme ; si elle réserve quelque chose, ce n'est pas une doctrine philosophique, mais l'exercice même du philosopher. Sa principale difficulté, son point névralgique, tient dans l'extension paradoxale d'une vertu de communication oblique proprement rhétorique à ce qui, aux yeux de beaucoup, passe pour en produire une critique sans merci. L'exégèse proposée par Leo Strauss ne produit pas ses œuvres, elle ne les dissimule pas non plus, mais les laisse dans un demi-jour qui ne peut leur donner qu'une publicité réservée.

DE L'ART D'ÉCRIRE AU SENS COMMUN

Laurent JAFFRO

Leo Strauss ne prétend pas avoir inventé, ni même découvert l'art d'écrire [1]. Pour justifier un examen de cette question qui la détache dans une certaine mesure des analyses de Strauss, il suffit de le prendre au mot : les ressources que mobilise l'art d'écrire, selon Strauss, proviennent tout particulièrement d'une source non directement philosophique, la tradition antique de l'art oratoire. Je propose précisément une interprétation rhétorique de l'art d'écrire [2]. Cela revient à le considérer comme un style d'allocution, une manière de s'adresser à un auditoire. Sa formulation spinoziste, *ad captum vulgi loqui*, parler en se conformant à la capacité du commun, n'installe-t-elle pas l'art d'écrire comme un style d'allocution? Je donnerai une description sommaire de ce style d'allocution à partir de deux grands modèles rhétoriques : celui de Cicéron et de Quintilien; celui de Chaïm Perelman.

Cette interprétation conduit à privilégier une conception des rapports entre philosophie et opinion qui n'est pas celle que Strauss affiche le plus souvent. Le point de vue rhétorique conduit à traiter l'opinion comme la *notion commune à un auditoire*. De ce fait, il assigne une fonction déterminée à l'opinion et détermine un certain rapport entre l'allocution et cette notion commune. Quand l'allocution est philosophique, cela change beaucoup de choses sans doute, mais cela ne change pas tout. L'interprétation rhétorique de l'art d'écrire des philosophes conduit à une certaine

1. Sur la signification de la notion d'art d'écrire et son rôle dans l'économie de l'œuvre de L. Strauss, voir l'ouvrage de S. Rosen, *Hermeneutics as Politics*, Oxford, Oxford UP, 1987.

2. Kathy Eden, dans *Hermeneutics and the Rhetorical Tradition. Chapters in the Ancient Legacy and Its Humanist Reception* (New Haven et Londres, Yale UP, 1997), a analysé le modèle rhétorique de la lecture depuis l'*interpretatio scripti* de la rhétorique romaine jusqu'à l'herméneutique de la Réforme. Bien qu'il ne mentionne pas l'œuvre de L. Strauss, le travail de K. Eden est particulièrement précieux pour mettre en perspective les analyses straussiennes de l'art d'écrire.

promotion du sens commun, qui n'est pas exactement conforme aux conclusions usuelles de Strauss sur le rapport entre philosophie et opinion.

On a pu noter que l'hypothèse de l'art d'écrire ne prétend pas être une méthode générale de lecture des textes philosophiques, parce que l'art d'écrire ne peut être réalisé et évalué que de manière locale. Ainsi, l'art d'écrire de Spinoza n'est pas le même que celui de Machiavel, qui n'est pas non plus le même que celui de Maïmonide. Pour déterminer quel est l'art d'écrire dans telle œuvre de tel auteur, il faut déterminer comment cet auteur conçoit et pratique la lecture, dans la mesure où les auteurs classiques écrivent comme ils lisent. On pourrait développer ce type de considérations pour éviter à Leo Strauss un certain nombre de critiques : comme il n'a pas prétendu formaliser une herméneutique générale de l'écriture philosophique, mais seulement pratiquer, à l'occasion de tel ou tel auteur, la lecture que cet auteur-ci, et nul autre, exigeait, il n'y aurait donc pas de sens à reprocher à Strauss d'avoir inventé une méthode de suspicion universelle et par principe.

Malheureusement, les choses ne sont pas si simples. L'idée d'une pluralité des arts d'écrire permet à Strauss d'éviter certaines objections, mais elle ne l'empêche pas d'inscrire ces arts d'écrire dans un cadre unique et bien général : celui des relations entre la philosophie et l'opinion.

Quelle conception des rapports entre philosophie et opinion est engagée par l'art d'écrire ? La première compréhension de cette question générale est la suivante : comment Strauss conçoit-il les rapports entre philosophie et opinion, quand il soutient l'existence d'un art d'écrire des philosophes ? Pour dire les choses grossièrement, cette conception de Strauss revient à opposer la radicalité de la conversion philosophique aux pieux mensonges dont la philosophie doit user pour se protéger, lorsqu'elle s'expose publiquement. La conception des rapports entre philosophie et opinion est alors bien exprimée par la reprise straussienne de l'allégorie de la caverne : l'art d'écrire est utilisé quand le philosophe retourne dans la caverne. Mais on pourrait prendre Strauss au mot lorsqu'il affirme la singularité de chaque art d'écrire. Ainsi, l'art d'écrire de Spinoza suppose une conception des relations entre philosophie et opinion qui correspond sans doute très mal au modèle de la caverne. Bien plus, on a pu défendre la thèse d'une gradation du savoir, dans Spinoza, telle qu'on ne saurait assimiler un discours adapté à la capacité d'un public au simple usage des pieux mensonges.

Chantal Jaquet a nuancé l'interprétation straussienne de la communication *ad captum vulgi* :

> Se conformer à la capacité de la foule, ce n'est donc pas lui voiler la vérité, c'est au contraire la lui dévoiler dans la mesure du possible. La prudence est plus une pédagogie du vrai que du secret [...]. Ainsi, quand

> le sage se met à la portée de l'insensé, l'insensé se met à la portée du sage [1].

L'art d'écrire de Spinoza doit être compris comme un recours à l'expérience, non l'expérience vague, pleine d'erreur, mais l'expérience comme auxiliaire de l'entendement, déterminée par l'entendement.

> La clé de lecture des textes spinozistes ne repose pas sur l'opposition entre un sens ésotérique, confus et caché, d'une part, un sens exotérique, clair et apparent, d'autre part, mais sur la distinction entre des enseignements qui relèvent tantôt de l'expérience, tantôt de la raison sans pour autant se contredire [2].

Si l'on se reporte à un auteur auquel Strauss n'applique pas l'hypothèse de l'art d'écrire, mais qui le pratique et le théorise à sa manière, je veux dire George Berkeley, on doit noter qu'il va jusqu'à placer la capacité du sens, la normativité et la raison dans le *common sense* lui-même, au point de proposer un renversement complet des relations entre philosophie et opinion : les préjugés en un sens négatif, pour Berkeley, ce sont les notions introduites par les philosophes; quant aux préjugés communs, ils sont des prénotions justes, ils sont les semences de savoir que renferme le langage ordinaire. Cette inversion n'empêche pas Berkeley de reprendre et d'appliquer la devise « penser comme les érudits, parler comme le vulgaire » [3]. Il y a donc une première difficulté : à supposer qu'on comprenne la question, que j'ai formulée de manière ambiguë, comme signifiant : *quelle conception des rapports entre philosophie et opinion est attachée par l'auteur à l'art d'écrire ?*, l'auteur en question est évidemment Leo Strauss, mais sa conception des rapports entre philosophie et opinion fait nécessairement violence aux conceptions que soutenaient certains auteurs qui ont pratiqué l'art d'écrire dans l'histoire de la philosophie. Je ne développerai cependant pas ce type d'objection, parce que je crois que Strauss n'a pas tort de maintenir que l'art d'écrire engage une conception relativement déterminée des relations entre philosophie et opinion. Cette unité de la conception qui est engagée par l'art d'écrire n'empêche pas des variations d'un auteur à l'autre, ni la distinction des époques dans sa pratique.

C'est pourquoi je propose une autre perspective. Acceptons que la singularité de chaque art d'écrire n'empêche pas que soit présupposée par l'art d'écrire une certaine conception des rapports entre philosophie et

1. *Spinoza ou la prudence*, Paris, Quintette, 1997, p. 10.
2. *Ibid.*, p. 11.
3. La devise est attribuée aux libertins par Berkeley dans l'*Alciphron*, I, 12, mais elle était adoptée par lui dans les *Principles*, § 51 : « We ought to think with the learned, and speak with the vulgar. »

opinion. La question initiale, *quelle est cette conception?*, peut être formulée d'une deuxième manière. Si on accepte la définition rhétorique de l'art d'écrire, comme adaptation de l'allocution aux attentes communes d'un auditoire, qui est ici un lectorat, la question devient : *quelle conception des rapports entre philosophie et opinion est présupposée par la pratique même de l'art d'écrire ?* Nous savons que la pragmatique de la communication, chez Karl Otto Apel et chez Habermas, ou le renouveau contemporain de la rhétorique, avec Chaïm Perelman, ont insisté sur la manière dont l'allocution elle-même entraîne nécessairement un certain nombre de présupposés. Si on considère l'art d'écrire comme un style d'allocution philosophique, peut-être même le style classique de l'allocution philosophique, il est possible de dégager ses présupposés pragmatiques.

Mais auparavant il convient de situer l'hypothèse de l'art d'écrire et le problème qui en est le fondement, celui du rapport entre philosophie et opinion, dans le cadre d'une thèse plus générale, que je viens d'annoncer, selon laquelle l'art d'écrire doit être compris du point de vue d'une rhétorique de la philosophie. On peut dire, sous réserve de certaines précautions, que la notion d'art d'écrire assigne à l'ensemble d'un texte philosophique un mode de communication que la rhétorique des Anciens plaçait dans l'exorde ou introduction (*principium*) d'une plaidoirie. Comme l'écrit Quintilien : « L'introduction n'a pas d'autre but que de préparer l'auditeur à être mieux disposé à notre égard dans les autres parties [1]. » L'effet de l'exorde est triple : s'attirer la bienveillance ou sympathie de l'auditoire (*benevolentia*), son attention (*attentio*), sa disposition à l'instruction (*docilitas*). Mais Quintilien rappelle que certains distinguent deux sortes d'exorde : le *principium* proprement dit, et l'*insinuatio* [2]. Quand l'apparence de la cause qu'on défend n'est pas assez honorable, on doit s'insinuer subrepticement dans l'esprit du juge. La question de l'exorde n'est donc pas seulement celle de l'*incipit* du discours, mais celle de la façon dont l'ensemble du discours peut être agencé, en fonction d'un auditoire, pour communiquer quelque chose indirectement. Il faut se reporter au traité *De l'invention* de Cicéron. Quand la cause que défend l'orateur présente une apparence défavorable, ou quand l'auditoire apparaît mal disposé, il convient de l'amadouer en lui proposant par substitution des objets susceptibles d'entraîner sa sympathie [3]. Tel est le procédé de l'insinuation : l'orateur dissimule son intention, procède de manière non

1. *Institution oratoire*, trad. J. Cousin, Paris, Les Belles Lettres, 1975-1980, 7 vol., IV, 1, § 5, p. 19.

2. *Ibid.*, IV, 1, § 42, p. 28-29.

3. *De l'invention*, trad. G. Achard, Paris, Les Belles Lettres, 1994, I, 17, p. 79-80.

découverte, obscure. Cicéron formule ainsi la différence entre l'exorde simple et l'insinuation :

> Le simple début est un développement qui, de façon visible et immédiate, rend l'auditeur bienveillant, le dispose à écouter ou capte son attention. L'exorde indirect (*insinuatio*) s'insinue dans l'esprit de l'auditeur, sans qu'il s'en rende compte, d'une façon un peu secrète et détournée [1].

L'insinuation est bien une *captatio benevolentiae*, mais clandestine et diffuse. À la différence de l'exorde simple, et précisément parce qu'elle n'est pas visible, immédiate et directe, elle n'a pas pour seul but d'obtenir la sympathie, en s'appuyant sur les opinions et préventions supposées de l'auditoire; elle vise également à protéger l'orateur de l'hostilité de l'auditoire et à communiquer quelque chose du propos qu'il s'agit de faire entendre; enfin, l'insinuation n'est évidemment pas une partie inaugurale du discours, mais une modalité d'exposition du discours dans son ensemble. Les raffinements de l'éloquence judiciaire nous fournissent un prototype pour l'art d'écrire des philosophes. Leo Strauss le suggérait dans « La persécution et l'art d'écrire », quand il notait à propos de la nouveauté de sa propre entreprise :

> On peut [...] affirmer que *presque le seul* travail [je souligne] susceptible de guider l'explorateur de ce champ est enseveli dans les écrits des rhéteurs de l'Antiquité [2].

La situation d'allocution devant un public, dont la rhétorique a fait depuis son origine son premier objet, connaît des contraintes qui sont modifiées quand l'allocution est philosophique. Pour un exposé simple de ces contraintes de l'allocution, quand elle est philosophique, on peut se reporter à la présentation exemplaire qu'en donne Chaïm Perelman dans *L'Empire rhétorique* :

> Alors que le spécialiste, s'adressant à une société savante, et le prêtre, prêchant dans son Église, savent sur quelles thèses ils peuvent fonder leur exposé, le philosophe se trouve dans une situation infiniment plus difficile. Car son discours s'adressant, en principe, à tout le monde, à l'auditoire universel, composé de tous ceux qui sont disposés à l'entendre, et qui sont capables de suivre son argumentation, il ne dispose pas, comme le savant ou le prêtre, d'un ensemble de thèses philosophiques admises par tous les membres de son auditoire. C'est la raison pour laquelle il sera en quête des faits, des vérités et des valeurs

1. *Ibid.*, I, 15, p. 76.
2. *La Persécution et l'art d'écrire* (1952), chap. II, trad. O. Seyden, Paris, Presses Pocket, 1989, p. 57.

> universelles qui, même si les thèses invoquées n'ont pas fait l'objet de l'adhésion explicite de tous les membres de l'auditoire universel – chose impossible à obtenir – sont néanmoins censées s'imposer à tout être de raison suffisamment éclairé. C'est à leur propos que le philosophe fera appel au sens commun ou à l'opinion commune, à l'intuition ou à l'évidence, en présumant que chaque membre de l'auditoire universel fait partie de cette communauté à laquelle l'orateur fait allusion, qu'il a les mêmes intuitions et partage les mêmes évidences [1].

Pour Perelman, l'originalité de la philosophie, parmi tous les modes d'allocution, tient au fait qu'elle s'adresse à cet auditoire universel, à ce que Kant appelait la communauté des lecteurs. La philosophie est alors un discours convaincant, et non un discours persuasif, puisque ses prémisses et ses arguments sont « universalisables, c'est-à-dire acceptables, en principe, par tous les membres de l'auditoire universel » [2]. À l'opposé, le discours adressé à quelques-uns, sans que ces quelques-uns soient une incarnation de l'auditoire universel, est un discours de simple persuasion : il n'utilise pas des arguments universalisables, mais des arguments adaptés aux attentes très particulières de l'auditoire particulier. Avec cette présentation de l'allocution philosophique par Perelman, nous sommes apparemment très éloignés de la question straussienne de l'art d'écrire, et beaucoup plus proches de la pragmatique de la communication développée par Apel et Habermas. Ce qui définit en effet cette communauté idéale qu'est l'auditoire universel, c'est la capacité de s'entendre, et de s'entendre au moins sur les normes de l'entente et de l'argumentation. L'allocution philosophique comporte avec elle la présomption d'un sens commun. L'hypothèse de l'art d'écrire peut être considérée comme une variation, une modification de cette allocution philosophique. Pour Strauss, la philosophie ici et maintenant s'adresse toujours de fait à un auditoire particulier, ou plutôt vise plusieurs auditoires particuliers selon des registres hiérarchisés : l'auditoire particulier qui est l'incarnation de l'auditoire universel, c'est-à-dire les philosophes ; l'auditoire particulier constitué par les sympathisants de la philosophie, les « progressants » ou même les débutants, pris dans les préjugés, mais susceptibles d'entendre et d'apprendre quelque chose de ce qui leur est dit, même si c'est de manière inadéquate ; l'auditoire particulier de ceux qui lisent mais qui sont encore davantage pris dans les préjugés, ne peuvent rien entendre et même menacent l'existence de l'exercice philosophique. La philosophie a recours à l'art d'écrire quand elle ne s'expose pas directement devant l'auditoire

1. *L'Empire rhétorique*, Paris, Vrin, 1977, p. 30.
2. *Ibid.*, p. 31.

particulier qui incarne l'auditoire universel, mais doit tenir un discours à un public qui n'est pas vraiment gagné à sa cause ou même lui est hostile. La philosophie a donc recours à l'art d'écrire quand elle ne s'expose pas dans l'enseignement ésotérique, le cercle des amis philosophes, et parce qu'elle ne peut pas non plus s'adresser directement à « tout le monde ». L'art d'écrire, c'est l'ésotérisme *dans* l'exotérisme, l'aménagement d'un discours qui comporte plusieurs niveaux de lecture. Si l'on reprend les distinctions de Perelman, l'art d'écrire du philosophe a recours au discours persuasif, à l'égard d'un auditoire particulier, afin au pire de s'en protéger, au mieux d'engager le futur bon lecteur sur la voie du discours convaincant.

La présentation de l'allocution philosophique par Perelman permet de situer la pratique de l'art d'écrire comme un usage philosophique d'un style d'allocution profondément non-philosophique au sens de Perelman. Si nous revenons sur la description de Perelman, nous découvrons cependant une difficulté propre à l'allocution philosophique qui permet de mieux comprendre pourquoi elle peut et même doit avoir recours à une stratégie apparemment très éloignée de son idéal. Il suffit de noter que si des arguments universalisables sont une chose, des opinions communes en sont une autre. S'adressant à un auditoire virtuellement universel, le philosophe, selon Perelman, fait appel non à des thèses qui feraient l'objet de la part de chaque membre de l'auditoire d'une adhésion explicite, mais à des notions dont il présume seulement qu'elles sont communes. Il y a une différence, on le sait, entre invoquer des opinions et des valeurs, même si elles sont les plus générales, et proposer la réitération d'un argument. L'allocution philosophique a beau viser un auditoire universel, dans la mesure où elle doit s'appuyer sur un sens commun dont elle ne peut que présumer l'existence, elle n'échappe pas aux contraintes rhétoriques de toute adresse. Bref, l'allocution philosophique, *même* quand elle s'adresse à « tout le monde », est une façon de parler en se conformant à la capacité du sens commun. De ce point de vue, la pratique de l'art d'écrire nous apparaît comme ce à quoi tend nécessairement l'allocution philosophique. La principale différence entre les conceptions de Strauss et de Perelman, sur le statut de l'allocution philosophique, tient au fait que, pour Strauss, c'est *surtout* lorsque cette allocution prétend ou paraît s'adresser à « tout le monde » qu'elle s'adapte à certaines opinions, présentées comme les plus communes. La différence entre les deux conceptions est entre une méfiance (Strauss) et une confiance (Perelman) à l'égard du sens commun. Mais, qu'on soit méfiant ou confiant à l'égard du sens commun, toujours l'allocution suppose des notions communes sur lesquelles elle s'appuie.

Ce lien intime entre l'allocution et les notions communes permet de situer l'hypothèse de l'art d'écrire comme un raffinement dans la tradition de la rhétorique de la philosophie. Le concept de notion commune, dès son origine stoïcienne, est inséparable de la situation rhétorique : Épictète invoquait les prolepses ou prénotions quand il s'agissait de gagner à sa cause tel ou tel auditoire. Les anticipations communes des notions que seule la philosophie comprend adéquatement sont le moyen pour la philosophie de se faire entendre d'un auditoire qui ne lui est pas véritablement gagné. Quand on lit les *Entretiens d'Épictète*, il convient toujours de rattacher la question technique de la prolepse à la situation même de la diatribe ; la compréhension de la notion commune ne peut être que pragmatique. Un discours qui s'adapte aux prolepses n'est donc pas simplement mensonger ou artificieux, au sens où il pourrait être tenu sans aucune complaisance à l'égard de ces prolepses. Car un discours qui vise à se faire entendre de cet auditoire-ci ne peut lui être tenu sans s'appuyer sur ses prénotions [1].

La conception des relations entre philosophie et opinion qui est engagée par la pratique de l'art d'écrire n'est pas exactement celle que défend Leo Strauss. L'art d'écrire n'est pas une pure politique de la philosophie, un usage des pieux mensonges, mais une dissimulation partielle dont il doit exister des indices explicites. Cette dissimulation partielle n'est pas contingente, mais induite par le fait même qu'on expose quelque chose à quelqu'un. La dissimulation est toujours à la mesure de la non-dissimulation, au sens où l'art d'écrire ne peut cacher que ce qui ne peut pas être directement entendu, ce qui suppose que l'art d'écrire fasse entendre néanmoins quelque chose à son auditoire – faute de quoi le philosophe qui pratique l'art d'écrire ferait simplement mieux de se taire. Le souci de se faire entendre d'un auditoire particulier – que cet auditoire soit constitué actuellement ou qu'il consiste en un public à la fois virtuel et d'un genre déterminé – conduit à déterminer ce qui peut et ne peut pas lui être dit, ce qu'il peut ou non entendre directement, et à un degré supérieur ce qu'il peut ou non entendre indirectement. L'allocution philosophique est donc nécessairement animée du souci des prénotions de l'auditoire, tente de transformer les obstacles des prénotions en moyens d'une entente.

La pratique de l'art d'écrire implique une certaine continuité ou gradation entre la philosophie et l'opinion. Cette continuité a conduit les stoïciens à user abondamment de la notion technique de la prolepse, comme anticipation commune, dans le langage ordinaire, de ce que seule la philosophie comprend vraiment, alors même qu'ils soutenaient par ailleurs qu'on était soit sage, soit insensé. Il est vrai que le stoïcisme impérial a

1. Sur ce point, voir notre « Spinoza : la question théologico-politique et la rhétorique de la philosophie », dans *Figures du théologico-politique*, éd. É. Cattin, L. Jaffro et A. Petit, Paris, Vrin, 1999, p. 91-115.

introduit le stade intermédiaire du *proficiens*, de celui qui est en progrès vers la philosophie. Mais il est précisément remarquable que, du point de vue de Strauss, l'art d'écrire soit particulièrement justifié lorsque l'allocution philosophique entend se ménager la sympathie de ceux qui ne sont ni sages, ni complètement insensés, c'est-à-dire ceux qui sont en progrès :

> Ceux à qui de tels livres sont véritablement adressés ne sont ni la majorité des non-philosophes, ni le philosophe parfait en tant que tel, mais les jeunes gens susceptibles de devenir philosophes : les philosophes en herbe doivent être conduits pas à pas, des opinions populaires pratiquement et politiquement indispensables, à la vérité purement et simplement théorique, en étant guidés par certains traits curieusement énigmatiques de la présentation de l'enseignement populaire [...] [1].

Comment peut-on maintenir à la fois une *opposition* radicale entre la sagesse du philosophe et la folie de l'opinion et une *continuité*, par le biais des prénotions ou notions communes, ou encore par le moyen d'une catégorie nouvelle, celle du progressant, entre l'opinion et la philosophie ? Cette apparente incohérence disparaît dès que l'on découvre sa justification : la continuité *relative* de l'opinion à la philosophie est nécessitée par le projet même d'une éducation philosophique. Affirmer que l'éducation philosophique n'est qu'une rupture ou conversion, c'est nier la possibilité même d'une telle éducation, et lui substituer l'équivalent énigmatique de l'initiation la plus brutale ou d'une présélection naturelle. Peut-on reconsidérer l'art d'écrire comme une pédagogie de la philosophie ?

C'est en tout cas ce que suggère la conclusion de l'étude sur « La persécution et l'art d'écrire ». Après avoir rappelé que l'art d'écrire est étroitement lié à une société non libérale, Strauss se demande si l'art d'écrire est utile dans nos sociétés libérales aujourd'hui. En empruntant au propos d'Alcibiade dans le *Banquet* la comparaison de la laideur extérieure de Socrate et de sa beauté intérieure avec les sculptures qui contiennent de la même façon une image de la divinité, Strauss suggère que les œuvres du passé se présentent à nous d'une manière analogue : elles renferment des trésors que seul un long travail peut découvrir. Ce long travail est bien l'art de lire que nécessite l'art d'écrire à l'œuvre dans les textes du passé : « Ce travail toujours difficile mais toujours agréable est, je pense, ce qu'avaient à l'esprit les philosophes lorsqu'ils soulignaient l'importance qu'ils accordaient à l'éducation » [2]. On peut comprendre d'abord que l'art d'écrire est encore présent dans une société libérale sous la forme de son pendant naturel, l'art de lire. Mais comme il s'agit de l'art de lire les œuvres du

1. *La Persécution et l'art d'écrire*, chap. II, *op. cit.*, p. 69.
2. *Ibid.*, p. 70.

passé, on ne peut pas considérer que cette pratique de l'art de lire ressuscite réellement l'art d'écrire. Il faut comprendre le texte autrement. Strauss nous dit que l'art de lire est la même chose que l'éducation philosophique. Mais à quel problème répond l'éducation philosophique ? Les philosophes du passé

> sentaient que l'éducation est la seule réponse à la question éternellement présente, à la question politique par excellence, celle de savoir comment concilier un ordre qui ne soit pas oppression avec une liberté qui ne soit pas licence [1].

C'est cette question qui se pose encore aujourd'hui, même dans une société libérale. L'art de lire, compris comme une éducation, est la réponse à la question politique par excellence. Il est manifeste que Strauss suggère ici que son propre travail philosophique mobilise l'art d'écrire.

L'attitude la plus fréquente de Strauss est de nier fermement toute continuité ou différence de degré entre l'opinion et la philosophie. Dans son petit texte « Sur un art d'écrire oublié », qui répond aux objections qui ont été faites à « La persécution et l'art d'écrire », Strauss rapporte l'art d'écrire à l'opposition entre la philosophie et l'opinion :

> L'opinion est l'élément de la société ; la philosophie ou la science est par conséquent la tentative de détruire l'élément dans lequel vit la société, et ainsi, elle met en péril la société. Par suite, la philosophie ou la science doit rester le domaine réservé d'une petite minorité, et les philosophes ou les savants doivent respecter les opinions sur lesquelles la société repose. Respecter les opinions est tout autre chose que les accepter pour vraies [2].

Telle est la conception qui conduit certains philosophes à adopter l'art d'écrire. Est-ce à dire que ce texte soit écrit au style indirect libre, et qu'il s'agisse ici seulement d'un point de vue engagé par une certaine conception de l'art d'écrire ? Cette manière de poser le problème contraint Leo Strauss à affirmer que si l'art d'écrire est un moyen de révéler la vérité, c'est seulement à l'adresse du petit nombre. D'où la division de l'enseignement ésotérique et de l'enseignement exotérique. Mais Strauss sait fort bien que les analyses de « La persécution et l'art d'écrire », en particulier son interprétation du mode d'écriture du *Traité théologico-politique*, supposent qu'il n'y ait pas à proprement parler deux enseignements spécifiquement et numériquement distincts, mais deux niveaux d'enseignement spécifiquement distincts *dans un seul et même texte*. L'enseignement ésotérique

1. *Ibid.*
2. *Qu'est-ce que la philosophie politique ?* (1959), trad. O. Seyden, Paris, PUF, 1992, p. 213.

n'est pas donné en un lieu et un temps séparés aux seuls amis, mais est cet enseignement qui est communiqué aux « lecteurs très soigneux et bien entraînés et après une lecture attentive », tandis que l'enseignement exotérique n'est qu'une couche superficielle du même texte, « aisément accessible à n'importe quel lecteur » [1]. Cette explication tend à remplacer le petit groupe des philosophes achevés par le petit nombre des lecteurs perspicaces, ce qui n'est manifestement pas la même chose.

Le petit nombre ne peut pas être interprété comme une sodalité fermée et déjà déterminée, faute de quoi le recours à l'écriture serait superflu. Un enseignement direct, oral, suffirait. Comme Strauss le rappelait dans « La persécution et l'art d'écrire », « il y a plus de deux mille ans qu'on peut en toute sécurité dire la vérité que l'on connaît à des relations bienveillantes et dignes de foi, ou plus précisément, à des amis raisonnables » [2]. Le petit nombre auquel s'adresse l'art d'écrire n'est pas le petit nombre des amis raisonnables, mais est déjà une communauté virtuelle de lecteurs perspicaces.

> Cette littérature s'adresse, non pas à tous les lecteurs, mais seulement au lecteur intelligent et digne de foi. Elle a tous les avantages de la communication privée sans avoir son plus grand désavantage – n'atteindre que les relations de l'écrivain. Elle a tous les avantages de la communication publique sans avoir son plus grand désavantage – la peine capitale pour son auteur [3].

Cette forme intermédiaire entre le public et le privé est caractéristique de la communication écrite quand elle donne lieu à une vraie lecture. L'écriture est essentiellement publique, mais la lecture reste essentiellement privée : c'est en cela que l'art d'écrire cumule les avantages de la communication publique et de la communication privée.

Si l'on durcit l'opposition entre le petit nombre et le grand nombre, l'art d'écrire devient absurde : le petit nombre n'en a pas besoin, il suffit qu'on lui dise les choses directement ; le grand nombre ne saurait le comprendre, il suffit qu'on lui raconte des fables. L'hypothèse de l'art d'écrire n'a de sens qu'à plusieurs conditions : 1. Que la distinction entre l'ésotérique et l'exotérique ne donne pas lieu à des enseignements totalement disjoints, mais plutôt à des différences d'approfondissement de la lecture d'un même texte. 2. Corrélativement, que le texte en question s'adresse aux lecteurs en général, en ménageant plusieurs types de lecture, mais sans exclure qu'un lecteur puisse progresser d'un type à l'autre. 3. Par conséquent, que le

1. *Ibid.*, p. 214.
2. *La Persécution et l'art d'écrire*, chap. II, *op. cit.*, p. 57.
3. *Ibid.*, p. 58.

dispositif d'écrire soit justifié par la visée d'une catégorie médiane et mobile de lecture, celle par laquelle le lecteur s'éduque. Strauss confirme dans « Sur un art d'écrire oublié » cette dernière condition. Ce qui justifie l'art d'écrire, c'est la visée d'un certain type parmi le vulgaire. Dans le cas de l'écriture spinoziste, il s'agit des croyants libéraux :

> L'ensemble de son entreprise consiste en ce que l'on pourrait appeler une attaque ouverte de la théologie orthodoxe biblique sous toutes ses formes. Il a pu avoir l'audace d'effectuer cette attaque parce qu'il pouvait compter, dans certaines limites, sur la sympathie des croyants libéraux ou, plus précisément, la sympathie de ceux qui considéraient l'enseignement moral, à la différence de l'enseignement concernant le dogme et le rituel, comme l'enseignement principal de la Révélation divine telle qu'elle est donnée dans la Bible. [...] Il dissimula son désaccord partiel, mais décisif, avec les croyants libéraux de diverses nuances, mais non son désaccord avec les théologiens orthodoxes [1].

Les préjugés auxquels le discours spinoziste est adapté sont ceux des sympathisants, qui ne sont ni complètement éloignés de la connaissance philosophique ni exactement du même ordre qu'elle. Le public de l'art d'écrire, ce n'est pas le censeur, ni évidemment le paysan qui ne lit pas, mais la catégorie mobile des croyants libéraux et des sympathisants. C'est bien un public à qui Spinoza a quelque chose à dire et dont il peut se faire entendre dans une certaine mesure. Il n'a rien à dire au censeur, qui peut entendre cependant certaines choses – et surtout le danger qu'elles constituent pour lui –, mais de manière malveillante, ce qui est aussi une certaine façon de ne pas les entendre ; il n'a rien à dire à qui ne peut pas l'entendre du tout. Cette délimitation de la cible de l'art d'écrire donne du poids à l'hypothèse de la prolepse, et même d'une promotion minimale du sens commun.

Les prolepses sont-elles une ruse inventée par la philosophie pour aménager ses relations avec l'opinion ? Mais la philosophie dit bien que les prolepses sont des semences de savoir. C'est ici qu'apparaît l'ambiguïté de la théorie straussienne de l'art d'écrire : elle tend à présenter les notions communes comme ce à quoi la philosophie doit se conformer extérieurement afin de se protéger; elle peine à avouer que les prolepses sont des semences de savoir, elle suggère qu'il pourrait même y avoir une ruse de la philosophie dans cette présentation conciliante des opinions comme anticipation de la philosophie. Mais c'est alors toute une métaphysique (par exemple celle des stoïciens, ou celle de Spinoza) qui ment quand elle

1. *Qu'est-ce que la philosophie politique ?*, *op. cit.*, p. 217.

affirme l'existence des semences de savoir. De plus, toute la question de l'éducation devient dès lors énigmatique.

Pourtant Strauss affirme à l'occasion une continuité dans les relations entre la philosophie et l'opinion, ou attribue à des philosophes qui ont pratiqué l'art d'écrire une certaine conception de cette continuité. Nous en trouvons un exemple qui n'est pas tout à fait satisfaisant dans l'Introduction à *La Persécution et l'art d'écrire* [1]. Le Platon de Farabi

> a évité le conflit avec le vulgaire, et ainsi le sort de Socrate. Par conséquent, la quête révolutionnaire de l'autre cité a cessé d'être nécessaire : Platon la remplaça par une manière d'agir plus conservatrice, à savoir le remplacement graduel des opinions reçues par la vérité ou par une approximation de la vérité.

Ici, la gradualité est tactique ; elle est un prudent conformisme vis-à-vis des opinions reçues. Dans « Qu'est-ce que la philosophie politique ? », Strauss insiste sur le fait que la philosophie est précédée par l'opinion :

> La philosophie est nécessairement précédée par des opinions concernant le Tout. Elle consiste par conséquent à tenter de remplacer les opinions concernant le Tout par des connaissances concernant le Tout [2].

Dans la suite du même texte, Strauss propose une véritable continuité entre la philosophie et l'opinion, et non pas simplement un conformisme tactique de la philosophie à l'égard de l'opinion. Le nom de cette vraie continuité, c'est la dialectique : « Un traitement dialectique commence nécessairement par la connaissance préscientifique qu'il prend très au sérieux ». C'est la connaissance du sens commun :

> Il existe des choses qui ne peuvent être vues telles qu'elles sont que si elles sont vues dans la perspective du citoyen, en tant qu'elle se distingue de la perspective de l'observateur scientifique [3].

Mais nous devons être très prudents dans l'emploi de ce passage de *Qu'est-ce que la philosophie politique ?* Il s'agit pour Strauss d'affirmer la gradualité entre le sens commun et la philosophie politique, ou plus précisément la réponse à la question *qu'est-ce que la philosophie politique ?* La connaissance du politique ne peut se couper du point de vue du citoyen. Il ne s'agit pas, dans le contexte, d'affirmer la gradualité entre le sens commun et la philosophie en tant que telle, c'est-à-dire la connaissance du Tout. Strauss entend simplement opposer ce qu'est la philosophie politique

1. *Op. cit.*, p. 46.
2. *Qu'est-ce que la philosophie politique ?, op. cit.*, p. 16.
3. *Ibid.*, p. 30.

aux prétentions objectivantes et hautaines de la science politique, que caractérise un certain mépris pour le point de vue du citoyen. Si nous nous reportons à la question d'une éventuelle progressivité entre l'opinion et la philosophie comme connaissance du Tout, nous trouvons cependant d'autres textes où Strauss analyse une véritable continuité, en laquelle nous reconnaissons encore la dialectique :

> Pour découvrir la nature d'une chose, Socrate s'intéressait d'abord aux opinions. Car toute opinion s'appuie sur une prise de conscience, sur une intuition de quelque chose avec l'œil de l'âme. Socrate estimait que mépriser les opinions sur la nature des choses, c'était renoncer à l'accès le plus sûr vers la réalité, faire fi des vestiges de vérité les plus importants qui soient à notre portée. Il sous-entendait que « la mise en doute universelle » de toutes les opinions nous conduirait non pas au cœur de la vérité mais dans le vide. Philosopher, c'est donc parvenir du monde de l'opinion à celui de la connaissance ou de la vérité, en s'aidant des opinions. C'est à cette démarche que songeait Socrate au premier chef, lorsqu'il appelait la philosophie une dialectique [1].

L'art d'écrire comme pédagogie de la philosophie suppose à la fois la rupture entre opinion et philosophie et une certaine anticipation de la philosophie par l'opinion. L'allocution philosophique fait crédit à l'opinion commune, ou du moins à l'opinion commune raffinée et éclairée. Si l'opinion est totalement insensée, alors l'art d'écrire lui conte seulement des fables, et en pure perte. La philosophie ment-elle lorsqu'elle attribue une certaine vérité à l'opinion ? Oui, au sens où l'opinion droite n'est pas une véritable connaissance. Mais est-ce à dire que la philosophie retire toute vérité à l'opinion ? Non, parce qu'alors elle n'aurait plus rien à lui dire, et ne devrait lui parler que pour se protéger d'une menace sociale, ou pour toucher à travers le livre d'autres philosophes éloignés. Mais la fonction de l'art d'écrire n'est pas de seule protection ; elle est aussi d'éducation, à l'égard d'un lecteur potentiel et inconnu. Par l'art d'écrire la philosophie ne cherche pas à promouvoir seulement « un ordre qui ne soit pas oppression », mais aussi « une liberté qui ne soit pas licence », elle cherche à concilier cet ordre et cette liberté, elle conjugue sa propre protection avec l'exigence de l'éducation.

Au fond les diverses formes de l'art d'écrire, qui accentuent ou atténuent l'opposition entre la philosophie et l'opinion, varient selon qu'elles visent à promouvoir plutôt la protection ou plutôt l'éducation. Et

1. *Droit naturel et histoire* (1953), trad. M. Nathan et É. de Dampierre, Paris, Champs-Flammarion, 1986, p. 118.

c'est bien la façon dont on envisage l'éducation qui détermine les formes et le degré de protection qu'on choisit.

> L'attitude que l'on adopte envers la liberté de discussion publique dépend de manière décisive de ce que l'on pense de l'éducation populaire et de ses limites. En général, les philosophes prémodernes étaient moins audacieux sur ce point que les philosophes modernes [1].

Ainsi certains philosophes qui croyaient au XVIIIe siècle à la promotion de la liberté de parole par l'éducation populaire : moins de protection, parce que moins de persécution, plus d'éducation, donc plus de crédit fait à l'opinion, et l'intention d'éclairer même ceux qui n'étaient pas des philosophes potentiels – d'éclairer « tout le monde », et non pas seulement la communauté mobile et virtuelle des lecteurs perspicaces –, et l'idée d'une certaine continuité entre la philosophie et l'opinion. Les philosophes des Lumières

> se plaisaient à envisager une époque où une liberté de parole pratiquement totale serait possible grâce aux progrès de l'éducation populaire, ou – en exagérant les choses pour les rendre plus claires – une époque où le fait d'entendre une vérité quelle qu'elle soit ne ferait de mal à personne. Ils n'ont donc caché leurs opinions que juste assez pour se protéger aussi bien que possible de la persécution [2].

À l'inverse, les philosophes qui accentuent la rupture entre philosophie et opinion confient à l'art d'écrire presque exclusivement une tâche de protection. « Ils pensaient que l'abîme qui sépare les "sages" du "vulgaire" était un fait fondamental de la nature humaine que nul progrès de l'éducation populaire ne pourrait modifier [3]. » Et quant à Strauss lui-même, plus de protection, ou plus d'éducation ? Dans son discours sur l'art d'écrire, il tend à radicaliser l'opposition entre philosophie et opinion, ce qui laisserait entendre qu'il donne la prééminence à la tâche de protection ; mais sa pratique de l'art d'écrire atteste la primauté de la visée éducative. Simplement, la conception straussienne de l'éducation se réclame de l'idéal antique de la *paideia*, et une telle préférence, qui peut justifier un rejet de l'éducation populaire moderne, ne peut être exposée sans précaution, donc sans protection. Il reste que l'interprétation de la défense straussienne d'une « éducation royale », manifestement contre l'éducation de masse, est délicate. En développant les apparences du plus solide élitisme, Strauss a réussi à s'attirer la sympathie des lecteurs conservateurs, comme Spinoza

1. *La Persécution et l'art d'écrire*, chap. II, *op. cit.*, p. 67.
2. *Ibid.*
3. *Ibid.*

avait réussi à s'attirer la sympathie des croyants libéraux. Mais les lecteurs conservateurs sont-ils plus philosophes que les croyants libéraux ? On peut en douter, s'il est vrai que ce que l'art d'écrire suppose en guise d'élite, ce n'est pas la communauté close des amis raisonnables, plutôt la communauté ouverte des lecteurs obstinés.

L'art d'écrire véritable n'est pas une pure technique de protection de la philosophie contre une menace sociale; il comporte toujours un mixte de protection et d'éducation, et c'est la conception de l'éducation qui détermine la forme et le degré de la protection. La théorie contemporaine de la discussion sacrifie entièrement la protection, parce qu'elle ignore tout de la nécessité d'une réserve dans la communication, même dans une situation de libre parole. L'idée d'un art d'écrire permet de rappeler cette théorie contemporaine à ses limites [1]. Mais l'idée d'un art d'écrire perdrait beaucoup à être caricaturée, à camper face à l'idéal communicationnel le refuge hautain, la clôture de la philosophie face à l'opinion, le seul culte d'une protection. Ce qui permet de contester les excès des théories contemporaines de la discussion : ce n'est pas l'art d'écrire comme technique de protection, qui construirait la forteresse qui, censée protégée la philosophie contre l'opinion, lui ferait perdre jusqu'au sens de ce qu'elle a à dire – et elle doit bien le dire à quelqu'un. C'est le principe essentiel de la mixité de l'art d'écrire, selon lequel la protection et l'éducation sont indissociables, qui peut être retourné contre l'idéal de la communication : il n'est pas jusqu'au projet d'une éducation populaire qui ne doive remplir les conditions d'une protection minimale.

Dans *Interpretation and Social Criticism* [2], Michael Walzer examine l'activité de critique sociale et en présente une interprétation qui revient à intensifier la conception des relations entre philosophie et opinion commune qui, selon Strauss, est caractéristique des philosophes modernes. Walzer décrit deux sortes de stratégies critiques, la « critique distanciée » et la « critique de l'intérieur ». La critique distanciée, c'est la stratégie des bolcheviques qui, éduqués à l'ouest, sont revenus faire la révolution à l'est : « Ils ont contemplé le soleil, mais sont néanmoins retournés dans la caverne [3]. » C'est la façon platonicienne dont Walzer commente une formule des *Cahiers de prison* de Gramsci : « Ayant ainsi accompli leur apprentissage intellectuel, ils retournent dans leur pays et contraignent le

1. Je me permets de renvoyer à *Éthique de la communication et art d'écrire. Shaftesbury et les Lumières anglaises*, Paris, PUF, 1998, p. 7-22.

2. *Interpretation and Social Criticism*, Cambridge (Mass.), Harvard UP, 1987 (*Critique et sens commun*, trad. J. Roman, Paris, La Découverte, 1990).

3. *Ibid.*, p. 78.

peuple à un réveil forcé, sautant des stades historiques dans le processus ». Les bolcheviques ont pratiqué une critique distanciée (« ils proposaient désormais à la Russie, écrit Walzer, une doctrine vraie qui n'avait pas de racines russes »), qui comporte un appui vigoureux, mais purement instrumental, sur « les débats et les circonstances propres à la Russie ». Cette critique trop distanciée, selon Walzer, est un coup de force. La véritable critique, nous dit-il, est celle des rivaux des bolcheviques, les « sociaux-révolutionnaires ». Dans la description qu'en donne Walzer, on sent d'abord la nostalgie du communautarien pour les villages de la Russie d'antan :

> Les sociaux-révolutionnaires travaillèrent dur pour retrouver les valeurs communales du village russe et pour construire ainsi un argument contre le nouveau capitalisme rural. Ils racontaient une histoire à propos du mir [1]. Je soupçonne cette histoire, comme de nombreuses histoires de la sorte, d'avoir été largement fantaisiste. Les valeurs en étaient toutefois réelles, reconnues et acceptées par de nombreux Russes, même si elles n'étaient pas – même si elles n'avaient jamais été – incorporées socialement. Ainsi les sociaux-révolutionnaires développèrent une critique des relations sociales dans la campagne russe qui était d'une certaine manière (je ne voudrais pas exagérer) riche, fine et nuancée, et qui était accessible aux gens qui vivaient ces relations sociales. Les bolcheviques au contraire furent soit incompréhensibles, soit trompeurs, passant erratiquement de la théorie marxiste à une politique opportuniste [2].

Walzer dit de cette critique qu'elle est *immanente;* elle est tout simplement l'*insinuatio* des rhéteurs antiques. À la différence de la critique distanciée, qui donne lieu à la manipulation et à la coercition, la critique qu'on peut dire insinuante s'efforce d'être sociable et compréhensible. Elle fait un véritable crédit aux prénotions communes, même si c'est pour les transformer, tandis que la critique distanciée ne s'y conforme à l'occasion que pour les instrumentaliser, quand elle ne leur fait pas purement et simplement violence. La critique insinuante n'est pas « déconnectée des formes de compréhension locales ». Elle n'est pas un pieux mensonge, mais elle persiste à raconter des fables. Elle procède « en construisant à partir des morales existantes et en racontant des histoires sur une société plus juste que la nôtre, mais jamais complètement différente » [3]. Nous retrouvons dans cette forme de la critique sociale, qui a la faveur de Michael Walzer, le détail de tous les traits de l'art d'écrire, du moins selon

1. Il s'agit de la communauté villageoise des terres. Dans la tradition déclinante du mir, les S. R. voyaient l'amorce du socialisme.

2. *Ibid.*, p. 79-80.

3. *Ibid.*, p. 82.

l'interprétation rhétorique qui a été proposée. L'opinion est cette raison commune que la critique travaille et sur laquelle elle s'appuie, quitte à la détourner ou même la retourner. Quant à la « critique distanciée » du bolchevique « platonicien », elle correspond à une interprétation straussienne orthodoxe de l'art d'écrire ; elle ne donne de choix à la philosophie, dans son rapport avec l'opinion, qu'entre l'évitement et l'affrontement.

DE L'ART D'ÉCRIRE À L'ART DE LIRE : LE MODÈLE STRAUSSIEN DE L'INTERPRÉTATION

Benoît FRYDMAN

Existe-t-il un modèle straussien d'interprétation ? Leo Strauss propose-t-il, dans *La Persécution et l'art d'écrire,* un modèle spécifique de lecture et de compréhension des textes et, dans l'affirmative, quelles en sont la portée et les lignes de force ?

Deux raisons militent *a priori* en faveur d'une réponse positive. La première tient à la nature même de la démarche de Strauss. Comme l'écrivait Schleiermacher, l'herméneutique est symétrique à la rhétorique, puisque tout acte de compréhension est l'inverse d'un acte de parole. En d'autres termes, pratiquer l'herméneutique revient en quelque sorte à traiter un texte *comme* rhétorique. Dès lors, qui suppose un « art d'écrire » suggère par là même un « art de lire ».

La seconde raison s'appuie directement sur les propos de Strauss, qui insiste sur la nécessité d'établir les règles d'une *méthode* spécifique pour aborder la lecture des grands textes du passé [1]. Il se distingue nettement sur ce point de Gadamer, foncièrement hostile à toute approche méthodologique de la compréhension [2]. *Vérité et méthode* porte, on le sait, un titre ironique. Gadamer y dénonce l'objectivation du rapport au texte, à quoi tendrait toute méthode d'interprétation, comme la clé de voûte de l'historicisme que, tout comme Strauss, il combat. Cette condamnation déborde

1. Par exemple, à propos du *Guide des égarés :* « Afin de parvenir à des *règles* qui nous libèrent de la pénible nécessité de faire des conjectures sur les pensées secrètes de Maïmonide, nous devons prendre un nouveau départ [...] » (L. Strauss, *La Persécution et l'art d'écrire*, Paris, Presses Pocket, 1989, p. 103, souligné par moi, ainsi que les règles effectivement développées dans la foulée).

2. *Vérité et méthode*, Paris, Seuil, 1976, p. XXV : « Ainsi par son origine déjà, le problème de l'herméneutique outrepasse les limites posées par l'idée de méthode telle que la conçoit la science moderne », et encore : « [Le phénomène de compréhension] résiste à toute tentative pour le travestir en méthode scientifique ». *Adde : ibid.*, p. 121 et 130.

même la critique de la science moderne puisqu'elle s'étend jusqu'aux techniques de l'ancienne herméneutique[1]. Leo Strauss ne partage pas ce point de vue. Il se prononce au contraire en faveur d'une « réflexion méthodique sur la technique littéraire des grands écrivains des époques antérieures »[2]. Cette réflexion, note-t-il encore, « dépasse nécessairement les frontières de l'esthétique moderne, et même de la poétique traditionnelle »[3]. Les principes de la méthode seraient enfouis, précise-t-il incidemment, dans les écrits des rhéteurs de l'Antiquité et spécialement dans l'argumentation juridique[4]. Dans l'étude qu'il consacre au *Traité théologico-politique*, Strauss se réfèrera d'ailleurs explicitement, et par deux fois, aux ressources de la rhétorique judiciaire et aux procédés d'avocats pour décoder le message de Spinoza[5].

De tels propos nous incitent à considérer les recherches compilées dans *La Persécution et l'art d'écrire* comme autant d'étapes de l'élaboration et de l'application d'un modèle d'interprétation. Celui qui entreprend d'en dégager les lignes de force se heurte pourtant d'emblée à des difficultés inhérentes à la composition de l'ouvrage. Strauss n'y développe à aucun endroit ses conceptions de manière directe et systématique, mais seulement *en passant*, à l'occasion de leur mise en œuvre, singulièrement dans l'analyse d'ouvrages qui proposent eux-mêmes une méthode d'interprétation, comme le *Guide des égarés* et le *Traité théologico-politique*.

Ce premier obstacle ne nous surprendra pas outre mesure tant il est fréquent et même habituel que les traités d'herméneutique exposent leur doctrine *à l'abri* ou *à l'encontre* d'un texte de référence. Tantôt, le débat se focalise sur l'interprétation (au second degré) d'un texte fixant d'autorité les canons de l'exégèse. En droit, par exemple, quelques maximes romaines, placées en tête du *Digeste* du *Corpus justinien*, ont alimenté les spéculations depuis le XIIe siècle et été invoquées pour légitimer les théories les plus diverses[6]. Transcrites à peu près dans le *Code civil*

1. *Vérité et méthode*, *op. cit.*, p. XIV : « Une "technologie" de la compréhension, telle que l'herméneutique ancienne a voulu l'être, est étrangère à mon projet; je ne me suis pas proposé un système de règles techniques, susceptible de décrire, encore moins de guider, le comportement méthodologique des sciences humaines (*Geisteswissenschaften*) ». *Adde :* p. XXVII, où Gadamer distingue nettement son projet de l'ancienne herméneutique.

2. *La Persécution et l'art d'écrire*, *op. cit.*, p. 64.

3. *Ibid.*, p. 64-65.

4. *Ibid.*, p. 57.

5. *Ibid.*, p. 250 et 261.

6. Depuis la « redécouverte » du droit romain, les glossateurs et leurs successeurs ont tenté de découvrir la clef ou le système de cette compilation de maximes disparates empruntées à des consultations juridiques particulières et souvent proches des *topoi* des traités de rhétorique relatifs à l'interprétation.

français, elles constituent encore aujourd'hui le fondement légal des règles d'interprétation appliquées par les cours et tribunaux [1]. Il arrive même que le texte interprété fournisse lui-même le principe de son interprétation. Ainsi, l'exégèse chrétienne fonde sa lecture de la Bible sur le célèbre précepte de l'Épître aux Corinthiens, « la lettre tue mais l'esprit vivifie », au motif qu'« il faut interpréter l'Écriture par l'Écriture elle-même », maxime d'ailleurs empruntée à la tradition rabbinique, plus tard reprise et détournée par Spinoza.

Tantôt, à l'inverse, une doctrine, adossée à la critique d'un modèle perçu comme traditionnel ou dominant, se construit négativement par opposition à cette *doxa* et puise dans ce conflit l'essentiel de ses forces. Sans remonter aux intéressantes controverses rabbiniques [2], que l'on songe par exemple à l'exégèse chrétienne, issue d'une triple polémique contre les Juifs, les païens et les hérétiques; ou, beaucoup plus tard, à la critique spinoziste, dirigée cette fois explicitement contre Maïmonide et plus largement contre les docteurs de la Loi et de la foi de toutes obédiences; ou, encore récemment, à la dénonciation de la méthode philologique par le structuralisme, mais aussi, dans une perspective différente, par l'ontologie herméneutique de Gadamer et par Leo Strauss lui-même.

Globalement considérée, l'histoire des modèles d'interprétation prend ainsi la forme à la fois d'une succession de querelles et d'une querelle de succession [3]. Ce double caractère n'est ni anodin ni contingent. Le souci permanent de légitimation et l'âpreté des disputes indique en réalité l'importance cruciale de l'enjeu. Le choix d'un mode d'interprétation détermine en effet le rapport qu'une civilisation ou une culture entretient à sa tradition, la compréhension qu'elle a d'elle-même et donc finalement son sens [4]. Le « conflit des interprétations » comporte presque toujours de ce fait une importante dimension politique. Pour revenir à Strauss lui-même, il présente de préférence ses techniques de lecture à l'abri des

1. Il s'agit des articles 1156 à 1164 du Code civil, qui ont été copiés du *Traité de la vente* de Pothier, qui lui-même avait traduit les maximes du *Digeste*.

2. La tradition talmudique connaît deux grandes séries de directives d'interprétation juridiques : les sept « règles » de R. Hillel et les treize « mesures » de R. Ishmaël. Les premières furent énoncées à l'occasion du conflit majeur entre les écoles de Hillel et de Shammaï sur l'interprétation large ou stricte de la *Torah;* la seconde à la faveur de la controverse entre R. Ishmaël et R. Akiba sur la question de savoir si la *Torah* parle ou non le langage des hommes.

3. Pour une vision d'ensemble de cette histoire de l'interprétation faite de conflits et de ruptures, voyez mon ouvrage *Les Modèles juridiques d'interprétation*, Paris-Bruxelles, L. G. D. J. – Bruylant, à paraître en 2001.

4. Nous avons écrit ailleurs que l'interprétation réfléchit, au double sens où elle pense et elle reflète les rapports qu'une culture entretient à elle-même et aux autres cultures avec lesquelles elle entre en contact.

Médiévaux, qui exercent une influence déterminante sur ses conceptions, ainsi que l'a démontré Rémi Brague. En même temps, Strauss conçoit sa méthode comme une *alternative* à l'historicisme régnant et l'objet d'un combat, d'une polémique. Il doute d'ailleurs de pouvoir jamais réunir l'accord des spécialistes autour de sa méthode [1].

Une seconde difficulté, plus sérieuse, tient au caractère elliptique et ambigu, voire contradictoire des considérations de méthode distillées, en quelques courtes phrases fugitives, au fil de *La Persécution et l'art d'écrire*. De la part d'un lecteur et d'un écrivain aussi attentif et scrupuleux que Strauss, ces rugosités étonnent et doivent nous faire soupçonner, d'après ses propres indications, qu'il a pu lui-même recourir à un art d'écrire pour exposer, tout en les dissimulant, les principes subtils de sa lecture des Classiques. Encore faudrait-il, pour donner à cette hypothèse quelque apparence de fondement, que le recours à un art d'écrire se justifie encore actuellement. Mais, précisément, Leo Strauss laisse clairement entendre, dès le début de l'ouvrage, qu'il en va bien ainsi, en raison de la censure ou de l'autocensure imposée par le conformisme ambiant. Strauss serait donc lui aussi contraint de recourir à la ruse pour contourner, sans les heurter de front, les convictions vulgaires (entendez la *vulgate historiciste*), qui tiennent le haut du pavé et se drapent, pour asseoir leur monopole, dans le double manteau de la science et du bon sens. Le philosophe attribue en outre à l'art d'écrire des vertus pédagogiques [2] car il encourage les jeunes gens, ces « philosophes en herbe », ces « jeunes chiens de la race », qui multiplient les lectures à un rythme de plus en plus effréné, à prendre le temps de choisir et d'interroger avec beaucoup de soin, dans la jungle des écrits et des informations qui foisonnent de toutes parts, quelques livres importants.

Pour surmonter ces difficultés, peut-être convient-il d'adopter à notre tour la voie oblique en étudiant la méthode de Strauss au départ des grands textes à l'encontre ou à l'abri desquels il en a conçu et appliqué les principes. Nous procèderons pour ce faire en deux étapes. Dans un premier temps, j'essaierai de mettre en évidence les enjeux politiques et juridiques fondamentaux que Strauss a su percer à jour dans la théorie moderne de l'interprétation, telle que Spinoza en définit pour la première fois les bases dans le *Traité théologico-politique*. Dans la seconde partie, je dégagerai les grandes lignes du modèle d'interprétation conçu par Strauss, par référence à ses modèles médiévaux, comme une alternative à l'historicisme.

1. *La Persécution et l'art d'écrire*, *op. cit.*, p. 64.
2. *Ibid.*, p. 69-70.

I. *Les enjeux politico-juridiques de l'herméneutique moderne*

Spinoza est souvent présenté comme le précurseur de l'herméneutique moderne, le fondateur de la méthode philologique, le premier apôtre de l'historicisme. Cette filiation intéressante et sans doute exacte ne doit cependant pas nous faire croire que l'entreprise du *Traité théologico-politique* serait principalement d'ordre philologique. Comme l'écrit Strauss,

> Spinoza donne dans le *Traité* les grandes lignes d'une interprétation purement historique de la Bible. En fait, son exposition très détaillée de règles herméneutiques pourrait sembler avoir exclusivement pour fin d'ouvrir la voie pour une étude désintéressée et historique de la Bible »[1], à une « étude scientifique de la Bible »[2].

Cependant, cette étude n'est pour Spinoza qu'une *cura posterior*. Son souci premier, observe encore Strauss, est « d'engendrer un détachement par rapport à la Bible »[3]. L'objectif de Spinoza est avant tout politique et juridique. Il veut certes séparer la philosophie de la théologie et promouvoir le droit à philosopher librement. Mais sa méthode d'interprétation tend avant tout, et réussira d'ailleurs après bien des déboires, à désamorcer la puissance normative de la Bible. Il s'agit de scier la branche sur laquelle les docteurs de la Loi révélée s'asseyent pour rendre leurs décrets, en sapant l'autorité de la Bible comme source directe de normes obligatoires et par suite comme source indirecte de pouvoir pour ceux qui font profession de la commenter.

Spinoza parvient à ce résultat par un procédé assez simple mais qui détruit complètement l'économie de l'ancienne herméneutique. Il impose une distinction entre le sens du texte et sa vérité, ou, pour parler comme lui, entre le « vrai sens » et le « sens vrai », que ce dernier soit défini par référence à la raison, à la tradition ou simplement à la cohérence interne[4]. Ce *distingo*, sacrilège en tant qu'il remet en cause l'inspiration divine des Écritures, jette à bas tout le système des autorités, ces textes authentiques, c'est-à-dire officiellement tenus pour véridiques[5], sur lesquels se fondaient, dans toutes les disciplines, la science scolastique.

Après avoir ainsi dissocié signification et vérité, le système du *Traité*, dont Strauss démonte parfaitement le mécanisme, consiste à identifier la

1. *Ibid.*, p. 259.
2. *Ibid.*
3. *Ibid.*
4. *Ibid.*, p. 208.
5. Comparez avec le statut juridique actuel de l'acte authentique (jugement, exploit, minute ...), dont les constatations font foi jusqu'à inscription de faux.

signification au sens littéral et clair, expurgé de toute addition et déformation, c'est-à-dire à revenir au sens *original*, au sens *historique*, qui peut ensuite être désinvesti comme un sens *dépassé*, *momifié*, dont on ne peut plus guère tirer d'enseignement actuel et obligatoire [1]. Spinoza, pour le bon motif certes, et toute la philologie moderne à sa suite, neutralisent ainsi, sous le sceau de l'histoire, le potentiel de création et d'actualisation du sens de l'herméneutique ancienne et médiévale [2].

Sur les plans politique et juridique, les implications du *Traité* sont considérables. Elles doivent être mises en relation avec la naissance simultanée du droit naturel moderne et du positivisme juridique, bien étudiée par Leo Strauss dans *Droit naturel et histoire*. La distinction entre le sens vrai et le vrai sens redouble en effet celle entre droit naturel et droit positif et renforce leur opposition. La recherche du « sens vrai » conduit aux systèmes jusnaturalistes dont l'élaboration se conçoit *more geometrico*, avec le secours de la seule raison humaine, en dehors de tout texte, indépendamment de toute autorité, et vaut « quand bien même Dieu n'existerait pas », suivant la formule déjà osée par Grotius. Quant à la science du droit positif, elle sera désormais cantonnée à la recherche du « vrai sens », du sens voulu par l'auteur du texte juridique, c'est-à-dire par le Souverain [3]. Son interprétation sera délaissée par Spinoza, à la suite de Hobbes, à l'autorité du Prince.

On connaît bien la suite de cette histoire, la victoire de courte durée du droit naturel à la faveur des révolutions libérales et sa « positivation » dans les constitutions et les codes [4]. On connaît peut-être moins l'évolution de l'interprétation juridique moderne. Par une curieuse ironie de l'histoire, les juristes finiront par souscrire à la méthode philologique, dont Spinoza avait pourtant défini le principe *contre* l'interprétation politique et juridique des textes. En Allemagne, cette conversion s'opère à l'initiative de l'école historique du droit de Von Savigny, dont les liens avec la philologie sont bien établis [5]. Beaucoup moins connue sans doute des philosophes, l'école française dite de l'exégèse applique au même moment les règles

1. *La Persécution et l'art d'écrire*, *op. cit.*, p. 210 et 259-261.

2. Sur l'effet neutralisateur de l'historicisme : *ibid.*, p. 65. Sur la critique et les effets de l'historicisme : *ibid.*, p. 92, 215, 221-223.

3. Sur les croisements des concepts d'auteur et de législateur, voir B. Frydman, « Philologie et exégèse : un cas d'herméneutique comparée », *Revue interdisciplinaire d'études juridiques*, 1994, 33, p. 59-83.

4. Les constitutions libérales inscrivent dans des textes les droits naturels de l'homme et les principes rationnels du contrat social. La codification napoléonienne parachève la « mise en ordre » des règles entreprise dès le XVIIe siècle par Domat et Leibniz.

5. Voyez sur cette question les excellents travaux de A. Dufour, notamment ceux recueillis dans *Droits de l'homme, droit naturel et histoire*, Paris, PUF, 1991.

philologiques aux dispositions du Code civil. La *doctrine du sens clair* identifie le véritable sens du texte légal au sens littéral et interdit toute interprétation supplémentaire (*Interpretatio cessat in claris*). Le sens littéral est lui-même rapporté et réduit à la volonté de l'auteur du texte, le mythique Législateur, dont l'intention originale peut être scientifiquement déterminée par l'investigation historique des travaux préparatoires. Dès le XIXe siècle, la Cour de cassation entérine la nouvelle doctrine. Cette jurisprudence est toujours en vigueur à ce jour et demeure la théorie officielle de l'interprétation en droit français, comme dans beaucoup d'autres pays de droit écrit. L'historicisme a désormais acquis force de loi. Paradoxalement, la méthode mise au point pour reléguer un texte juridique au rang de document littéraire, pour enrayer la machine judiciaire à produire du sens, est devenue en moins de deux siècles la règle de l'État de droit moderne. Non sans conséquences préjudiciables pour la pratique politique et juridique de l'interprétation.

On se fera une idée plus concrète de l'effet dangereusement stérilisant de cet historicisme juridique en analysant *more juridico* ses effets potentiellement dévastateurs sur le terrain politique à l'occasion d'un cas pratique, que j'emprunte à un épisode récent et spectaculaire de l'histoire constitutionnelle de la Belgique.

En 1990, le Parlement belge, entérinant un difficile compromis entre les partis chrétiens et laïques, vote un projet de loi qui dépénalise partiellement l'avortement. Le roi Baudouin, qui affiche depuis longtemps ses convictions catholiques, avertit le premier ministre que sa conscience s'oppose à ce qu'il signe, sanctionne et promulgue cette loi, comme le prévoit la Constitution. Le Souverain invite dès lors le gouvernement à « trouver une *solution juridique* qui concilie le droit du Roi de ne pas être forcé d'agir contre sa conscience et la nécessité du bon fonctionnement de la démocratie parlementaire »[1]. Ce que fait le gouvernement. Recourant à l'article 82 (actuellement 93) de la Constitution, il constate que le Roi se trouve dans « l'impossibilité de régner ». Sur la base de l'article 79 (actuellement 90) de la Constitution, le Conseil des ministres exerce les attributions royales et promulgue la loi litigieuse. Au moment où les Chambres se réunissent pour pourvoir à la Régence, puisque le Roi est empêché, elles n'ont plus qu'à constater que l'impossibilité de régner a pris fin. Les parlementaires entérineront cette solution, non sans renâcler et à l'issue d'un vif débat, par 254 voix pour et 94 abstentions. Un tel résultat, finalement consensuel, était loin d'être acquis, compte tenu du long

1. Lettre du 30 mars 1990 du roi Baudouin au premier ministre Martens. C'est moi qui souligne.

contentieux suscité dans le pays par la question de l'avortement et de la fragilité du compromis politique qui avait été trouvé.

Après le vote des Chambres, tout rentre donc dans l'ordre. Ou plutôt, tout rentrerait dans l'ordre si les plus éminents spécialistes du droit constitutionnel, et à leur suite certains hommes politiques et la presse d'opinion, n'avaient soulevé le caractère *inconstitutionnel* de la solution mise en œuvre par les différentes branches du pouvoir [1]. Les juristes critiquent l'interprétation gouvernementale, au nom des règles de l'exégèse philologique, en estimant que l'utilisation de l'article 82 dénaturerait le « vrai sens » du texte constitutionnel. Il est vrai que cette interprétation ne correspond pas à l'intention originale des rédacteurs de la Constitution. En 1830, les membres du Congrès National avaient en vue la situation critique provoquée en Angleterre par la folie du roi George III, décédé dix ans auparavant. Ils voulaient régler les effets d'une éventuelle impossibilité de régner consécutive à une maladie, physique ou mentale. En attestent les termes mêmes de l'article 82 qui précisent que les ministres « font constater » (entendez par un médecin), et non pas constatent eux-mêmes, l'état dont le souverain est la victime.

Une telle interprétation historicisante est, quoique l'on pense par ailleurs de l'attitude du roi des Belges et du gouvernement dans cette affaire, forcément dramatique pour le droit. Les textes juridiques ont vocation moins à témoigner du passé qu'à résoudre les problèmes du présent. Appliquée au droit, l'interprétation historique ôte sa vie et son utilité au texte : elle l'empêche de fonctionner comme Constitution vivante d'un État vivant. Elle va à l'encontre du génie juridique et spécialement de la dynamique nécessaire de l'interprétation constitutionnelle. L'histoire du droit en fournit d'ailleurs la preuve sous la forme classique d'un précédent. En effet, l'article 82 relatif à l'impossibilité de régner avait déjà été mobilisé dans le passé, précisément en 1940, pour un motif qui n'avait rien de médical, puisqu'il s'agissait pour les ministres en fuite à Londres d'ôter ses prérogatives au roi Leopold III, demeuré volontairement en Belgique et tombé ainsi « sous le pouvoir de l'envahisseur ». Cette solution avait d'ailleurs été entérinée par la Cour de cassation après la fin de la guerre [2].

1. En ce sens, de manière très mesurée dans le ton mais très argumentée sur le fond : R. Ergec, « L'institution monarchique à l'épreuve de la crise », *Journal des Tribunaux*, 1990, p. 265-267. *Cf.* P. Lauvaux qui, dans *Le Soir* du 5 avril 1990, ne constate qu'un détournement de procédure. Par contre, le sénateur R. Lallemand approuve la procédure choisie (« La conscience royale et la représentation de la nation. Réflexions à propos d'une crise », *Journal des Tribunaux*, 1990, p. 465-469).

2. Cass., 27 mai 1946, *Pas.*, 1946, I, 222 et 3 mars 1947, *Pas.*, 1947, I, 94.

Bien plus, l'impossibilité de régner avait été maintenue jusqu'en 1950 [1], des motifs purement politiques, essentiellement l'hostilité d'une forte minorité de la population, faisant obstacle au retour du Roi, lequel devait finalement abdiquer au profit de son fils Baudouin.

En conclusion, et pour aller un peu vite, on peut ajouter aux analyses de Strauss que non seulement, sur le plan théorique, l'historicisme se détruit lui-même [2], mais qu'en outre, sur le plan pratique, les règles de l'exégèse philologique moderne ne peuvent conduire qu'à l'enrayement de la mécanique juridique de production de sens et de normes, ajoutant encore à la confusion et à la stérilité d'un positivisme privé de fondement. Car les nécessités de la pratique juridique imposent de traiter le texte de droit non à l'instar d'un document historique figé, mais comme une source vivante de justice, ainsi que l'avaient parfaitement compris les Anciens et les Médiévaux.

II. *Leo Strauss et l'herméneutique ancienne et médiévale*

Dans une large mesure, on peut analyser le renouveau herméneutique contemporain comme une tentative de retrouver, dans le rapport au texte, la force dynamique et la fécondité pratique de l'herméneutique ancienne et médiévale, asséchée par la philologie moderne. Strauss contribue à ce mouvement en proposant, grâce à l'hypothèse plausible de l'art d'écrire, un modèle original d'interprétation qui tente de conjuguer harmonieusement la productivité des modèles anciens avec les rigueurs de la science moderne. Ce modèle se rapproche en bien des points, dans sa structure et ses techniques, d'une certaine herméneutique religieuse (juive, musulmane et même chrétienne), à vocation philosophique, et paraît susceptible de conduire à des résultats équivalents d'un point de vue fonctionnel [3]. Nous nous bornerons ici à en esquisser à gros traits les lignes directrices :

1) Commençons par une affirmation surprenante, mais à laquelle il nous faut, pour cette raison même, conformément à la théorie de l'art

1. Le prince Charles, frère de Leopold III, avait été désigné comme régent par les Chambres dès la libération en 1944, tandis que le roi Leopold était emmené en Allemagne.

2. *La Persécution et l'art d'écrire*, *op. cit.*, p. 222.

3. Nous limiterons ici notre comparaison à quelques ouvrages essentiels, soit, dans l'ordre chronologique, le *Traité des principes* d'Origène, la *Doctrine chrétienne* d'Augustin, le *Discours décisif sur l'accord parfait entre la Révélation et la philosophie* d'Averroès et bien sûr le *Guide des égarés* de Maïmonide. D'un point de vue philologique, il est évident que la culture juive et arabe a davantage influencé Strauss que l'herméneutique chrétienne. Mais je ne me sens pas tenu par un tel critère et privilégie, suivant une méthode qui m'est habituelle et chère, la comparaison objective des modèles d'interprétation et de l'économie du sens qu'ils proposent.

d'écrire, accorder la plus grande attention. Dans l'article qu'il consacre au *Traité théologico-politique*, Strauss fait la supposition que «*le* vrai enseignement ne nous est accessible que par l'intermédiaire de certains vieux livres» [1]. Le propos surprend, car il paraît contraire à la définition que Strauss donne de la philosophie selon son cœur: une réflexion directe sur les choses elles-mêmes. Il s'explique par le fait que la modernité nous a privés d'un accès direct à la signification originelle de la philosophie [2] de sorte que l'«on ne peut avoir accès à la signification originelle de la philosophie que par le rappel de ce que signifiait la philosophie dans le passé, c'est-à-dire pratiquement *par la seule lecture des vieux livres*» [3]. Strauss renoue ainsi avec l'approche herméneutique de la philosophie, caractéristique de la spéculation médiévale.

2) Strauss affirme ensuite la nécessité, pour accéder à la pleine signification d'un texte, de s'y investir entièrement. Et pour disposer de la motivation indispensable à un tel investissement, il faut absolument, au contraire des prescrits de l'historicisme, supposer que le «vrai sens» du texte délivre aussi un «sens vrai», en d'autres termes que le texte témoigne valablement de la vérité [4]. Cette supposition indispensable qu'évoque Strauss a pour équivalent fonctionnel, dans l'herméneutique médiévale, le postulat de l'inspiration divine des Écritures, qui garantit leur perfection, et plus largement la valeur authentique accordée aux textes revêtus de l'*auctoritas*.

3) Venons-en à présent au *leitmotiv* de la «lecture soigneuse» [5], à laquelle Strauss nous invite avec tant d'insistance. Cette recommandation fait écho à l'invitation si fréquente dans les traités d'herméneutique de scruter avec la plus grande attention le texte des Écritures. Chez les Pères de l'Église, qui s'inscrivent sur ce point en continuité avec la tradition juive, la lecture soupçonneuse est la contrepartie de *l'obscurité* prêtée au texte biblique. Comme le note Leo Strauss, à propos de Maïmonide cette fois, la Bible représente pour les Anciens le modèle même du livre *ésotérique* [6]. Le modèle ancien du *texte obscur* se situe à l'exact opposé de la doctrine moderne du *sens clair*. Les ouvrages philosophiques, à l'interprétation desquels s'attelle Strauss, ne relèvent pas de la catégorie des «livres intelligibles» évoqués par Spinoza, transparents à leur contenu, immédiatement et pleinement accessibles, mais bien à l'autre catégorie, celle des

1. *La Persécution et l'art d'écrire*, *op. cit.*, p. 218.
2. *Ibid.*, p. 221.
3. *Ibid.*, p. 221-222, souligné par moi.
4. *Ibid.*, p. 215.
5. *Ibid.*, p. 207.
6. *Ibid.*, p. 98.

« livres hiéroglyphiques », qui nécessitent des méthodes d'investigation plus sophistiquées. Strauss rejoint encore ses prédécesseurs lorsqu'il met en exergue le caractère *délibéré* de l'obscurité du texte. Dans le *Peri Archon*, Origène explique ainsi que l'Esprit s'est proposé pour but dans l'Écriture de révéler les mystères tout en les recouvrant d'un « voile corporel ». D'après Strauss, qui utilise également à plusieurs reprises la métaphore du voile et du dévoilement, c'est le risque de la persécution qui a contraint les philosophes à emprunter des techniques d'écriture tortueuses. Dans un cas comme dans l'autre, il s'agit, comme on l'a déjà noté, de stimuler l'effort et l'intelligence dans l'éducation. L'obscurité de l'Écriture est un appel à l'intelligence, écrit Origène. Il stimule l'interprète, ajoute Augustin dans la *Doctrine chrétienne*, en lui montrant la nécessité et le plaisir de l'effort. En outre, il dissimule la vérité aux indignes, aux adversaires comme au vulgaire.

3) Les thèmes de l'obscurité et de la persécution conduisent dès lors tant Strauss que ses prédécesseurs à organiser l'économie du sens sur la base commune d'un *double niveau* de signification. Les deux niveaux ne sont égaux ni en dignité ni en intérêt et leurs destinataires respectifs divergent également. Le premier niveau, le sens *apparent* ou *obvie*, est soit banal, soit faux et en tous cas destiné au vulgaire. Mais il dissimule, sous l'épaisseur de sa lettre, un sens profond et caché que Strauss, tout comme Averroès et Maïmonide, réserve aux philosophes et aux philosophes en herbe qui s'en montreront dignes [1]. Ce second niveau de lecture, le sens *caché*, est infiniment supérieur au premier. Comme l'écrit Strauss, à propos des grands textes ésotériques, « leur beauté visible est d'une laideur consommée comparée à la beauté de leur *trésor* caché qui ne se *dévoile* qu'après un travail très long, jamais facile, mais toujours agréable » [2]. La théorie du double niveau de signification fait écho, une fois de plus, à l'herméneutique religieuse, et d'abord à l'exégèse chrétienne, tout entière structurée par la distinction *asymétrique* entre « la lettre et l'esprit », le sens littéral et figuré, c'est-à-dire le sens historique ou légal, d'une part, et, de l'autre, les sens spirituel, moral et eschatologique [3]. La même bipartition se retrouve chez Averroès et encore chez Maïmonide, qui compare, par référence à un verset

1. *Ibid.*, p. 69-70.

2. *Ibid.*, p. 70. C'est moi qui souligne.

3. Le livre IV du *Traité des principes* d'Origène se laisse résumer en une exhortation à dépasser le sens littéral, qui est soit faux, soit impossible, soit simplement informatif, mais en tous cas incohérent et par trop rattaché à la dimension déchue du corps, pour tendre vers un sens « digne de Dieu » et accéder aux réalités spirituelles dans leur vérité et leur cohérence. Origène utilise d'ailleurs lui aussi l'image du « trésor caché dans un champ » (*Traité des principes*, III, 11).

des *Proverbes*, les paroles de l'Écriture à « des pommes d'or dans un filet d'argent ». Un filet d'argent à mailles serrées symbolise le sens littéral, qui dissimule mais permet néanmoins aux regards les mieux aiguisés d'entrevoir le sens plus plein, plus riche et plus juteux promis par les pommes d'or [1]. Tandis que le sens littéral, seul accessible au vulgaire, énonce la « science de la Loi » dans sa dimension pratique (*talmud, ficq*), le sens secret, réservé aux « hommes de science profonde », déploie la « vraie science » dans toute son étendue, c'est-à-dire la connaissance des étants et la révélation de certains mystères.

5) Reste à indiquer à l'interprète par quel moyen accéder à ce sens profond, secret, dissimulé et disséminé dans le texte. Ici encore Strauss rejoint les maîtres de l'exégèse ésotérique en adoptant ce que l'on pourrait appeler la technique de *l'indice déclencheur*. Il est indispensable que l'interprétation s'appuie sur les « énoncés explicites de l'auteur » [2], c'est-à-dire sur le texte lui-même, tel qu'il se présente, dans sa totalité et sans interpolation [3]. Il faut donc que le lecteur attentif découvre, dans la trame même du texte à interpréter, dans sa texture apparente, un signe qui lui indique ou, à tout le moins, lui permette de soupçonner l'existence d'une autre signification que celle qui s'offre ouvertement à lui. Selon Strauss, qui se réfère explicitement sur ce point à Maïmonide, le sens caché se dissimule et se révèle à la fois sous les formes soit d'une allégorie, c'est-à-dire d'une image ou même, si l'on suit Averroès, d'une figure (au sens technique de la rhétorique); soit d'une énigme, c'est-à-dire d'une contradiction interne. Strauss se concentre plus volontiers sur les secondes. Il traque inlassablement ce qu'Origène appelait les « pierres d'achoppement » ou les « passages impossibles » (*adunata*) et qu'il nomme lui-même des « faux pas » (*blunders*), à savoir les rugosités du texte, non seulement les contradictions, mais aussi les imperfections apparentes et les maladresses de composition. Autant d'erreurs bien improbables dans le chef d'écrivains aussi « soigneux », qui ont en réalité pour fonction d'attirer l'attention du lecteur perspicace, de lui faire soupçonner la présence en filigrane d'un autre message, voire de lui en livrer la clé, de l'inviter à tout cas à une autre lecture.

1. L. Strauss évoque lui aussi l'attrait chez le jeune lecteur de la « vision fugitive du fruit défendu » (*La Persécution et l'art d'écrire*, *op. cit.*, p. 58).

2. *Ibid.*, p. 63.

3. *Traité des principes*, II, 4. L. Strauss : « On n'est pas autorisé à supprimer un passage, ni à en corriger le texte avant d'avoir pleinement envisagé toutes les possibilités raisonnables de le comprendre tel qu'il est – l'une de ces possibilités étant que ce passage soit ironique » (*La Persécution et l'art d'écrire*, *op. cit.*, p. 63).

6) Quant à la gestion des contradictions qui ont ainsi été mises à nu par la lecture soigneuse, Strauss se distingue cette fois nettement de ses modèles médiévaux et en particulier des techniques d'interprétation conciliante si chères à la scolastique [1]. Bien que la volonté de conciliation apparaisse également dans l'enseignement exotérique d'Averroès et de Maïmonide, Strauss ne veut y voir (au moins pour le second) qu'une ruse supplémentaire destinée à égarer les censeurs. Selon lui, le sens second, profond, secret, proprement philosophique, remplace et annule le sens apparent, conforme à la *doxa*, qu'il nie le plus souvent. Pour l'auteur de *La Persécution et l'art d'écrire*, c'est le sens le plus rare, le plus implicite, le plus éloigné de l'opinion du vulgaire qu'il convient de privilégier [2], comme correspondant au message réel de l'ouvrage. Aurait-il été conforme, voire simplement compatible avec l'opinion commune, l'auteur n'aurait pas mis tant d'efforts à le dissimuler.

Si le modèle straussien se révèle ainsi proche de l'herméneutique médiévale, il s'en écarte cependant sur un point décisif. Strauss choisit en effet, peut-être pour des motifs stratégiques, de placer sa théorie de l'interprétation dans un cadre moderne, en sacrifiant à *l'auteur*, c'est-à-dire au concept central, au véritable point d'Archimède de l'histo-ricisme [3], dont il prétend pourtant combattre l'influence. Il semble cependant que Strauss ne cède sur ce point à l'historicisme que pour mieux lui résister et neutraliser à son tour les effets pervers du concept d'auteur. Il se refuse en particulier à tout psychologisme, subordonnant ce qu'il appelle, dans une terminologie à dire vrai assez confuse, l'explication à l'interprétation et l'implicite à l'explicite. Mais, en définitive, c'est bien la notion moderne d'auteur que Strauss utilise lorsqu'il impute l'existence d'un sens caché à la pratique d'un « art d'écrire », c'est-à-dire à la volonté délibérée d'un écrivain dans un contexte historique de persécution. La force du modèle straussien et la séduction qu'il exerce tient d'ailleurs à ceci que, tout en rapportant le sens authentique du texte à la volonté consciente de son auteur, il vaccine l'interprétation, grâce à l'hypothèse de l'art d'écrire, contre les effets stérilisants de l'historicisme, en restituant aux textes anciens une partie au moins de leur efficacité pratique.

1. Notons sur ce point la rencontre objective de Strauss avec Augustin qui estime lui aussi, dans la *Doctrine chrétienne*, encore que pour des motifs très différents, que le sens second annule et remplace purement et simplement le sens littéral.

2. *La Persécution et l'art d'écrire*, *op. cit.*, p. 111-113.

3. Que l'on songe seulement à l'importance que prend dans le *Léviathan* de Hobbes et le *Traité théologico-politique* de Spinoza la question de savoir quels sont les véritables auteurs des différents Livres saints.

Cette portée pratique généreusement prêtée au modèle straussien d'interprétation suscite néanmoins une objection sérieuse, que je tenterai de rencontrer en guise de conclusion. Certains ne manqueront pas en effet d'observer que l'analyse qui précède tend à conférer à ce modèle une portée politique et juridique à laquelle il ne prétend aucunement. Bien plus, Strauss lui-même, dans la lecture qu'il consacre au *Guide des égarés*, indique que, sous le couvert obligé d'un discours juridique et politique, de portée secondaire, c'est un message philosophique, d'une autre nature, qui constitue le sens éminent et caché de l'ouvrage [1]. Le philosophe recherche une interprétation vraie, et non seulement juste ou pieuse, bref une interprétation plus théorique que pratique.

Mais, par ailleurs, Strauss s'intéresse bien à la philosophie *politique*. Il insiste sur la dimension politique des œuvres qu'il étudie [2]. Et c'est bien cet héritage politique que « l'art de lire » straussien a pour objet de transmettre et de perpétuer. Pour résoudre l'aporie, il suffit peut-être de renoncer à la distinction suspecte entre une herméneutique de la vérité et une herméneutique de la justice. Dans *Droit naturel et histoire*, Strauss consacre un chapitre entier, à propos de Weber, à critiquer la distinction moderne entre faits et valeurs. Il montre de manière convaincante que le droit naturel des Classiques s'inscrit dans une nature des choses valorisée, qu'il appartient donc à la fois à l'ontologie des faits et à la téléologie des valeurs, qu'il possède une double portée à la fois théorique et pratique, qu'il prétend d'un même mouvement à la vérité et à la justice. Pour les philosophes classiques, la distinction entre vérité et justice n'était probablement pas pertinente. Pourquoi Strauss ne suivrait-il pas, sur ce point aussi, leur enseignement ? Il n'est donc pas interdit de penser que la recherche philosophique, qui est au cœur de la démarche de Strauss, revêt également une portée politique. Strauss s'inscrirait ici une fois encore dans la ligne tracée par les Classiques qu'il admire. Et sa méthode d'interprétation contribuerait sciemment à redonner force et vie à leurs textes.

Certes, dans l'Appendice de *La Persécution et l'art d'écrire* [3], Strauss critique sans concession un certain livre de Wild qui, sous le prétexte d'enrôler Platon dans des discussions étrangères à son œuvre, défigure complètement celle-ci [4]. Pourtant, à le lire attentivement, ce que Leo Strauss reproche principalement à l'entreprise, c'est moins son principe que le fait d'avoir « grossièrement échoué », fournissant ainsi des

1. *La Persécution et l'art d'écrire*, *op. cit.*, p. 100 et 117-131.

2. Tout particulièrement, dans *La Persécution et l'art d'écrire*, à propos du projet de Spinoza dans le *Traité théologico-politique*.

3. Cet Appendice est absent de l'édition originale américaine.

4. *La Persécution et l'art d'écrire*, *op. cit.*, p. 306 *sq.*

armes aux ennemis de la pensée politique platonicienne. Dans le même temps, Strauss reconnaît que le livre pose, sans s'en rendre compte d'ailleurs, une question fondamentale qui elle doit être sauvée du mépris que mérite l'ouvrage [1]. Cette question fondamentale, que les toutes dernières lignes de *La Persécution et l'art d'écrire* évoquent sans toutefois la formuler, ne serait-elle pas précisément celle de la possibilité d'une herméneutique moderne, alternative à l'historicisme régnant, qui nous permettrait de rendre leur efficace à la pensée politique des Classiques ?

1. *Ibid.*, p. 317.

QUATRIÈME PARTIE

L'ART D'ÉCRIRE DES MODERNES

STRAUSS LECTEUR DE MACHIAVEL

Marie-Dominique COUZINET

Ma communication sera limitée dans son objet et dans son propos : il s'agira de revenir sur l'approche que Leo Strauss propose de l'œuvre de Machiavel, ou, plus exactement, du *Prince* et des *Discours sur la Première Décade de Tite Live*, dans les *Pensées sur Machiavel* de 1958. N'étant pas spécialiste de Strauss, je chercherai moins à apporter un éclairage sur sa pensée et sur son interprétation de Machiavel, qu'à m'interroger sur ce que la lecture de Strauss peut apporter à quiconque s'intéresse à la pensée machiavélienne ; je m'interrogerai donc sur la pertinence et les limites de son herméneutique, sur quelques points de cet ouvrage très complexe que sont les *Pensées sur Machiavel* [1].

La question de la place de Leo Strauss dans l'histoire des commentaires sur Machiavel ne va pas de soi, et cela, du fait de Leo Strauss lui-même. En effet, dans l'introduction des *Pensées sur Machiavel*, il prend systématiquement le contre-pied de ceux qu'il appelle « les spécialistes d'aujourd'hui » (*the up-to-date scholars*), pour leur substituer « l'opinion courante sur Machiavel [...], en dépit de son insuffisance, nettement supérieure aux points de vue sophistiques qui prévalent de nos jours » [2]. Cette « opinion courante » consiste à « faire de Machiavel un apôtre du mal » [3], et Strauss ajoute :

> S'il est vrai que seul un esprit malfaisant peut énoncer sans honte des maximes qui invitent à se conduire, en public et en privé, comme un

1. L. Strauss, *Thoughts on Machiavelli*, Glencoe (Illinois), The Free Press, 1958 (*Pensées sur Machiavel*, trad. M.-P. Edmond et T. Stern, Paris, Payot, 1982). Nous indiquons la référence à l'édition française et, entre parenthèses, à l'édition anglaise.

2. *Pensées sur Machiavel, op. cit.*, p. 44 (p. 12-13).

3. *Ibid.*, p. 41 (p. 9).

> gangster, alors il nous faut admettre que Machiavel est un esprit malfaisant (*an evil man*) [1].

Ainsi, Leo Strauss propose de remonter, selon l'expression de Harvey C. Mansfield, du machiavélisme à Machiavel [2].

En reprenant à son compte le « verdict » de « l'opinion naïve et traditionnelle » qui fait de Machiavel rien de moins qu'un « démon », Strauss se donne accès à ce qu'il définit comme « un point de vue prémoderne » [3] situé en amont de Machiavel – point de vue, selon lui, seul à même de faire apparaître la capacité de Machiavel à introduire en politique « de nouvelles manières et des ordonnances nouvelles » (l'expression employée par Machiavel est : « *nuovi modi e nuovi ordini* »). En fait, cela correspond à un vrai problème : dans *Le Prince* comme dans les *Discours*, il est difficile d'identifier ces « *nuovi modi e nuovi ordini* », car il s'agit bien des institutions civiles et militaires, mais la référence à l'Antiquité et à son imitation rend problématique la notion même de nouveauté.

Dès lors, Strauss s'applique à montrer que Machiavel est « contraint de masquer la véritable ampleur de sa découverte » [4]. À l'appui de cette hypothèse de lecture, il produit un passage des *Discours* qu'il reproduit plusieurs fois, lui conférant ainsi un statut emblématique [5]. Dans ce passage, Machiavel écrit :

> Combien il est dangereux de prendre la tête d'une entreprise nouvelle qui intéresse beaucoup de monde et combien il est difficile de la diriger, de la conduire, et, une fois menée à son terme, de la maintenir, ce serait une matière trop longue et trop élevée pour que je la traite ici; la réservant donc à un lieu plus adapté, je parlerai seulement [6]...

Strauss s'appuie donc sur ce passage pour accréditer l'hypothèse de lecture suivante : « contraint de masquer la véritable ampleur de sa découverte », Machiavel doit mettre en place une stratégie d'écriture qui doit être débusquée par une stratégie de lecture mise en place par son interprète.

1. *Ibid.*, p. 41-42 (p. 9).
2. « *Strauss, then, accepts the distinction between Machiavellism and Machiavelli, but believes it necessary to begin with Machiavellism in order to ascend from it* ». Harvey C. Mansfield, *Machiavelli's Virtue*, The University of Chicago Press, Chicago/Londres, 1996, p. 225.
3. *Pensées sur Machiavel, op. cit.*, p. 44 (p. 12).
4. *Ibid.*, p. 264 (p. 242-243).
5. *Ibid.*, p. 50 (p. 19), 58 (p. 28), 63 (p. 34).
6. « *Quanto sia cosa pericolosa farsi capo d'una cosa nuova che appartenga a molti, e quanto sia difficile a trattarla ed a condurla, e, condotta, a mantenerla, sarebbe troppo lunga e troppa alta materia a discorrerla : però, riserbandola a luogo più conveniente, parlerò solo...* » Niccoló Machiavelli, *Discorsi sopra la prima Deca di Tito Livio*, III, 35, dans *Tutte le opere*, a cura di Mario Martelli, Milano, Sansoni, 1993, p. 243.

Strauss oppose le « point de vue prémoderne » ainsi défini et la stratégie qu'il semble devoir dicter, au point de vue rétrospectif et littéralement contaminé par la pensée de Machiavel qui est selon lui celui des « spécialistes » :

> S'ils évaluent mal la position de Machiavel vis à vis de la religion – et ceci vaut pour celle qu'il adopte vis à vis de la moralité – c'est parce qu'ils sont ses disciples. Ils semblent faire preuve d'ouverture d'esprit quand ils étudient la pensée de Machiavel, mais en fait, ils acceptent sans discussion ses principes. Ils n'en voient pas le caractère pernicieux parce qu'ils sont les héritiers de la tradition machiavélienne. Parce qu'ils ont été, avec les maîtres oubliés de leurs maîtres, pervertis par Machiavel.

Or « on ne peut pénétrer l'essence de la pensée de Machiavel sans se libérer de son influence » [1].

Seule l'adoption d'un point de vue extérieur, un saut hors de l'histoire contaminée par le machiavélisme, peut permettre la mise à distance nécessaire pour appréhender la nouveauté de Machiavel. En effet, le point de vue des « spécialistes » se caractérise, selon Strauss, par l'impuissance à définir le véritable apport de Machiavel, corrélative de la vision d'un Machiavel patriote et penseur scientifique.

À cette situation pour le moins délicate de Strauss vis-à-vis de la critique, répond, s'il faut en croire Harvey C. Mansfield, un silence relativement généralisé de cette dernière, en réponse au propre silence de Strauss sur les commentateurs [2]. Même si le *Machiavel* de Strauss a eu droit à quelques lectures critiques, dont celle de Claude Lefort [3], il reste très peu cité. Est-ce à dire qu'il n'aborde aucun des thèmes débattus par la critique ? C'est loin d'être le cas, et H. C. Mansfield énumère une liste de thèmes et de questions communes à Strauss et aux « spécialistes » : « Si Machiavel était philosophe, le rapport entre *Le Prince* et les *Discours* [4], la signification de la *virtú*, le problème du chapitre XXVI du *Prince*, les rapports de Machiavel avec Laurent de Médicis [5], la question du désir de Machiavel d'obtenir un office » (dont l'enjeu est de savoir si *Le Prince* est seulement un écrit de cir-

1. *Ibid.*, p. 44 (p. 12).

2. Voir Harvey C. Mansfield, *Machiavelli's Virtue, op. cit.*, « Strauss's Machiavelli », p. 219-230.

3. Claude Lefort, *Le Travail de l'œuvre Machiavel*, Paris, Gallimard, 1972 (rééd. 1986), « La restauration et la perversion de l'enseignement classique ou la naissance de la pensée politique moderne – Leo Strauss », p. 259-395.

4. C'est l'objet du chap. I des *Pensées sur Machiavel*.

5. *Ibid.*, p. 100-101 (p. 74-75).

constance), « la place de Tacite [1] et de Polybe dans la pensée de Machiavel » [2].

Cependant, Strauss n'aborde ces thèmes et ne traite ces questions qu'en fonction de l'hypothèse de lecture évoquée, à savoir, la mise en œuvre d'une méthode de lecture, inséparable d'une méthode d'écriture présumée de Machiavel. Il est donc impossible de considérer ces thèmes indépendamment de sa méthode. Je centrerai donc mon attention sur celle-ci, en présentant très brièvement le mouvement général – ou plus exactement le plus immédiatement saisissable – des *Pensées sur Machiavel*. Je me concentrerai ensuite sur un point : la reprise par Strauss d'un problème classique de l'historiographie machiavélienne, celui du rapport entre *Le Prince* et les *Discours*. Je conclurai par un examen critique de certains procédés d'interprétation mis en œuvre par Strauss.

I

Les *Pensées sur Machiavel* sont un texte complexe, dans lequel Strauss manie l'art d'écrire dont il fait la théorie, pour la plus grande perplexité du lecteur non initié. C'est en tout cas certainement un texte paradoxal, s'il faut ainsi définir la vertu littéralement répulsive de l'introduction.

Il est inutile de revenir sur la diabolisation de Machiavel et de ses commentateurs et sur le moralisme affiché par Strauss notamment à l'égard de l'incroyance contemporaine. Strauss formule clairement son objectif : ni une approche historique [3], ni même la compréhension de l'américanisme, par opposition au machiavélisme de la vieille Europe, comme on pouvait le craindre dans un premier temps [4], mais un objectif clairement philosophique : « Notre travail critique sur Machiavel n'a peut-être en dernière analyse pas d'autre propos : contribuer à la redécouverte de problèmes permanents [5]. » L'ouvrage, rédigé à partir d'une série de conférences, se divise ensuite en quatre chapitres, centrés respectivement sur « l'enseignement » et sur « le dessein » de Machiavel.

Comme le remarque à juste titre Claude Lefort, Leo Strauss « réduit » l'œuvre de Machiavel, à son tour réduite au *Prince* et aux *Discours*, à un enseignement [6]. On ajoutera que Strauss s'autorise pour cela de l'interprétation d'un célèbre passage de l'épître dédicatoire des *Discours*, dans

1. Et de Tite Live, *ibid.*, p. 143 *sq.* (p. 121 *sq.*).
2. H. C. Mansfield, *Machiavelli's Virtue, op. cit.*, p. 225.
3. L. Strauss, *Pensées sur Machiavel, op. cit.*, p. 44 (p. 12).
4. *Ibid.*, p. 45 (p. 13-14).
5. *Ibid.*, p. 46 (p. 14).
6. C. Lefort, *Le Travail de l'œuvre, op. cit*, p. 274-275.

laquelle Machiavel dit avoir « exprimé tout ce que je sais et tout ce que j'ai appris par une longue pratique et une lecture continuelle des choses du monde » [1].

1) Par « les choses du monde », Strauss entend « tout », d'où il déduit que Machiavel, dans les *Discours*, mais aussi dans *Le Prince*, traite « de toutes choses » [2]. Tout en accréditant la dimension philosophique (parce que totalisante) du discours de Machiavel, cette interprétation va permettre à Strauss d'accorder aux silences de Machiavel une signification positive, à mes yeux indue. J'en donne un exemple :

> Dans aucun des deux livres il [*sc.* Machiavel] n'aborde la distinction entre ce monde et l'autre, entre cette vie et l'autre ; s'il parle abondamment de Dieu et des dieux, il ne dit rien du diable ; il parle fréquemment du ciel et une fois du paradis, mais jamais de l'enfer ; enfin et surtout, pas un mot sur l'âme [3].

Ce que Strauss interprète de la façon suivante : « Son silence indique que ces questions n'ont pas de pertinence dans le domaine politique ». C'est un propos auquel on ne peut que souscrire. Mais Strauss va plus loin :

> Plus encore, puisque chacun de ces deux livres contient tout ce qu'il sait, il veut également montrer ainsi que ces questions sont simplement sans importance, et ce, contrairement à l'opinion admise. Son silence est hautement significatif [4]...

Cette interprétation serait valable si Machiavel prétendait parler de tout. Or ni *Le Prince* ni les *Discours* ne sauraient être mis sur le même plan que les *Conclusions* de Jean Pic de la Mirandole, ou, dans une moindre mesure, le *Panepistemon* d'Ange Politien – pour prendre des exemples d'auteurs précédant Machiavel. Et même si l'enseignement de Machiavel se bornait à formuler des principes éternels de conduite politique, comme le pense Strauss en partie pour *Le Prince*, cela ne suffirait pas pour conférer à ses silences le statut d'exclusions.

1. « *Perché in quello io ho espresso quanto io so e quanto io ho imparato per una lunga pratica e continua lezione delle cose del mondo* ». *Discorsi, op. cit*, p. 75 ; L. Strauss, *Pensées sur Machiavel, op. cit.*, p. 48-49 (p. 17).

2. L. Strauss admet que « la connaissance des actions des grands hommes qu'a apprise [à Machiavel] une longue expérience des choses modernes et une lecture continue des anciennes » (*Il Principe,* dans N. Machiavelli, *Tutte le opere, op. cit.*, p. 257) a un champ plus restreint, du fait de son inscription dans le temps, alors que les « choses du monde » désignent ce qui est invariable, comme, dans la même épître dédicatoire, la nature des princes et la nature des peuples : *Le Prince* a donc lui aussi pour objet tout le savoir de Machiavel, qui est un savoir totalisant.

3. *Pensées sur Machiavel, op. cit.*, p. 61 (p. 31).

4. *Ibid.*

2) Or ce statut est conféré aux énoncés comme aux silences de Machiavel par une intention ou un « dessein » que Strauss lui attribue, au nom du caractère pédagogique des deux ouvrages considérés : si tout est intentionnel, tout doit être interprété. La figure de Machiavel est donc bien celle de l'omniscient, en pleine maîtrise d'un savoir qui confère à ses écrits le caractère de textes sacrés [1] ; ce rapport pour ainsi dire oraculaire est généralisé par Strauss à tout enseignement (Tite Live-Machiavel, Tacite-Machiavel, Machiavel-nous). Ceci nous permet de préciser que l'intention de Strauss sera au moins autant d'étudier « sous quelle forme » Machiavel « présente » son enseignement que « la substance de son enseignement lui-même » [2].

D'autre part, l'attention de Strauss pour le machiavélisme comme trace d'un « dessein fondamental » de Machiavel nous renvoie à un art de lire oublié qui l'oppose à l'« historicisme » des commentateurs. Dans « La persécution et l'art d'écrire », Strauss écrit :

> La recherche historique moderne, qui apparut à une époque où la persécution était plus un vague souvenir qu'une expérience contraignante, a neutralisé ou même anéanti une tendance antérieure à lire entre les lignes des grands auteurs, ou à attacher plus de poids à leur dessein fondamental qu'aux opinions qu'ils répétaient le plus souvent [3].

C'est donc bien à l'exercice de la lecture entre les lignes que Strauss se livre, lorsqu'il s'emploie à définir « le dessein » de Machiavel et son « enseignement ». Les quatre chapitres qui constituent l'ouvrage correspondent à cette visée : le premier, intitulé : « La double dimension de l'enseignement de Machiavel », étudie *Le Prince* et les *Discours* en miroir, pour ainsi dire, en éclairant un ouvrage par l'autre. Or cette lecture selon un double éclairage, ou un double point de vue (celui du *Prince* et des *Discours*) reste « superficielle » et « inauthentique », selon Strauss ; plus exactement, dit-il, elle demande à être redoublée – c'est du moins dans ce sens que je comprends la conclusion du chapitre I : en dernière analyse, les deux perspectives renvoient à une duplicité de « propos » qui fonctionne dans chacun des livres et correspond à la différence entre les « jeunes » et les « vieux » lecteurs [4].

1. *Ibid.*, p. 59-60 (p. 29-30) ; Claude Lefort, *Le Travail de l'œuvre, op. cit.*, p. 274.
2. *Pensées sur Machiavel, op. cit.*, p. 71 (p. 43), non énoncé par L. Strauss comme un principe général, mais à propos d'une double référence de Machiavel à la politique de Florence à l'égard de Pistoia.
3. *La Persécution et l'art d'écrire* (trad. de *Persecution ant the Art of Writing*, 1952), Paris, Presses Pocket, 1989, p. 65.
4. *Pensées sur Machiavel, op. cit.*, p. 81 (p. 53).

Établir la distinction entre jeunes et vieux lecteurs, à l'intérieur de chacun des deux ouvrages, est donc l'objectif déclaré de Strauss dans les deux chapitres suivants, consacrés respectivement au « Dessein de Machiavel : *Le Prince* » et au « Dessein de Machiavel : les *Discours* ». Dans le cadre du présent travail, je m'en tiendrai à l'examen de cet objectif déclaré, sans aborder le dernier chapitre intitulé « L'enseignement de Machiavel », qui reprend, sous une forme thématique, les enjeux philosophiques de l'« art d'écrire » de Machiavel.

Je me contenterai donc de m'interroger sur la reprise par Strauss d'un problème classique de l'historiographie machiavélienne : celui du rapport entre *Le Prince* et les *Discours* qui lui sert de point de départ, dans le premier chapitre des *Pensées sur Machiavel*. Je me demanderai de quelle manière Strauss reformule la question de ce que sa lecture est susceptible ou non d'apporter sur ce point.

II

Le premier chapitre intitulé : « La double dimension de l'enseignement machiavélien » prend pour point de départ le problème du rapport entre *Le Prince* et les *Discours*. Mais la perspective propre à Strauss consistant, comme on l'a vu, à s'interroger sur la dimension pédagogique de ces textes, elle le conduit à traiter de ce problème d'un point de vue particulier : aux questions sur la chronologie de la rédaction du *Prince* et des *Discours* qui était depuis longtemps au centre de la réflexion de la critique à l'époque où il prononce et où il publie son texte [1], Leo Strauss préfère une lecture interne, focalisée sur les destinataires respectifs de cet enseignement délivré par *Le Prince* et par les *Discours;* autrement dit, les destinataires des épîtres dédicatoires : Laurent de Médicis pour *Le Prince* (« *Le Prince* est » donc, dit Strauss, « la version de l'enseignement de Machiavel qui s'adresse aux princes régnants » [2]); Zanobi Buondelmonti et Cosimo Rucellai pour les *Discours* (ce sont les interlocuteurs de Machiavel dans les *Orti Oricellari* et donc, comme il le dit dans l'épître dédicatoire, non des princes, mais « ceux qui mériteraient de l'être », encore désignés par lui comme « ceux qui savent » [3]).

1. Voir Federico Chabod, « Sulla composizione de *Il Principe* di Niccolò Machiavelli » (1927), dans *id.*, *Scritti su Machiavelli*, Torino, Einaudi, 1963; 1993, p. 137-193; Felix Gilbert, « The composition and structure of Machiavelli's *Discourses* », *The Journal of the History of Ideas*, XIV, 1, 1953, p. 136-156.

2. *Pensées sur Machiavel, op. cit.*, p. 52 (p. 21).

3. N. Machiavelli, *Discorsi, op. cit.*, p. 75.

La distinction des ouvrages en fonction de leurs destinataires est vraiment opératoire : elle rend compte du « laconisme » de Machiavel dans *Le Prince :* omissions volontaires de certains événements politiques, de certains exemples qui viendraient immédiatement à l'esprit, peut-être dues à une attitude courtisane à l'égard des Médicis; omission ou dissimulation de certains rapprochements – notamment dans le cas, signalé et analysé par Leo Strauss, des principautés électives, le rapprochement entre le Pape et le sultan, reporté par Machiavel au chapitre XIX [1]). La distinction opérée par Strauss rend compte aussi du caractère scandaleux du *Prince*, dans l'ignorance de certaines distinctions, comme celles entre le roi et le tyran, qui peut être attribuée aussi bien au souci courtisan de ne pas blesser le prince qu'à la franchise de celui qui parle à un gouvernant des *arcana imperii* [2].

Cette lecture s'accorde avec le caractère conventionnel déclaré de cet ouvrage, qui s'inscrit, comme l'ont montré les spécialistes, au moins pour une partie dans le genre traditionnel des « Miroirs des princes » – même si c'est pour le subvertir [3] – mais aussi, ajoute Strauss, dans le genre des traités scolastiques (pour les premiers chapitres) et des poèmes patriotiques (le chapitre XXVI). La distinction des ouvrages en fonction de leurs destinataires accrédite enfin le caractère plus développé, moins allusif des *Discours*, le fait que leur caractère novateur soit déclaré par Machiavel dès l'avant-propos du premier livre.

Mais ce n'est là pour Strauss qu'une « conclusion provisoire ». Car selon lui, « les *Discours* ne peuvent pas faire totalement l'économie d'une certaine réserve » [4] – notamment parce que, ouvrage des républicains, ils sont aussi l'ouvrage des conspirateurs [5]. Ainsi, pour Strauss, « sous un certain angle, *Le Prince* serait plus direct que les *Discours* » [6].

Ce renversement, qui fait du *Prince* et des *Discours* des textes complexes, clairs sur un point ou obscurs sur un autre selon l'identité du destinataire, est fondé par Strauss : 1) sur la théorie d'un art de lire formulé, selon lui, par Machiavel lui-même, et qui est censé rendre compte de son art d'écrire; 2) sur la prise en considération d'autres interlocuteurs qui viennent doubler les dédicataires : il s'agit des « jeunes » lecteurs, dont la présence était signalée par Strauss à la fin du chapitre I.

1. *Pensées sur Machiavel, op. cit.*, p. 61-62 (p. 32).
2. *Ibid.*, p. 58 (p. 28).
3. F. Gilbert, « The humanist concept of the Prince and *The Prince* of Machiavelli », *The Journal of Modern History*, XI, 4, p. 449-483.
4. *Pensées sur Machiavel, op. cit.*, p. 57 (27).
5. Zanobi Buondelmonti, l'un des deux dédicataires des *Discours*, fut impliqué dans une conjuration anti-médicéenne, en 1522, avec d'autres participants des réunions des *Orti oricellari*. Voir également *Discorsi*, III, VI, sur les conjurations.
6. *Pensées sur Machiavel, op. cit.*, p. 58 (p. 28).

Ce sont ces interlocuteurs cachés que j'examinerai en premier. « Les directives impitoyables qui jalonnent *Le Prince* », écrit Strauss, « s'adressent moins aux princes qui n'en ont guère besoin, qu'aux "jeunes gens" désireux de comprendre la nature des choses politiques » [1]. Ce sont « les véritables destinataires du *Prince* » que l'on reconnaît au chapitre XXV (sur la Fortune qui ne se soumet qu'au tempérament fougueux de la jeunesse) et au chapitre XII et suivants (où les « bonnes lois » sont subordonnées aux « bonnes armes »).

La distinction entre le prince et les jeunes recouvre celle entre l'homme d'action et « ceux dont l'intérêt est essentiellement théorique »... « À cette dernière sorte de lecteurs du *Prince* », poursuit Strauss, « correspondent les jeunes » des *Discours* [2], pour leur part explicitement nommés par Machiavel à la fin de l'avant-propos du livre II des *Discours*.

L'action de Machiavel sur ces jeunes destinataires d'autrefois et de maintenant est ainsi formulée par Leo Strauss :

> La dissimulation qu'il pratique est un instrument subtil de corruption ou de séduction. Il fascine son lecteur en le confrontant à des énigmes; celui-ci, sous le charme du problème à résoudre, fait fi d'exigences plus hautes, si ce n'est de toute exigence. En dissimulant ses blasphèmes, Machiavel échappe aux sanctions mais pas à la culpabilité [3].

Or, ici, Strauss ne parle pas du *Prince*, mais d'un passage selon lui blasphématoire commun au *Prince* et aux *Discours* [4]. On peut alors se demander si *Le Prince* et les *Discours* ne représentent pas la forme pervertie du livre exotérique tel que Leo Strauss le définit dans « La persécution et l'art d'écrire » – au caractère édifiant près :

> Un livre exotérique contient [...] deux enseignements : un enseignement populaire au caractère édifiant, au premier plan; et un enseignement philosophique sur les sujets les plus importants, indiqué seulement entre les lignes [...]. Ceux à qui de tels livres sont véritablement adressés ne sont cependant ni la majorité des non-philosophes, ni le philosophe parfait en tant que tel, mais les jeunes gens susceptibles de devenir philosophes [5].

1. *Ibid.*, p. 106 (p. 81).
2. *Ibid.*, p. 103 (p. 77).
3. *Ibid.*, p. 78 (p. 50).
4. Il s'agit du chap. XXVI du *Prince* et du chap. XXVI du livre I des *Discours* sur le tyran David, auquel Machiavel applique une formule réservée à Dieu, faisant ainsi de Dieu indirectement un tyran, p. 77 (p. 49). La parenté entre les deux passages est indiquée, pour Strauss, par leur numérotation commune.
5. *La Persécution et l'art d'écrire*, *op. cit.*, p. 69.

Cette caricature de la philosophie (à laquelle Strauss consacre le chapitre IV des *Pensées sur Machiavel*) a pour effet de refouler au second plan la question de départ : celle du rapport entre *Le Prince* et les *Discours*, ainsi que la réponse d'abord apportée par Strauss en référence au contexte historique, et de la dissoudre dans une autre question : la production de ces nouveaux destinataires renvoie à l'art évoqué précédemment de lire entre les lignes.

Cependant, l'hypothèse de jeunes interlocuteurs cachés résiste mal à la confrontation directe avec le texte de Machiavel : s'ils ne sont pas désignés en tant que tels dans *Le Prince* et font l'objet d'une hypothèse de la part de Strauss, en revanche, dans les *Discours*, l'adresse aux jeunes gens n'est absolument pas dissimulée ni indirecte. Machiavel écrit :

> Et si vraiment la vertu qui régnait alors et le vice qui règne aujourd'hui n'étaient pas plus clairs que le soleil, j'en parlerais avec plus de réserve. Mais la chose étant si manifeste que chacun la voit, je tiendrai à dire manifestement ce que je comprendrai de ces temps-là et des nôtres, afin que les esprits des jeunes qui liront mes écrits puissent fuir ces temps-ci et se préparer à imiter ceux-là, lorsque la fortune leur en donnera l'occasion [1].

En quoi a-t-on encore à faire à des interlocuteurs cachés ?

D'autre part, Leo Strauss croit trouver, au chapitre X du livre II des *Discours*, dont il remarque qu'il se trouve presque au centre de l'ouvrage, une clé de lecture de Machiavel, dans la manière dont celui-ci lit Tite Live : si Machiavel juge que « l'argent n'est pas le nerf de la guerre », c'est que Tite Live, énumérant ce qui est nécessaire à la guerre, ne mentionne pas l'argent. Machiavel interprète ce silence comme significatif. Strauss en prend acte :

> Machiavel applique donc tacitement la règle suivante : lorsqu'un sage garde le silence sur un fait que tous s'accordent à considérer comme essentiel au débat, il veut nous faire savoir que ce fait est accessoire. Le silence d'un sage est toujours pertinent. *Ce n'est jamais* une omission.

En réalité, le texte anglais est moins catégorique que la traduction; Strauss écrit : « *It cannot be explained by forgetfulness* [2]. » Mais il généralise le principe, en faisant de celui-ci une règle de lecture applicable à la « pratique » machiavélienne dans son ensemble [3].

1. Machiavel, *Discorsi*, II, Proemio, *op. cit.*, p. 146.
2. Je dois cette importante précision à Terence Marshall.
3. *Pensées sur Machiavel, op. cit.*, p. 60 (p. 30).

Or l'interprétation de ce passage est d'autant plus décisive qu'elle autorise Strauss à interpréter en termes de mensonge machiavélien – et en l'occurrence, machiavélique – une série d'« erreurs grossières » commises selon lui par Machiavel et qui vont de la contradiction pure et simple au traitement d'un même sujet sous différentes formes et à la variation subreptice sur d'anciennes thèses, comme, en 1950, Leslie J. Walker, l'éditeur scrupuleux en langue anglaise des *Discours* de Machiavel, avait fait une liste des « erreurs de Machiavel », au sens d'erreurs matérielles [1].

Tout cela appelle l'examen critique de certains procédés d'interprétation, dont nous ne tracerons ici qu'une esquisse.

III

Indéniablement, Strauss connaît très bien les deux textes de Machiavel ; et pourtant, sa lecture produit sur eux une déformation, ressentie par le lecteur de Machiavel comme l'imposition d'une grille de lecture extérieure dont il ne donne pas les clés.

D'une part, Strauss attribue à l'écriture machiavélienne une stratégie de la dissimulation dont Machiavel lui-même fait la théorie au chapitre XVIII du *Prince*, selon une démarche qui tend à confondre l'auteur avec le sujet traité. Il applique notamment à l'écriture de Machiavel un procédé utilisé à certaines époques à Rome et décrit par Machiavel lui-même dans les *Discours* (I, X) pour contourner les entraves à la liberté d'expression : ne pouvant blâmer César, on blâme Catilina et l'on fait l'éloge de Brutus. Strauss poursuit :

> À peine a-t-il mis à jour ce procédé que Machiavel le reprend à son compte en louant les vertus de la religion romaine, ennemie de la religion de la Bible : encenser la religion païenne sous le règne de la religion chrétienne revient à l'éloge qu'aurait pu faire sous la Rome impériale un républicain du meurtrier de César. Car on peut étendre à toute situation ce qui vaut pour l'empire romain : il y a toujours eu un pouvoir dominant dont le triomphe éblouissait la plupart des écrivains, pouvoir qui limitait la liberté du petit nombre de ceux qui n'avaient pas le goût du martyre [2].

Mais dans ce cas, comment expliquer que dans l'avant-propos au livre I et au deuxième chapitre du livre II de ces mêmes *Discours*, Machiavel oppose cette fois ouvertement la religion chrétienne à la religion païenne comme la cause de l'affaiblissement et de l'oisiveté (*ozio*) des hommes qui

1. « Machiavelli's mistakes », dans *The Discourses of Niccolò Machiavelli*, éd. Leslie J. Walker, Londres, Routledge and Kegan Paul, 1950, vol. II, p. 311-312.

2. *Ibid.*, p. 62 (p. 33).

leur a fait perdre précisément l'amour de la liberté et la *virtú* antique? La même remarque vaut pour les attaques de Machiavel contre la religion, souvent très violentes et très directes [1], et non seulement contre la cour papale, attitude typique du milieu de la chancellerie auquel il appartenait [2].

D'autre part, Strauss cite certains textes dont la présence est capitale pour son argumentation, en dehors de tout contexte. C'est notamment le cas d'une lettre dans laquelle Machiavel se définit lui-même comme menteur, invoquée par Strauss comme témoignage de «l'immoralité» de Machiavel. Il s'agit du passage suivant:

> Il y a beau temps que je ne dis jamais ce que je crois et que je ne crois jamais ce que je dis, et s'il m'échappe parfois quelque brin de vérité, je l'enfouis dans tant de mensonges qu'il est difficile de la retrouver [3].

Or ce passage, tiré d'une lettre à Francesco Guicciardini (lettre du 17 mai 1521), extrêmement drôle, voire burlesque («quand votre lettre m'est parvenue, écrit Machiavel, j'étais sur le trône... [4]»), en décalage patent avec sa reprise par Strauss, est difficile à prendre au pied de la lettre; la déclaration de Machiavel est au moins ironique. Or Strauss se réclame de ce passage pour interpréter en termes de «mensonge» les «erreurs grossières» dont il a déjà été question.

Strauss semble enfin céder à la surinterprétation lorsqu'il stigmatise Machiavel comme «conseiller des tyrans», désignant par là la capacité de celui-ci de passer d'un point de vue à l'autre en se mettant à la place des différents protagonistes, et donc aussi, des ennemis (c'est notamment le cas pour le chapitre sur les conspirations, *Discours*, III, VI; mais aussi pour l'interprétation du chapitre III du *Prince*, où Machiavel analyse la politique du roi de France, Louis XII [5]). C'est vouloir ignorer que la fonction de Machiavel à la chancellerie était de rédiger des rapports d'ambassade et qu'une caractéristique du genre était justement d'apprendre à se placer du point de vue de l'ennemi, aussi bien que de celui des Florentins. Les rapports d'ambassade ainsi que la correspondance de Machiavel avec Vettori qui sont la matrice du *Prince*, attestent que ce procédé est un instrument fondamental de l'analyse politique pour Machiavel.

1. Voir, par exemple, *Discorsi*, I, XII, *op. cit.*, p. 95-96.

2. Voir Federico Chabod, «Il segretario fiorentino», (1953), dans *id.*, *Scritti su Machiavelli, op. cit.*, p. 265 *sq.*

3. *Pensées sur Machiavel, op. cit.*, p. 65 (p. 36); voir N. Machiavelli, *Tutte le opere, op. cit.*, lettre 261 du 17 mai à F. Guicciardini, p. 1204.

4. *Ibid.*, p. 1203.

5. *Pensées sur Machiavel, op. cit.*, p. 92 (p. 65).

En effet, Strauss refuse d'envisager que Machiavel se livre à des analyses politiques ; analyses dépassionnées, souvent cyniques, si typiques de ses premières grandes légations ; typiques aussi de sa correspondance avec Francesco Vettori dont il reprend des pans entiers dans *Le Prince*[1]. Relève généralement de ce parti pris de Strauss son refus de la forme dialogique, si présente dans les *Discours*, mais aussi dans *Le Prince,* que Strauss se fait une règle de réduire à des digressions dont il faut interroger le sens caché :

> Nous appelons digression au sens strict les passages désignés comme tels par Machiavel; mais nous traiterons également comme une digression tout ce qui se présente comme une réponse à une question ou une objection éventuelle du lecteur[2].

C'est le cas du chapitre IV, dont le titre se présente sous la forme d'une question (« Pourquoi le royaume de Darius, qu'Alexandre avait conquis, ne se révolta pas, après la mort d'Alexandre, contre ses successeurs ? ») ; c'est également le cas de la *disputatio* traditionnelle pour savoir s'il vaut mieux être craint ou haï. Le même sort est réservé à la réponse à une objection que Machiavel se formule à lui-même sur le démenti que semble porter à sa théorie l'histoire des empereurs romains, au chapitre XIX.

Malgré les « réductions » pratiquées par Strauss sur les textes de Machiavel (réduction à l'enseignement, réduction à la catégorie des textes exotériques devant être lus entre les lignes), sa lecture apporte, on l'a vu, un éclairage original sur Machiavel. La connaissance approfondie qu'a Strauss de Machiavel lui donne, en effet, l'occasion de soulever des problèmes ; de se situer par le choix des passages qu'il met en avant, au cœur des difficultés du texte de Machiavel. Cette capacité est due, en partie, au point de vue adopté : celui du machiavélisme de Machiavel, qui, lorsqu'il n'est pas érigé en règle de lecture absolue, donne des résultats convaincants. Elle vient aussi de la capacité à poser au texte de Machiavel des questions inattendues. C'est notamment le cas du calcul auquel se livre Strauss sur la numérotation des chapitres des ouvrages de Machiavel, qui lui permet d'établir des parallèles inattendus (similitude entre le nombre de chapitres des *Discours* et des livres de Tite Live ; vingt six chapitres dans

1. Ce sont là des aspects exposés par Federico Chabod dans un texte de 1953, mais qu'il étudie dès les années 20.

2. *Pensées sur Machiavel, op. cit.*, p. 74 (p. 46).

Le Prince et le chapitre XXVI des *Discours*, les textes-clés sur le silence, aux chapitres X des livres I et II des *Discours*, *etc.*). Mais Strauss dit lui-même qu'« il serait aberrant d'appliquer mécaniquement ce principe » [1], car il s'agit d'un « jeu » de la part de Machiavel… La difficulté vient alors de ce que Strauss ne formule pas, dans l'ouvrage, les règles de lecture qui dictent ses interprétations.

1. *Ibid.*, p. 80 (p. 53).

PERSÉCUTION ET ART D'ÉCRIRE : STRAUSS, SKINNER ET PIERRE BAYLE

Gianluca MORI

Dans son essai sur « La persécution et l'art d'écrire », Leo Strauss fournit une liste assez longue de philosophes dont les ouvrages auraient été sujets à cette forme de censure, ou d'autocensure, qu'il considère typique des époques de persécution. Cette liste comprend un grand nombre d'auteurs : on va d'Anaxagore jusqu'à Kant, en passant par Platon, Maïmonide, Descartes, Hobbes, Spinoza [1]. Parmi ces noms, celui de Pierre Bayle ne pouvait pas faire défaut. Strauss écrit d'ailleurs en 1941, bien avant cette « redécouverte » de la pensée de Bayle qui en fit, du « précurseur des Lumières » qu'il était jusque là, un fidéiste protestant, plein de doutes mais, au fond, fidèle à la religion de ses pères [2]. On ne sait pas, d'ailleurs, si Strauss a eu connaissance de ce tournant des études bayliennes, qui allait donner lieu à la *vulgate* dominante, du moins en France et dans les pays de langue anglaise, à partir des années 1960. On peut bien supposer qu'il aurait jugé une telle « redécouverte » de la même manière qu'il a jugé d'autres relectures des classiques de la pensée occidentale, à savoir comme une expression de la *logica equina* – complexion mentale typique, à son avis, des critiques du XXe siècle, qui leur a fait croire que les philosophes disent

1. L. Strauss, « Persecution and the art of writing » [1941], réécrit pour *Persecution and the Art of Writing* [1952], trad. *La Persécution et l'art d'écrire*, Paris, Presses Pocket, 1989, p. 66. Voir aussi Strauss, « Exoteric teaching » [1939], éd. K. H. Green, *Interpretation*, XIV, 1986, p. 51-59.

2. Voir l'article de P. Dibon, « Redécouverte de Bayle », dans P. Dibon. [éd.], *Pierre Bayle, le philosophe de Rotterdam*, Amsterdam-Paris, 1959, et, bien entendu, la grande thèse d'É. Labrousse, *Pierre Bayle*, 2 vol., La Haye, 1963-1964. Pour ce qui concerne les œuvres de Bayle, nous utilisons l'édition de 1740 du *Dictionnaire historique et critique* [abr. *Dict.*] et celle de 1727-1731 des *Œuvres diverses* [abr. *OD*]. Pour une bibliographie des études bayliennes au XXe siècle, voir G. Mori, *Bayle philosophe*, Paris, 1999, p. 359-396.

toujours la vérité et qu'il faut donc les prendre toujours au pied de la lettre [1]...

Cependant, la méthode herméneutique de Strauss – soit, si l'on ne veut pas utiliser des termes lourds de résonances potentiellement trompeuses, ses préceptes pour la lecture des ouvrages philosophiques – a été attaquée de plusieurs parts, depuis le début [2]. Dans un article bien connu de 1969, consacré à une analyse détaillée et impitoyable de quelques « mythes » historiographiques courants, Quentin Skinner a essayé d'en donner une réfutation accomplie, quoique assez courte [3]. Sauf erreur de notre part, cette réfutation n'a pas reçu de réplique ni par Strauss lui-même, qui s'approchait de la fin de ses jours, ni par ses disciples [4]. C'est ainsi que, revenant sur la question en 1988, Skinner ne manquait pas de remarquer que la position de Strauss concernant l'écriture et la lecture entre les lignes serait « *thoroughly discredited* » [5]. Il ne s'agit pas, ici, de discuter cette dernière affirmation, et encore moins d'extraire un système méthodologique accompli des indications données à plusieurs reprises, mais toujours

1. *La Persécution et l'art d'écrire*, *op. cit.*, p. 56.

2. Strauss répond lui-même à ces critiques dans « On a forgotten kind of writing » [1954], trad. dans L. Strauss, *Qu'est-ce que la philosophie politique ?*, Paris, 1992, p. 213-223.

3. Q. Skinner, « Meaning and understanding in the history of ideas », *History and Theory*, VIII, 1969, p. 3-53, puis dans *Meaning and Context: Quentin Skinner and his Critics*, éd. J. Tully, Princeton UP, 1988 (sur Strauss, voir surtout p. 41-43).

4. Certes, comme me l'a fait remarquer à juste titre Terence Marshall (à qui je dois la plupart des références de cette note), les disciples de Strauss n'ont pas manqué de critiquer la méthode historiographique de Skinner. Cependant, du moins dans les ouvrages cités ci-dessous, ils n'ont pas essayé de répondre de manière détaillée aux objections particulières que ce dernier avait avancées en 1969 contre Strauss. Voir surtout les études de M. P. Zuckert, « Appropriation and understanding in the history of ideas : on Quentin Skinner's method », *Interpretation*, XIII, 1985, p. 403-424, et de N. Tarcov, « Quentin Skinner's method and Machiavelli's *Prince* », *Ethics*, XCII, 1982, p. 692-709 (republié dans *Meaning and Context*, *op. cit.*). On trouve plusieurs références à la question de la persécution et de l'art d'écrire dans M. P. Zuckert, « The recent literature on Locke's political philosophy », *The Political Science Reviewer*, V, 1975, p. 271-304 ; M. P. Zuckert, « Of wary physicians and weary readers : the debates on Locke's way of writing », *The Independent Journal of Philosophy*, II, 1978, p. 55-66 ; D. Clay, « On a forgotten kind of writing », dans *Leo Strauss's Thought : Toward a Critical Engagement*, éd. A. Udoff, Boulder & Londres, 1991, p. 253-266 ; P. Cantor, « Leo Strauss and contemporary hermeneutics », *ibid.*, p. 267-314 ; P. J. Bagley, « On the practice of esotericism », *Journal of the History of Ideas*, LIII, 1992, p. 231-248 ; D. Berman, « Deism, immortality and the art of psychological lying », dans *Deism, Masonry, and the Enlightenment*, éd. J. A. L. Lemay, Newark, 1987, p. 61-78. Voir aussi S. Rosen, *Hermeneutics as Politics*, Oxford, 1987 ; D. L. Schaefer, *The Political Philosophy of Montaigne*, Ithaca, 1990 ; H. C. Mansfield jr., « Strauss' Machiavelli », dans H. C. Mansfield jr., *Machiavelli's Virtue*, Chicago, 1996 ; P. D. Cooke, *Hobbes and Christianity. Reassessing the Bible in Leviathan*, Lanham, Md., 1996.

5. *Q. Skinner, « A reply to my critics », dans Meaning and Context, p. 259 : « This aspect of Strauss's writings has by now been so thoroughly discredited ».*

fragmentairement, par Strauss. Nous essayerons plutôt de soumettre la position de celui-ci à un petit test de validité, fondé précisément sur l'œuvre de Pierre Bayle et sur sa conception de l'« art d'écrire ». Cela nous permettra également d'esquisser une possible réponse aux questions posées par Skinner.

1. De plusieurs points de vue, Bayle est l'idéal-type du philosophe persécuté. Persécuté par les catholiques, en France, parce qu'il était protestant ; persécuté par les protestants, à Rotterdam, parce qu'on ne le croyait ni protestant ni catholique ; chassé de son poste de professeur en histoire et en philosophie en tant que « corrupteur de la jeunesse » (formule qui est elle-même archétypale de toutes les persécutions) ; auteur de plusieurs ouvrages qui dénoncent – dès leur frontispice, comme le dirait Strauss – leur appartenance à une « époque de persécution » [1]. Ce n'est donc pas un hasard si Bayle s'est interrogé lui-même sur les questions soulevées par l'interprétation des textes et sur les stratégies rhétoriques des écrivains « qui se cachent » (définition qu'il adopte lui-même à propos de ses *Pensées diverses sur la comète*) [2]. Certes, ces analyses, il faut les chercher avec une bonne dose de patience dans les coins les plus reculés des écrits de Bayle. Il n'a pas écrit, et pour cause, un traité sur l'écriture persécutée. C'est surtout dans ses pratiques de lecteur passionné de toute sorte de production littéraire qu'il faut déceler sa « méthode » de lecture – de la même manière que Strauss recherche une confirmation de sa façon de lire les ouvrages de Maïmonide dans la manière dont Maïmonide lui-même lisait la Bible [3].

Notons d'abord que Bayle sait très bien que chaque texte écrit comporte une forme plus ou moins consciente de « dissimulation ». La médiation de l'écriture n'est jamais neutre. Elle est influencée par toute une série de préoccupations morales, sociales, personnelles, qui finit par former un écran nous cachant la véritable identité de l'auteur : « Quoiqu'on puisse dire avec raison qu'un auteur se peint dans ses livres, il est certain néanmoins qu'il s'y déguise pour l'ordinaire, bien mieux qu'il ne s'y représente naïvement ». Même les correspondances littéraires « ne sont pas exemptes de cette dissimulation », car « on n'écrit pas aux gens tout ce que l'on

1. *La Persécution et l'art d'écrire*, *op. cit.*, p. 66. On peut songer au *Commentaire philosophique*, où Bayle se cache derrière un pseudonyme qui est une sorte de montage de noms de quelques hérétiques anglais (voir l'avant-propos de J.-M. Gros à son édition, Paris, 1992).

2. À Jacob Bayle, 9 janvier 1684 (*Lettres de M. P. Bayle*, La Haye, 1739, t. II, p. 212).

3. *Cf. La Persécution et l'art d'écrire*, *op. cit.*, p. 98 : « Si nous voulons comprendre le *Guide*, nous devons le lire en suivant les règles que Maïmonide applique dans cet ouvrage pour expliquer la Bible ». Nous reviendrons plus loin sur le sens de cette affirmation de Strauss.

pense : on aurait trop de honte de se montrer à eux tel qu'on est, et trop de peur de se faire des ennemis par son ingénuité » [1].

Si Bayle ne croit aucunement à la transparence de l'écriture par rapport aux sentiments de l'auteur, il ne croit pas non plus que l'on puisse parvenir à donner à un texte quelconque une clarté parfaite, susceptible d'écarter tout malentendu, ou toute discussion entre les lecteurs. La distance temporelle augmente les difficultés : « Un auteur, qui veut éviter que les siècles à venir n'interprètent de plusieurs façons contraires ce qu'il a dit, souhaite une chose presque impossible ». Certes, « si l'on prévoyait les controverses qui s'élèveront dans trois ou quatre-cents ans, on s'exprimerait de manière plus précise », mais il n'est pas sûr que « les langues fourniraient assez de termes qu'il en faudrait pour ôter les équivoques et pour obvier aux chicanes » [2]. Ainsi, tout texte se trouve enveloppé dans une obscurité essentielle, qui relève aussi bien de l'ambiguïté intrinsèque des mots que de leur utilisation rhétorique. De là, par conséquent, l'importance du jugement des contemporains, qui seuls sont capables de saisir tous les sous-entendus d'un ouvrage : « Les satires – dit Bayle – auraient besoin d'être commentées, ou par l'auteur lui-même, ou par quelque auteur contemporain » ; autrement nous serions contraints de « deviner » leur sens. Ainsi, pour reconnaître toutes les allusions et « toutes les railleries exprimées à demi-mot », il faudrait avoir vécu dans la même époque que l'auteur [3]. La tâche du lecteur moderne est donc loin d'être simple : toute lecture critique risque de dégénérer dans une forme d'intuition occulte d'un sens caché et inaccessible, qu'il s'agit moins de comprendre que de « deviner ». Ce verbe est très fréquent sous la plume de Bayle lorsqu'il s'agit d'analyser le problème de l'interprétation des textes littéraires et philosophiques. La Bible n'échappe pas à ce constat : Moïse, selon Bayle, s'exprime lui-même « à demi-mot », ce qui contraint les lecteurs des Écritures à « deviner le meilleur de ses pensées » [4].

Jusqu'ici, il n'a pas été question de dissimulations provoquées par une possible persécution. Mais Bayle sait très bien que la crainte de la répression constitue, très souvent, un puissant motif qui nous amène à nuancer

1. Bayle, *OD*, I, 23 *a*. *Cf.* aussi *Dict.*, « Grotius », M, sur le « double langage » que l'on tient dans ses lettres à propos des ouvrages d'un certain auteur, selon qu'on les adresse à celui-ci, ou à d'autres personnes. Même constat dans *Dict.*, « Hortensius », H : « la duplicité, ou la nature amphibie du langage », etc.

2. Bayle, *Dict.*, « Dante », I.

3. *Dict.*, « Fannius Quadratus », A.

4. *Dict.*, « Marie l'Égyptienne », C. Sur les abrégés de Moïse, voir aussi *Dict.*, « Ève », A ; *OD*, I, 428, 541. En commentant un passage obscur de Cicéron, Bayle observe qu'« il faut être presque devin pour en comprendre le sens » (*Dict.*, « Diagoras », I); voir aussi *Dict.*, « Fronton », E, et l'Introduction des *Janua coelorum* (*OD*, II, 619 a).

nos propos. Cette crainte, Bayle la retrouve par exemple chez Pierre Charron, qui, dans la deuxième édition de *La Sagesse*, dut atténuer ses expressions pour échapper à la condamnation de ses censeurs. Bayle s'arrête assez longuement sur ces stratégies; il va jusqu'à énoncer un petit décalogue de l'écrivain persécuté :

> Ôtez certains mots qui semblent être trop crus, employez-en d'autres qui signifient la même chose, mais qui sont moins brusques, vous passerez de la réputation d'hérétique à celle d'un vrai fidèle : l'impression de votre ouvrage ne sera plus interdite, on en permettra le débit [1].

Selon Bayle, en effet, « le monde ne s'accommode point de [la] candeur ». Il faudra donc se prêter à suivre les règles de la bienséance. Par exemple, si l'on veut soutenir publiquement que les religions ont été inventées par les hommes, il faut à tout le moins « [excepter] la religion véritable », comme Charron ne manqua pas de le faire dans la deuxième édition de son ouvrage [2]. On trouve des opérations semblables, bien entendu, dans la deuxième édition du *Dictionnaire*, où Bayle corrige des propos fort critiques à l'égard du christianisme que l'on trouvait dans la première édition, en soutenant qu'il ne s'agissait pas de son opinion, mais de celle de quelques « gens », avec lesquels, dit-il, il n'est pas d'accord [3].

Ces stratégies, en principe, ne visent qu'à tromper les censeurs, qui sont toujours « stupides », comme le dira Strauss [4]. Et Bayle ne manque pas d'insinuer lui-même que les censeurs grecs « se laissaient jouer comme des enfants » par Épicure [5]. Cependant, son analyse est plus subtile. Car il sait bien que la censure ne suit pas des critères interprétatifs comparables à ceux de la critique littéraire. La censure tolère, en effet, tout ce qui n'est pas susceptible de provoquer des émeutes populaires : elle se contente « de l'extérieur [...], sans vouloir fouiller dans les pensées » [6]. C'est pour cela qu'une conformité extérieure à l'orthodoxie est suffisante pour ne pas tomber dans les filets de l'Inquisition, bien qu'elle soulève des soupçons de la part de tous les lecteurs avertis. Ceux-ci, en effet, savent bien deviner le sens d'un

1. *Dict.*, « Charron », O. Voir aussi *OD*, I, 330-331, sur les « indices expurgatoires ».

2. *Dict.*, « Charron », L.

3. Voir à ce propos G. Mori, *Bayle philosophe*, p. 20 *sq.* Sur les stratégies littéraires de Bayle, et en particulier sur son usage de l'anonymat, voir aussi notre communication à la journée d'étude « Anonymat et clandestinité aux XVIIe et XVIIIe siècles », Université de Paris XII-Val de Marne, 11 juin 1999, actes à paraître dans *La Lettre clandestine*, VIII, 1999.

4. *La Persécution et l'art d'écrire*, *op. cit.*, p. 96 : « L'ésotérisme, pourrions-nous dire, se fonde sur la supposition qu'il existe une division rigoureuse de l'humanité en une minorité inspirée ou intelligente et une majorité sans inspiration ou stupide ».

5. Bayle, *Dict.*, « Lucrèce », K.

6. *Ibid.*

texte, malgré les manœuvres et les mystifications de l'auteur. Il n'est d'ailleurs pas nécessaire d'affirmer en toutes lettres ce que l'on entend soutenir. Bayle sait très bien qu'il y a des genres littéraires, comme celui de la satire, qui sont fondés précisément sur une entente secrète entre l'auteur et le lecteur. Il faut donc « laisser deviner au lecteur la moitié de ce qu'on veut dire pour le moins », sans craindre « qu'on ne nous comprenne pas »; en effet, « la malignité du lecteur va souvent plus loin que nous; il faut s'en remettre à elle, c'est le plus sûr » [1].

C'est « le plus *sûr* », pourrait-on ajouter, de plusieurs point de vue, y compris celui de la sûreté personnelle du philosophe, qui est obligé d'évoluer à l'intérieur d'un champ assez étroit, où il doit mettre à contribution les « conseils de la rhétorique ». Le philosophe, dit Bayle, doit « discerner ce qu'il faut dire et ce qu'il faut taire », suivant la « méthode des anciens maîtres », qui, surtout dans les matières qui touchaient à la religion, « avaient des dogmes pour tout le monde et des dogmes pour les disciples initiés aux mystères » [2]. Ici, la référence à l'« ésotérisme », ou à la « double doctrine », est très claire, bien que Bayle ne se serve pas de ces mots (il parle plutôt d'une « sage retenue » du philosophe). En tout cas, la persécution et la censure sont un point de repère constant de sa critique historique : on peut être certain, par exemple, qu'un tel auteur n'a pas soutenu une chose, si le fait de la soutenir l'aurait exposé « aux feux de l'Inquisition » [3]. Bayle s'étonne, par conséquent, de voir qu'Épicure et Lucrèce ont été tolérés, alors qu'Aristote a été persécuté [4]. Ou encore, le fait qu'un certain auteur (Pereira) ait produit une doctrine nouvelle et originale en Espagne, « où la liberté de l'esprit est moins soufferte que celle du corps ne l'est en Turquie », lui paraît digne d'être remarqué, étant donnée la « rareté » d'un tel phénomène [5]. De même, il ne faut pas « se scandaliser » si Richard Simon ne loue pas les protestants, car il est notoire « que l'Inquisition ne veut pas même que l'on donne à un hérétique la qualité de *Monsieur*, ni celle de *Docteur* »; il faudrait plutôt « être scandalisé de ce qu'il les loue, puisque c'est un mépris visible des ordres de son souverain spirituel » [6].

Cette attitude conformiste à l'égard de la censure s'appuie, au fond, sur une option typiquement aristocratique, impliquant un certain mépris envers

1. P. Bayle, *Harangue du duc de Luxembourg*, p. 66 de l'édition Lacoste (reproduite dans le tome V-1 de l'édition anastatique des *Œuvres diverses*, Hildesheim 1982-1990).

2. *Dict.*, « Aristote », X. Sur la double doctrine de quelques Anciens, voir *Dict.*, « Calenus », A (« je ne doute pas que Pline, au fond de son âme, ne se moquât de ces sottises... »), « Carnéade », B. Voir aussi *Dict.*, « Spinoza », B, sur les bonzes chinois.

3. Voir *Dict.*, « Averroès », G; « Crémonin »; « Critias », H; « Curion », B; « Jodelle », E.

4. *Dict.*, « Lucrèce », K.

5. Bayle, *OD*, I, 7 b.

6. Bayle, *OD*, I, 333 a :

la « populace », qui est incapable de s'élever au niveau intellectuel des philosophes : le peuple doit être trompé, car il est dans sa nature, dit Bayle, d'être trompé. Et cela, ajoute-t-il, vaut « surtout dans ce qui regarde la religion » [1]. D'ailleurs, les tromperies « sont permises envers les enfants et les malades ; cela tire à conséquence sur les peuples : ils sont toujours dans l'enfance, toujours malades à certains égards » [2]. Bayle – on le voit bien par ces passages – appartient sans doute au nombre de ces philosophes que Strauss appelle « prémodernes », foncièrement convaincus que « la philosophie ou la science [sont] essentiellement le privilège du "petit nombre" » [3]. Tout comme Fontenelle, il croit « qu'il n'est pas inutile que les hommes soient trompés », car « si par malheur la vérité se montrait, tout serait perdu ; mais il paraît bien qu'elle sait de quelle importance il est qu'elle se tienne toujours cachée » [4].

L'exercice herméneutique, la « divination » du sens des énoncés, n'est cependant pas selon Bayle une faculté occulte, et encore moins une habileté propre à certains lecteurs par don de naissance. Bayle énonce plutôt des critères précis, qui ne sont pas différents de ceux de Strauss. Partons de ce qu'on pourrait appeler le principe de l'anticonformisme, s'opposant à celui de la « quantité textuelle », pour ainsi dire. Si un auteur embrasse une fois l'opinion hétérodoxe, dit Strauss, il faut prendre au pied de la lettre cette prise de position, même s'il « admet explicitement et maintient partout ailleurs » la doctrine dominante de l'orthodoxie [5]. Il s'agit, en d'autres mots, de privilégier le *hapax* (spéculatif), et de considérer la répétition impersonnelle des lieux communs de l'orthodoxie comme suspecte d'hypocrisie. De cette manière, le *hapax* est élevé de son statut d'occurrence marginale, sinon fortuite, négligeable, jusqu'à devenir l'indice révélateur d'une pensée originale et anticonformiste. Nous verrons plus tard quel est le sens précis de cette position, qui est la plus caractérisée – mais aussi la plus risquée – de Strauss. Pour le moment, il suffit de noter que Bayle soutient la même chose que lui :

1. *Dict.*, t. IV, p. 582. *Cf. OD*, III, 708 b et *Dict.*, « Agar », K : « Il est très facile de tromper l'homme en matière de religion, et très difficile de l'y détromper [...] *quandoquidem populus vult decipi, decipiatur* ». Sur la crédulité de la « populace », voir aussi *Dict.*, « Concini », G.

2. *Dict.*, « Hadrien (P. Æ.) », M.

3. *La Persécution et l'art d'écrire*, *op. cit.*, p. 67.

4. Fontenelle, *Nouveaux dialogues des morts*, part. II, Dialogue 8 (cité par Bayle dans *OD*, II, 286 a). Certes, dans *Dict.*, « Marule (Marc) », A, Bayle condamne l'utilisation pédagogique du mensonge (« Ô la mauvaise morale ! »), mais cette exclamation inquiète est contredite par toute son analyse des rapports entre écriture et persécution...

5. *La Persécution et l'art d'écrire*, *op. cit.*, p. 65.

Strauss :

> L'opinion réelle d'un auteur n'est pas nécessairement identique à celle qu'il exprime dans le plus grand nombre de passages [1].

Bayle :

> La véritable opinion d'un homme n'est pas toujours celle qu'il dit en plus d'endroits [2].

Certes, on pourrait croire à une convergence accidentelle, que la différence des contextes pourrait rendre, tout bien pesé, assez futile. Il n'en est rien. Et cela, pour plusieurs raisons. La plus importante est la suivante : c'est que Bayle, tout comme Strauss, définit le rapport entre la doctrine communément adoptée et celle qui apparaît seulement une fois, ou qui demeure en tout cas minoritaire, dans les termes d'une opposition entre la « coutume » et la « raison ». La formulation la plus précise de cette position, on la retrouve dans un passage que Bayle extrait de Malebranche : « Lorsqu'on parle comme les autres, on ne dit pas toujours ce qu'on pense », mais « quoiqu'on dise une seule fois une chose contraire aux préjugés, il faut l'interpréter selon la rigueur de l'expression » [3]. Ce principe, Bayle l'applique très souvent, et surtout lorsqu'il s'agit de caractériser la position véritable d'un philosophe. Par exemple, à propos des cartésiens, il observe que ceux-ci disent mille fois que les corps se donnent le mouvement eux-mêmes, que nous mouvons nous-mêmes nos bras et nos jambes, que l'âme est la cause efficiente de ses volitions ; cependant, il suffit d'avoir affirmé une fois que Dieu est la cause véritable de tous ces phénomènes pour entendre de la manière la plus correcte de telles affirmations (c'est-à-dire comme des concessions au langage commun) [4].

Cette option herméneutique implique inévitablement, aux yeux de Bayle comme à ceux de Strauss, une sorte de sélection naturelle des lecteurs. Seuls certains lecteurs, ceux qui sont en mesure de comprendre tous les passages logiques d'une argumentation, peuvent saisir le sens ultime d'un ouvrage philosophique :

> De cent mille lecteurs, à peine y en a-t-il trois qui soient capables du discernement qu'il faut faire lorsqu'il s'agit de juger d'un livre où l'on

1. *Ibid.*, p. 63.
2. Bayle, *OD*, I, 591 *b*.
3. *OD*, I, 334 *b*.
4. *OD*, I, 448 *a*.

> oppose les idées d'un raisonnement exact et métaphysique aux opinions les plus communes [1].

La plupart des lecteurs s'arrêtent à l'écorce du texte, ils se contentent des déclarations de l'auteur, de ses « exclamations », de ses « moralités » ; mais il y a aussi, dit Bayle, « les lecteurs qui raisonnent, et qui prennent la peine de comparer exactement les objections avec les réponses », en considérant le texte dans son entier, sans se faire éblouir par quelques propositions grandiloquentes [2]. De même, selon Strauss,

> seule une minorité de lecteurs prendra la peine de garder fermement à l'esprit les résultats de tous les chapitres et de les juxtaposer [3].

Le philosophe, par conséquent, parle seulement à un petit nombre de lecteurs, tout en demeurant muet, comme le dit Strauss, à l'égard des autres. Bayle, pour sa part, soutient explicitement que « tous les lecteurs ne devinent pas à qui [un auteur] en veut, mais il y en a qui le devinent, et [l'auteur] sait bien qu'il y en aura qui le feront » [4]. Un dialogue codé s'instaure ainsi entre l'auteur et le lecteur attentif. L'auteur *sait* qu'il y a des lecteurs qui seront disposés à suivre le fil de ses allusions, de ses raisonnements, même si ceux-ci sont cachés sous la brume épaisse de quelques déclarations contraires. Une pensée demeure intacte, malgré tous les adoucissements, les minimisations, les manœuvres plus ou moins habiles pour la cacher. Comme dans le cas de Charron, il suffit de changer les mots, sans cependant changer le sens de son propos [5].

La dimension essentiellement ésotérique de la philosophie est d'ailleurs bien évidente aux yeux de Bayle : « On pourrait faire des réponses très solides à M. Arnauld » – dit-il à propos de la querelle entre ce dernier et Malebranche – « *si le monde était assez fort pour les digérer* » [6]. Arnauld s'appuie en effet « sur des principes (la providence particulière de Dieu, la liberté de l'homme) que l'on n'oserait nier publiquement, *quand même on ne les croirait pas véritables* ». Ce constat correspond exactement à celui que Strauss retrouve chez Spinoza, déclarant qu'« il faut passer sous silence » quelques considérations sur les généalogies bibliques, « pour des

1. *Dict.*, « Charron », *in corp.*
2. *Dict.*, « Marcionites », E. Voir aussi *Dict.*, « Mahomet II », Q; « Socin », O.
3. *La Persécution et l'art d'écrire*, *op. cit.*, p. 249.
4. *Dict.*, « Rémond », D.
5. Bayle observe pourtant que si le sens ultime de notre écrit était enseveli sous des ambiguïtés trop poussées, « nous l'aurions tellement caché que nous l'aurions rendu invisible à tous les lecteurs désintéressés » (*Dict.*, « Ferri », G). Il remarque également que souvent l'auteur se « défie » du lecteur, et qu'il ajoute des *Nota Bene* « pour se garantir des jugements téméraires » (mais le lecteur entend la chose différemment – voir *OD*, I, 334).
6. *OD*, I, 242.

causes que la gravité des temps ne permet pas d'expliquer »[1]. Bayle retrouve cette même attitude chez d'autres philosophes contemporains : selon « une infinité de gens », dit-il, « Descartes et Gassendi croyaient aussi peu la Réalité [c'est-à-dire le dogme de la Transsubstantiation] que les fables de la Grèce ». Ainsi, si leurs disciples « avaient la permission d'enseigner publiquement leurs principes », ils « saperaient bientôt tous les fondements de la religion romaine » (dans le reste du passage, ce constat est étendu aux dogmes du protestantisme)[2]. Et Bayle de conclure : « On n'ose plus dire les vérités que l'on découvre, à moins qu'elles ne soient de la portée des esprits vulgaires[3]. »

C'est dans ce sens, et seulement dans ce sens, que la philosophie est selon Bayle une « poudre corrosive », qui après avoir détruit le mensonge attaque la vérité[4]. Ce terme, « vérité », a ici une signification strictement rhétorique ; il indique ce qu'on croit communément être la vérité (révélée). Car comment la philosophie, qui s'identifie à son avis avec la recherche de la vérité, peut-elle détruire la vérité ? Voici une « contradiction », dirait Strauss ; mieux : voici un mot *bifrons*, dont une face « serait tournée vers le vulgaire, et dont l'autre face serait tournée vers l'homme qui comprend par lui-même »[5]. Il en va de même du terme « faux zèle », dont Bayle se sert pour condamner le caractère essentiellement intolérant de *toute* religion. Car dans quel sens le zèle de quelqu'un peut-il être « faux », lorsqu'on soutient en même temps que chacun a le droit inaliénable de penser, et de soutenir que la sienne est la « vraie religion »[6] ? C'est une autre « contradiction » de Bayle que Strauss n'aurait pas manqué de mettre en évidence.

En revanche, la méconnaissance de tous ces dispositifs rhétoriques constitue la racine la plus profonde de la relecture, ou « redécouverte », fidéiste de Bayle. On ne peut pas s'empêcher de remarquer, en effet, que les lectures « protestantes » de sa pensée s'appuient précisément sur des principes opposés à ceux que nous venons d'analyser. Élisabeth Labrousse soutient, par exemple, qu'il faut exclure la présence chez Bayle d'« une stratégie concertée qui fasse appelle à la complicité d'un lecteur capable d'entendre à demi-mot » et que, pour lire correctement Bayle, il y aurait « un critère assez objectif dans la fréquence avec laquelle reparaît une

1. *La Persécution et l'art d'écrire*, *op. cit.*, p. 256.

2. *Dict.*, « Takiddin », A.

3. *OD*, IV, 186 *b*.

4. *Dict.*, « Acosta ». On retrouve ce même passage à l'art. « Euclide », E.

5. *La Persécution et l'art d'écrire*, *op. cit.*, p. 110.

6. Voir G. Mori, *Bayle philosophe*, chap. 6, note 161 et P. Bayle, *Commentaire philosophique*, p. 261 de l'édition Gros (= *OD*, II, 416 *b*) : « La véritable religion [...], c'est ainsi que chacun nomme la sienne ».

même idée » [1]. Or il est évident que l'objectivité de ce critère ne tient qu'au fait que l'on peut donner une quantification précise des occurrences, chez un auteur donné, d'une certaine doctrine. Mais l'objectivité termine ici, car, comme le dit Strauss, « la fréquence de la répétition d'une proposition n'augmente pas son importance ou sa vérité » [2]. La répétition, la réitération est d'ailleurs un outil typique de la rhétorique, de l'art de persuader. Élisabeth Labrousse continue en disant que, chez Bayle,

> les passages hardis sont enfouis dans une masse considérable de dissertations aussi érudites qu'inoffensives. Quelques lignes audacieuses [...] comptent-elles plus que les longs paragraphes où elles sont tapies ? De tous les sens possibles, est-ce invariablement au plus incisif qu'il faut s'arrêter ?

Il est évident que Strauss donnerait une réponse précise à ces questions. Mais ce qui compte, en l'occurrence, est que Bayle lui-même, comme on l'a vu, aurait donné une réponse opposée tout à fait analogue.

Bien entendu, il n'est pas nécessairement vrai que la méthode la plus fiable pour lire un auteur soit celle-là même que cet auteur adopte en lisant les ouvrages d'autrui. Cela pourrait ressembler à une pétition de principe. Strauss risque peut-être d'y tomber lui-même lorsqu'il soutient que « nous pouvons acquérir une connaissance préalable des habitudes d'écriture d'un auteur en étudiant ses habitudes de lecteur » et que, « en règle générale, les écrivains soigneux sont des lecteurs soigneux, et *vice versa* » (d'ailleurs, il finit par conclure que, en lisant Spinoza, « nous avons le droit de [nous] écarter de ses propres règles de lecture ») [3]. Cependant, du moins pour ce qui concerne Bayle, il ne faut pas suivre sa méthode de lecture seulement parce qu'elle est la sienne. Il faut la suivre, plutôt, dans la mesure où elle nous atteste sa maîtrise de quelques instruments rhétoriques qui étaient d'ailleurs assez courants à son époque. À l'inverse, la négation de la présence dans les écrits bayliens d'une stratégie de dissimulation implique nécessairement l'attribution à Bayle d'une sorte de candeur immaculée à l'égard de l'impact de ses propos sur le public protestant de l'époque [4] – ce qui nous paraît absolument incompatible avec toute son expérience de critique et de lecteur pénétrant, voire malin, des ouvrages d'autrui.

Les analogies entre Bayle et Strauss ne sont donc pas superficielles. Bayle ne s'est pas borné, en effet, à reprendre le thème classique de

1. É. Labrousse, *Pierre Bayle*, t. II, p. 136, note 30 (voir *ibid.*, p. 345).
2. *La Persécution et l'art d'écrire*, *op. cit.*, p. 249.
3. *Ibid.*, p. 207, 223.
4. Selon É. Labrousse, par exemple, les affirmations les plus radicales de Bayle doivent être considérées comme des « incartades passagères d'un auteur primesautier et spontané... » (*Pierre Bayle*, t. II, p. 345).

l'ésotérisme, mais il s'est interrogé sur la possibilité d'une écriture ésotérique, fondée sur un dialogue souterrain entre l'auteur et une partie des lecteurs : ceux qui suivent le fil des argumentations sans se faire distraire par les ornements de la rhétorique. Ce faisant, il a postulé l'existence d'une élite de penseurs libres, ou de libres penseurs, qu'il oppose de la manière la plus nette au « peuple ». Car Bayle, tout comme Strauss, ne croit pas que cette opposition puisse être surmontée, ou atténuée. Le peuple demeurera toujours peuple et les philosophes ne doivent pas essayer de le délivrer de ses illusions [1]. La dissimulation devient par là-même une qualité morale, relevant d'une forme de générosité envers son prochain : un athée gardera ses sentiments

> ou pour lui seul, ou pour des personnes qu'il suppose très capables de n'en faire pas un mauvais usage [...]; bien loin qu'un tel homme voulût inspirer ses opinions à ceux qui en pourraient abuser, ou à qui elles pourraient faire perdre les consolations que l'espérance d'une éternité heureuse leur fait sentir dans leur misère, il les fortifierait là-dessus par un principe de charité et de générosité [2].

Enfin, tout comme Strauss, Bayle a conçu cette opposition dans les termes d'une opposition entre la *raison* et la *Révélation*, entre l'*examen* et les *préjugés*, entre la *science* et la *foi*, entre *Athènes* et *Jérusalem*. Un homme né et élevé dans le christianisme pourra difficilement se délivrer de ses croyances; en revanche, selon Bayle, un « jeune athénien » disposé à remettre en question toutes les vérités reçues, aboutirait sans doute à l'athéisme après avoir examiné les dogmes de sa religion [3]. On retrouvera chez Strauss non seulement, comme il est notoire, la référence à Athènes, mais aussi la même confiance – plus ou moins fondée – dans les jeunes gens, qui sont les véritables destinataires de cette bouteille à la mer qu'est l'écriture entre les lignes.

2. Venons-en aux objections de Skinner à Strauss. Elles concernent surtout la légitimité de la résolution des « contradictions » [4] d'un texte philosophique sous prétexte qu'elles dénotent une tentative de dissimulation. Une contradiction ne pourrait-elle pas dépendre du fait que l'auteur

1. « Varron, Cicéron, Sénèque [...] se conformaient aux rites publics *qu'ils ne pouvaient réformer*, mais ils ne cherchaient point là les règles de leur morale, leurs devoirs et le modèle de leur conduite » (*OD*, III, 390 *b*).

2. *Dict.*, « Desbarreaux », F; voir également *Dict.*, « Spinoza », I; « Vayer », C, et *OD*, III, 239 *b*-240.

3. Voir surtout le § 103 de la *Continuation des pensées diverses sur la comète*.

4. Même si cela n'a pas été dûment éclairci par Strauss (ni par Skinner), ce terme doit être pris au sens le plus large : il s'agit de tous les cas d'incompatibilité entre deux énoncés d'un même auteur.

a changé d'avis, ou de ce qu'il n'a pas de position constante et stable sur une certaine question ? Ne faut-il pas, dès lors, appliquer le principe du « rasoir d'Occam » et éliminer toute interprétation surabondante, qui nous porte à postuler inutilement la présence d'intentions occultes ? La doctrine de Strauss sur l'écriture persécutée serait donc l'une des expressions typiques de ce que Skinner appelle la « mythologie de la cohérence » – défaut capital, à son avis, des études d'histoire de la philosophie. Cette mythologie postule, *a priori*, qu'il existe un « système » dans chaque auteur, et que tout ce qui ne cadre pas avec ce système doit être exclu ou, pire, considéré comme une pure feinte [1].

Cependant, Strauss ne dit pas que *toute* « contradiction » doit être éliminée au nom d'une cohérence à retrouver nécessairement entre les lignes. C'est sans doute dans ce sens qu'il faut entendre sa remarque suivant laquelle la lecture entre les lignes constitue une sorte d'*extrema ratio*, que l'on se voit obligé de prendre en considération après avoir épuisé « toutes les possibilités raisonnables de comprendre un passage tel qu'il est » [2]. Parmi ces « possibilités raisonnables », on pourrait bien sûr inclure celle qu'un certain auteur a changé d'avis, où qu'il n'a pas de pensée cohérente sur certaines matières [3]. Quel est alors le critère qui permet de faire le pas décisif, déclenchant une lecture entre les lignes ? Y a-t-il des apories qui peuvent faire soupçonner que l'auteur veut déguiser sa pensée ? Il s'agit, selon Strauss, des divergences qui ne ressortent pas d'une antinomie interne à une argumentation rationnelle, mais qui juxtaposent une conclusion philosophique anticonformiste, fondée sur l'élaboration cohérente de certains axiomes généraux, à des attestations orthodoxes dépourvues de tout soutien spéculatif. Strauss a donné une formulation assez claire de ce critère dans « *How to begin to study medieval philosophy* » – une conférence de 1944 publiée de manière posthume –, où il souligne la nécessité de distinguer « entre les enseignements exotériques, fondés sur des arguments rhétoriques » et « l'enseignement ésotérique, fondé sur des arguments démonstratifs ou scientifiques » [4].

1. Voir *Meaning and Context*, p. 38 *sq.*

2. *La Persécution et l'art d'écrire*, *op. cit.*, p. 63.

3. Certes, réagissant contre ceux qui ramènent *toutes* les divergences à l'intérieur d'un texte aux flottements de la pensée de l'auteur, Strauss paraît parfois nier la possibilité de toute évolution (*La Persécution et l'art d'écrire*, *op. cit.*, p. 64), mais cela n'est pas directement impliqué par les principes qu'il pose, si bien qu'il ne manque pas, le cas échéant, d'observer que tel ou tel auteur est dépourvu d'une pensée cohérente ; voir, à propos des oscillations de Rousseau, le texte de Strauss cité par Cantor, « Leo Strauss and contemporary hermeneutics », p. 279.

4. Voir L. Strauss, *The Rebirth of Classical Political Rationalism*, éd. T. L. Pangle, The University of Chicago Press, 1989, p. 225. Il s'agit, bien entendu, d'une distinction classique,

On pourrait donc affirmer qu'une contradiction peut être résolue lorsqu'on remarque une différence de statut illocutoire, pour utiliser la terminologie de Skinner, entre les deux affirmations supposées en contraste spéculaire entre elles. Il peut arriver, par exemple, que l'une de ces affirmations ne soit qu'une déclaration (où l'auteur parle en « moraliste », ou en « déclamateur », comme le dirait Bayle) [1], alors que l'autre est la conséquence d'un argument strictement spéculatif, où l'auteur parle en philosophe. En ce sens, il n'est même pas nécessaire de lire « entre les lignes ». Cette métaphore peut être trompeuse; elle l'est d'autant plus qu'elle fait songer à une tentative d'extrapoler du texte des doctrines que celui-ci ne contient pas. Au contraire, comme Strauss le souligne fortement, il ne faut pas amender les textes, ou en supprimer quelques parties (Bayle, de même, soutient qu'il faut « se faire une religion de n'attribuer à un homme que ce qu'il a écrit ») [2]. Il ne s'agit donc pas de se substituer à l'auteur; il s'agit plutôt de privilégier, parmi les thèses de celui-ci, celles qui émanent d'un examen attentif des « raisons du pour et du contre, jusqu'à la dernière réplique » [3], et de suspendre le jugement sur ses affirmations extra-philosophiques, qui *pourraient* avoir d'autres mobiles.

Certes, le critère susdit peut paraître facile à énoncer, mais difficile à appliquer. Il faut également avouer que plusieurs applications que Strauss a données de sa propre méthode de lecture ne sont pas tout à fait compatibles avec sa distinction fondamentale entre philosophie et rhétorique – ce qui a fini par offusquer cette même distinction. Cependant, c'est sans doute sur celle-ci qu'il faudrait s'appuyer pour donner un sens moins abstrait aux préceptes de Strauss, surtout lorsqu'on entend les appliquer à la lecture des textes bayliens.

D'ailleurs, Bayle n'a pas manqué lui-même de se poser la question des « contradictions » des auteurs. Or, encore une fois, son analyse n'est pas différente de celle de Strauss. En effet, c'est précisément en distinguant entre philosophie et rhétorique qu'il essayait de résoudre – ou de dissoudre – les prétendues « contradictions » de quelques philosophes anciens. C'est le cas de Lucrèce. Ce dernier, tout en niant la providence divine, ouvrait son poème sur une invocation à Vénus : « Quelques-uns veulent que [cette

voir P. J. Bagley, « On the practice of esotericism », p. 231-232 (notes 2-3). Voir aussi *La Persécution et l'art d'écrire*, *op. cit.*, p. 111 : toutes les « contradictions importantes » du *Guide des égarés* de Maïmonide peuvent être réduites « à l'unique contradiction fondamentale, entre l'enseignement vrai, fondé sur la raison, et l'enseignement faux, procédant de l'imagination ».

1. *Cf. OD*, III, 526 *b*; *OD*, IV, 26 *a*.

2. Voir *La Persécution et l'art d'écrire*, *op. cit.*, p. 63; Bayle, *Dict.*, « Barlette », B. Voir aussi *Dict.*, « Junon », N; « Philetas », D; *OD*, III, 513 *b*.

3. *OD*, III, 217 *b*. Voir aussi *ibid.*, 215 *a*.

invocation] soit propre à montrer qu'il s'est contredit». Cela pourrait être vrai, dit Bayle, «si cette prière fût autre chose qu'un jeu d'esprit» (il est inutile de remarquer que Strauss interprète de la même manière ce passage du *De rerum natura* [1]). C'est en ce sens que «les contradictions apparentes sont *quelquefois* la faute du lecteur, et non pas celle de l'auteur», même si, comme Bayle le souligne plusieurs fois, ce n'est pas tout à fait le cas de *toutes* les contradictions [2]. Concernant Lucrèce, Bayle précise que

> l'on serait coupable d'une chicanerie ridicule, si l'on soutenait que la force de la vérité lui arracha quelquefois des confessions qui renversaient son système [3].

Ces prétendues contradictions ne relèvent, tout au contraire, que la nécessité de s'exprimer comme le peuple: «Il voulut bien s'accommoder en quelque façon à la coutume [4].»

Il en va de même de Daniel Sennert. Ce dernier, selon Bayle, fut obligé à nier les conséquences qui «coulaient» de ses principes, ces conséquences étant hétérodoxes et susceptibles de le faire passer pour hérétique: «Il aima donc mieux par la rejection de ces conséquences s'exposer à l'accusation de mal raisonner [...] que d'encourir toutes les suites qu'aurait pu avoir» sa position véritable (et cela, bien entendu, «*propter metum Judæorum*») [5]. Il va sans dire que l'on retrouve chez Bayle un très grand nombre de cas semblables à celui-ci, où il préfère passer pour un «mauvais raisonneur», plutôt que d'aboutir à des conclusions cohérentes, mais hétérodoxes. Par exemple, dans le *Commentaire philosophique*, il refuse d'étendre la tolérance aux athées, ce qui contredit manifestement tout son plaidoyer pour les droits de la conscience errante (ainsi que sa doctrine de l'athée vertueux) [6]. Notons que même É. Labrousse avoue qu'ici Bayle parle «à son corps

1. Bayle, *Dict.*, «Lucrèce», *in corp.; cf.* «Notes on Lucretius» [1967-1968], trad. dans Strauss, *Le Libéralisme ancien et moderne*, Paris 1990, p. 120 (l'éloge de Vénus «est un mensonge, un beau mensonge il est vrai»).

2. Bayle, *OD*, II, 177 *b*.

3. *Dict.*, «Lucrèce», *loc. cit.* Voir aussi *Dict.*, «Hiéroclès (philos.)», A, sur «l'industrie de donner aux phrases des auteurs morts tel sens qu'on veut, ou de trouver pour le moins dans leurs ouvrages deux ou trois systèmes différents».

4. *Dict.* «Lucrèce», *loc. cit.* et L. Même constat dans *Dict.*, «Cassius Longinus (Caïus, meurtrier de César)», L. *Cf. OD*, III, 291 *a*: «ce que Cicéron débite sous la personne de Cotta dans les livres *de la nature des dieux* [où il parle en philosophe] ne s'accorde aucunement avec les maximes pieuses que l'on voit dans plusieurs autres de ses écrits [où il parle en moraliste, ou en politique]».

5. *Dict.* «Sennert», D.

6. *Cf. OD*, II, 431 (éd. Paris 1992, p. 412-413). Jurieu ne fut pas dupe de ces déclarations de Bayle: voir son traité *Des droits des deux souverains*, p. 41: «J'en appelle pour les athées, car ils sont dans l'ignorance de bonne foi, qui disculpe dans les faits les plus criminels» (même constat chez J. Basnage, cité dans *OD*, III, 325 *a*).

défendant » [1], ce qui démontre que même dans le contexte d'une interprétation littérale, et fondée sur la transparence « primesautière » de l'écriture baylienne, il est nécessaire d'en appeler, de temps en temps, à des mobiles de type extra-philosophique. Car il ne s'agit pas d'attribuer à Bayle un « système », il ne s'agit pas non plus de lui prêter une cohérence factice, imposée après coup par le critique à des textes dépourvus en eux-mêmes de toute solidité conceptuelle; il s'agit, plutôt, d'admettre qu'à l'égard de plusieurs questions particulières il y a chez Bayle une forme de « pensée » – c'est-à-dire une option philosophique précise, articulée en principes et conséquences – et que cette pensée n'est compréhensible qu'en admettant la présence dans ses écrits de ces mêmes formes de « ménagement » rhétorique qu'il n'avait aucune peine à identifier dans les textes d'autrui.

Le cas des preuves de l'existence de Dieu n'est pas différent du précédent. Bayle soutient à plusieurs reprises qu'il y en a un très grand nombre, et qu'elles sont « démonstratives » [2]. Ces affirmations foisonnent sous sa plume surtout lorsqu'il attaque l'une de ces preuves. En effet, chaque fois qu'il réfute un argument pour l'existence de Dieu, il déclare hautement que les autres sont bien solides : « La lumière naturelle nous fournit tant de fortes preuves de l'existence de Dieu » qu'il ne faut pas s'inquiéter si, « parmi les arguments dont les écrivains se servent pour établir cette existence, il s'en rencontre quelqu'un qui n'est pas démonstratif » [3]. De cette manière, Bayle réfute une par une toutes les preuves connues à son époque : la preuve tirée du consentement universel, la preuve cartésienne de la Troisième Méditation, la preuve *a contingentia mundi*, la preuve téléologique... [4] Y a-t-il « contradiction » chez lui ? Peut-on soutenir qu'il a changé d'avis d'un jour à l'autre, ou qu'il ne s'est pas aperçu du résultat ultime de sa démarche [5] – c'est-à-dire, en bonne logique,

1. É. Labrousse, *Notes sur Bayle*, Paris 1987, p. 121.

2. *Dict.* « Euripide », Z; « Zabarella », G; *OD*, III, 236*ab*. Voir aussi *Dict.*, « Diogène (le Cynique) », N : « Il y a tant d'autres preuves de l'existence de Dieu, outre celle qui se tire de l'efficace des prières... ». Voir aussi *OD*, I, 4*b*, sur « les preuves solides de la religion chrétienne, que nous avons en abondance... », et *OD*, III, 217*b* : « On a un bon nombre d'ouvrages où de tels examinateurs ont solidement prouvé l'existence d'un Dieu spirituel, auteur et conservateur de toutes choses ».

3. *OD*, III, 236*ab*.

4. Voir G. Mori, *Bayle philosophe*, p. 245 *sq*.

5. Notons que selon A. C. Kors, Bayle serait réellement convaincu que la raison nous fournit « tant de preuves » de l'existence de Dieu (*Atheism in France*, t. I, Princeton, 1990, p. 261); cependant, à son avis, Bayle n'aurait pas compris (« he did not see ») que les objections réciproques des théologiens au sujet de ces preuves « might well erode the belief of at least some readers in God » (*ibid.*, p. 262). De même, selon É. Labrousse il est possible que Bayle « n'ait pas pris garde » que sa critique de la preuve ontologique ruinait également la preuve *a contingentia mundi*... (*Pierre Bayle*, t. II, p. 167).

qu'il n'y a pas de preuves « démonstratives » de l'existence de Dieu? D'ailleurs, cette dernière conclusion, Bayle la suggère lui-même lorsqu'il précise que, sans la foi, aucun argument ne saurait convaincre un athée [1]. N'a-t-on pas alors le droit de soutenir, même *contre* ses déclarations expresses et réitérées, que dans le cadre théorique de sa pensée il n'y a pas de démonstrations philosophiques de l'existence de Dieu ? D'ailleurs, c'est Bayle lui-même qui dévoile le sens de sa stratégie dans l'article « Zabarella », du *Dictionnaire*, où il remarque que l'Inquisition permet de réfuter quelques preuves de l'existence de Dieu, « pourvu qu'un docteur avoue que cette existence se peut prouver par d'autres moyens » [2].

Nous ne prétendons pas réduire tous les cas critiques qui se présentent au lecteur de Bayle à ceux que nous venons de commenter. Mais il faut reconnaître que, dans plusieurs occasions, la seule manière de donner un sens acceptable à ses propos est celui de supposer que seules ses positions philosophiques – explicites ou implicites, mais en tout cas rigoureusement et directement impliquées par les principes qu'il admet – doivent être prises en ligne de compte pour juger de sa pensée, alors que ses affirmations conformistes sont toujours sujettes à caution, surtout dans la mesure où elles s'opposent aux premières.

Cependant, Skinner attaque également le critère de l'anticonformisme, qui constitue d'ailleurs le fondement de la lecture « entre les lignes ». Skinner y voit une pure pétition de principe, tout à fait contestable dans sa substance. À son avis, c'est comme si l'on soutenait, tout à fait invraisemblablement, que l'originalité est nécessairement subversive (« *to be original* is *to be subversive* [3] »). En effet, ne peut-on pas être original sans être subversif ? Pourquoi une doctrine nouvelle devrait-elle nécessairement bouleverser l'orthodoxie politique et religieuse? Cependant, Strauss et Bayle ne disent pas que l'originalité est nécessairement subversive. Ils soutiennent plutôt l'inverse, c'est-à-dire que la subversion est nécessairement originale. La pratique de lecture suggérée par Strauss ne prétend pas épuiser la recherche sur un auteur; elle prétend seulement établir un critère fiable pour distinguer ce qui, chez un auteur donné, est original de ce qui *pourrait* ne pas l'être. L'anticonformisme ne dit pas tout d'un auteur [4], mais il dit assurément quelque chose qui le concerne directement. Il nous assure que nous sommes en face d'une option personnelle, et non pas de la répétition machinale d'un lieu commun. En ce sens, l'anticonformisme est

1. Voir surtout *OD*, III, 333 *a*.
2. *Dict.*, « Zabarella », G.
3. Voir *Meaning and Context*, *op. cit.*, p. 42.
4. « L'exotérisme de Spinoza, dit Strauss, n'est pas le seul fait expliquant les difficultés du *Traité théologico-politique* » (*La Persécution et l'art d'écrire*, *op. cit.*, p. 263).

un indice d'originalité, un signal qui doit retenir l'attention du critique. On pourrait citer, à cet égard, un passage bien connu de Fontenelle, que Bayle lui-même cite expressément :

> Pour quitter une opinion commune, ou pour en recevoir une nouvelle, il faut faire quelque usage de sa raison, bon ou mauvais ; mais il n'est point besoin d'en faire aucun pour rejeter une opinion nouvelle, ou pour en prendre une qui est commune [1].

Cette thèse constitue d'ailleurs un lieu commun à la fin du XVIIe siècle et au début du siècle suivant (voir par exemple les observations analogues de Toland [2]). On pourrait ajouter, avec Strauss, que ce lieu commun, il faut toujours l'avoir à l'esprit lorsqu'on lit des textes de cette période.

Cela nous permet de donner un sens acceptable à une autre question posée par Strauss, celle de l'« exactitude plus grande » de la lecture entre les lignes d'un ouvrage écrit dans une époque de persécution par rapport à une lecture strictement littérale [3]. Selon Skinner, ce précepte se fonderait sur un cercle vicieux, dû en dernière instance à l'impossibilité de trouver un critère extérieur susceptible de légitimer la supposition de Strauss, et cela d'autant plus que celui-ci ne définirait pas clairement ce que c'est qu'une époque de persécution [4].

Commençons par ce dernier point. D'un certain point de vue – il est sans doute futile de le rappeler –, toutes les époques sont virtuellement époques de persécution. Et cela parce que le couple orthodoxie-hétérodoxie traverse tous les niveaux de la vie sociale, des expressions publiques jusqu'à la famille, à la sphère privée de la sexualité ou du goût esthétique. En ce sens, il n'est pas nécessaire que l'orthodoxie soit soutenue par la menace d'une répression violente. Bayle, qui s'y connaît, ne manque pas de souligner plusieurs fois la force de l'ostracisme et des condamnations morales. Dans l'article du *Dictionnaire* consacré à Uriel Da Costa, excommunié par les Juifs d'Amsterdam, il décrit de manière vive et troublante les ravages de la persécution, même lorsqu'elle n'est pas liée au « bras séculier » et ne touche

1. *Histoire des oracles*, éd. L. Maigron, Paris 1908, p. 77 *sq.*, cité par Bayle dans *OD*, III, 217 *a*.

2. J. Toland, *Tetradymus*, Londres, 1720, part. I, *Clidophorus*, p. 96 : « *When a man maintains what's commonly believ'd or professes what's publicly injoin'd, it is not always a sure rule that he speaks what he thinks; but when he seriously maintains the contrary of what's by law establish'd, and openly declares for what most other oppose, then there's a strong presumption that he utters his mind* ».

3. *La Persécution et l'art d'écrire*, *op. cit.*, p. 63.

4. Voir *Meaning and Context*, p. 43.

pas, par conséquent, aux droits civils d'un individu [1]. Or le cas de Bayle n'est pas très différent. Faut-il vraiment *démontrer* qu'il a vécu dans une époque de persécution ? Ne suffit-il pas de lire sa biographie et d'écouter ses dénonciations, qui concernent d'ailleurs aussi bien les catholiques que les protestants, la France et la Hollande, l'époque moderne et l'Antiquité ? L'« Inquisition » n'est pas pour Bayle un phénomène local, circonscrit à l'Église de la Contre-Réforme ou à la France de la Révocation de l'Édit de Nantes (où, bien entendu, elle « s'établit à grands pas » [2]). L'Inquisition, au contraire, est érigée par lui en symbole de l'attitude constante des orthodoxies, de toutes les orthodoxies, vis-à-vis des dissidents et des anticonformistes [3].

Quant à l'accusation de cercle vicieux, elle ne paraît pas non plus justifiée. En effet, comme Strauss le remarque à plusieurs reprises, ce sont précisément les auteurs concernés par la persécution qui évoquent les avantages de l'écriture ésotérique [4]. Bayle lui-même, on l'a vu ci-dessus, ne manque pas de louer la « sage retenue » des philosophes anciens et la prudence d'un Pierre Charron. Or Bayle n'est pas du tout un isolé à cet égard ; il est, au contraire, un simple chaînon dans une tradition très vaste et très ancienne, celle de la « dissimulation honnête », codifiée dès l'Antiquité et pratiquée tout au long de l'histoire de la philosophie, du Moyen Âge à l'époque moderne [5]. Cette tradition donne lieu, au XVIe siècle, au « nicodémisme » des hérétiques chrétiens, et, au siècle suivant, aux stratégies rhétoriques libertines, fondées sur l'application constante du « bon mot des italiens » : *foris ut licet, intus ut libet*, que répètent de manière obsédante, et pratiquent avec des intentions sans doute différentes, mais avec la même

1. Voir *Dict.*, « Acosta », C : « On le regardait comme un hibou depuis son excommunication ; ses propres frères n'osaient pas le saluer [...] ; les petits enfants couraient après lui avec des huées dans les rues et le chargeaient de malédictions, ils s'attroupaient devant son logis et y jetaient des pierres ». Après avoir été l'objet de toute sorte de menaces, Uriel Da Costa se vit obligé de revenir à la Synagogue par une « réconciliation simulée », ce qui, d'ailleurs, ne le sauva pas d'autres persécutions, jusqu'à son suicide...

2. *OD*, IV, 186 *a*.

3. Voir la lettre à P. Silvestre du 17 décembre 1691 : « Dieu nous garde de l'Inquisition protestante : elle serait dans cinq ou six ans si terrible, qu'on soupirerait après la romaine comme après un bien » (*OD*, IV, 666 b) et *Dict.*, « Carranza », D, sur la diffusion de l'inquisition, qui « allonge peu à peu ses phylactères » et « répand ses fibres et ses racines de toutes parts ».

4. Voir, par exemple, « On a forgotten kind of writing » [1954], trad. dans Strauss, *Qu'est-ce que la philosophie politique*, *op. cit.*, p. 216. Ce point est souligné également par M. P. Zuckert, « Of wary physicians and weary readers », art. cit., p. 65.

5. Voir l'article éclairant de J.-P. Cavaillé, « Simulatio/dissimulatio : notes sur feinte et occultation, XVIe-XVIIe siècles », dans *Il vocabolario della "République des lettres"*, éd. M. Fattori, Firenze, 1997, p. 115-131. Sur le rapport entre censure et philosophie au Moyen Âge, voir l'étude récente de Luca Bianchi, *Censure et liberté intellectuelle à l'université de Paris (XIIIe-XIVe siècles)*, Paris, 1999.

tournure rhétorique, l'auteur anonyme du *Theophrastus redivivus*, Charron, Gassendi, La Mothe Le Vayer, Naudé [1]. Enfin, au début du XVIIIe siècle, John Toland fera de la dissimulation le principe même de la confrérie socratique du *Pantheisticon*, l'assaisonnant avec une bonne dose d'occultisme et de « fureurs héroïques » à la manière de Giordano Bruno [2].

L'écriture « entre les lignes » n'est donc pas un *a priori* dépourvu de substance historique. Elle relève plutôt d'une tradition rhétorique précise et bien attestée, celle du « ménagement », comme le dirait Bayle (aujourd'hui, on parlerait plutôt de « réticence »), qui constitue un facteur important dans la genèse des ouvrages philosophiques : c'est ici, dans cette tradition millénaire et omniprésente, qu'il faut chercher le « critère extérieur » invoqué par Skinner. En ce sens, négliger l'effet de la censure, de l'ostracisme, de la persécution plus ou moins violente, de la contrainte exercée par les règles de la morale, mais aussi par celles de la bienséance, sur les modalités de production des textes philosophiques signifie trahir précisément ce « contexte » culturel dont Skinner lui-même a souvent souligné l'importance pour comprendre le sens d'un texte philosophique. Au reste, en dépit de son anti-historicisme, Strauss ne nie aucunement qu'un ouvrage comme le *Traité théologico-politique* de Spinoza soit « lié à son temps » ; cependant, il soutient que le « contexte » n'explique pas le contenu spéculatif de l'ouvrage, qui est autonome, atemporel (au sens où il existe un « caractère impérissable de l'intention et de la thèse de l'ouvrage » [3]). Le contexte conditionne et détermine, au contraire, la forme rhétorique qu'une certaine idée assume lors de sa diffusion imprimée ou manuscrite : Spinoza, dit Strauss, « a adapté consciemment et délibérément, non pas sa pensée, mais l'expression publique de sa pensée, à ce que son temps exigeait ou permettait » [4].

On retrouve chez Bayle la même approche, qui l'amène à distinguer soigneusement entre la forme et le contenu d'un texte, entre la signification littérale d'un passage et son impact réel sur le lecteur contemporain. C'est donc en considérant chaque affirmation par rapport à son contexte que l'on

1. Voir *Theophrastus redivivus*, éd. G. Canziani et G. Paganini, Firenze 1981, t. I, p. 34-36 (voir aussi les notes des éditeurs, qui retracent les sources de cette doctrine); R. Pintard, *Le Libertinage érudit dans la première moitié du* XVIIe *siècle*, Paris 1943, p. 175 *sq.*, 464-476 (sur Naudé) *et passim*. L'attribution de la maxime citée ci-dessus à Crémonin se trouve dans les *Naudæana et Patiniana*, Amsterdam 1703, p. 55 *sq.*

2. Sur la question de l'ésotérisme chez Toland, voir L. Jaffro, « L'art de lire Toland », *Revue de Synthèse*, CXVI, 1995, p. 399-419; voir aussi l'article déjà cité de P. A. Cantor (surtout p. 297-300) et G. Cherchi, *Pantheisticon. Eterodossia e dissimulazione nella filosofia di John Toland*, Pisa 1990.

3. *La Persécution et l'art d'écrire*, *op. cit.*, p. 233.

4. *Ibid.*, p. 257.

se posera la question de savoir si elle est, ou non, un cas d'écriture persécutée. Bayle observe par exemple que, pour critiquer saint Augustin, Richard Simon dut couvrir sa position à travers quelques expédients rhétoriques : il dut citer un passage anti-augustinien d'un autre auteur, en feignant en même temps de le désavouer. Selon Bayle, qui ne se laisse pas tromper par de telles manœuvres, ce procédé est tout à fait explicable chez un prêtre catholique voulant attaquer, vers 1680, un Père de l'Église : « Pouvait-il, écrivant en France, ne pas se servir de quelque ménagement [1] ? » Le contexte constitue ainsi un point de repère incontournable pour comprendre le sens effectif d'une prise de position : la *même* affirmation sera tour à tour orthodoxe ou hétérodoxe, conformiste ou originale, prudente ou dangereuse à soutenir, en fonction du temps et du lieu où elle est proposée. Comme le dit Bayle, on pouvait bien se déclarer cartésien, à Utrecht, en 1639 : « Il n'était pas besoin alors de faire le Nicodème, d'être disciple caché *propter metum Judæorum* » ; au contraire, c'est un grand acte de courage de le faire en 1642, après la querelle entre Descartes et Regius et l'interdiction d'enseigner la nouvelle philosophie [2].

Il peut être utile de lire sous cet angle quelques passages du *Dictionnaire* concernant le dogme de la Trinité. Bayle les rédige vers 1700, à Rotterdam. Sa conception générale des rapports entre les dogmes de foi et les axiomes de la raison l'amènerait à affirmer que la Trinité est contradictoire et absurde. Mais il ne peut pas l'affirmer en toutes lettres sans s'exposer à l'accusation de socinianisme ou, pire, d'athéisme. Il fait donc dire la même chose, à la première personne, au poète Simonide : « Ces trois personnes, dis-je, sont pour moi une formelle contradiction [3]. » En même temps, Bayle fait dire à un autre personnage fictif, un certain « abbé pyrrhonien », que le statut de la Trinité est égal à celui du dogme (catholique) de la Transsubstantiation [4]. Enfin, et cette fois tout à fait ouvertement, il remarque dans ses autres ouvrages que ce dernier dogme est faux et « impossible » – ce qu'il peut faire précisément parce qu'il vit, vers 1700, dans une ville protestante comme Rotterdam, où la Transsubstantiation est

1. *Dict.*, « Augustin », G.

2. *Dict.*, « Emilius », B. *Cf.* aussi *Dict.*, « Fèvre », E : la même chose qui était tenue pour hérétique en 1518, passe pour orthodoxe à la fin du XVIe siècle, si bien qu'il sera permis « de la soutenir publiquement en Sorbonne… ».

3. Bayle, *Dict.*, « Simonide », F. Il va sans dire que Simonide n'a jamais eu vent du dogme trinitaire ; en ce sens, l'utilisation de la première personne du singulier augmente l'invraisemblance du passage et suggère que Simonide n'est ici que le porte-parole de Bayle. Ce dernier dit d'ailleurs lui-même que « quiconque prête à des hérétiques tout ce qui se peut avancer de plus fort pour leurs hérésies plaide la cause de son cœur » (*Dict.*, « Érasme », Q).

4. *Dict.*, « Pyrrhon », B.

considérée comme une croyance superstitieuse et absurde [1]. Ainsi, lire Bayle dans son contexte revient précisément à comprendre les contraintes qui grèvent son écriture et qui déterminent, à son époque, la limite du « licite ». Au-delà de cette limite, seule une maîtrise habile de l'art d'écrire lui permet d'aborder en toute liberté les sujets les plus scabreux.

Certes, la mesure de « ménagement », ou d'opportunisme, varie nécessairement d'un auteur à l'autre et, chez un même auteur, d'une page à l'autre. Comment, d'ailleurs, pourrait-il en aller autrement ? C'est au critique de bien le comprendre et de prouver son interprétation, sans tomber dans les deux excès de la *logica equina* et de la dissimulation comme dogme indiscutable à appliquer à tout bout de champ – ce qui conduirait infailliblement au pyrrhonisme historique [2]. Si *La Persécution et l'art d'écrire* constitue un bon antidote contre le premier excès, il faut, pour éviter le deuxième, laisser de côté la recherche des « intentions » plus ou moins reculées des auteurs. Sur ce point, on devrait sans doute être beaucoup plus prudent que Strauss, qui suppose constamment une stricte identité entre philosophie et conscience, ce qui constitue un postulat rationaliste qu'il serait difficile de justifier. L'écriture « entre les lignes », en effet, n'est pas *nécessairement* l'effet d'une intention délibérée et pleinement consciente de tromper la censure et de communiquer secrètement avec les lecteurs avertis. Dans le cas de Bayle, on a parfois l'impression qu'elle constitue son mode d'écriture naturel, composé d'éléments psychologiques divers – prudence, dissimulation, jeu, provocation, autocensure – dont l'importance respective demeure sans doute difficile à établir.

Quoi qu'il en soit, la recherche des intentions risque sérieusement de se convertir en « logomachie », comme le dit Bayle lui-même prenant position sur la question de l'existence d'« athées spéculatifs » [3]. Car personne, sauf « le scrutateur des reins et des cœurs », ne peut accéder aux intentions d'un homme : Épicure agissait peut-être « par politique », lorsque, au lieu de nier ouvertement l'existence des dieux, il se bornait à leur ôter toute influence sur le monde. Cependant,

1. Sur l'« impossibilité » de la Transsubstantiation, voir Bayle, *OD*, II, 759 *a* (*La Chimère de la cabale*, art. VII).

2. *Cf. Dict.*, « Grotius », H : selon Bayle, par exemple, on ne peut douter de la bonne foi d'un auteur qui rapporte des faits contraires à son intérêt, ou à l'opinion commune de son parti : « si dans les matières de fait on ne se contente pas d'une telle preuve, on ouvre la porte au pyrrhonisme ». Voir aussi l'Introduction des *Janua coelorum*, où Bayle condamne les lecteurs qui avancent des conjectures gratuites sous prétexte que les auteurs ne disent pas toujours ce qu'ils pensent (*OD*, II, 819 a).

3. *OD*, III, 931.

> quand même cette accusation [d'athéisme] aurait été bien fondée, elle n'aurait pas laissé d'être téméraire : l'équité veut que l'on juge de son prochain sur ce qu'il fait, et sur ce qu'il dit, et non pas sur les intentions cachées que l'on s'imagine qu'il a [1].

Et pourtant, selon Bayle, Épicure a été, philosophiquement, un athée, quoi que lui-même ait cru à cet égard : son athéisme, en effet, découle nécessairement de sa négation (explicite) de toute providence. Il en va de même de Bayle : on ne saura jamais si, au fond de son âme, il était ou non athée ; on ne saura jamais si ses proclamations fidéistes sont sincères ou non. On ne peut d'ailleurs pas tirer des conséquences d'ordre psychologique (concernant la sincérité de quelqu'un) à partir de prémisses qui ne portent que sur la logique interne d'une position. La lecture « entre les lignes » des ouvrages de Bayle nous dit donc *seulement* qu'il a essayé, pour des raisons évidentes d'opportunité, de couvrir ses positions philosophiques – la légitimité morale et spéculative de l'athéisme ; la supériorité philosophique du système athée par rapport au système chrétien – à travers quelques artifices rhétoriques, et surtout par la juxtaposition d'affirmations orthodoxes à des raisonnements qui n'admettaient que des conclusions opposées.

L'art de lire analysé par Strauss nous permet, en conclusion, de mieux distinguer entre tout ce qui concerne la présentation rhétorique d'une doctrine et la doctrine elle-même. C'est un outil nécessaire pour la lecture des textes philosophiques, mais un outil dont la légitimité doit être remise en cause à tout bout de champ. Chaque auteur demande une approche particulière, déterminée par plusieurs facteurs contextuels, historiques, linguistiques, biographiques. Il y a une singularité du texte écrit qui ne doit pas être effacée au nom d'une méthode abstraite et toute-puissante. Cependant, s'il faut comprendre ce qu'un auteur a dit, il faut également se demander pourquoi il l'a dit d'une telle manière, et non pas d'une autre. Ces deux questions, celle du noyau spéculatif d'une pensée et celle de son enveloppe contextuelle, sont deux questions parmi les principales qui se posent vis-à-vis des textes du passé. La lecture des ouvrages méthodologiques de Strauss nous invite, en même temps, à ne pas les confondre et à ne pas trop les séparer, car il s'agit de deux questions complémentaires, qui reçoivent leur sens l'une de l'autre, et qui, dans leur complémentarité, définissent le champ de l'histoire de la philosophie.

1. *Dict.*, « Épicure », G.

LA QUESTION DE LA DOUBLE DOCTRINE EN FRANCE DE DESLANDES À D'HOLBACH

Franck SALAÜN

Quel rapport y a-t-il entre l'hypothèse, formulée par Leo Strauss, d'un « art d'écrire » et la pratique désignée chez certains auteurs du XVIIIe siècle par les termes « double philosophie » ou « double doctrine » ?

Il est bien sûr légitime de se demander si l'hypothèse que Strauss a lui-même tenté de vérifier à propos d'un certain nombre d'auteurs peut être appliquée à d'autres [1]. On souhaiterait pouvoir poser la question en termes simples, sur le modèle suivant : Voltaire, par exemple, a-t-il eu recours à l'art d'écrire tel qu'il est défini par Strauss ? Mais les ambiguïtés de cette notion conduisent à faire preuve de prudence.

D'ailleurs, l'histoire de la théorie de l'« art d'écrire », depuis l'article que lui a consacré Leo Strauss, pourrait bien avoir valeur de test. En effet, une lecture superficielle, redoublée par une mode, ont eu vite fait de diffuser un lieu commun : désormais tout ce qui dans l'écriture s'apparente à une stratégie, une dissimulation, se trouve rangé dans l'art d'écrire de son auteur. Il est certes logique en parlant des procédés d'un auteur d'être amené à les regrouper dans son art d'écrire, au sens large ; mais on est loin du problème posé par Strauss.

Le malentendu – encore accentué par le caractère général de l'expression –, n'est pas uniquement dû à la précipitation des lecteurs : le texte de Strauss s'offre par certains aspects et se refuse par d'autres, à tel point que l'on peut se demander si la question des formes peut être dissociée d'autres

1. Malgré les difficultés que nous soulignons, l'hypothèse est légitime et les tentatives souvent fructueuses. *Cf.* pour la période qui nous intéresse, notamment, G. Brykman, *Berkeley et le voile des mots*, Paris, Vrin, 1994 ; la contribution de G. Mori sur Bayle dans le présent volume ; L. Jaffro, *Éthique de la communication et art d'écrire. Shaftesbury et les Lumières anglaises*, Paris, PUF, 1998 ; T. Marshall, « Art d'écrire et pratique politique de J.-J. Rousseau », *Revue de Métaphysique et de Morale*, 2-3, 1984.

enjeux envisagés de façon moins transparente, à commencer par les rapports entre la philosophie et l'opinion.

L'art d'écrire à l'époque moderne

Les textes de Strauss installent assez discrètement, par une série de restrictions – explicites ou non –, une délimitation spécifique de la question. Il envisage ainsi la persécution selon une double signification, dont la moins évidente est certainement la plus fondamentale.

Si la thèse de Strauss concernant l'art d'écrire consistait uniquement à dire que certains penseurs confrontés à la persécution ont développé, comme une parade, une forme d'écriture capable de dissimuler leur véritable pensée sous un discours apparemment orthodoxe on pourrait sans grande hésitation l'adopter tout en en contestant l'originalité. Appliquée au XVIIIe siècle et à la situation française cette thèse s'appliquerait plus ou moins bien selon les cas. Tout en étant au bout du compte assez banale, elle renforcerait les exigences critiques de l'interprète, ce qui est déjà beaucoup. Mais cette thèse n'est pas celle qui nous est présentée.

L'ensemble formé par les articles « La persécution et l'art d'écrire », « Sur un art d'écrire oublié » et « Comment étudier le *Traité théologico-politique* de Spinoza », offre une conception à la fois éclairante et déroutante [1]. Le lecteur qui cherche à vérifier qu'il a bien compris découvre, en circulant entre ces textes, des obscurités et des présupposés. Il est tentant d'y voir appliqué de façon conséquente l'art d'écrire de l'auteur. Du coup, la question de savoir si les réflexions de Strauss peuvent s'appliquer au XVIIIe siècle – qui semblait légitime et, au plan de la méthode, sans grande difficulté –, se trouve fortement compliquée, ce qui oblige à certaines précautions.

On peut se demander pourquoi Strauss a éprouvé le besoin de forger une nouvelle notion, alors qu'il pouvait, conformément aux théories en cours au XVIIe et au XVIIIe siècles, adopter les termes « double philosophie » ou « double doctrine ».

1. L. Strauss, « Persecution and the art of writing » (chap. II), et « How to study Spinoza's *Theological-political Treatise* » (chap. V), dans *Persecution and the Art of Writing*, Glencoe (Illinois), The Free Press, 1952. « On a forgotten kind of writing » (chap. IX), dans *What is Political Philosophy? and Other Studies*, Glencoe (Illinois), The Free Press, 1959. Nous citons ces textes d'après les traductions suivantes : « La persécution et l'art d'écrire », « Comment étudier le *Traité théologico-politique* de Spinoza », dans *La Persécution et l'art d'écrire*, trad. O. Sedeyn, Presses Pocket, 1989; « Un art d'écrire oublié », trad. N. Ruwet, *Poétique*, 38, avril 1979, p. 244-252. Les titres des deux articles les plus cités sont abrégés comme suit : *PAW* et *FKW*, pour les textes originaux ; *PAE* et *AEO*, pour les traductions.

Le premier élément de réponse se trouve évidemment dans l'attention portée à la lecture des textes : un art de lire doit répondre à l'art d'écrire des philosophes. L'art d'écrire correspond-il alors à l'ensemble des procédés mis en œuvre dans l'écriture de la double philosophie ? Cela n'est pas sûr. En effet, en parlant de double philosophie on maintient une césure entre le niveau doctrinal et les stratégies de diffusion; alors que la notion d'art d'écrire problématise les procédés mis en œuvre dans le travail de formulation, et l'enveloppement de l'ésotérique dans l'exotérique. Cette élaboration engage une conception de la philosophie, qu'elle y déploie tout en la dissimulant.

J'émets, par conséquent, l'hypothèse suivante : il se pourrait que le but de Leo Strauss ne soit pas d'exposer les péripéties de l'histoire de l'écriture de la philosophie, ni même à proprement parler de reprendre la position des Anciens, mais d'exhiber une vérité philosophique encore centrale dans la philosophie prémoderne mais perdue par la suite. La perspective de Strauss, prétendument sociologique, serait donc en dernière analyse une perspective généalogique. Son travail aurait une vocation intempestive.

Cela revient à dire que Strauss pense tenir le fil conducteur d'une transformation qui confirme sa dénonciation, sans cesse réaffirmée, du fourvoiement des Modernes. Pour en prendre la mesure, il faut surmonter un oubli inscrit dans une longue évolution, dont il situe le tournant majeur au XVIIe siècle. Or cet oubli ne peut pas être « réparé » par une histoire des idées. Ce dont il s'agit, c'est d'en faire l'épreuve en retrouvant l'essence de la philosophie.

Peut-être gagnera-t-on à pousser cette hypothèse dans ses ultimes conséquences. Strauss formule – d'une façon d'autant plus convaincante qu'elle est lacunaire –, le constat, à travers les siècles, d'une adaptation des « écrivains » à la persécution. Mais de quelle nature est la persécution de la philosophie ? S'agit-il d'un phénomène accidentel aux formes variées, ou faut-il en arriver à considérer que la philosophie est par essence persécutée ?

Suivant le même raisonnement, Leo Strauss pense-t-il que dans sa forme la plus élevée la philosophie comportait ce rapport entre ésotérique et exotérique, non pas occasionnellement ou accidentellement, mais consubstantiellement ? La question semble en tout cas sous-tendre sa réflexion. Il insiste ainsi sur l'enveloppement de l'ésotérique dans l'exotérique, alors que la double philosophie peut très bien être composée de positions parallèles et contraires sans obligatoirement donner les indices de la dissimulation.

L'expression « art d'écrire » maintient le rapport entre les deux plans et problématise implicitement l'expression de la philosophie. Le philosophe est considéré sous l'angle de l'écriture : c'est un écrivain qui entre en relation avec différentes catégories de lecteurs, et dont les textes préparent et comprennent à la fois ces rapports. Selon Strauss, un philosophe de ce type écrit toujours en faisant fond sur cette distinction. Le couple enseignement exotérique – enseignement ésotérique forme cette philosophie, puisque l'un est inscrit dans l'autre. Selon Strauss, ce procédé répond à une conception déterminée du rapport entre philosophie et opinion. En effet,

> La littérature exotérique présuppose qu'il existe des vérités fondamentales qu'aucun homme honnête ne saurait exprimer en public, parce qu'elles feraient du mal à beaucoup, lesquels, parce qu'ils ont été blessés, auront naturellement tendance à faire du mal en retour à celui qui exprime ces vérités désagréables [1].

Dans l'expression « double doctrine » l'accent porte davantage sur la dissimulation, la division en deux niveaux ou deux modes de communication. Le cas des prêtres propageant une doctrine tout en partageant entre eux le secret de la mystification en est peut-être l'application la plus radicale, mais je ne pense pas que cette forme appartienne à la catégorie définie par Strauss.

Le texte paraissait essentiellement technique – comment lire les auteurs du passé ? –, en fait il défend une thèse. Il est par conséquent nécessaire d'en clarifier les présupposés.

Dans « La persécution et l'art d'écrire », Strauss ne distingue pas nettement les remarques portant sur la technique littéraire – laquelle peut être utilisée par tout écrivain –, et celles qui concernent la pratique des philosophes. Qui plus est, le vocabulaire utilisé entretient la confusion. Strauss parle tantôt des « écrivains » [2] – parmi lesquels il distingue bien sûr les « plus grands écrivains » [3] –, tantôt des « penseurs » ou des « philosophes », mais l'extension de ces groupes reste indéterminée.

Par la suite, on comprend que l'art d'écrire dans sa forme la plus accompli se trouve chez les auteurs « prémodernes ». Cette rupture n'est pas une indication purement historique, elle est liée à un changement fondamental concernant la définition même de la philosophie et de son rapport à la société [4]. C'est en ce sens qu'il faut entendre l'affirmation selon laquelle « l'attitude que l'on adopte envers la liberté de discussion publique

1. *PAE*, p. 69.
2. *PAE*, p. 57, *PAW*, p. 24.
3. *PAE*, p. 60, *PAW*, p. 26.
4. « Notre argumentation implique l'hypothèse selon laquelle c'est seulement grâce à certains vieux livres que l'on peut aujourd'hui accéder à *la* vérité » (« Comment étudier le *Traité théologico-politique* de Spinoza », p. 218).

dépend de manière décisive de ce que l'on pense de l'éducation populaire et de ses limites »[1].

Signalant un changement intervenu durant le XVIIe et le XVIIIe siècles, Strauss distingue un art d'écrire au sens fort, très difficile à déchiffrer, et un art d'écrire moins poussé, dont il voit le développement à partir du milieu du XVIIe siècle. Si j'inverse l'ordre de sa présentation pour rétablir l'ordre chronologique – mais cela sous-entend certainement chez lui une mise en doute d'un progrès de l'une à l'autre et la supériorité philosophique de la position antérieure –, le tableau qu'il brosse peut être ramené à deux grandes périodes.

De l'Antiquité jusqu'au milieu du XVIIe siècle, les philosophes

> pensaient que l'abîme qui sépare « les sages » du « vulgaire » était un fait fondamental de la nature humaine que nul progrès de l'éducation populaire ne pouvait modifier : la philosophie ou la science était essentiellement le privilège du « petit nombre ». Ils étaient convaincus que la philosophie était en elle-même suspecte et odieuse pour la majorité des hommes.

Une seconde période commence, selon Strauss, vers le milieu du XVIIe siècle :

> Un nombre toujours croissant de philosophes hétérodoxes, qui avaient souffert de la persécution, publièrent leurs livres non seulement pour communiquer leurs pensées, mais aussi parce qu'ils souhaitaient contribuer à l'abolition de la persécution en tant que telle.

Les Modernes, explique Strauss, ont considéré « la répression de la pensée indépendante » comme un « accident », et il ont cru qu'il était « possible de remplacer le royaume des ténèbres générales par la république de la lumière universelle ». Du fait de cette conception de la possibilité d'un éclairement,

> ils n'ont [...] caché leurs opinions que juste assez pour se protéger aussi bien que possible de la persécution ; s'ils avaient été plus subtils, ils auraient raté leur but, qui était d'éclairer un nombre toujours plus grand de personnes qui n'étaient pas des philosophes en puissance. Il est par conséquent comparativement facile de lire entre les lignes de leurs ouvrages[2].

Des deux généralisations, l'une paraît définir une position philosophique ferme et l'autre un aveuglement collectif semblable à une

1. *PAE*, p. 67.
2. Pour tout ce passage, *cf. PAE*, p. 67, *PAW*, p. 33-34.

idéologie. L'illusion, selon Strauss, consiste à penser que ce rapport est historique et non éternel. Faut-il alors considérer que cette évolution n'implique pas seulement un relâchement dans la dissimulation, mais une démarche d'une tout autre nature ?

Strauss ne se contente pas de faire l'histoire de cette évolution, il formule une thèse fondée sur une interprétation discutable. On peut en effet partager certains de ses constats sans en tirer les mêmes conclusions. Ainsi, le changement qu'il observe à partir du XVIIe n'est pas aussi univoque qu'il le croit, et peut difficilement être isolé d'autres modifications dont les fondements philosophiques sont plus solides qu'il n'y paraît [1].

Il est tentant de rapprocher Strauss des Anciens [2]. Considère-t-il comme eux que la distinction entre l'élite et le plus grand nombre est irréductible ? Cela donnerait une signification précise à la remarque volontairement elliptique qui clôt son texte :

> Ils sentaient que l'éducation est la seule réponse à la question éternellement pressante, à la question politique par excellence, celle de savoir comment concilier un ordre qui ne soit pas oppression avec une liberté qui ne soit pas licence [3].

Avec l'accroissement des libertés la communication ésotérique devient-elle inutile ou la philosophie est-elle intrinsèquement liée à un mode de transmission initiatique réservé aux philosophes en puissance ?

Dans la mise au point publiée sous le titre « Sur un art d'écrire oublié » (1954) – texte d'une autre nature et destiné à ceux qui ont déjà fait un premier pas dans sa philosophie –, Strauss livre les principales clés de son raisonnement sans en lever toutes les ambiguïtés, d'autant que le décalage entre le texte initial et son complément est assez grand.

> Ma suggestion se ramène donc fondamentalement à deux questions. La première est une question historique : y a-t-il jamais eu de grands penseurs qui ont maintenu la conception des rapports entre philosophie et société que je viens d'esquisser, et qui ont agi en conséquence ? La seconde est une question philosophique : cette conception est-elle

1. De la même façon constater un changement dont le tournant correspondrait à la philosophie de Hobbes n'autorise pas pour autant à y voir la confirmation de l'erreur des Modernes. Voir notamment M. Malherbe, « L. Strauss, Hobbes et la nature humaine », *Revue de Métaphysique et de Morale*, 3, 1989.

2. « On ne peut avoir accès à la signification originelle de la philosophie que par le rappel de ce que signifiait la philosophie dans le passé » (« Comment lire le *Traité théologico-politique* de Spinoza ? », p. 221).

3. *PAE*, p. 70 ; *PAW*, p. 37.

simplement fausse ou simplement vraie, ou vraie avec certaines qualifications [1] ?

Ne cherchons pas à préciser ce qu'il faut entendre par « grands penseurs » [2]. La première question – qui est selon Strauss de nature « historique » –, comprend deux sous-questions : celle de la doctrine et celle de ses conséquences pratiques. Il peut valoir la peine de séparer provisoirement ces deux plans : y a-t-il des auteurs qui utilisent les procédés examinés ? Cela va-t-il de pair chez eux avec une doctrine essentialiste de la séparation entre opinion et discours philosophique ?

Appliquée au XVIIIe siècle le premier point semble impliquer une réponse positive. En effet, les écrivains hétérodoxes du XVIIIe siècle ont dû faire face à certains dangers, du fait non seulement de la censure, mais aussi des exigences cumulées de l'Église, du règlement de la librairie, et même de courants de pensée concurrents au sein de la République des Lettres. Mais le rapport défini par Strauss se trouve-t-il pour autant impliqué dans leurs écrits ?

Strauss, considérant qu'« il y a longtemps que ces questions n'ont plus été discutées du tout » [3], estime que l'art d'écrire est un art « oublié » ; mais là encore l'expression est ambiguë : oublié par qui ? par les interprètes ? par les philosophes dans la rédaction de leurs ouvrages ? et oublié depuis quand ? Cet art oublié – dans sa forme la plus élevée – ne fait-il qu'un avec la philosophie authentique ? À travers lui, serait-ce d'elle qu'il s'agirait ?

Double doctrine et Lumières

En tout cas ce n'est pas une pratique inconnue au XVIIIe. Sur ce plan Strauss n'a rien inventé et il le sait [4]. La distinction des Anciens entre discours ésotérique et discours exotérique a été évoquée, théorisée et pratiquée durant les XVIIe et XVIIIe siècles. On peut notamment l'observer en France chez les libertins érudits et en Angleterre chez les *free-thinkers*.

Dans la France du XVIIIe siècle, la possibilité d'avoir recours à la double doctrine appartient à la culture de la République des Lettres et pas uniquement comme une arme à son profit. En effet, c'est aussi une

1. *AEO*, p. 245.
2. *AEO*, p. 245 ; *FKW*, p. 222.
3. *AEO*, p. 245, *FKW*, p. 222.
4. « Lessing soutenait que “tous les philosophes anciens” avaient distingué entre leur enseignement exotérique et leur enseignement ésotérique, et il attribuait à Leibniz la même distinction » (« Comment étudier le *Traité théologico-politique* de Spinoza », p. 247).

« technique » de gouvernement souvent dénoncée comme abusive, qu'elle soit le fait des « prêtres » ou des politiques.

Comme le remarque André-François Deslandes, dans ses *Réflexions sur les grands hommes qui sont morts en plaisantant* (1712-1714), publiées anonymement : « Rien n'est plus burlesque que de s'imaginer que l'homme écrit toujours suivant ce qu'il pense, et pense toujours suivant ce qu'il écrit [1]. » Deslandes ne se contente pas de signaler le problème, il en rappelle l'origine dans son *Histoire de la philosophie* (1737), et a lui-même recours à des stratagèmes littéraires dans la rédaction de cet ouvrage [2], qui sera malgré cela interdit et dont le dernier volume ne paraîtra qu'en 1756. Selon lui,

> rien n'était plus répandu dans l'Antiquité que ce goût de philosophie énigmatique. Chaque peuple avait deux sortes de doctrines, l'une de parade et à portée de tout le monde, l'autre de réserve et à l'usage particulier des rois et des prêtres. Eux seuls pouvaient percer dans l'intérieur de la philosophie [...] Un voile impénétrable la dérobait aux yeux du plus grand nombre, qui sans cesse occupé de voluptés basses et grossières, ne paraissait pas propre à regarder fixement la vérité [3].

Au XVIIIe siècle, cette possibilité offerte au penseur soucieux de réserver son discours à une minorité est souvent conçue comme un problème. En effet, c'est une pratique qui est associée à l'aliénation des individus par un groupe avide de pouvoir. Les avantages du secret et d'une communication comportant une part « réservée » sont contrebalancés par la critique de l'asservissement des individus et du conformisme de l'élite. À travers la question du choix des moyens d'expression les philosophes sont donc amenés à se déterminer par rapport au problème de l'extension de la diffusion des idées. Cette possibilité représente néanmoins une tentation permanente face aux dangers de la répression et à la violence du « peuple » inculte.

Il faut se représenter une difficulté à la fois théorique et pratique qui entraîne certaines contradictions. Cela ressort de façon particulièrement nette de l'*Essai sur les préjugés* où D'Holbach explique pourquoi les sages ont dû instruire les hommes « à la dérobée » [4] :

1. A.-F. Deslandes, *Réflexions sur les grands hommes qui sont morts en plaisantant* (1712-1714), chap. XV (ajouté en 1714), Rochefort, 1714, p. 116.

2. Voir J. Macary, *Masque et Lumières au XVIIIe siècle. A.-F. Deslandes citoyen et philosophe (1689-1757)*, La Haye, Martinus Nijhoff, 1975, IIe partie, chap. IV.

3. A.-F. Deslandes, *Histoire de la philosophie* (1737), t. I, p. 17 et suiv.

4. D'Holbach, *Essai sur les préjugés*, éd. de 1792, t. II, p. 51.

> Nous voyons dans tous les âges la philosophie aux prises avec le fanatisme [...] dans tous les siècles la science et le génie s'élever avec force contre l'imposture, et réclamer plus ou moins ouvertement les droits de la raison contre une religion toujours impérieuse [...] il fallut donc s'en séparer et vivre en guerre avec elle [1].

D'Holbach explique en note :

> Presque tous les philosophes de l'Antiquité ont eu deux sortes de doctrines, l'une publique et l'autre cachée (exotérique et ésotérique). [...] *La double philosophie des anciens est évidemment la vraie cause de la peine que l'on a lorsqu'on veut démêler leurs véritables sentiments.* Il faut parler clairement aux hommes, sans cela l'on ferait peut-être aussi bien de se taire. Mais la plupart des auteurs veulent jouir de leur vivant; en conséquence ou ils se croient obligés de *voiler* leurs sentiments trop contraires aux préjugés reçus, ou leurs ouvrages deviennent des énigmes inexplicables pour la postérité, qui y trouve perpétuellement l'erreur à côté de la vérité. Tout homme qui pense fortement, écrit pour l'avenir; s'il craint de se compromettre, qu'il lègue ses idées à la postérité [2].

Selon lui, si cette méthode s'est souvent imposée, c'est à cause de la répression de toute pensée indépendante orchestrée par les prêtres et les gouvernants « appuyés des préjugés du vulgaire » [3] :

> La sagesse, la philosophie, la liberté de penser ne furent le partage que de quelques âmes honnêtes qui pleurèrent en secret les maux de la patrie, ou qui risquèrent de devenir les victimes de leur courage toutes les fois qu'ils osèrent annoncer hautement la vérité. Les amis de la sagesse furent regardés comme des ennemis de tout bien; la science vraiment utile fut punie et réprimée; la vérité fut traitée d'imposture, la philosophie de sédition, la raison de délire [4].

D'Holbach revient plus loin dans le même texte sur les conséquences de l'intolérance :

> Les vrais sages furent réduits à se taire, ou bien ils ne parlèrent que d'une façon obscure et ambiguë; ils masquèrent leur doctrine sous des emblèmes et des symboles, dont souvent l'intelligence s'est perdue. C'est de là qu'est venue la *double doctrine* des anciens philosophes [...]. C'est à une méthode, que la tyrannie religieuse et politique força les philosophes de prendre, que sont dues, au moins en grande partie, les obscurités, les incertitudes, les inconséquences, les contradictions que

1. *EP*, t. II, p. 49.
2. *EP*, t. II, note 1, p. 49-50.
3. *EP*, t. II, p. 50.
4. *EP*, t. II, p. 52.

> l'on reproche à la philosophie ancienne, souvent devenue inintelligible pour nous : cependant celle des Modernes n'est que très rarement exempte de ces mêmes inconvénients [1].

Alors que pour D'Holbach la double doctrine a sa source dans la répression de toute pensée indépendante – « les menaces de la superstition et les préjugés » ayant « souvent réduit la sagesse au silence, et forcé la philosophie de prendre un langage énigmatique et peu sincère » [2] –, pour Rousseau elle provient de la malhonnêteté des philosophes. C'est ce qu'il explique en 1751, dans sa réponse au roi Stanislas :

> Que dirons-nous de *la distinction des deux doctrines si avidement reçue de tous les philosophes*, et par laquelle ils professaient en secret des sentiments contraires à ceux qu'ils enseignaient publiquement ? Pythagore fut le premier qui fit usage de la doctrine intérieure ; il ne la découvrait à ses disciples qu'après de longues épreuves et avec le plus grand mystère ; il leur donnait en secret des leçons d'athéisme, et offrait solennellement des hécatombes à Jupiter. Les philosophes se trouvèrent si bien de cette méthode, qu'elle se répandit rapidement dans la Grèce, et de là dans Rome ; comme on le voit par les ouvrages de Cicéron [...] La doctrine intérieure n'a point été portée d'Europe à la Chine ; mais elle y est née aussi avec la philosophie ; et c'est à elle que les Chinois sont redevables de cette foule d'athées ou de philosophes qu'ils ont parmi eux. L'histoire de cette fatale doctrine, faite par un homme instruit et sincère, serait un terrible coup porté à la philosophie ancienne et moderne. Mais la philosophie bravera toujours la raison, la vérité, et le temps même ; parce qu'elle a sa source dans l'orgueil humain, plus fort que toutes ces choses [3].

Ces exemples révèlent l'existence au XVIIIe siècle de plusieurs conceptions de la double doctrine, différentes, voire opposées. On peut en dire autant des pratiques, et il n'est pas sûr que le partage entre un art d'écrire classique et un art d'écrire moderne résiste à l'analyse. En effet, au XVIIIe siècle on trouverait des exemples des deux attitudes et de tous les degrés intermédiaires. Cette large palette est liée aux modifications de la République des Lettres [4].

On constate à la fois un rejet théorique de plus en plus net de la double philosophie et, dans le même temps, une multiplication des procédés qui lui sont apparentés : du traité érudit – qui sous prétexte de souligner les

1. *EP*, t. II, p. 90-91. *Cf.* p. 93.
2. *EP*, t. II, p. 93.
3. « Observations de Jean-Jacques Rousseau de Genève sur la réponse qui a été faite à son *Discours* », *OC* III, p. 46.
4. Voir H. Bots, F. Waquet, *La République des Lettres*, Paris, Belin, 1997, chap. II, 4.

anciennes superstitions vise les contemporaines –, à la fausse réfutation, en passant par les apologies codées. L'œuvre peut aussi être collective et associer des opinions divergentes, tout en dissimulant des thèses hétérodoxes, comme dans l'*Encyclopédie*. Il peut encore s'agir d'une compilation où les énoncés reproduits, par le seul fait de leur déplacement, acquièrent un autre statut et transmettent ensemble un message différent. L'écrivain hétérodoxe peut même avoir recours à une fiction dans laquelle il disperse des réflexions ou qu'il organise suivant un codage spécifique, qu'on pense aux *Bijoux indiscrets* de Diderot et à *Candide* de Voltaire. Bien d'autres possibilités existent.

L'opposition entre une minorité pensante et une majorité aveugle montre elle aussi ses limites. Les individus susceptibles de décoder un texte peuvent appartenir à des groupes différents, voire opposés [1]. Il peut même y avoir des censeurs favorables aux philosophes. On constate d'ailleurs que les textes intègrent l'existence de différentes sortes de publics.

La notion même de persécution est loin d'être satisfaisante. Qui persécute qui ? Au XVIIIe siècle, chacun est susceptible d'être soupçonné d'hétérodoxie et accusé d'écrire entre les lignes, y compris dans la guerre entre Jésuites et Jansénistes. C'est d'ailleurs l'une des armes favorites des apologistes. Les rédacteurs des *Nouvelles ecclésiastiques* accusent par exemple Buffon de dissimuler ses véritables sentiments [2]. Rousseau adresse le même reproche aux encyclopédistes : « Nos philosophes – explique-t-il –, ont bien ce qu'ils appellent leur *doctrine intérieure*, mais ils ne l'enseignent au public qu'en se cachant et à leurs amis en secret… » [3]. Cela ne l'empêche pas de mettre en œuvre des stratégies discursives sophistiquées.

Au lieu d'une idéologie dominante uniforme chez les penseurs du siècle, il faut plutôt se représenter un ensemble de tensions. Les penseurs qui ont recours à la double doctrine ne le font pas tous de la même façon ni au même degré. Plusieurs conceptions du rapport entre élite et société coexistent, et il est nécessaire de multiplier les distinctions. La solution des libertins ne disparaît pas d'un jour à l'autre avec le changement de siècle. Fontenelle, auquel on prête la fameuse formule : « J'aurais la main pleine de vérités que je ne l'ouvrirais pas pour le peuple », semble avoir opté pour

1. Contrairement à ce que suggère Strauss, les « hommes réfléchis » n'appartiennent pas tous au même camp ! *Cf. PAE*, p. 58-59 ; *PAW*, p. 25.

2. *Nouvelles ecclésiastiques*, 26 juin 1754.

3. *Rousseau juge de Jean-Jacques*, *OC* I, p. 695.

une version particulièrement tranchée, non pas seulement par crainte de la répression mais par élitisme [1].

Deslandes, on l'a vu, s'adapte au règlement de la librairie et vise avant tout la communauté restreinte des savants et des lecteurs mondains. Il fait circuler parallèlement des textes de genres différents, tantôt anonymement tantôt sous son nom.

Diderot présente, dans *La Promenade du sceptique*, certaines des possibilités qui, vers 1747, s'offrent au libre penseur face à la répression. À Ariste qui souhaite publier le récit des entretiens qu'il a eus avec le philosophe Cléobule, ce dernier donne le conseil suivant: « Vous renfermerez votre manuscrit, et ne le communiquerez qu'à nos amis ». À cela plusieurs raisons: les dangers encourus, l'inadaptation d'un tel discours aux problèmes politiques et religieux – il faudrait parler d'un point inaccessible dans les airs ! –, et l'incapacité du peuple à être éclairé qui rend toute tentative illusoire [2].

Un autre personnage intervient pour proposer une autre solution: publier le texte, qui de toute façon circule, mais sans risque, en le faisant imprimer par un sujet de Frédéric II. « Passez dans ses États avec votre ouvrage, et laissez crier les bigots. » C'est ce que fait Ariste, mais pas Diderot dont le texte est découvert par la police, et qui doit s'engager à ne pas le publier. La solution consistant à coder son ouvrage n'est pas explicitement indiquée. Cléobule propose bien à son ami d'exercer ses talents sur des sujets d'érudition, mais il ne propose pas d'y glisser des critiques discrètes, ce qui n'est pas exclu, mais à quoi bon s'il est possible de communiquer clandestinement le reste aux amis ? Pourtant cette possibilité existe, mais elle est associée d'une part, à une technique de domination – celle des politiques et des religieux –, et, d'autre part, à la pratique aristocratique de certains hommes de lettres. Ariste, quant à lui, ne croit pas à la nécessité de réserver les idées hétérodoxes à une minorité, ses hésitations proviennent avant tout des risques encourus.

Diderot revient sur ce problème en 1774 et livre une sorte de bilan :

> L'intolérance a contraint la véracité et habillé la philosophie d'un habit d'arlequin, en sorte que la postérité, frappée de leurs contradictions dont

1. *Cf.* R. Mortier, « Ésotérisme et Lumières au XVIIIe siècle », dans *Clartés et ombres du siècle des Lumières*, Droz, 1969; M. Benitez, « Lumières et élitisme dans les manuscrits clandestins », dans *La Face cachée des Lumières*, Paris et Oxford, Voltaire Foundation, 1996.

2. *Cf.* le début des *Pensées philosophiques* (1746) : « J'écris de Dieu ; je compte sur peu de lecteurs, et n'aspire qu'à quelques suffrages. Si ces *Pensées* ne plaisent à personne, elles pourront n'être que mauvaises; mais je les tiens pour détestables si elles plaisent à tout le monde ».

> elle ignorera la cause, ne saura que prononcer sur leurs véritables sentiments [...].
> Ici Buffon pose tous les principes des matérialistes ; ailleurs il avance des propositions tout à fait contraires.
> Et que dire de Voltaire, qui dit avec Locke que la matière peut penser, avec Toland que le monde est éternel, avec Tindal que la liberté est une chimère, et qui admet un Dieu vengeur et rémunérateur ? A-t-il été inconséquent ? Ou a-t-il eu peur du docteur de Sorbonne ?
> Moi, je me suis sauvé par le ton ironique le plus délié que j'aie pu trouver, les généralités, le laconisme, et l'obscurité.
> Je ne connais qu'un seul auteur moderne qui ait parlé nettement et sans détour ; mais il est bien inconnu [1].

Voltaire pour sa part prend un malin plaisir à jouer sur tous les tableaux et à utiliser tous les modes de diffusion qui ont cours. Faut-il en conclure que ses textes les plus « secrets » expriment sa pensée véritable ? Certains sont purement polémiques, d'autres stratégiques, et il peut très bien lui arriver de défendre des thèses qui ne sont pas les siennes. Ainsi à l'époque de l'affaire du *Système de la nature*, il publie un texte intitulé *Dieu et les hommes*, où il attaque le matérialisme. Plutôt qu'une véritable réfutation, il faut lire entre les lignes la défense du dieu vengeur et rémunérateur, mais ce n'est pas non plus sa doctrine privée, puisque son déisme se passe d'un tel dieu. Faut-il alors en déduire qu'il adopte les thèses extrêmes qu'il feint de réfuter ? Non plus. Sa véritable position n'est pas simplement la plus radicale, il le dit dans ses textes, mais nous nous méfions. Il le dit dans sa correspondance, mais même là il multiplie les ruses. Il l'indique encore dans les marges de son exemplaire de l'*Essai sur les préjugés* et cette fois aucun calcul ne paraît l'y pousser [2].

En somme, si les philosophes du XVIIIe ont bien eu recours, de diverses façons, à la double doctrine, il est peu probable qu'ils y aient admis le rapport impliqué selon Strauss dans l'art d'écrire.

Opinion et philosophie

Nous retrouvons assez naturellement la seconde question de Strauss, qui est, selon lui, de nature « philosophique » : « Cette conception est-elle simplement fausse ou simplement vraie, ou vraie avec certaines

1. Commentaire sur la *Lettre sur l'homme et ses rapports* (publié en 1772) de Hemsterhuis, 1773-1774, *OC* XI, éd. Lewinter, p. 105. La dernière allusion vise D'Holbach.

2. Sur cet épisode, voir notamment les études de R. Mortier, J. Boulad-Ayoub et F. Salaün, dans la 7e section de *Voltaire et ses combats*, t. I, Oxford, 1997.

qualifications (par exemple : “l’opinion est l’élément de toutes les sociétés non libérales”) [1] ? ».

Strauss s’efforce de penser l’hétérodoxie. Mais quelle extension donner à cet autre défini comme la *doxa*, l’autre qui met en danger la philosophie, et par rapport auquel elle s’affirme ? L’enjeu dépasse le cadre de la technique littéraire. Strauss semble considérer l’expression et la vérité dissimulée comme indissociables. On peut donc légitimement se demander si la philosophie n’est pas à ses yeux par définition hétérodoxe, et s’il n’appartient pas à son essence – quand bien même elle serait autorisée, « libre » –, d’être persécutée par l’opinion. Dans ce cas, l’art d’écrire serait la réponse « inactuelle » de la philosophie à l’opinion.

On rejoint ici la question des limites de la diffusion du savoir qui occupe une place importante dans les débats du siècle des Lumières. Car s’il est vrai que le XVIIIe a vu l’épanouissement d’une conception plus large de la communication, il ne faut pas s’imaginer que cet élargissement ait été voulu par tous les penseurs, et destiné à tous les individus. Il s’agit bien plutôt d’un questionnement rendu pressant par les évolutions en cours.

Ainsi s’explique en particulier la position de D’Holbach. Alors qu’il se demande dans l’*Essai sur les préjugés :*

> Pourquoi la science du gouvernement ne se perfectionnerait-elle pas de même ? Pourquoi les vrais principes de la politique et de la morale ne pourraient-ils pas se simplifier au point d’être sentis par les hommes les plus ordinaires [2] ?

il précise aussitôt dans une note sa conception du public :

> [...] Tout homme qui écrit, ne peut se proposer de faire connaître la raison *qu’à ceux qui sont susceptibles de l’entendre :* ainsi pour l’ordinaire les ouvrages utiles ne sont faits ni pour les grands ni pour les hommes de la lie du peuple; les uns et les autres ne lisent guère; les grands d’ailleurs se croient intéressés à la durée des abus, et le bas peuple ne raisonne point. Aussi tout écrivain doit avoir en vue la partie *mitoyenne* d’une nation, qui lit, qui se trouve intéressée au bon ordre, et qui est, pour ainsi dire, une moyenne proportionnelle entre les grands et les petits. *Les gens qui lisent et qui pensent dans une nation, ne sont point les plus à craindre*. Les révolutions se font par des fanatiques, des grands ambitieux, par des prêtres, par des soldats, et par une populace imbécile, qui ne lisent ni ne raisonnent [3].

1. *AEO*, p. 245, *FKW*, p. 222.
2. D’Holbach, *EP*, t. I, p. 48.
3. *EP*, t. I, note 1, p. 48.

En militant pour la liberté de penser, de parler et d'écrire, il a en vue une part distincte de la population et engage la responsabilité des hommes de lettres dans l'évolution de la société.

En effet, une pensée fondée sur la critique de la domination, des mystifications et sur l'idée selon laquelle l'opinion peut être « éclairée », implique un devoir pour le penseur d'y appliquer ses forces. Est-ce là un combat qui fait sortir le penseur du travail « philosophique », ou bien une dimension de la philosophie autrement entendue ?

Cela implique une approche nouvelle de la nature de l'opinion. Car, contrairement à ce que laisse penser le raisonnement de Strauss, l'opinion ne forme pas un bloc et ne peut pas être radicalement mise à distance. Comme l'écrit D'Holbach,

> si les hommes les plus éclairés et les plus honnêtes ont rarement le courage de dire tout ce qu'ils pensent, ils ont plus rarement encore celui de faire un divorce complet avec les erreurs qu'ils voient universellement établies, ou dont eux-mêmes éprouvent les influences à leur insu. Les personnes les plus sages ont des préjugés, des faiblesses, des passions, des intérêts, qui les empêchent de voir la vérité dans son entier, et de sentir les inconséquences et les contradictions de leurs écrits : que d'embarras pour la postérité lorsqu'elle voudra les juger [1] !

Un auteur, remarquait déjà Deslandes, trompe parfois involontairement parce qu'il a lui-même été crédule,

> mais peut-on pardonner à ceux qui abandonnent lâchement les intérêts de la vérité, et qui, pour s'attirer des admirateurs, ou pour plaire aux personnes qui veulent s'assujettir les esprits, débitent avec un air d'assurance ce qu'ils sont fort éloignés de croire [2] ?

Les restrictions que nous avions relevées se retrouvent donc ici en positif, comme si elles étaient d'avance renvoyées par Strauss dans la tradition, ou dans le camp de l'historicisme. Il entend sans doute ainsi vérifier sa définition de la philosophie. Derrière sa conception d'un art d'écrire oublié il y a peut-être un refus radical des pensées du progrès sur le type de celles des encyclopédistes français, lesquels sont certainement à ses yeux davantage des intellectuels [3] que des philosophes et préfigurent

1. *EP*, t. II, p. 91.

2. Deslandes, *Histoire de la philosophie*, t. I, p. 124.

3. Sur cette distinction, voir sa critique de *La Trahison des clercs* (1927) dans *Droit naturel et histoire* (trad. M. Nathan et E. de Dampierre, (1954), Paris, Champs-Flammarion, 1986, p. 42-43).

« l'historicisme [...] forme beaucoup plus poussée de la philosophie de l'ici-bas que le radicalisme français du XVIII e siècle » [1].

L'art d'écrire sur lequel il attire l'attention symbolise une conception de la philosophie qui, supposant une initiation que seule la relation maître-disciple accomplit, place hors de la philosophie d'autres formes de réflexion. Cela transparaît à travers la question de la destination de l'écrit. À quoi bon rendre publiques des pensées ? À destination de quel public ? Pourquoi ne pas suivre le conseil du Cléobule de la *Promenade du sceptique* qui invite son interlocuteur à se contenter de bien penser et de bien vivre avec des amis dignes de ce nom, plutôt que de prendre des risques ?

La vanité d'auteur n'est pas seule en cause. La façon dont Strauss résume le problème révèle le principe aristocratique qui est au fondement des restrictions qu'il tient pour établies. Selon lui, la condition de possibilité de l'art d'écrire se ramène à l'existence d'une minorité de philosophes révélés ou en puissance, lesquels sentent invinciblement l'orientation morale que leur lucidité implique :

> Cette littérature serait impossible si l'adage socratique, selon lequel la vertu est connaissance, et selon lequel par conséquent des hommes réfléchis sont en tant que tels dignes de foi et dépourvus de méchanceté, était complètement faux [2].

Cette remarque a-t-elle quelque chose à voir avec la conviction de D'Holbach, elle aussi discutable, selon laquelle « les gens qui lisent et qui pensent dans une nation, ne sont point les plus à craindre » ?

Chez Strauss, les hommes capables de penser ne sont pas les hommes qui sont intelligents, mais parmi eux la minorité des philosophes conformes à l'idéal de la philosophie éternelle. Dans ce cas, la réponse à la question « pourquoi communiquer ? » est simple : pour assurer la survie de la philosophie qui ne peut se transmettre autrement. L'enseignement étant une mission consubstantielle au naturel philosophe, le maître et le disciple se reconnaissent spontanément.

Dans la phrase de D'Holbach, il s'agit de la République des Lettres et de ses environs. Cette fois la diffusion des idées est conçue à la fois comme une nécessité propre au travail intellectuel et comme un moyen en vue de changer l'ordre des choses.

En définitive, le décalage entre le raisonnement de Strauss et les réflexions du XVIII e siècle sur la double philosophie nous renseigne sur les deux orientations. Il n'est pas étonnant de constater la difficulté

1. *Droit naturel et histoire*, chap. I, p. 26.
2. *PAE*, p. 59 ; *PAW*, p. 25.

d'appliquer la notion d'art d'écrire, au sens fort, aux auteurs du XVIIIe, puisque cette notion est construite sur le modèle de pratiques antérieures dont Strauss estime qu'elles s'atténuent ou se modifient à partir du XVIIe. Mais ce partage n'est pas satisfaisant. Il ramène la période à une idéologie commune orientée par la croyance au progrès et à la possibilité de diffuser de plus en plus largement la vérité. On découvre au contraire que la question de l'élitisme et des modes de communication, loin d'être uniformément tranchée, constitue au XVIIIe siècle l'une des tensions de la République des Lettres.

Strauss, pour sa part, mène un combat souterrain pour la philosophie, il résiste sous le masque de la sociologie à l'historisation des œuvres [1]. Son principal présupposé, qui tient dans la formule : « L'opinion est l'élément de la société », cache une extension plus large du problème de la persécution et une forme de circularité. La philosophie au sens où il l'entend est par définition persécutée, et Socrate reste pour lui le symbole indépassable du rapport entre philosophie et opinion. Il semble considérer les changements intervenus durant les XVIIe et XVIIIe – et leurs prolongements dans les sciences humaines –, comme un drame pour la philosophie ; nous y voyons plutôt l'émergence de nouvelles philosophies de l'expérience, et d'un nouveau rapport entre discours et société. Néanmoins, sans adopter les thèses de L. Strauss, il est possible de tirer profit de son invitation à tenir compte du travail de dissimulation inhérent à certaines formes d'écriture philosophique.

1. On peut à cet égard se demander si Strauss ne situe pas le travail de Cassirer hors de la philosophie (voir le compte rendu de *The Myth of the State*, dans *Social Research*, 14, 1, 1947).

LEO STRAUSS ET NIETZSCHE : LA PART DU SILENCE

Pierre RUSCH

Entre Leo Strauss et Nietzsche se dessine une parenté problématique, qui jure violemment avec l'image simplifiée à laquelle l'un et l'autre de ces penseurs se trouvent souvent réduits. De l'iconoclaste vitupérateur de tous les dogmes au pieux restaurateur d'une Tradition oubliée, la relation ne semble pouvoir être que définitivement négative. Nietzsche – discrètement, mais constamment présent dans les textes straussiens – apparaît en effet comme l'une des figures centrales de cette zone d'ombre que Strauss appelle l'« historicisme radical », où la philosophie semble définitivement frappée de cécité. Mais c'est aussi à travers une comparaison avec Nietzsche que le travail d'exhumation straussien prend sa signification actuelle. Par sa conception exigeante de la philosophie politique, Strauss jette en retour sur la pensée nietzschéenne un éclairage fort, sous lequel elle acquiert une cohérence et une unité nouvelles.

Leo Strauss s'est fait connaître par sa vigoureuse dénonciation du rationalisme moderne, auquel il oppose imperturbablement la raison non historienne et non empiriste de l'Antiquité et du Moyen Âge. Car c'est bien la consécration de l'histoire et des sciences expérimentales de la nature qui marque à ses yeux la rupture centrale, dans laquelle se perd ce qui constituait le fondement même de la philosophie antique : la possibilité pour l'homme de dire quelque chose de vrai sur le Tout. La philosophie avait alors pour vocation de dégager l'essence immuable de la gangue des apparences, de révéler la perfection vers laquelle tendent les êtres et hors de laquelle ils n'ont pas de réalité. L'historicisme avait fait table rase de cet idéalisme-là, en établissant, dans un premier temps, le caractère relatif des normes et des valeurs qui gouvernent les hommes, et donc l'impossibilité d'énoncer en ce domaine la moindre proposition universelle et définitive. « Savoir » ne pouvait plus consister qu'à mettre en lumière les conditions de temps et de lieu qui hypothèquent tout projet de connaissance, et qui seules permettent de comprendre les actions des hommes. Cet historicisme-là était encore naïf, pour autant qu'il reposait sur une flagrante contradiction interne. En affirmant que « toute vérité est historique », il prétendait dégager une vérité universelle, valable pour tous les lieux et tous les temps, et se contredisait donc lui-même. Il comportait une thèse métaphysique, qui se traduisait par l'introduction d'un « moment absolu » – d'un moment de l'histoire qui échappe à l'histoire, et d'où il est possible de porter un jugement sur la totalité de l'histoire. C'est ce qui, chez Hegel, s'appelle la « fin de l'Histoire » [1]. Nietzsche, aux yeux de Leo Strauss, est de ceux qui mettent en lumière cette contradiction et passent à un « historicisme radical ». Il n'y a désormais pas de lieu extérieur à l'histoire, d'où l'histoire pourrait être appréhendée dans sa totalité, encore moins dans son sens véritable. C'est là le fond du combat de Nietzsche contre les hégéliens, les jeunes-hégéliens en particulier [2]. Il s'agit donc de revendiquer pleinement sa finitude, de battre en brèche toute forme d'universalité, tout ce qui, dans l'ordre de la connaissance ou du langage, prétendrait dépasser l'homme particulier, tel qu'il est ici et maintenant, pour le faire accéder à un sens englobant. L'homme jeté là n'appartient même plus à une histoire, mais à une pure fatalité ou à un pur hasard.

Paradoxalement, dans ce mouvement de radicalisation du rationalisme moderne, Strauss discerne une possibilité de ramener au jour le vrai sens de la Tradition. Il résume cette évolution dans une note de *Philosophie et Loi* :

> Le fondement naturel que les Lumières visaient, mais qu'elles ont précisément eu pour effet de recouvrir, ne devient accessible que d'une seule façon : en ce que le combat des Lumières contre les « préjugés », combat qui a été prolongé avant tout par l'empirisme et la science historique moderne, est mené jusqu'au bout de façon conséquente, c'est-à-dire en ce que la critique de la tradition par les Lumières se radicalise, comme cela s'est produit sous l'impulsion de Nietzsche, pour devenir la critique des principes de la tradition (aussi bien grecque que biblique) et que, par là,

1. Voir L. Strauss, *Natural Right and History* (*NRH*), Chicago, The University of Chicago Press, 1953, p. 29 (*Droit naturel et histoire*, trad. M. Nathan et É. de Dampierre, Paris, Plon, 1954 ; rééd. Paris, Champs-Flammarion, 1986, p. 38).

2. Dans la *Première considération inactuelle*, Nietzsche reproche ainsi à David Friedrich Strauss de se raccrocher, malgré ses prétentions scientifiques, à une vision téléologique de l'homme. Par là, il dénonce déjà le « dualisme fondamental, typiquement moderne, d'une science non téléologique de la nature et d'une science téléologique de l'homme » (*NRH*, p. 8 [trad. p. 20]). À cet égard, il n'est peut-être pas sans intérêt de relever dans les premières lignes de *NRH* une citation presque littérale de la *Première inactuelle* : « Ce ne serait pas la première fois qu'une nation, vaincue sur-le-champ de bataille et pratiquement anéantie en tant qu'entité politique, aurait privé ses conquérants du fruit le plus sublime de la victoire en leur imposant le joug de sa propre pensée ».

une compréhension originelle de ces principes est rendue à nouveau possible [1].

Les Lumières imputaient les « préjugés » anciens à l'aveuglement de la raison, à un « état de minorité » de l'esprit humain, dont il pouvait sortir par l'éducation. Il fallait, par les sciences positives et la connaissance historique, dissiper les anciennes illusions et les postulats traditionnels, retrouver un contact immédiat, naturel et incontestable avec le monde ; mais l'historicisme radical, en présentant le rationalisme lui-même comme une interprétation du monde parmi d'autres, comme un nouvel idéalisme aussi peu « naturel » que le précédent, rétablit au moins la tradition dans la dignité d'une hypothèse portant sur la totalité du réel. Le projet des Lumières repose sur une « profession de foi » rationaliste, injustifiable par la seule raison positive, et l'universalité à laquelle elle prétend n'a en rien fait justice de l'universalité idéaliste ; l'historicisme radical ravive ainsi la querelle des Anciens et des Modernes, en y reconnaissant l'affrontement de deux formes d'idéalisme, aussi peu capables l'une que l'autre de rendre compte d'elles-mêmes par elles-mêmes.

Mais si Nietzsche a su relativiser la victoire des Lumières, n'est-ce pas en sacrifiant l'essentiel, à savoir la possibilité même d'un discours de vérité ? Peut-être est-il resté à la croisée des chemins. Strauss, dans *Droit naturel et histoire*, semble en tout cas lui ménager une porte de sortie – qui n'est rien de moins que la voie royale de la philosophie. Ayant découvert dans la position théorique un principe de mort,

> Nietzsche avait deux solutions : il pouvait soit insister sur le caractère strictement ésotérique de l'analyse théorique de la vie – c'est-à-dire restaurer la notion platonicienne de la « noble supercherie » –, soit refuser la possibilité de la théorie en tant que telle, et concevoir ainsi la pensée comme essentiellement asservie ou dépendante de la vie ou du destin. Les successeurs de Nietzsche, sinon Nietzsche lui-même, adoptèrent le second terme de l'alternative [2].

L'alternative, à bien y regarder, est double, et doublement énigmatique. Tout d'abord, quelle est l'« analyse théorique » dont parle ici Strauss ? C'est celle de l'historicisme qui découvre le caractère relatif de tous les systèmes de pensée, de l'absence d'horizon transhistorique et transculturel. C'est la

1. *Philosophie und Gesetz* (*PhG*), Berlin, Schocken Verlag, 1935, p. 14 (« Philosophie et Loi », dans *Maïmonide*, textes rassemblés et traduits par R. Brague, Paris, PUF, 1988, p. 27).

2. *NRH*, p. 26. La traduction de M. Nathan et d'É. de Dampierre force très légèrement la dernière phrase, qui devient : « Si Nietzsche lui-même ne se prononça pas, ses successeurs du moins adoptèrent le second terme de l'alternative » (p. 36). Le texte anglais dit : « *If not Nietzsche himself, at any rate his successors adopted the second alternative* ».

position de l'historicisme radical, réagissant contre l'historicisme naïf qui cherchait encore la « loi » du développement historique. Strauss semble donc considérer que cette nouvelle position théorique peut échapper à son destin nihiliste si elle se trouve recouverte du voile de l'ésotérisme, si le plus grand nombre peut continuer à croire en la valeur absolue de son système culturel. Nietzsche, en somme, aurait eu la possibilité de réitérer au-delà de l'historicisme du XIXe siècle le geste fondateur de Platon, en renouant les fils disjoints de la métaphysique et de la politique.

Ce n'est pas tout. Nietzsche, dans le contexte de la *Seconde inactuelle* (à laquelle Strauss fait ici allusion), ne parle pas tant du savoir théorique concernant la relativité des systèmes culturels, que de la passion positive de tout connaître et de tout contrôler, les petites choses comme les grandes, la nature et l'histoire dans leurs moindres recoins. Le déplacement opéré par Strauss ne doit cependant pas faire croire qu'il néglige cet aspect de la critique nietzschéenne contre l'anomie moderne. L'alternative, à ce point de vue, serait entre laisser carte blanche à la soif de connaissance indifférenciée, qui est un principe de mort, et inventer l'échelle de valeurs qui permettra la survie de l'humain. Si le salut est dans la « noble supercherie », cela signifie que le savoir scientifico-technique doit lui aussi être recouvert d'un voile ésotérique, dissimulé non pas par une décision autoritaire qui ne ferait qu'en augmenter la séduction aux yeux des masses, mais par un discours qui les en écarte à leur insu en leur proposant d'autres valeurs. À cet égard aussi, la digression de Strauss place donc clairement la pensée de Nietzsche sous le signe du politique, faisant dépendre le destin de l'humanité d'une régulation des rapports entre groupes sociaux caractérisés par un accès inégal au savoir ou, pour parler comme Strauss, à la sagesse.

I

Nietzsche est certainement celui qui a le plus clairement montré que la lutte entre le rationalisme moderne et la tradition est d'abord la lutte entre deux idéaux englobants et incompatibles, qu'elle ne peut donc pas plus se ramener à un affranchissement nécessaire de la raison humaine, que s'accommoder d'un insipide partage des compétences entre « foi » et « savoir ». Depuis la *Première considération inactuelle* jusqu'aux dernières œuvres, Nietzsche décrit l'entreprise rationaliste comme un choix, l'expression d'un besoin, l'affirmation d'une volonté – qui, en prétendant à une légitimité absolue, exclusive et universelle, s'affirme aussi comme volonté de tromperie.

Le projet scientifique est, en premier lieu, inspiré par la crainte. Face à un monde hostile, le désir de connaître est avant tout le désir de réduire l'inconnu au connu, de retrouver une règle familière derrière les phénomènes les plus inquiétants ; il repose sur le soulagement de reconnaître, derrière une apparence nouvelle, une réalité déjà sondée, circonscrite, sinon entièrement maîtrisée. L'instinct de connaissance est un instinct de sécurité [1]. Or, selon une physiologie souvent étudiée par Nietzsche, chaque instinct tend à s'imposer aux autres, puis, quand il parvient à triompher sans partage, s'engage dans un processus de dégénérescence qui le met en contradiction directe avec les fins qu'il devait servir. L'instinct de sécurité devient ainsi un pur instinct de vérité, qui s'applique à toute chose indistinctement, s'épuise à tout connaître, et, par là, manque son but de survie, n'est déjà plus un instinct. Dès ses premières œuvres, Nietzsche dénonce les dangers de l'instinct de vérité effréné, pour lequel tout vaut d'être connu. Il ne s'agit plus seulement de mesurer et de prévoir les périls, il ne s'agit pas seulement de discerner les causes pour en prévenir les effets sur soi, il s'agit pour l'homme d'instaurer un monde véridique, où rien n'excède *a priori* son pouvoir d'explication et de raisonnement, dans lequel tout – si minuscule, si lointain que ce soit – lui est une occasion d'affirmer sa faculté de connaître. Le jeune Nietzsche, déjà, attribue la négation du miracle à cette volonté de domestication absolue [2]. La crainte de l'inconnu pousse l'homme à réinventer entièrement l'univers – à recourir, pourrait-on presque dire, à un « pari » sur la connaissance, comparable au pari pascalien sur Dieu. Mais à l'inverse de Pascal, qui, dans un sentiment d'urgence absolue, allait « droit aux conséquences », en supprimant toutes les raisons intermédiaires, l'homme scientifique table sur un temps infiniment disponible. Or le temps nous est bel et bien compté, et, en prenant le loisir de connaître indistinctement, nous nous exposons effectivement à une « perte infinie » – c'est là la tragédie inconsciente de l'homme de connaissance. Il table aussi sur un Sujet éternellement identique à lui-même, s'affirmant dans la succession des existences particulières. Or la continuité des horizons individuels, la permanence même du Moi, sont de pures fictions stabilisatrices. En réalité, ce qui vaut d'être connu pour l'un n'est d'aucun intérêt pour l'autre, et ce qu'aujourd'hui je cherche à connaître me laissera indifférent demain. Il n'est pas jusqu'aux actes de simple perception qui ne varient selon l'heure du jour, la disposition du

1. *Aurore* (*A*), § 26 ; *Gai Savoir* (*GS*), § 355.

2. Dans le contexte polémique de la *Première inactuelle*, cela donne : « Les Allemands, notoirement si "cultivés", s'entendent à ne s'occuper de sciences de la nature qu'en transfuges de la théologie, et ne dressent l'oreille que là où le "miracle" leur semble vigoureusement discrédité » (fragment 19 [201] de 1872-73, dans *Œuvres philosophiques complètes* [*OPC*] II/1, Paris, Gallimard, 1990, p. 232).

moment, une lassitude passagère ou une paresse invétérée [1]. Le discours de vérité fait abstraction de ces variables – qui constituent pour Nietzsche les caractères les plus profonds de l'expérience –, et fait passer pour une « explication » définitive ce qui n'est qu'une « interprétation du monde » [2]; en prenant au sérieux les fictions herméneutiques qu'il introduit dans le réel, il s'efforce de masquer les jugements de valeur injustifiables sur lesquels il s'appuie, car le jugement de valeur se trouve par principe, et de manière au fond intenable, exclu de la méthode scientifique.

Les sciences modernes de la nature ont définitivement assuré le triomphe d'un concept de vérité qui se veut à la fois naturel, universel et intemporel. Le vrai est ce qui est mesurable, calculable, prévisible, vérifiable, dans tous les lieux et à toutes les époques. À ce titre, il est accessible à tous de la même manière, par l'intermédiaire de facultés communes. Cette « égalité de tous devant la science » n'est pas elle-même, pour Nietzsche, un fait d'expérience, mais l'expression d'une volonté d'ordre politique.

> Ces « lois de la nature » [...] sont des arrangements et des falsifications naïvement humanitaires par lesquelles vous allez généreusement au-devant des instincts démocratiques de l'âme moderne. « Égalité universelle devant la loi; pour la nature il n'en va ni autrement ni mieux que pour nous » : voilà votre honnête arrière-pensée, qui camoufle une fois de plus l'aversion plébéienne de tout privilège et de toute aristocratie, ainsi qu'un athéisme rajeuni et plus subtil. « Ni Dieu, ni maître », tel est votre vœu, à vous aussi, et c'est pourquoi « Vive la loi naturelle » [3].

Le projet scientifique n'est donc pas seulement inspiré par la crainte, mais aussi par l'envie et par le désir d'un certain ordre. Il n'est pas le soubassement neutre et incontestable sur lequel pourraient s'édifier diverses « visions du monde », il est lui-même une telle vision du monde, il est la tentative de cette vision du monde pour s'ériger en seule réalité. Il doit donc rejeter loin de lui tout ce qui relève ouvertement de l'art suspect de l'interprétation, c'est-à-dire de la philosophie :

> La déclaration d'indépendance de l'homme de science, son affranchissement de la philosophie, est une des conséquences les plus subtiles de la nature et du dévoiement démocratiques [...]. « Débarrassons-nous de tous les maîtres ! » crie ici aussi l'instinct populacier [4].

1. Voir par exemple *A*, § 539, *Par-delà bien et mal* [*PBM*], § 192.
2. *PBM*, § 14.
3. *PBM*, § 22.
4. *PBM*, § 204.

Cette zone de pure positivité où doit se réaliser l'accord de tous les esprits revendique abusivement le statut de vérité : elle traduit avant tout le désir d'un ordre uniforme qui se donne par la science une légitimation absolue, en se réservant le droit, au nom de la spécificité – scientifiquement démontrable – de l'humain, de s'écarter du modèle scientifique lorsqu'il risque de remettre cet ordre en question.

La critique des Lumières, chez Nietzsche, n'est donc pas d'une nature essentiellement différente de sa critique de la religion. Elle s'attaque aux particularismes, aux facilités de pensée et de langage, aux fictions que l'homme a érigées en idoles et en horizons indépassables. Elle conteste tous les universels, ceux de la foi non moins que ceux de la science, comme autant de mystifications délibérées et intéressées, comme des « interprétations » inavouées qui prétendent interdire toute interprétation future. En cela, Nietzsche adopte clairement une attitude morale. Il est anti-rationaliste comme il est athée, par « probité », par souci de rétablir l'esprit dans son élément authentique, par haine de la mauvaise conscience. Mais la probité de Nietzsche consiste aussi à ne pas vouloir se rendre lui-même coupable de la faute qu'il dénonce, à ne pas instaurer, sous le couvert de la critique, un nouveau point de vue universel. Refusant d'établir un observatoire transcendant qui ne serait qu'un nouveau bastion de la forteresse métaphysique, il sait que sa critique doit se loger au cœur même de la chose critiquée. D'où la constante ambiguïté du discours nietzschéen, qui ne peut assumer la contradiction que dans l'élément de l'autocontradiction. Sa critique de la religion est religieuse [1]. Sa critique de la morale (la morale traditionnelle des « intentions ») est un *autodépassement* de la morale [2]. Sa critique de la science en appelle à une science supérieure, capable de briser l'uniformité des règles et de fonder la hiérarchie des valeurs [3].

Comme Nietzsche, Strauss commence par relativiser l'entreprise rationaliste en la rapportant à une *passion* purement humaine, qui est la peur

1. Voir *PBM*, § 55, où le refus de Dieu est présenté comme le troisième degré de la cruauté *religieuse*, après les sacrifices humains et l'abnégation. Strauss lui-même souligne que l'athéisme nietzschéen se distingue par le fait que Nietzsche savait que la « mort de Dieu » est un « coucher de soleil ». Le mode d'énonciation « apocalyptique » de cette idée est en effet, dans toute l'œuvre de maturité et tout particulièrement dans *Zarathoustra*, éminemment religieux. Voir R. Brague, « Leo Strauss et Maïmonide », dans S. Pines et Y. Yovel (éd.), *Maimonides and Philosophy*, Dordrecht, Martinus Nijhoff, 1986, p. 250 *sq.*

2. Voir *PBM*, § 32 (même mouvement en trois temps : période pré-morale, morale traditionnelle, sur-morale).

3. Voir la remarque finale de la première dissertation de *La Généalogie de la morale* [*GM*] : « Toutes les tables du bien et du mal [...] réclament la critique des sciences médicales. [...] Toutes les sciences ont à préparer la tâche future du philosophe, au sens où le philosophe devra résoudre le *problème de la valeur*, déterminer la *hiérarchie des valeurs* ».

et le désir de sécurité. Épicure, qui rejette la croyance aux dieux pour ne pas troubler le sage, apparaît ici comme l'ancêtre et l'inspirateur des rationalistes modernes [1]. Car c'est cette stratégie épicurienne de la quiétude d'âme qui sous-tend le projet de se rendre maître et possesseur de la nature : les dieux étant tenus à distance, il s'agit de dissiper aussi l'inquiétude du sage en mettant en évidence et, si possible, en contrôlant les causes matérielles des phénomènes. Mais cet idéal prudent fixe aussi les limites du savoir :

> Il vaudrait mieux suivre les récits mythologiques sur les dieux que devenir esclaves de la fatalité des physiciens. La mythologie laisse l'espérance qu'en honorant les dieux on se les conciliera, tandis que la fatalité est inexorable [2].

Épicure, en cela, défend un idéal de liberté qui reste prémoderne. Il exclut de l'explication du monde tout miracle, toute intervention d'un Dieu tout-puissant – à commencer par le miracle des miracles, qui serait la création du monde à partir de rien –, cherchant à rétablir des chaînes causales que la raison humaine puisse saisir, d'un bout à l'autre, sans assistance extérieure ; mais l'autonomie de la raison reste subordonnée à une liberté pratique, essentiellement fondée sur la paix de l'âme. Il ne peut s'agir de tirer aveuglément toutes les conséquences de la science. À la différence d'Épicure, les penseurs des Lumières ne peuvent s'assurer de leur idéal qu'en posant l'homme dans un rapport de concurrence avec la divinité, qu'en accordant fondamentalement à l'homme l'intelligence – et, à terme, la maîtrise – des choses premières et dernières.

> Car [les Lumières] ne voulaient pas se contenter de rejeter les affirmations de l'orthodoxie comme étant l'objet, non d'un savoir, mais d'une foi [...] Les affirmations selon lesquelles le monde est la création d'un Dieu tout-puissant, et donc que le miracle y est possible, ou selon lesquelles l'homme a besoin de la Révélation pour diriger sa vie, ne se laissent réfuter ni par l'expérience, ni au moyen du principe de contradiction ; car l'expérience ne parle pas contre le fait que le monde et l'homme seraient dirigés par un Dieu insondable, pas plus que le concept d'un Dieu insondable ne contient de contradiction interne. Si l'on voulait réfuter l'orthodoxie, aucune autre voie ne s'offrait donc que chercher à montrer que le monde et la vie sont totalement compréhensibles sans l'hypothèse d'un Dieu insondable. Cela veut dire que la réfutation de l'orthodoxie dépendait de la réussite d'un système [3].

1. *PhG*, p. 25 *sq.* (trad. p. 28 *sq.*).
2. Lettre à Ménécée, cité par Diogène Laërce, *Vies, doctrines et sentences des philosophes illustres*, X (trad. R. Genaille, Paris, Garnier, 1965).
3. *PhG*, p. 21 (trad. p. 24).

Mais par cette revendication d'un savoir total les Lumières transgressent essentiellement leurs propres principes, en se plaçant sur un plan qui par nature échappe à toute expérience, à toute vérification possibles : le savoir doit dès lors devenir, plus qu'une exigence de la raison, un impératif moral, dont l'observance requiert des qualités de courage et d'absolue honnêteté. La raison moderne ne peut s'ériger en un système pratico-théorique capable de faire pièce à la vision religieuse qu'en reprenant l'« ancien concept de vérité » [1], l'idée d'une vérité porteuse d'obligation. L'athéisme tempéré d'Épicure s'élève ainsi à un athéisme « total », fondé sur une intransigeante exigence de probité, qui récuse toute intervention transcendante par conscience intellectuelle. Le geste n'est pas sans grandeur, mais reste vicié par une contradiction fondamentale.

> Cet athéisme-là [...] est un descendant de la tradition qui se fonde dans la Bible : il accepte la thèse des Lumières [la négation de la transcendance], en raison d'une attitude d'esprit qui n'est devenue possible que grâce à la Bible. Bien qu'il refuse aussi, puisqu'il ne veut dissimuler par rien son incroyance, de se présenter comme une « synthèse » des Lumières et de l'orthodoxie, c'est pourtant justement lui qui constitue l'unification ultime, la plus radicale, la plus inattaquable, de ces positions opposées [...] Le dernier mot et la justification ultime des Lumières est l'athéisme par probité, qui dépasse radicalement l'orthodoxie en ce que [...] il la comprend radicalement [2].

La stratégie de Strauss repose donc en partie sur une critique immanente des Lumières, visant à mettre en évidence tout ce par quoi le rationalisme moderne contredit son propre projet : les « dogmes » rationalistes impossibles à fonder en raison – comme la croyance en un progrès historique nécessaire –, les jugements de valeur inavoués impliqués dans la méthode et la définition d'objet des sciences [3], les survivances « bibliques » dans une entreprise qui prétend se légitimer par l'affranchissement à l'égard de toute transcendance. Mais cette critique immanente ne permet encore que de remettre les deux concurrents – l'orthodoxie et les Lumières – sur un pied d'égalité, en ramenant le second à une pure décision, aussi peu justifiable que le premier au plan strictement argumentatif. Aussi Strauss développe-t-il simultanément une critique externe des Lumières, fondée sur les conséquences politiques du rationalisme moderne. Ces conséquences, à ses yeux, se résument dans le phénomène totalitaire :

1. *PhG*, p. 23 (trad. p. 27).
2. *PhG*, p. 27 *sq.* (trad. p. 30 *sq.*)
3. Voir la critique adressée à Max Weber dès le deuxième chapitre de *NRH* (« La distinction entre faits et valeurs »).

> On dira qu'Aristote n'aurait pu concevoir un État mondial. Mais pourquoi cela? L'État mondial suppose un développement technologique qu'Aristote n'aurait pu imaginer, lequel exige à son tour que la science ait pour but essentiel la « conquête de la nature », et que la technologie soit émancipée de tout contrôle moral ou politique. Aristote n'imaginait pas l'État mondial, parce qu'il était intimement persuadé que la science est essentiellement théorique, et que la technologie, affranchie de tout contrôle moral ou politique, conduit inévitablement au désastre : la fusion de la science et des arts avec le progrès illimité ou incontrôlé de la technologie a fait de la tyrannie universelle et perpétuelle une sérieuse possibilité [1].

Mais l'« affranchissement de la technologie », à quoi Strauss rattache aussi bien le nazisme que le développement de la bombe à hydrogène, apparaît déjà comme le fondement de tout régime démocratique. Pour que les gouvernants puissent être éduqués comme il convient, il faut en effet que le loisir jadis réservé à une petite classe de privilégiés soit accordé à tous, et donc qu'à l'économie de rareté ait succédé une économie d'abondance. C'est le développement technologique qui apporte cette abondance, et qui seul permet donc l'émergence d'une classe dirigeante recrutée dans l'ensemble de la population. Le danger totalitaire est dès lors consubstantiel au régime démocratique [2].

L'expérience du XXe siècle permet à Strauss de qualifier comme « tyrannie » concrète ce que Nietzsche appelait le « nihilisme ». Le positivisme scientifique a aujourd'hui trouvé son expression politique dans l'idée totalitaire d'un ordre sans limitation, sans « en-dehors ». Or une telle évolution se trouvait exclue par la conception antique d'une raison *située*, pour laquelle l'ordre naturel formait le cadre et le modèle de tout ordre humain.

> Du point de vue d'Aristote [...], le choix entre la conception mécanique et la conception téléologique de l'univers [qui implique une conception téléologique de l'homme] dépend de la manière dont est résolu le problème des cieux, des corps célestes et de leur mouvement [3].

De même, la valeur d'un type de connaissance et de son exploitation technologique dépend d'une décision rationnelle quant à la vie bonne, au meilleur gouvernement et à l'ordre de l'univers. Il ne s'agit donc en aucun cas de soumettre la raison à contrôle hétérogène, mais de l'ouvrir à une

1. *NRH*, p. 23 (trad. p. 33).

2. Voir « What is political philosophy? », dans *What is Political Philosophy ?*, Glencoe (Illinois), The Free Press, 1959, p. 37 (« Qu'est-ce que la philosophie politique? », dans *Qu'est-ce que la philosophie politique ?*, trad. O. Sedeyn, PUF, 1992, p. 41 *sq.*).

3. *NRH*, p. 8 (trad. p. 19).

compréhension globale respectueuse, à l'intérieur de chaque domaine particulier, d'une hiérarchie des savoirs. Cette intelligence du Tout[1] est alors politique à un double titre : parce qu'elle fait une part centrale à la réflexion sur la bonne organisation de la cité humaine, mais aussi parce qu'elle vise à structurer différents modes et différents degrés du savoir conformément à l'ordre naturel. Les représentants de la « tradition » antique auxquels se réfère Strauss (aussi bien les Grecs – Socrate, Platon, Aristote – que leurs héritiers musulmans et juifs du Moyen Âge : Averroès, Farabi, Maïmonide) ont toujours lié la définition de la Cité idéale à une réflexion sur les rapports entre l'autorité et la raison, entre la raison fondatrice de l'ordre politique et l'exercice de la raison dans le cadre de la cité. Strauss, qui a trouvé en Nietzsche un allié si puissant dans la déconstruction du rationalisme moderne, a-t-il aussi pu reconnaître en lui un continuateur de cette forme de pensée politique héritée de l'Antiquité ?

II

Strauss définit d'abord la philosophie politique comme la recherche d'une connaissance véritable concernant la vie en société et le meilleur gouvernement. En tant que telle, elle requiert d'une part la connaissance positive des faits politiques passés et présents – c'est-à-dire la « science » politique au sens moderne du terme –, et d'autre part la capacité à juger la valeur, la désirabilité des faits ainsi collectés. Il lui faut un critère qu'elle puisse appliquer aux faits politiques. Ce critère n'est pas immédiatement et universellement présent à la conscience des hommes, mais il doit être universellement valable, il doit être fondé sur la nature humaine comme telle. Autrement, il ne serait pas l'objet d'une connaissance philosophique. Un critère philosophique du meilleur ordre possible ne pourra être purement formel – il ne pourra consister dans la simple définition d'un type de régime, monarchique, tyrannique ou démocratique – puisque chacun de ces modèles peut être investi par les contenus les plus différents, selon que le monarque, le tyran, le peuple ou ses représentants sont sensés ou déraisonnables, justes ou iniques. Il ne pourra pas davantage être partiel, puisqu'il offrirait alors un modèle incomplet, qui laisserait une marge d'interprétation par laquelle pourrait s'introduire un renversement fondamental des valeurs et des priorités. Un tel critère ne peut être fourni que par la description complète du régime politique idéal. C'est le but que se donne la philosophie politique classique – par excellence dans *La République* de Platon –, en usant d'un mode de connaissance qui a été totalement éclipsé

1. Intelligence *première*, pour Strauss, et non synthèse *a posteriori*.

par le modèle positiviste moderne, et que nous pourrions appeler la « connaissance par l'idéal ». L'idéal n'est pas une chimère née de la combinaison de différents régimes existants; elle n'est pas non plus une construction du désir, oublieuse des servitudes du réel. L'idéal relève selon Strauss de la transcendance. En effet,

> la transcendance n'est pas l'apanage de la religion révélée. En un sens très important, elle était impliquée dans le sens originel de la philosophie politique, qui se voulait recherche de l'ordre politique naturel, ou du meilleur ordre politique. Le meilleur régime, tel que Platon et Aristote l'entendaient, est – et se veut – en majeure partie différent de ce qui existe ici et maintenant, autrement dit : il est au-delà de tous les ordres actuels. Mais le meilleur régime, comme les Classiques le comprenaient, n'est pas seulement extrêmement désirable; il se veut aussi réalisable ou possible, c'est-à-dire possible sur terre. Il est à la fois désirable et possible, parce qu'il est conforme à la nature. Et parce qu'il est conforme à la nature, sa réalisation ne nécessite aucun changement miraculeux ou non miraculeux dans la nature humaine; il ne nécessite pas l'abolition ou l'extirpation du mal ou de l'imperfection essentiels à l'homme et à la vie humaine; il est par conséquent possible. Et puisqu'il est conforme aux exigences de l'excellence ou de la perfection de la nature humaine, il est extrêmement désirable. Mais si le meilleur régime est possible, sa réalisation n'est en rien nécessaire. Sa réalisation est extrêmement difficile, donc improbable, voire extrêmement improbable. [...] Sa réalisation dépend du hasard [1].

La transcendance ainsi comprise a perdu, en même temps que son support substantiel, toute force agissante. Elle est une transcendance construite dans l'élément du discours, qui n'a pas en elle-même le pouvoir de s'imposer au réel [2]. Le hasard – ou la contingence ou l'imperfection du réel, c'est-à-dire la matière même de la politique – apparaît ainsi comme la limite de la raison, ce sur quoi la raison n'a pas prise. Le problème politique est le problème de l'actualisation du discours rationnel. La figure idéale sur laquelle se découpe cette sagesse imparfaite est celle de la Loi divine, qui allie la sagesse à la puissance. La Loi s'inscrit dans l'ordre du discours, mais son origine divine – ou le postulat de son origine divine – se traduit par un certain nombre de caractères, par lesquels elle excède l'ordre du discours : elle est infiniment *détaillée*, contient toutes les vérités nécessaires à la vie, telles que seule une parfaite imagination peut les concevoir ; elle expose un nombre infini de vérités, que l'intelligence humaine arrive

1. *NRH*, p. 15 et 139 (trad. p. 26 et 130 *sq.*). *Cf. On Tyranny* (*T*), p. 24, note 5 (*De la Tyrannie*, trad. H. Kern, A. Enegrèn, M. de Launay, Paris, Gallimard, 1997, p. 375 *sq.*, note 5).
2. Voir par exemple *NRH*, p. 144.

certes à saisir individuellement, mais qu'elle ne peut en aucun cas embrasser simultanément; elle contient un certain nombre de vérités générales, indécidables par la raison non assistée, en particulier sur la question du caractère créé ou éternel du monde [1] ; elle s'adresse à tous et à chacun, quel que soit le degré de développement de ses facultés de discernement. Elle se présente enfin comme un discours sans commencement, ou dont le commencement se confond avec le commencement du monde – et se distingue en cela de tous les discours humains, qui exposent un certain nombre de vérités particulières à des destinataires choisis, dans l'intention de les mener de tel à tel point [2]. C'est par là, et seulement par là, que la sagesse prend force de loi, et c'est de là qu'elle tient le pouvoir de fonder une communauté dans laquelle le discours de vérité peut ensuite se déployer dans un rapport humain, si sélectif soit-il. Seule l'autorité de la Loi, en particulier, peut garantir un champ d'action au philosophe, dans la liberté concrète ouverte entre sa détermination communautaire et sa dépendance à l'égard d'un absolu qui le transcende.

Dans la Loi, la sagesse s'allie à la puissance pour s'imposer même aux esprits privés de discernement. Mais la Révélation, justement, ne se décrète pas : elle est, du point de vue de la philosophie, un de ces hasards sur lesquels la raison n'a pas prise. La sagesse humaine, elle, ne peut s'imposer que par la contrainte ou par la ruse. Le grand Classique est ici Platon, qui a compris que le philosophe parvenu à la contemplation immédiate de la vérité n'aurait aucun motif de « redescendre dans la caverne », de retourner vers les hommes pour les gouverner et les mener à leur tour vers la justice. L'avènement du philosophe-roi suppose donc, bien plus qu'un simple concours de circonstances, une instance supérieure qui fasse obligation au sage d'endosser le pouvoir politique. Or cette instance n'est déterminée dans le discours socratique qu'à travers l'acte de *fondation :*

> Il nous incombera donc, à nous fondateurs, d'obliger les meilleurs naturels à se tourner vers cette science que nous avons reconnue comme la plus sublime. Mais [...] gardons-nous de leur permettre ce qu'on leur permet aujourd'hui [...] de rester là-haut, de refuser de descendre à nouveau parmi les prisonniers et de partager avec eux travaux et honneurs [3].

1. Voir *PhG*, p. 57 *sq.* (trad. p. 63 *sq.*).

2. Voir L. Strauss, « Théologie et philosophie : leur influence réciproque », dans *Le Temps de la réflexion*, Paris, Gallimard, 1981, p. 202. Par cette conviction que l'homme ne pense véritablement que dans un champ qui n'a pas été ouvert par lui, Strauss s'inscrit en opposition frontale à l'effort moderne (Descartes, Hobbes) pour « tenir les deux bouts de la corde » et récuser toute vérité que l'homme ne puisse produire de son propre fonds.

3. *La République*, VII, 520 a.

La Loi fondamentale, par-delà les dispositions particulières du bon gouvernement, a donc pour fonction de lier le philosophe, de s'opposer à son désir et à la perfection de son bonheur. Vis-à-vis des « prisonniers », en revanche, la Loi use plus de ruse que de contrainte. Elle recourt au « mensonge » pour s'imposer aux gouvernés. Les chefs sont autorisés par Socrate à mentir pour le bien de la cité, et les chefs eux-mêmes peuvent être à leur tour trompés par les fondateurs au moyen de quelque « noble mensonge » [1]. Il s'agit de faire croire aux citoyens de la Cité idéale qu'ils ne naissent point de parents humains, mais du sol même de leur patrie, de sorte qu'ils sont tous réellement frères et sœurs, c'est-à-dire égaux. Or, de même que le sol est traversé par différentes veines, de même les natures humaines sont d'un alliage plus ou moins noble. Elles sont ainsi destinées « par nature » à différentes fonctions et différentes dignités. Cette origine, fondatrice du lien hiérarchisé entre les membres de la cité, est une fiction que seule, selon Platon, l'accoutumance et la tradition peuvent faire accepter aux individus. Les fondateurs de la Cité idéale remédient donc à l'absence de Révélation par le mythe. Dans les deux cas, il s'agit de montrer l'incapacité de la raison à se donner son propre commencement et à reconstruire le réel à partir de ses seuls principes. Les citoyens sont abusés, le philosophe-roi n'accède à ce statut que sous la contrainte, et les « fondateurs » eux-mêmes ne sont tels que dans la situation fictive créée par le dialogue.

Cet aveu d'impuissance de la raison devant le problème de l'organisation communautaire trouve son expression la plus frappante dans ce qu'on a appelé la « sociologie » straussienne du philosophe. L'opposition absolue et définitive entre le philosophe et le non-philosophe apparaît ici comme la structure fondamentale de la société. À l'intérieur de sa caste, le philosophe est naturellement lié à ses pairs, dont il partage les intérêts et parmi lesquels il va chercher des interlocuteurs capables d'éprouver son savoir. Mais il est aussi tributaire des non-philosophes, dans la mesure où il ne peut se consacrer à ses méditations que si d'autres subviennent à ses besoins matériels. Il ne peut donc y avoir de philosophie que dans une société où règne la division du travail [2]. Qu'est-ce que le philosophe donne en échange ? La seule monnaie d'échange dont il dispose, c'est son enseignement, un enseignement nécessairement « infidèle », puisqu'il s'adresse à la partie de la population qui n'est pas capable d'accéder à la sagesse. Un tel échange est doublement insatisfaisant. Pour le philosophe lui-même, à qui l'humanité commune apparaît toujours comme un fardeau et une entrave :

1. *Ibid.*, III, 389 b et 414 b, *sq.*
2. Voir *T.*, p. 213 (trad. p. 232).

> Les philosophes en tant que philosophes ne s'accordent pas avec leur famille. Leur intérêt égoïste, leur intérêt de classe consiste à ce qu'on les laisse tranquilles, qu'on leur donne le droit de vivre la vie des bienheureux sur la terre en se consacrant aux seuls sujets d'importance [1].

L'échange est également insatisfaisant pour les non-philosophes – gouvernants et gouvernés –, qui soupçonnent toujours le philosophe de cacher son jeu. Le philosophe vit ainsi au milieu de l'envie et de la méfiance. C'est cette situation que Strauss appelle la « persécution ». Elle fait apparaître la fonction politique du philosophe sous un jour nouveau : il ne s'agit plus seulement pour lui de connaître par la raison la nature du régime idéal, mais aussi de sauvegarder sur deux fronts les conditions permettant l'exercice de la philosophie. Plus exactement : la description du régime idéal, dans la situation de persécution qui est celle du philosophe, est toujours aussi une stratégie visant à préserver les conditions d'exercice de la philosophie.

Cette situation du philosophe étranger à la cité est un motif récurrent dans l'œuvre et la vie de Nietzsche. L'auteur de *Zarathoustra* sait que celui qui s'efforce de dissiper les opinions communes a toujours le plus grand nombre contre lui ; il sait que celui qui démontre la fragilité des discours de légitimation s'attire nécessairement les foudres du pouvoir. Le philosophe suscite d'autant plus l'animosité de ses concitoyens qu'il n'a aucune vérité substantielle à mettre à la place des anciennes idoles, aucun message à délivrer. Il mime le geste des fondateurs de religion, mais n'érige pas de nouvelles tables et n'instaure pas une communion nouvelle. C'est la raison pour laquelle Nietzsche se donnera le personnage de Zarathoustra comme prophète du renversement de toutes les valeurs, comme le messie parodique qui seul convient aux consciences désenchantées de notre époque historienne. Et l'acte fondateur typiquement moderne est la mise à mort de Dieu – acte problématique devant lequel l'homme recule, qu'il n'assume pas dans l'institution d'une communauté nouvelle [2]. Dans cet espace vide, c'est l'incommunicabilité qui devient l'indice du vrai – et le consensus l'indice du faux. De là les tentatives de Nietzsche pour réduire le langage commun à la convention et à la tautologie. De là sa critique des sciences exactes comme institutions démocratiques. De là, nécessairement, son refus de tout ordre fondé sur l'entente mutuelle [3]. Le philosophe

1. *NRH*, p. 143 (trad. p. 134).
2. *GS*, § 125.
3. Dans *GS*, l'un de ses livres les plus « équilibrés », Nietzsche admet la nécessité du « consensus » pour la vie, et revendique pour lui-même un statut de « dangereuse exception » – un statut qui n'est défendable qu'à condition que l'exception « ne veuille jamais devenir la règle » (§ 76).

nietzschéen, dit Strauss, apparaît ainsi comme un « créateur solitaire qui s'impose à lui-même une loi nouvelle, et qui se soumet à toutes ses rigueurs ». Il ne peut que jeter l'anathème sur tout ordre communautaire qui, d'une manière ou d'une autre, tendrait à affaiblir les exigences de cette loi strictement individuelle. La seule perspective politique est la réunion de ces hautes solitudes dans une « aristocratie planétaire », dont le pouvoir sera fondé sur l'assujettissement impitoyable des masses. Aussi le jugement de Strauss – qui fut lui-même chassé de son pays par l'avènement d'une telle caste de « maîtres », et trouva refuge dans une démocratie imparfaite – est-il sans appel :

> Après avoir endossé cette grande responsabilité politique, [Nietzsche] n'a pu montrer à ses lecteurs le chemin de la responsabilité politique. Il ne leur laissa le choix qu'entre une indifférence irresponsable envers la politique et des options politiques irresponsables. Il prépara ainsi un régime qui, tant qu'il dura, fit à nouveau paraître la démocratie discréditée comme un âge d'or [1].

De fait, Nietzsche n'a jamais pu concevoir la communauté que comme un agrégat de singularités, de volontés souveraines qui ne prennent en compte le reste du monde que dans la mesure où il leur semble possible de lui imposer leur loi. « Les forts, les puissants, veulent former, et ne rien avoir d'étranger autour d'eux [2] ! » C'est ainsi qu'alternent chez lui la tentation érémitique, le pathos de la conspiration, les espérances communautaires (mais les communautés, chez lui, sont toujours abritées derrrière de hauts murs) et les rêves de domination universelle. Il s'agit dans tous les cas de métaphores du solipsisme. Il serait absurde – « contre nature », dirait Nietzsche – de supposer qu'une loi puisse faire violence à l'affect dominant du philosophe, en le contraignant à mettre sa sagesse au service de la communauté.

Pour Nietzsche comme pour Strauss, il existe une « nature » philosophique, marquée par son retranchement essentiel d'avec l'humanité commune. Le philosophe, comme tel, est persécuté par la multitude. À partir de ce diagnostic, ils ont tous deux conçu la nécessité d'une « politique philosophique », destinée à défendre les intérêts spécifiques du philosophe. Cette défense ne peut être de l'ordre de l'argumentation directe, de la persuasion, puisque la sagesse n'a pas prise sur le réel. Aucun philosophe n'a jamais réussi à réformer le monde. Le discours de vérité est par lui-même impuissant à produire des énoncés qui aient force de loi, c'est-à-dire

1. *What is Political Philosophy*, *op. cit.*, p. 54 *sq.* (trad. p. 58).
2. *Werke*, éd. K. Schlechta, t. III, p. 419.

qui aient le pouvoir de contraindre la volonté [1]. La défense de la philosophie renvoie donc à un acte fondateur qui transcende l'ordre du discours. Nietzsche introduit ici la volonté de puissance, comme affirmation strictement individuelle, tandis que Strauss recourt à l'instance de la Loi, qui englobe la sagesse et son Autre dans une totalité structurée. C'est la raison pour laquelle il peut y avoir, aux yeux de Strauss, des degrés de vérité, des ordres de connaissance, une hiérarchie des êtres. C'est aussi la raison pour laquelle la situation du philosophe n'est pas tragique : « Pour les Classiques, le conflit entre la philosophie et la cité est aussi peu tragique que la mort de Socrate » [2].

L'indice le plus clair d'une « politique » nietzschéenne serait, dans la perspective de Strauss, l'existence d'un « art d'écrire » chez Nietzsche. Ce n'est pas ici le lieu d'entreprendre cette enquête. Il est en revanche évident que l'on trouve chez Nietzsche une théorie de l'écriture qui rappelle par bien des côtés l'herméneutique straussienne.

Le discours philosophique, privé de point d'appui ontologique et de support communautaire, se trouve investi chez Nietzsche d'une mission précise : saper les illusions métaphysiques sans susciter de nouveaux universels. Cela signifie un effort permanent contre le langage lui-même, dans sa tendance profonde au nivellement et à l'universalisation. La communication et la compréhension effacent la distinction du haut et du bas, du noble et de l'ignoble. L'écriture philosophique sera donc un art de l'esquive et de la feinte, qui ne signifiera que pour mieux dissimuler ce qui est à dire. « Tout penseur profond craint plus d'être compris que d'être mal compris [3]. » Une telle écriture trouve dans la métaphore, par opposition au concept, son instrument privilégié. La métaphore, en effet, n'identifie pas, elle ne fige pas l'interprétation en dogme, elle tue la fonction autoritaire du langage. La métaphore permet surtout de ne pas tout dire, elle est « un langage de signes et de symboles qui permet de taire beaucoup de choses » [4]. Comme les pauses qui ponctuent la succession des aphorismes, la métaphore introduit le silence au cœur de l'écriture philosophique.

Cette pratique devait rendre Nietzsche particulièrement sensible à tout ce qui, dans les textes du passé, relève d'une stratégie de l'écriture, et en quoi il peut par conséquent soupçonner une intention (anti-) métaphysique. C'est une vertu qu'il reconnaît aux époques d'oppression idéologique ou politique :

1. Voir par exemple *A*, § 535 : « La vérité a besoin de la puissance ».
2. *T.*, p. 221 (trad. p. 241).
3. *PBM*, § 290.
4. *PBM*, § 196.

> Pendant le Moyen Âge, les hommes sont devenus plus spirituels; les moyens en furent le calcul selon deux mesures, la subtilité de la conscience, l'exégèse de l'écriture. Cette façon d'aiguiser l'esprit sous la pression d'une hiérarchie et d'une théologie faisait défaut à l'Antiquité [1].

L'interdiction de tout dire oblige l'écrivain à travestir son propos, à distinguer différents niveaux de vérité, à ménager dans son texte des niches et des paravents. L'ésotérisme apparaît ainsi comme une perspective essentielle du discours nietzschéen; il est en tout cas l'un des noms possibles de cette écriture qui cherche par différents moyens à intégrer le silence comme un antidote à la maladie métaphysique du langage.

Ce triangle formé par l'écriture, la politique et la métaphysique se trouvera explicitement thématisé par Strauss. L'« art d'écrire », en effet, est bien plus qu'une technique permettant au penseur indépendant de tromper la vigilance des censeurs. Nous avons vu que la « persécution » caractérise la situation du philosophe dans la cité, dans tous les lieux et à toutes les époques. De même, l'oppression politique ne fait que redoubler une situation métaphysique.

> C'est sur l'insuffisance de l'homme à connaître Dieu qu'est fondée la façon de communiquer qui caractérise la métaphysique, à savoir la communication ésotérique [2].

La raison humaine ne parvient que graduellement et imparfaitement à l'intelligence du Tout, et elle ne parvient à l'exprimer qu'indirectement. La fonction spécifique de l'écriture philosophique est de mettre en scène cette limitation, en marquant dans le discours la place vide qui est l'origine de tout discours – le silence de la raison face à son inassimilable commencement. C'est à cela que tendent en dernière instance les techniques de dissimulation mises en œuvre par le philosophe face à un pouvoir tyrannique. Si Nietzsche, en suivant une voie finalement toute proche, n'a pas su éviter l'« irresponsabilité politique », c'est qu'il a cru que l'acte fondateur de la philosophie pouvait être indéfiniment répété, qu'il était à la portée d'une volonté humaine affranchie de toute autre loi que la sienne. Pour Strauss, le premier et le dernier mot de la sagesse, tant philosophique que politique, reste au contraire que « l'homme n'est pas un commencement » [3].

1. Fragment de l'été (?) 1875, dans *OPC*, II/2, p. 344.
2. *PhG*, p. 82 (trad., p. 95).
3. L. Strauss, « Théologie et philosophie : leur influence réciproque », art. cit., p. 202.

ÉPILOGUE

LEO STRAUSS ET LA POSSIBILITÉ DE LA PHILOSOPHIE

Stanley ROSEN

Dans les *Remarques sur la philosophie de la psychologie* de Wittgenstein, la déclaration suivante se présente sans commentaire : « Pour pénétrer dans les profondeurs, on n'a pas besoin de voyager très loin ; en effet, vous n'avez pas besoin pour cela d'abandonner votre environnement immédiat et accoutumé [1]. » En lisant ce passage, j'ai été frappé par sa ressemblance avec une observation fréquemment répétée par Leo Strauss, suivant laquelle les profondeurs sont contenues dans la surface et seulement dans la surface. Par exemple, dans les *Pensées sur Machiavel*, Strauss dit : « Il n'y a pas de protection plus sûre contre la compréhension de quoi que ce soit que de considérer comme allant de soi, ou bien de mépriser, l'évidence et la surface. Le problème inhérent à la surface des choses, et à la surface des choses seulement, est le cœur des choses [2]. »

La ressemblance entre ces deux déclarations est-elle elle-même superficielle ou profonde ? Je considère qu'elles nous mettent toutes deux en garde contre la tendance à remplacer le contexte immédiat de l'expérience par un artefact théorique. Mais ceci ne signifie pas que toutes deux sont opposées à la théorie dans le même sens ou au même degré. Pour Wittgenstein, la théorie est une construction conceptuelle erronée ou confuse : « "Ne cherchez rien derrière les phénomènes ; ils sont eux-mêmes la théorie" (Goethe) [3]. » Et encore : « Puisque tout s'étend devant notre vue, il n'y a rien à expliquer. Car ce qui est caché, par exemple, n'est d'aucun

1. *Remarks on the Philosophy of Psychology*, Chicago et Londres, University of Chicago Press/Blackwell, 1980, vol. I, p. 71 (361). J'ai légèrement modifié la traduction de G. E. M. Anscombe.

2. *Thoughts on Machiavelli*, Glencoe (Illinois), The Free Press, 1958, p. 13.

3. *Remarks on the Philosophy of Psychology*, *op. cit.*, p. 157 (889). *Cf.* p. 117 (633) : de simples jeux de langage « sont les pôles d'une description, non la base d'une théorie ».

intérêt pour nous [1] ». Wittgenstein désapprouve en premier lieu le recours que font les philosophes aux processus internes ou subjectifs, par opposition au caractère public du langage commun, et aux entités sémantiques telles que les significations, ou les formes platoniciennes, par opposition aux règles syntaxiques ou grammaticales du langage mentionné ci-dessus. Strauss, d'un autre côté, est opposé aux théories qui ne sont pas fondées sur notre expérience directe de l'ordre naturel des affaires humaines, un ordre qui n'est pas le produit de règles grammaticales mais qui les détermine.

Wittgenstein s'exprime de manière inconséquente sur le point crucial du sens régulateur de la nature. Des assertions comme celle-ci sont en apparent accord avec Strauss : « Le comportement commun de l'humanité est le système de référence au moyen duquel nous interprétons un langage inconnu [2]. » Dans le même sens, on nous dit que le langage correspond à la manière dont les choses sont effectivement, ou à ce que Wittgenste in appelle « les cas normaux » [3], et donc au « langage ordinaire » (*die gewöhnliche Sprache*) [4]. Dans les *Investigations philosophiques*, il décrit son travail comme « des remarques sur l'histoire naturelle des êtres humains; nous n'offrons pas une contribution de curiosités, cependant, mais d'observations dont personne n'a douté, mais qui sont passées inaperçues seulement parce qu'elles sont toujours devant nos yeux » [5].

Mais l'expression d'« histoire naturelle » est compatible avec une vision historiciste de la nature humaine. En outre, selon Wittgenstein, « l'essence est exprimée par la grammaire » [6]. Puisque les grammaires définissent des familles de jeux de langage ou constituent une « forme de vie » [7], et que les formes de vie sont multiples aussi bien que diverses, ou, en d'autres termes, puisqu'il n'y a pas de forme de vie universelle, pas plus qu'il n'y a de forme universelle de proposition, il semble que la nature humaine, et donc ce qui est tenu pour l'usage ordinaire ou sain, soit fonction de l'histoire, c'est-à-dire du hasard. Wittgenstein dit que ses centres d'intérêt incluent la conformité des concepts aux « faits très généraux de la nature », mais ces derniers ne sont pas invoqués comme causes des premiers. On nous apprend au lieu de cela à imaginer différents faits de la

1. *Philosophical Investigations*, trad. G. E. Anscombe (Oxford, Blackwell, 1998), p. 50, § 126.
2. *Ibid.*, p. 82, § 206.
3. *Ibid.*, p. 56, § 142.
4. Par exemple, *ibid.*, p. 129, § 436.
5. *Ibid.*, p. 125, § 415.
6. *Ibid.*, p. 116, § 371, *cf.* § 373.
7. *Ibid.*, p. 8, § 19 et *passim*.

nature produisant différents concepts ; le point principal ici n'est pas l'ordre naturel mais la contingence des concepts [1].

Ce point doit être souligné. Pour Wittgenstein, la « surface », ou l'environnement familier de la vie quotidienne, est définie conceptuellement par la pratique linguistique. Ce que nous appelons « le monde » ou la « réalité », et donc les faits de la nature mentionnés ci-dessus eux-mêmes, est fonction de la manière dont nous délimitons l'espace conceptuel, et donc l'espace discursif de l'expérience ordinaire [2]. Mais ceci ne signifie pas que l'expérience ordinaire nous soit disponible comme critère préalablement à l'acte de délimitation. L'accent mis par Wittgenstein sur le langage ordinaire est accompagné au mieux de façon seulement ambiguë d'un appel à la nature humaine, à la nature du discours ou du *logos*, sans parler d'un ordre naturel qui soit accessible à la contemplation. L'ambiguïté naît du fait que Wittgenstein exclut la possibilité de théoriser sur des questions de cette sorte. Il part du fait conventionnel ou historique de la communauté linguistique dont les membres parlent plus ou moins de la même manière [3]. C'est en tant que membre de la communauté linguistique que le philosophe ou le thérapeute du langage a accès aux idiomes de référence et aux règles d'usage linguistique, par lesquels il peut éliminer les erreurs naissant de l'usage impropre de ces idiomes et de ces règles [4].

Pour Wittgenstein, tel que je le comprends, la nature est elle-même une construction théorique, c'est-à-dire qu'il considère comme allant de soi le sens de la nature qui provient de la philosophie du XVIIe siècle et de la nouvelle physique. Et ceci inclut le sens de l'expression d'« histoire naturelle », tel qu'elle est utilisée aux XVIIIe et XIXe siècles. En rejetant la nature au sens de *phusis*, c'est-à-dire au sens d'un ordre extérieur à la convention linguistique humaine, Wittgenstein ne conserve que le *nomos* ou la coutume. Son analyse de l'usage « ordinaire » du langage est donc sans fin; elle n'a ni début ni fin. Il n'y a pas de « théorie » de l'usage

1. *Ibid.*, p. 230, 2e partie, § 12. À confronter à la doctrine husserlienne de la variation eidétique *via* l'imagination.

2. « La liaison entre "langage et réalité" est effectuée par des définitions de mots, et ceux-ci appartiennent à la grammaire, aussi ce langage demeure-t-il autosuffisant et autonome. » *Philosophical Grammar*, trad. A. Kenny, Berkeley et Los Angeles, University of California Press, 1978, p. 97, § 55.

3. « Ce qui doit être accepté, le donné, ce sont – ainsi pourrait-on dire – les *formes de vie*. » *Philosophical Investigations*, *op. cit.*, p. 226, 2e partie, § 11.

4. « [...] Les problèmes philosophiques sont des malentendus qui doivent être levés par la clarification des règles selon lesquelles nous sommes enclins à utiliser les mots. » *Philosophical Grammar*, p. 68, § 32. L'allemand « *nach denen wir die Worte gebrauchen wollen* » fait ressortir la notion de coutume. En d'autres termes, les règles sont déterminées par la communauté linguistique à l'intérieur de laquelle il advient que nous nous trouvons, et non par un ordre naturel extra-linguistique.

linguistique correct, que ce soit dans l'un ou l'autre des deux sens de « théorie ». Nous ne pouvons pour ainsi dire « percevoir intellectuellement » quelque chose au sujet de la nature ou de l'expérience humaine qui soit régulateur de la pratique discursive, pas plus que nous ne construisons un cadre conceptuel unique et compréhensif pour la mise en ordre de cette pratique. Le langage ordinaire est classificateur seulement dans un sens local ou historique.

Néanmoins, je ne voudrais pas suggérer que Wittgenstein diffère complètement de l'enseignement socratique qui est défendu par Leo Strauss. Les dialogues platoniciens illustrent deux des propres thèses ou suppositions de Wittgenstein, dont la première est que le discours humain et, en particulier, le discours philosophique, n'a ni commencement ni fin. Nous sommes toujours *in medias res*. Deuxièmement, par conséquent, il n'y a pas de constructions discursives définitives ou complètes, ou de « théories » dans le sens désapprouvé par Wittgenstein. Mais pour Platon, contrairement à Wittgenstein, il y a un sommet et une base du discours philosophique, et ceci est représenté par les Idées d'un côté, et la doctrine de l'éros de l'autre. En des termes plus prosaïques, nous sommes unis par nos désirs, et ceux-ci à leur tour sont régulés par la nature des objets de notre désir. Ce que l'on peut appeler le discours ordinaire ou classificateur est donc défini pragmatiquement par l'intelligibilité du désir.

Cette manière de formuler la position classique peut sembler anachronique. Mais il y a un parallèle conceptuel, et même une continuité, entre l'éros et les Idées d'un côté, et le désir et ses objets de l'autre. Il y a bien sûr aussi des différences cruciales. L'une de ces différences, particulièrement importante pour nous, est que les fondateurs de la modernité dépolitisent le désir et par là réduisent la différence entre *thumos* et *epithumia* à la notion homogène des « passions de l'âme », comme Descartes l'exprime. Pour Socrate et ses disciples (Leo Strauss inclus), la question de la satisfaction véritable du désir humain est nécessairement une question politique, pour la simple raison que nous dépendons les uns des autres pour cette satisfaction, mais c'est aussi une question qui nous amène au-dehors de la cité, ou plutôt au-dessus, aux différences naturelles de noblesse et de bassesse des désirs. En rendant physiologique cette dépendance, Descartes déplace l'accent de la communauté à l'*ego* isolé, c'est-à-dire de la politique à la psychologie. La noblesse et la bassesse ne disparaissent pas tout à fait, mais elles sont redéfinies comme « générosité » ou grandeur d'âme indépendante, c'est-à-dire égotisme. Le retour ultérieur à la prédominance de la société et de l'histoire, commencé au XVIIIe siècle et achevé au XIXe, tout en étant en un sens une repolitisation du désir, conserve les fondements physiologiques de celui-ci ; c'est-à-dire qu'il conserve la conception scientifique moderne de la nature, qui est incapable de maintenir la distinction naturelle entre le noble et le vil.

En bref, le déplacement du politique au physiologique, c'est-à-dire du public au privé, amorce l'interprétation matérialiste de l'esprit, de l'âme ou de la pensée. Plus précisément encore, le problème du rapport entre l'âme et le corps est remplacé par le problème du rapport entre la pensée et le corps, ce qui rend possible la redéfinition graduelle de la pensée comme faculté du discours analytique qui peut être reproduite par des machines. Et la transformation de la nature, de la politique à la physiologie, est la condition préalable nécessaire au développement de la science politique et de la sociologie, c'est-à-dire à l'étude quantitative ou descriptive du comportement humain extérieur. Wittgenstein, répétons-le, part de la conception scientifique moderne de la nature et, si je le comprends correctement, tente de remédier aux défauts de celle-ci par le biais de la religion plutôt que par le biais de la théorie philosophique. En d'autres termes, l'analyse classificatrice du langage se révèle être enracinée dans le silence plutôt que dans davantage de langage, puisque ce dernier ne peut être correctement utilisé que pour décrire ou exprimer des faits (incluant des expériences), et donc des valeurs relatives, mais non les valeurs absolues de l'éthique ou de la religion [1]. Pour anticiper sur un sujet ultérieur, la thérapie linguistique de Wittgenstein indique le triomphe de Jérusalem sur Athènes. Il est pour ainsi dire un Socrate sans Idées platoniciennes.

Si le tableau général que j'ai présenté jusqu'ici est exact, la différence entre Wittgenstein et Strauss dans leur approche de la surface est maintenant évidente. Wittgenstein est très proche de Nietzsche sur le point crucial suivant. La nature en elle-même, c'est-à-dire telle qu'elle est effectivement définie par les philosophes de la science moderne, est dans le cas extrême un artefact discursif, et dans tous les cas sa valeur pour l'existence humaine provient de l'horizon linguistique particulier ou de la forme de vie de la communauté à laquelle les évaluateurs appartiennent. Il s'ensuit que la surface est une convention linguistique. Il n'y a aucune profondeur gisant sous la surface; nous entrons donc dans la profondeur seulement dans l'acte par lequel nous nous immergeons à l'intérieur de la surface. Il y a une multiplicité de surfaces, mais aucune profondeur commune. La tentative pour pénétrer la surface mène ou bien au dysfonctionnement du langage, dont l'exemple par excellence est la construction de théories métaphysiques, ou bien au silence. Pour Strauss, au contraire, la surface est la manière dont la profondeur se rend accessible

1. « A lecture on ethics », dans *Ludwig Wittgenstein: Philosophical Occasions*, éd. Klagge et Nordmann, Indianapolis et Cambridge, Hackett, 1993, p. 37-44.

au discours. Mais c'est dire qu'il y a une profondeur. Je soutiendrai que Strauss est silencieux sur la nature de la profondeur, et donc qu'il ne se distancie pas de manière effective de Wittgenstein.

*

Palin ex' arkhès, pour employer l'une des expressions socratiques favorites de Strauss. Leo Strauss a consacré sa vie à la défense de la philosophie dans la grande tradition du rationalisme socratique. Selon Strauss, la caractéristique centrale de cette tradition est l'affirmation de la connaissance de l'ignorance. La possibilité de la philosophie dépend de la cohérence de cette affirmation. La question est alors de savoir si Strauss nous fournit un argument satisfaisant, ou, disons plus modestement, une présentation plausible de cette cohérence.

Nous nous trouvons initialement face à l'énigme de la rhétorique straussienne. On peut discerner un dualisme dominant dans ce qui apparaît à la surface de l'enseignement de Strauss. D'un côté, le style de Strauss nous rappelle, en particulier dans ses publications plus tardives, deux de ses favoris personnels, Xénophon et Farabi. Mais il y a une différence importante. L'enseignement exotérique des deux penseurs anciens était en apparente conformité avec les doctrines traditionnelles du temps et du lieu où ils vivaient. En semblant se faire l'avocat d'une réhabilitation de la tradition ancienne, Strauss a adopté l'attitude d'un homme en désaccord avec les vues prédominantes du temps et du lieu où il vivait. Il aimait beaucoup dire que l'on est en meilleure position pour comprendre Xénophon si l'on préfère les romans de Jane Austen à ceux de Dostoïevski [1]. Mais Strauss nous présente la curieuse figure d'une Jane Austen révolutionnaire. Sa critique très dure du nihilisme de la modernité tardive rappelle plus Dostoïevski que Jane Austen. Je crois que Strauss aurait répondu par l'affirmative à la question rhétorique de Nietzsche : « Le XIXe siècle, en particulier dans son commencement, n'est-il pas simplement un XVIIIe siècle devenu plus fort et plus brutal, c'est-à-dire un siècle de décadence [2] ? » Cependant, c'est un complet malentendu concernant les vues de Strauss que de l'associer au projet positif de Nietzsche [3]. Strauss était un porte-parole vigoureux et constant de la

1. *On Tyranny*, New York, The Free Press, 1991, p. 185.

2. *Götzen-Dämmerung*, dans *Kritische Studienausgabe*, éd. Colli-Montinari, Berlin, Walter de Gruyter, 1980, vol. VI, p. 152.

3. Comme cela a été fait avec fureur par Shadia Drury, dans *The Political Ideas of Leo Strauss*, New York, St. Martin's Press, 1988 ; et avec éloge par Laurence Lampert, dans *Leo Strauss and Nietzsche*, Chicago et Londres, University of Chicago Press, 1996.

démocratie libérale, dont les sympathies politiques se portaient sur Abraham Lincoln et Winston Churchill, non sur Attila le Hun, en faveur duquel Nietzsche semble parfois parler.

En somme : Strauss a considéré que sa tâche était de contribuer à la modification du libéralisme contemporain par les tendances conservatrices – ou, pour mieux dire, modérées – des penseurs politiques classiques, d'un côté, et des libéraux rationalistes des XVIIe et XVIIIe siècles de l'autre. Strauss ne pourrait être traité de réactionnaire que par les partisans les plus extrêmes de la gauche révolutionnaire, mais il partage une caractéristique importante avec les radicaux intelligents de la gauche : le mépris pour la version du libéralisme qui a été vidée de son contenu par le relativisme historique.

Mais ceci était le projet politique de Strauss. Comme je le crois, et comme il en aurait été d'accord, le but politique le plus élevé du philosophe est la préservation de la philosophie [1]. Il suffit de dire que pour Strauss, c'était dans le meilleur intérêt des non-philosophes également. Pour ce qui nous occupe, le point principal est que cette intention philosophique complique la tâche rhétorique de Strauss. Par exemple, elle obscurcit parfois son propre libéralisme politique. Permettez-moi de dissiper, sinon de supprimer immédiatement cette obscurité. Dans son évaluation de l'interprétation par Hermann Cohen de la manière dont Spinoza a traité du judaïsme, Strauss écrit :

> On peut dire que dans sa critique de Spinoza, Cohen commet l'erreur typique du conservateur, qui consiste à dissimuler le fait que la tradition continue et changeante qu'il chérit si grandement ne serait jamais venue à l'être par le biais du conservatisme, ni sans les discontinuités, révolutions, et sacrilèges commis au commencement de la tradition qui est chérie, et au moins silencieusement répétés durant son cours [2].

Strauss a fréquemment énoncé l'opinion selon laquelle la pensée devrait être audacieuse, et même folle, alors que l'action devrait être modérée [3]. À la différence de Nietzsche, pour ne pas mentionner Machiavel, Strauss ne prend pas ses repères sur la situation extrême. Il indique, et ce rarement, ce que Nietzsche proclame de façon répétée. Ceci a de l'importance pour comprendre le libéralisme straussien. De façon

1. Voir l'Introduction de *Persecution and the Art of Writing*, Glencoe (Illinois), The Free Press, 1952, p. 8 et 18.

2. Ce passage apparaît dans la préface de l'édition anglaise du livre de Strauss, *Spinoza's Critique of Religion*, New York, Schoken Books, 1965, p. 27.

3. Voir l'essai éponyme de *What is Political Philosophy ?,* Glencoe (Illinois), The Free Press, 1959, p. 32.

pareillement importante, Strauss fait preuve d'une certaine audace, sinon de folie, dans le discours – qui est un mode d'activité –, dans son exposition continuelle de ce que ses prédécesseurs ont dissimulé ou éclairé de manière seulement intermittente : la tradition de l'ésotérisme.

Si nous regardons de plus près, cependant, nous voyons que les révélations de Strauss étaient en proportion de l'insistance avec laquelle l'auteur qu'il interprétait requérait la discrétion. Strauss est tout à fait explicite dans le cas de penseurs tels que Machiavel, Spinoza, Hobbes et Locke, mais extrêmement obscur quand il examine les Anciens et particulièrement les philosophes ou les sages médiévaux. Ainsi que Strauss lui-même l'a souvent signalé [1], ce que l'on peut dire publiquement au sujet des doctrines ésotériques est en partie fonction des circonstances historiques particulières. Ainsi, dans l'acte même de ce qui semble être une exposition de l'enseignement caché de Maïmonide, Strauss dit que la position de l'interprète de Maïmonide (à savoir, Strauss) est « dans une certaine mesure identique à celle de Maïmonide lui-même ». Il clarifie ceci de la manière suivante : « Puisque le *Guide* contient une interprétation ésotérique d'un enseignement ésotérique, une interprétation adéquate du *Guide* devrait donc prendre la forme d'une interprétation ésotérique d'une interprétation ésotérique d'un enseignement ésotérique ». Bien que Strauss ajoute que « cette suggestion peut sembler paradoxale et même ridicule » pour nous [2], c'est, à mon opinion, la manière de procéder qu'il suit lui-même lorsqu'il écrit au sujet de Maïmonide, et pas seulement lorsqu'il écrit au sujet de ce dernier.

En somme, comme Strauss l'observe en ce qui concerne l'extrême prudence de Jehudah Halevi, « la ligne de démarcation entre la timidité et la responsabilité est tracée différemment à des époques différentes » [3]. Il y a une différence radicale entre notre époque et celle de Xénophon, Farabi ou Halevi, et même celle de Jane Austen. Dans un fragment du *Nachlass* de 1885-1886, Nietzsche explique qu'« il est aujourd'hui nécessaire de s'exprimer temporairement d'une manière grossière [*grob*] et d'agir grossièrement. Ce qui est fin et dissimulé n'est plus compris, pas même par ceux qui nous sont apparentés. *Ce dont on ne parle pas fort et à propos de quoi on ne pousse pas de cris n'existe pas* [4]... ». À ceci, on devrait ajouter que la « grossièreté » est un terme relatif ; la rhétorique grossière de Strauss

1. Par exemple, dans l'essai éponyme de *Persecution and the Art of Writing*, *op. cit.*, p. 32 *sq.*

2. Mais non pour Joseph Ibn Caspi ; *ibid.*, p. 56.

3. « The law of reason in the *Kuzari* », dans *Persecution and the Art of Writing*, *op. cit.*, p. 110.

4. Nietzsche, *Werke*, *Kritische Studienausgabe*, éd. Colli-Montinari, t. XII, p. 41.

est beaucoup plus proche de celle de Winston Churchill que de la rhétorique de Nietzsche.

Strauss affirme souvent qu'un lecteur soigneux est aussi un écrivain soigneux [1]. L'écrivain soigneux devrait prêter une attention soutenue au rapport possible entre la franchise et la dissimulation. Nietzsche est encore une fois utile ici. Dans le *Nachlass* de 1882, il dit : « Parler beaucoup de soi-même est aussi une manière de se cacher [2]. » Je modifierais cet énoncé de la manière suivante : faire de nombreuses déclarations hétérodoxes est une manière de parler de soi-même, même si les déclarations sont partiellement dissimulées par des désaveux rhétoriques de ses propres dons et sont souvent formulées dans des énoncés hypothétiques ou des clauses ambiguës mentionnées en passant.

En somme, Strauss combine ésotérisme classique et audace moderne, ou alterne entre l'un et l'autre. Il fait des allers et retours du flirt subtil avec Jane Austen à la relative franchise de Nietzsche, et puis enfin passe à une obscurité qui pourrait nous rappeler le dernier Henry James. Les derniers mots de Strauss sur Xénophon et sur les *Lois* de Platon me font au moins penser à la *Source sacrée* de James. Et voilà pourquoi sa défense de la démocratie libérale est souvent négligée.

À mon avis, cependant, la principale raison de l'obscurité de Strauss est l'ambiguïté de sa présentation de la philosophie, et c'est vers ceci que je me tourne maintenant. Pour commencer, il vaut la peine de noter que Strauss, pour autant que je sache, n'a jamais fait référence à lui-même comme à un philosophe. Il insistait sur le fait que seul un très petit nombre d'êtres humains dans l'histoire attestée de l'espèce pourraient être considérés comme d'authentiques philosophes. Strauss n'a donné aucun décompte exact, comme l'a fait son ami Jacob Klein, selon lequel leur nombre était compris entre douze et quinze [3]. Je crois que Strauss était un peu plus généreux ; il observait à l'occasion qu'il y avait normalement un ou deux philosophes seulement à chaque génération. En ce qui le concerne, il a dit en privé à certains de ses étudiants qu'il considérait que ses propres œuvres

1. « How to study Spinoza's *Theologico-political Treatise* », dans *Persecution and the Art of Writing*, *op. cit.*, p. 144. *Cf.* « On a forgotten kind of writing » dans *What is Political Philosophy ?*, *op. cit.*, p. 230.

2. *Werke*, *op. cit.*, t. X, p. 95.

3. Klein a fait cette déclaration en ma présence lors d'une conférence publique tenue il y a de nombreuses années à l'Université de l'État de Pennsylvanie. Il lisait un texte qui a été publié dans *The Saint John's Review*, une publication du petit collège de formation aux arts libéraux où il enseignait, et auquel je n'ai pas accès.

étaient du niveau de celles de Lessing, qui a contribué à sa découverte de l'art de l'ésotérisme [1].

La question importante ici est de savoir comment le non-philosophe est capable de pénétrer la surface exotérique des profondeurs ésotériques du philosophe authentique. Dans ce cas crucial, la maxime selon laquelle les profondeurs sont accessibles à la surface semble être peu plausible. C'est Strauss lui-même qui signale ce caractère peu plausible. Le passage suivant au sujet de Heidegger doit être cité dans sa totalité :

> Heidegger a produit très rapidement dans toute l'Europe continentale le même effet qu'il a produit à la fin des années 20 et au début des années 30 en Allemagne. Il n'y a plus de position philosophique vivante, mis à part le néothomisme et le marxisme brut ou raffiné. Toutes les positions philosophiques libérales rationnelles ont perdu leur signification et leur pouvoir. On peut déplorer cela, mais je ne peux pas pour ma part me résoudre à me raccrocher à des positions philosophiques qui se sont révélées être inadéquates. Je crains que nous n'ayons un très grand effort à faire afin de trouver un fondement solide au libéralisme rationnel. Seul un grand penseur pourrait nous aider dans notre crise intellectuelle. Mais là est la grande difficulté : le seul grand penseur à notre époque est Heidegger.
>
> La seule question qui ait de l'importance, bien sûr, est la question de savoir si l'enseignement de Heidegger est vrai ou non. Mais la question même est trompeuse parce qu'elle ne dit rien au sujet de la question de la compétence – de savoir qui est compétent pour juger. Peut-être seuls les grands penseurs sont-ils réellement compétents pour juger la pensée des grands penseurs. Heidegger a fait une distinction entre les philosophes et ceux pour qui la philosophie est identique à l'histoire de la philosophie. Il a fait une distinction, en d'autres termes, entre le penseur et le savant. Je sais que je suis seulement un savant [2]...

Si nous devions prendre littéralement la modestie de Strauss, il semblerait s'ensuivre non seulement que la philosophie a disparu de la surface du globe, au moins temporairement, à la mort de Heidegger, mais aussi que ni Strauss ni nous ne pourrions comprendre les écrits de Heidegger. Qu'entendait précisément le sage de la Forêt Noire lorsqu'il disait : « Je n'ai jamais parlé qu'à seulement une ou deux personnes, dans mes trente à trente-cinq années d'enseignement, de ce qui m'importe

1. Pour un exposé sur Lessing, voir, par exemple, « Exoteric teaching », dans *The Rebirth of Classical Political Rationalism*, Chicago et Londres, University of Chicago Press, 1989, p. 64.

2. « An introduction to Heideggerian existentialism », dans *The Rebirth of Classical Political Rationalism*, *op. cit.*, p. 29.

réellement [1] » ? Ou, pour poser essentiellement la même question, comment Strauss, ainsi qu'il le prétend, a-t-il trouvé un antidote aux doctrines de Heidegger dans les écrits exotériques de Platon, qui nous dit qu'il n'a jamais, pas même une ou deux fois, couché par écrit ses pensées les plus profondes [2] ?

La première ambiguïté dans la présentation de la philosophie par Strauss est donc la doctrine de l'ésotérisme, qui semble rendre la philosophie radicalement inaccessible à plus d'une ou deux personnes à chaque génération. Sur cette base, la connaissance de l'ignorance est trop ignorante pour pouvoir être tenue pour une connaissance. Nous devons au lieu de cela retourner à la maxime selon laquelle les profondeurs sont contenues dans la surface. Ce n'est bien sûr pas une preuve que la surface livrera un sens cohérent.

Je commence par une citation de l'ouvrage le plus fameux de Strauss, *Droit naturel et histoire :*

> L'argument historiciste peut être réduit à l'assertion que le droit naturel est impossible parce que la philosophie au sens plein du terme est impossible. La philosophie est possible seulement s'il y a un horizon absolu ou un horizon naturel en contraste avec l'horizon historiquement changeant ou les cavernes. En d'autres termes, la philosophie est possible seulement si l'homme, tout en étant incapable d'acquérir la sagesse ou la pleine compréhension du Tout, est capable de savoir qu'il ne sait pas, c'est-à-dire de saisir les alternatives fondamentales, qui sont, en principe, aussi anciennes que la pensée humaine [3].

C'est l'un des divers passages dans lesquels Strauss énonce l'hypothèse nécessaire à la réfutation de Heidegger. Si le temps le permettait, on pourrait montrer les ressemblances, aussi bien que les différences, entre la formulation de la possibilité de la philosophie par Strauss et la doctrine husserlienne de la *Lebenswelt* ou, également, l'appropriation de la philosophie pratique d'Aristote par Heidegger dans l'ontologie anthropologique de *Sein und Zeit.* Il doit suffire ici de déclarer que Strauss retourne à Aristote en rejetant le cadre kantien de ses deux grands maîtres, et ainsi il rejette aussi ce que je vais appeler la dimension positiviste de la phénoménologie, en étant pleinement conscient que c'est un usage discutable du terme. Ce que Strauss appelle ici « l'horizon naturel » est la dimension de la *doxa*, que Husserl identifie faussement avec la *Lebenswelt*.

1. « Zürcher Seminar », dans *Seminare, Gesamtausgabe*, Francfort-sur-le-Main, Klostermann, 1986, p. 426.

2. *Epistulae*, II, 314 b 7 *sq ;* VII, 341 b 5 *sq*.

3. *Natural Right and History*, Chicago et Londres, University of Chicago Press, 1953, p. 35.

Ceux d'entre vous qui sont philologues objecteront peut-être que *phusis* et *doxa* sont distinctes et même opposées, mais cette objection néglige la maxime straussienne selon laquelle les profondeurs sont contenues dans la surface. Pour Strauss, c'est précisément à travers l'engagement dans la vie politique pré-théorique que ce qui est aussi ancien que la pensée humaine devient accessible. Ceci est bien sûr la différence fondamentale entre le retour aux Grecs de Strauss et celui de Heidegger. À cet endroit, je dois ajouter une dimension à l'investigation de la possibilité de la philosophie. D'une manière complexe, Strauss s'accorde avec Heidegger sur ce que la philosophie ne peut prendre place dans cette *dürftige Zeit* que les Dieux ont fui. Voyons comment ceci contribue à l'ambiguïté de la présentation de la philosophie par Strauss.

L'un des principaux thèmes de l'œuvre de Strauss, du début jusqu'à la fin, est la querelle entre Jérusalem et Athènes. Il est d'un extrême intérêt qu'un grand nombre de ceux qui ont étudié soigneusement l'œuvre de Strauss soient arrivés à la conclusion qu'il était lui-même un Juif croyant. J'attire votre attention sur les propres remarques ambiguës de Strauss sur ce point. L'ambiguïté est une conséquence de deux séries de déclarations, claires en elles-mêmes, mais qui ont pour résultat net de se brouiller l'une l'autre, si ce n'est de se contredire tout à fait. D'un côté, Strauss note fréquemment que notre tradition occidentale consiste en deux réponses antagonistes et en fin de compte incompatibles à la question de savoir quelle est la seule chose nécessaire : la foi ou la philosophie [1]. La même remarque est faite à l'égard du cas du judaïsme en particulier : « Des Juifs de la compétence philosophique de Halevi et Maïmonide ont considéré comme allant de soi qu'être juif et être philosophe s'excluent mutuellement [2]. » Comme cette expression le fait comprendre, on peut être juif et posséder une compétence philosophique, mais ce n'est pas la même chose que d'être philosophe. Quelle est la nature de cette différence ? Le philosophe nie les miracles, ou rejette la création *ex nihilo*, et ainsi de suite. La distinction générale est que le philosophe rejette l'autorité de la Révélation et compte sur la raison humaine sans assistance pour la recherche de la vérité et du bonheur.

D'un autre côté, Strauss dit avec une égale régularité que la philosophie n'est pas en position de réfuter la possibilité de la Révélation. On trouve un passage représentatif dans *Droit naturel et histoire*. Selon Strauss,

1. « Thucydides : the meaning of political history », dans *The Rebirth of Classical Political Rationalism*, *op. cit.*, p. 72.

2. *Persecution and the Art of Writing*, Introduction, *op. cit.*, p. 19.

> La philosophie doit admettre que la Révélation est possible. Mais admettre que la Révélation est possible signifie que la philosophie n'est peut-être pas la seule chose nécessaire, que la philosophie est peut-être quelque chose qui a infiniment peu d'importance. Admettre que la Révélation est possible signifie admettre que la vie philosophique n'est pas nécessairement, pas de façon évidente, *la* vie bonne. La philosophie, la vie consacrée à la quête de la connaissance évidente disponible à l'homme en tant qu'homme, reposerait elle-même sur une décision non évidente, arbitraire ou aveugle. Ceci confirmerait simplement la thèse de la foi, qu'il n'y a aucune possibilité de cohérence, de vie cohérente et parfaitement sincère, sans la croyance dans la Révélation. Le simple fait que la philosophie et la Révélation ne puissent se réfuter l'une l'autre constituerait la réfutation de la philosophie par la Révélation [1].

Ceci est un passage extrêmement important. Je ne connais aucun texte de Strauss, publié ou non publié, dans lequel celui-ci montre, ou même prétend, que la philosophie peut réfuter la Révélation. Le témoignage écrit a pour toute conséquence qu'une telle réfutation est impossible. Ceci étant, il doit s'ensuivre que la philosophie a été réfutée et, bien sûr, qu'elle était radicalement impossible. En même temps, c'est au moins l'un des deux ou trois thèmes principaux, dans l'œuvre de Strauss, que la philosophie, comprise comme la connaissance de l'ignorance, est illustrée de manière exemplaire par Socrate, qui, par conséquent, représente pour nous la possibilité de la philosophie. Personne ne pourrait non plus sérieusement nier que Strauss loue régulièrement la philosophie comme la plus haute forme de l'expérience humaine ou, pour élever une prétention plus modeste, que la philosophie est nécessaire afin que le droit naturel soit possible et, avec lui, le fondement d'une vie politique juste et rationnelle.

Ce point doit être souligné. Sans considérer la force de l'argument, Strauss ne dévie jamais dans ses écrits de l'assertion de jeunesse, dans *La Philosophie et la Loi*, selon laquelle « il ne peut être question d'une réfutation des principes fondamentaux, compris "extérieurement", de la tradition. En effet, tous ces principes reposent sur la prémisse irréfutable que Dieu est omnipotent et Sa volonté insondable » [2]. Dans un essai très tardif, Strauss écrit que « la réfutation authentique de l'orthodoxie » dépend de la cohérence de la preuve de l'intelligibilité du monde et de la vie sans l'hypothèse d'un Dieu mystérieux. Et ceci requiert à son tour le succès du projet cartésien de remplacer le « monde simplement donné [...] par le monde créé par l'homme théoriquement et pratiquement [...] » [3].

1. *Natural Right and History*, *op. cit.*, p. 75.
2. *Op. cit.*, p. 29.
3. Préface de *Spinoza's Critique of Religion*, *op. cit.*, p. 29.

Dans ces textes, Strauss présente la querelle entre raison et Révélation comme une querelle entre la Bible et la philosophie moderne, et pas du tout entre Jérusalem et Athènes. Ainsi que je vais le montrer, il redéfinit ailleurs la version platonicienne, la version privilégiée de la position athénienne, de telle manière qu'il rend ténue, si ce n'est invisible, la différence entre celle-ci et la Révélation. Examinez le texte suivant de l'essai « Qu'est-ce que la philosophie politique ? ». Strauss affirme que la question de la nature de l'homme renvoie au problème de la nature en général, et donc de la cosmologie, et dit ensuite :

> Quelle que puisse être la signification de la science moderne, elle ne peut affecter notre compréhension de ce qui est humain en l'homme. Comprendre l'homme à la lumière du Tout signifie, pour la science naturelle moderne, comprendre l'homme à la lumière de l'infra-humain. Mais à cette lumière, l'homme en tant qu'homme est totalement inintelligible. La philosophie politique classique voyait l'homme à une lumière différente. Elle fut créée par Socrate. Et Socrate était si éloigné d'être engagé dans une cosmologie particulière que sa connaissance était la connaissance de l'ignorance. La connaissance de l'ignorance n'est pas l'ignorance. Elle est la connaissance du caractère insaisissable de la vérité, du Tout. Socrate, donc, voyait l'homme à la lumière du caractère mystérieux du Tout [1].

La philosophie politique classique se défend alors contre les Modernes en adaptant des éléments du langage de la Révélation. Alors que la Révélation dit que l'intelligibilité du monde et de la vie humaine dépend de la croyance en un Dieu mystérieux, la thèse opposée, la thèse philosophique, dépend de « la lumière du caractère mystérieux du Tout ». Un passage du paragraphe final de la fameuse réplique de Strauss à Alexandre Kojève suggère fortement que ces thèses ne sont pas tout à fait les mêmes l'une que l'autre. Strauss observe que l'idée de la philosophie elle-même requiert une légitimation. Il met donc en contraste sa propre « hypothèse » au sujet de la philosophie avec celle qui est soutenue par Kojève : « Je suppose, donc, qu'il y a un ordre éternel et immuable à l'intérieur duquel l'histoire prend place, et qui n'est, en aucune manière, affecté par l'histoire [2]. »

Comme Strauss lui-même nous le rappelle à l'égard de la discussion de la physique d'Aristote par Maïmonide, on peut difficilement concilier la création *ex nihilo* avec la croyance en un ordre éternel et immuable. Néanmoins, celui-ci n'est qu'une supposition. En bref, la « connaissance de

1. Dans *What is Political Philosophy ?, op. cit.*, p. 38 *sq.*
2. « Restatement », dans *On Tyranny, op. cit.*, p. 212.

l'ignorance» est à la fois la caractéristique distinctive de la vie philosophique authentique et une caractéristique qui sépare Socrate du croyant, et elle est définie en termes d'hypothèses et de mystères qui atténuent, s'ils ne la dissolvent pas entièrement, la différence entre philosophie et Révélation. Autrement dit, la vie selon la connaissance de l'ignorance est soutenue et guidée par l'accessibilité, pré-théorique ou pour le sens commun, de la nature, alors que la vie selon la foi dans la Révélation est un rejet catégorique du sens commun et une négation tacite de la notion de nature régulatrice, qu'elle soit pré-théorique ou post-théorique. Strauss à la fois distingue et unit ces deux vies distinctes. La grande énigme de son œuvre est de savoir s'il agit ainsi de façon intentionnelle ou non intentionnelle. L'énigme est: que faire de déclarations dont la teneur est que «le Tout tel qu'il est connu en premier lieu est un objet du sens commun» [1], ou que la découverte de la nature humaine est pour ainsi dire pré-cosmologique et pré-ontologique [2]?

Dans son analyse publiée la plus étendue de la *Politique* d'Aristote, Strauss distingue Socrate et Platon, d'un côté, d'Aristote de l'autre. Pour les premiers, « alors que les racines du Tout sont cachées, le Tout consiste de façon manifeste en des parties hétérogènes ». Rien n'est dit ici au sujet de la connaissance de ces parties. Au lieu de cela, Strauss parle du tournant socratique vers le sens commun et les « opinions les plus élevées », qui sont les déclarations de la loi, en accord avec lesquelles

> un homme pieux ne recherchera [...] pas les choses divines mais seulement les choses humaines. C'est la plus grande preuve de la piété de Socrate qu'il se soit limité à l'étude des choses humaines. Sa sagesse est connaissance de l'ignorance parce qu'elle est pieuse, et elle est pieuse parce qu'elle est connaissance de l'ignorance [3].

Ce passage brouille ainsi la distinction entre la vie philosophique et la vie religieuse sur le point décisif. En ce qui concerne Aristote, dans *Droit naturel et histoire*, Strauss fait dépendre la validité de la philosophie politique d'Aristote d'une solution du problème posé par la science moderne à une physique téléologique. Dans *La Cité et l'homme*, Strauss dit que «la cosmologie d'Aristote, à la différence de celle de Platon, est absolument séparable de la quête de l'ordre politique le meilleur» [4]. Nous

1. « Social science and humanism », dans *The Rebirth of Classical Political Rationalism*, *op. cit.*, p. 4; Introduction de *The City and Man*, Chicago, Rand McNally, 1964, p. 12.

2. Pour des formulations générales claires de cette composante de l'argument de Strauss, voir l'essai « On classical political philosophy », dans *Rebirth*, *op. cit.* (précédemment publié dans *What is Political Philosophy?*).

3. « On Aristotle's *Politics* », dans *The City and Man*, *op. cit.*, p. 19-20.

4. *Cf. Natural Right and History*, *op. cit.*, p. 7-8, et *The City and Man*, *op. cit.*, p. 21.

sommes en droit d'inférer qu'Aristote n'est ni pieux ni défenseur de la connaissance de l'ignorance.

Strauss prête très peu attention à la nature profonde de la science moderne, non parce qu'il nie son extraordinaire pouvoir, mais parce que le problème de la cosmologie n'est pertinent pour lui qu'en tant qu'il éclaire la nature de la vie humaine. La science moderne devient déficiente dans la mesure où elle obscurcit le Tout, qui est pour Strauss en premier lieu le Tout de l'expérience humaine, ou le Tout *tel* que l'homme en fait l'expérience. Strauss consacre vraiment un temps considérable à retracer l'influence de la science moderne sur l'histoire de la philosophie. Pour ce qui nous concerne, nous pouvons résumer cette influence comme l'une des réductions de l'humain à l'infra-humain. En rejetant le point de départ conforme au sens commun de la vie politique de tous les jours, la philosophie scientifique remplace le concret par des abstractions, et par là parvient à une version abstraite du concret [1]. En bref, la philosophie est pour Strauss en premier lieu politique, non scientifique, bien que la science joue évidemment un rôle essentiel à l'intérieur de l'économie de la vie politique. Le Tout est le Tout du sens commun, non celui de Newton, d'Einstein ou de la mécanique quantique. C'est le Tout de l'hétérogénéité noétique.

La question se réduit donc à la question de la compréhension de la philosophie socratique par Strauss, ou, disons, s'y concentre. Et ceci nous amène à la doctrine des Idées. Pour employer l'expression que j'ai introduite il y a un moment, Strauss souscrit au point de départ socratique de l'« hétérogénéité noétique », c'est-à-dire à la reconnaissance de ce que le Tout est articulé en genres naturels distincts. Je cite la déclaration-clef suivante :

> C'est seulement s'il y a hétérogénéité essentielle qu'il peut y avoir une différence essentielle entre les choses politiques et les choses qui ne sont pas politiques. La découverte de l'hétérogénéité noétique permet de laisser les choses être ce qu'elles sont et supprime la contrainte de réduire les différences essentielles à quelque chose de commun. La découverte de l'hétérogénéité noétique signifie la justification de ce que l'on pourrait appeler le sens commun. Socrate l'appelle un retour de la folie à la santé ou à la sobriété, ou, pour utiliser le terme grec, à la *sophrôsunè*, que je traduirais par modération. Socrate a découvert le fait paradoxal que, en

1. Voir l'essai éponyme de *What is Political Philosophy ?*, p. 28, et « Political philosophy and history », *ibid.*, p. 75 (où Strauss fait sa remarque en référence à la déclaration de Hegel sur la différence entre philosophie ancienne et philosophie moderne).

> un sens, la vérité la plus importante est la vérité la plus évidente, ou la vérité de la surface [1].

Dans ce passage très intéressant, Strauss expose explicitement la transition aisée de la façon d'aborder les choses humaines à partir du sens commun à la reconnaissance et à l'investigation des genres naturels. Il suggère de manière évidente que cette découverte socratique est le fondement de l'élaboration ultérieure de la doctrine ou de l'hypothèse des prétendues Idées platoniciennes. Mais il y a ici deux sérieuses difficultés. La première est que le principe de l'hétérogénéité noétique semble supprimer la différence entre Platon et Aristote ou, en d'autres termes, semble disjoindre la politique de la physique chez Platon aussi (ou du moins chez le Socrate platonicien). Cependant, Strauss se réfère ailleurs au fameux passage du *Phèdre* dans lequel Socrate dit que, afin de connaître la nature de l'âme, on doit comprendre la nature divine [2].

La seconde difficulté est peut-être encore plus importante. Alors que la découverte de l'hétérogénéité noétique est un signe de santé, de bon sens ou de modération, la doctrine des Idées est un produit de la folie philosophique ou de l'extrême audace. Comme Strauss le déclare lui-même en parlant de la *République*,

> la doctrine que Socrate expose à ses interlocuteurs est très difficile à comprendre; pour commencer, elle est tout à fait invraisemblable, pour ne pas dire qu'elle semble être fantastique... Personne n'a jamais réussi à donner une explication satisfaisante ou claire de cette doctrine des Idées. Il est cependant possible de définir assez précisément la difficulté centrale.

Dans la suite, la difficulté semble résider en deux points, (1) la « séparation » de l'Idée des choses qui en participent, et (2) l'attribution d'Idées non seulement aux formes mathématiques et aux propriétés morales, mais aux choses de toute sorte, incluant des artefacts comme les lits [3].

Veuillez noter que nous nous sommes déplacés de la piété socratique au sens commun et à la modération socratique, puis à une hypothèse philosophique audacieuse et même fantastique. Strauss semble atténuer le caractère fantastique de l'hypothèse dans d'autres textes. Par exemple, dans un passage précédemment cité, Strauss discute la connaissance socratique de l'ignorance et son détachement de toute cosmologie particulière.

1. « The problem of Socrates », dans *Rebirth, op. cit.*, p. 142.
2. Voir par exemple *Natural Right and History, op. cit.*, p. 122.
3. « On Plato's *Republic* », dans *The City and Man, op. cit.*, p. 119-121. Dans le même passage, Strauss dit que les interlocuteurs auraient été aidés par leur expérience des dieux grecs dans leur tentative pour comprendre Socrate.

> La connaissance de l'ignorance n'est pas l'ignorance. Elle est la connaissance du caractère insaisissable de la vérité, du Tout. Socrate, donc, voyait l'homme à la lumière du caractère mystérieux du Tout. Il soutenait par conséquent que nous sommes plus familiers de la situation de l'homme en tant qu'homme que des causes ultimes de cette situation. Nous pouvons aussi dire qu'il voyait l'homme à la lumière des Idées immuables, c'est-à-dire des problèmes fondamentaux et permanents. En effet, articuler la situation de l'homme signifie articuler l'ouverture de l'homme au Tout [1].

J'attire votre attention une fois de plus sur l'apparente fluctuation dans la compréhension par Strauss de la liaison entre la nature, et donc la physique, d'un côté, et la politique de l'autre. Si l'hétérogénéité noétique émerge du sens commun mais mène aux Idées, contourne-t-elle la nature? C'est évidemment impossible. À tout le moins, il doit y avoir deux sens de « nature », l'un humain et l'autre cosmique. Mais ceci nous éloigne de Socrate, en direction de la philosophie moderne. Pour le dire autrement, la philosophie politique d'Aristote n'est plus embarrassée par sa physique cosmologique erronée. La querelle des Anciens et des Modernes peut être rouverte sur le front politique, sans considération pour les problèmes qui existent au niveau théorique plus profond et plus caché.

La question est encore plus pressante, cependant, de savoir comment Socrate peut être conscient des problèmes fondamentaux et permanents, étant donné son ignorance de la nature, ou, disons, étant donné sa dépendance envers le sens commun. Il semble y avoir ici une distinction entre la reconnaissance, sobre et conforme au sens commun, des Idées ou de l'hétérogénéité noétique, et l'insaisissable et mystérieuse notion du Tout. Strauss déclare de façon récurrente que la philosophie est la conscience des problèmes fondamentaux. Mais il ne nous dit jamais comment nous pouvons découvrir ou comprendre le fondement. Permettez-moi de citer encore un texte important, tiré de sa réplique extrêmement intéressante à Kojève.

> La philosophie en tant que telle n'est rien d'autre que la conscience authentique des problèmes, c'est-à-dire des problèmes généraux et fondamentaux. Il est impossible de réfléchir sur ces problèmes sans avoir tendance à pencher vers une solution, vers l'une ou l'autre des solutions typiques en très petit nombre. Cependant, aussi longtemps qu'il n'y a pas de sagesse mais seulement quête de la sagesse, l'évidence de toute solution est nécessairement plus faible que l'évidence des problèmes. Par conséquent, le philosophe cesse d'être philosophe au moment où la « certitude subjective » d'une solution devient plus forte que sa conscience du caractère problématique de cette solution. À ce moment, le

1. Tiré de l'essai éponyme de *What is Political Philosophy ?, op. cit.*, p. 38-39.

> sectaire est né. Le danger de succomber à l'attrait des solutions est essentiel à la philosophie qui, sans courir ce danger, dégénérerait en jeu avec les problèmes. Mais le philosophe ne succombe pas nécessairement à ce danger, comme cela est montré par Socrate, qui n'appartint jamais à une secte et n'en fonda jamais [1].

Une fois de plus, nous entr'apercevons un Socrate qui n'est ni un bâtisseur de système ou un cartésien, ni une alternative, inadéquate, à la Révélation. Ce que je veux montrer n'est pas que Strauss a tort, mais qu'il nous doit une explication de la manière dont la voie socratique entre Charybde et Scylla peut être maintenue sans naufrage. Et nous avons besoin de savoir si Socrate est ou n'est pas une alternative authentique à Moïse et Abraham.

Pour résumer cette suite de réflexions, la philosophie académique, qu'elle soit empiriste, phénoménologique ou scientifique, est marquée par ce que Strauss appelle « le charme de la compétence » [2], ou la construction d'ingénieux artefacts techniques appelés « théories ». Je pense que Strauss, comme Wittgenstein, a raison de mépriser la conception excessivement technique de la philosophie, et de nier que cette originalité de l'artefact ou l'habileté à construire des « systèmes » philosophiques soit en elle-même un signe de profondeur philosophique ou d'authentique originalité [3]. Mais la difficulté demeure. Si les Idées sont des problèmes, alors le fondement est problématique. Y a-t-il un sens à parler de problèmes problématiques ? Est-ce un autre exemple d'une interprétation ésotérique d'une interprétation ésotérique d'un enseignement ésotérique ?

Je suis en train de soutenir en fait que l'exégèse straussienne n'est pas une voie satisfaisante pour entrer dans les profondeurs de Platon ou, plus généralement, de la philosophie socratique. Mais c'est parce qu'elle aspire à être une exploration de la surface. Autrement dit, elle est exotérique, non ésotérique. Heureusement ou malheureusement, non seulement les interprétations de Strauss s'arrêtent au seuil des profondeurs, mais la présentation qu'elles font de la surface est elle-même une sorte de déclaration faite depuis les profondeurs, pas du tout un *Notschrei* dans le sens romantique heideggerien, mais plutôt comme une expression d'urbanité attique, c'est-à-dire d'ironie platonicienne. En dernière analyse, la querelle entre Athènes et Jérusalem n'est pas résolue.

Jusqu'ici, dans ma conférence, j'ai documenté chaque point avec des citations du corpus straussien. Dans ma conclusion, je mets les textes de

1. *On Tyranny*, *op. cit.*, p. 196. *Cf.* « Progress or return ? », dans *Rebirth*, *op. cit.*, p. 240.
2. « What is political philosophy ? », *op. cit.*, p. 40.
3. « On a forgotten kind of writing », dans *What is Political Philosophy ?*, *op. cit.*, p. 230.

côté et je donne libre cours à la spéculation; que ce soit fou ou sensé, ce n'est pas à moi de le dire. Notre étude des textes de Strauss s'est terminée dans une impasse ou une aporie. La querelle entre Athènes et Jérusalem est formulée dans les termes d'une équivoque sur la nature de la philosophie, fluctuant entre Socrate et Descartes. La conception socratique de la philosophie est affaiblie dans la mesure où elle accepte au moins une partie de la prémisse fondamentale de Jérusalem. La philosophie demeure à l'intérieur du camp de la poésie; la querelle entre les deux, si tant est qu'elle ait lieu, est mutuellement destructrice ou politique, plutôt que cosmique ou philosophique. Il y a une bonne raison d'inférer à partir des textes de Strauss que le véritable enseignement secret est l'impossibilité de la philosophie, une impossibilité qui doit être cachée à l'espèce humaine pour son propre salut. C'est-à-dire que la philosophie, comprise comme la quête du savoir universel, du remplacement des opinions par la connaissance, de la connaissance du Tout, est impossible. Nous nous retrouvons avec la connaissance de l'ignorance. Il n'est pas étonnant que la philosophie, telle que Strauss la conçoit, soit incapable de réfuter la Révélation. On pourrait presque être amené à entretenir l'hypothèse que la principale différence entre Strauss et Wittgenstein est exotérique. C'est-à-dire que Strauss croit que la philosophie est un noble mensonge, alors que Wittgenstein estime qu'elle n'est ni noble ni vile, mais nuisible. Dans cette interprétation, les deux penseurs étaient des psychiatres dont les thérapies, parfois similaires et plus souvent différentes, étaient orientées vers deux conceptions différentes de la santé spirituelle.

Je laisse ceci comme une conjecture, ce qui ne signifie pas que j'entends suggérer que je sais qu'elle est vraie, mais que je ne suis pas désireux de révéler les doctrines secrètes de mon vieux maître. En honorant Strauss, nous devrions comprendre pleinement les extraordinaires bénéfices qui devraient provenir d'une présentation fructueuse de la nature ambiguë de la philosophie. D'un autre côté, nous n'honorons pas Strauss en refusant de tenter de clarifier cette ambiguïté, et c'est dire que nous devons accepter la pleine signification de sa maxime selon laquelle les profondeurs sont contenues dans la surface, et seulement dans la surface. C'est précisément pourquoi la surface est elle-même ambiguë. Et sa valeur réside non en elle-même mais dans son contenu ambigu.

Traduit de l'anglais par Emmanuel PATARD

LEO STRAUSS : UNE BIBLIOGRAPHIE

Jean-Pierre DELANGE

Les éléments bibliographiques qui suivent ont été établis en utilisant et complétant divers matériaux, dont certains sont contenus dans l'édition par Thomas Pangle des *Studies in Platonic Political Philosophy* (Chicago UP, 1983) et d'autres dans le travail de Kenneth H. Green pour son *Jew and Philosopher : the Return to Maimonides in the Jewish Thought of Leo Strauss* (State University of New York Press, 1993). Cette bibliographie fait état de références, pour la littérature secondaire, principalement en anglais, français et allemand (avec des exceptions pour les parutions en hébreu et en italien) et s'arrête arbitrairement à 1997, date de publication du second volume des *Gesammelte Schriften* par Heinrich Meier aux éditions Metzler à Stuttgart. Elle n'est pas exempte de fautes ou d'omissions, ni d'erreurs. Que le lecteur veuille bien m'en excuser. Enfin, on notera que les lettres de et à Leo Strauss ainsi que les écrits non publiés sont conservés dans les *Archives* de la Bibliothèque Regenstein de l'Université de Chicago dans le fonds *Leo Strauss Estate*, sous la tutelle du professeur Joseph Cropsey.

En ce qui concerne la vitalité des études straussiennes ou inspirées par Strauss, on notera qu'un certain nombre de périodiques s'en font un large écho. Au premier rang, la revue *Interpretation*, à New York, a entrepris de republier des conférences de Strauss et d'éditer les études de ses élèves. Strauss en a été l'un des fondateurs. D'autres publications, comme la *Review of Politics*, de Notre-Dame University (Indiana), la *Review of Metaphysics* (Washington, D. C.), ou le *Political Science Reviewer*, pour n'en rester qu'au champ classique des études philosophiques, participent à la discussion et à l'éclaircissement de ses thèses. Pour ce qui relève des études constitutionnalistes et directement en prise avec la vie politique américaine, les publications ne manquent pas qui sont redevables à des perspectives straussiennes (*Public Interest*, *National Interest*, etc.). Je remercie de leur aide Terence Marshall et Heinrich Meier.

I. TRAVAUX DE LEO STRAUSS

A. *Ouvrages publiés par Leo Strauss*

1930 – *Die Religionskritik Spinozas als Grundlage seiner Bibelwissenschaft: Untersuchungen zu Spinozas Theologisch-politischem Traktat*, Berlin, Akademie-Verlag, 1930, XIII-288 p., réimpression, Hildesheim, Georg Olms Verlag, 1981. Nouvelle édition in *Gesammelte Schriften*, éd. Heinrich Meier, Stuttgart/Weimar, J. B. Metzler Verlag, 1996-1997, t. 1 : XIV-434 p. et t. 2 : XXXIV-635 p. (cité désormais GS). Ici : t. 1, 55-361. Pour la trad. anglaise, voir 1965. Trad. G. Almaleh, A. Baraquin, M. Depadt-Ejchenbaum, *La Critique de la religion chez Spinoza ou les fondements de la science spinoziste de la Bible : Recherches pour une étude du Traité théologico-politique*, Paris, Cerf, 1996, 394 p.

1935 – *Philosophie und Gesetz : Beiträge zum Verständnis Maimunis und seiner Vorlaüfer*, Berlin, Schocken Verlag, 1935, 125 p. (GS, t. 2, 1-86). Trad. anglaise, *Philosophy and Law : Essays toward the Understanding of Maimonides and his Predecessors*, trad. Fred Baumannn, Philadelphia, Jewish Publication Society, 1987. Nouvelle trad. avec une introduction et des notes, Eve Adler, State University of New York Press, 1995, 157 p. Trad. Rémi Brague, « La philosophie et la Loi », in *Maïmonide*, Paris, PUF, 1988, 376 p., p. 11-142.

1936 – *The Political Philosophy of Hobbes : its Basis and Genesis*, Oxford, Clarendon Press, 1936, XXI-172 p. (réimpression avec une nouvelle préface, Chicago UP, 1952, XVI-172 p.). Texte original en allemand, paru en 1965, accompagné d'une préface d'octobre 1964, *Hobbes politische Wissenschaft*, Neuwied/Berlin, Hermann Luchterland Verlag, 1965, 169 p. Trad. André Enegrèn et Marc B. de Launay, *La Philosophie politique de Hobbes*, Paris, Belin, 1991, 298 p.

1949 – *On Tyranny. An Interpretation of Xenophon's Hiero*, avant-propos par Alvin Johnson, New York, Political Science Classics, 1949, réimpression, Glencoe (Illinois), The Free Press, 1950. Édition française traduite par Hélène Kern, avec une étude d'Alexandre Kojève et une réponse de Strauss à Kojève et à Eric Voegelin, Paris, Gallimard, 1954. Une édition similaire (*i. e.* une trad. anglaise de l'édition française) a été publiée en 1963. Nouvelle édition revue et augmentée, incluant la correspondance Leo Strauss/Alexandre Kojève par Victor Gourevitch et Michael Roth, New York, The Free Press, 1991, XXII-336 p. Une traduction française (A. Enegrèn, M. B. de Launay, Paris, Gallimard, 1997, 430 p.) reprend l'édition française de 1954 et la correspondance extraite de l'édition américaine de Gourevitch et Roth (1991).

1952 – *Persecution and the Art of Writing*, Glencoe (Illinois), The Free Press, 1952 (reprint, Chicago UP, 1988, 204 p.) [recueil de 5 études]. Trad. Olivier Berrichon-Sedeyn, *La Persécution et l'art d'écrire*, Paris, Presses Pocket, 1989, 330 p. (cité désormais *PAW*).

1953 – *Natural Right and History*, Chicago UP, 1953, 326 p. (recueil de conférences prononcées à Chicago en 1949 comme *Walgren Lectures*). Trad. Monique Nathan et Éric de Dampierre, *Droit naturel et histoire*, Paris, Plon, 1954 (Champs-Flammarion, 1986), 323 p. (cité désormais *NRH*).

1958 – *Thoughts on Machiavelli*, Glencoe (Illinois), The Free Press, 1958, 348 p. (Chicago UP, 1978). Trad. Michel-Pierre Edmond et Thomas Stern, *Pensées sur Machiavel*, Paris, Payot, 1982, 369 p.

1959 – *What is Political Philosophy ?*, Glencoe (Illinois), The Free Press, 1959 (Chicago UP, 1988, 315 p.). Trad. O. Berrichon-Sedeyn, *Qu'est-ce que la philosophie politique ?*, Paris, PUF, 1992, 296 p. (cité désormais *WPP*).

1963 – *History of Political Philosophy*, Chicago UP, 1963 (en collab. avec Joseph Cropsey). 3ᵉ édition augmentée, 1987, XIV-966 p. Il s'agit d'une collection de 38 articles de la main de Strauss et de collaborateurs. Postface dans la dernière édition de Thomas Pangle et Nathan Tarcov, *Epilogue*. Trad. Olivier Berrichon-Sedeyn, *Histoire de la philosophie politique*, Paris, PUF, 1994, X-1076 p. L'« Introduction » (1-6), « Platon » (7-63), « Marsile de Padoue » (251-270) et « Machiavelli » (271-292) sont de la plume de Strauss.

1964 – *The City and Man*, Chicago, Rand Mac Nally, 1964. (Chicago UP, 1978, 245 p.) Trad. Olivier Berrichon-Sedeyn, *La Cité et l'homme*, Paris, Presses Pocket, 1987, XXXIV-303 p.

1965 – *Spinoza's Critique of Religion*, New York, Schocken Books, 1965. Trad. anglaise de Elsa M. Sinclair. Édition revue avec une nouvelle préface [trad. française, voir 1930].

1966 – *Socrates and Aristophanes*, New York, Basic Books, 1966 (Chicago UP, 1980, 321 p.). Trad. O. Berrichon-Sedeyn, *Socrate et Aristophane*, Combas, L'Éclat, 1983, LXVII-408 p.

1968 – *Liberalism Ancient and Modern*, New York, Basic Books, 1968 (Chicago UP, 1995, XI-276 p.). Trad. O. Berrichon-Sedeyn, *Le Libéralisme ancien et moderne*, Paris, PUF, 1990, 390 p. (cité désormais *LAM*).

1970 – *Xenophon's Socratic Discourse : An Interpretation of the Œconomicus*, Ithaca, N.Y., Cornell UP, 1970, VIII-211 p. Trad. O. Berrichon-Sedeyn, *Le Discours socratique de Xénophon*, suivi de *Le*

Socrate de Xénophon. En appendice : *L'Esprit de Sparte et le goût de Xénophon*, Combas, L'Éclat, 1992, XVII-242 p.
1972 – *Xenophon's Socrates*, Ithaca, Cornell UP, 1972.
1975 – *The Argument and the Action of Plato's Laws*, Chicago, The University of Chicago Press, 1975, VIII-186 p. Trad. O. Berrichon Sedeyn, *L'Argument et l'action des* Lois *de Platon*, Paris, Vrin, 1990, 254 p.
1983 – *Studies in Platonic Political Philosophy*, introduction de Thomas L. Pangle, Chicago UP, 1983, 260 p. Trad. O. Berrichon-Sedeyn, *Études de philosophie politique platonicienne*, Paris, Belin, 1992, 366 p. (cité désormais *SPPP*).

B. *Ouvrages et recueils non composés par Leo Strauss*

1988 – *Maïmonide*. Essais rassemblés et traduits par Rémi Brague, Paris, PUF, 1988, 376 p. (contient entre autres l'essai de 1935, *Philosophie und Gesetz*).
– *Carl Schmitt, Leo Strauss und « der Begriff des Politischen » : Zu einem Dialog unter Abwesenden*, éd. Heinrich Meier, Stuttgart, J. B. Metzler Verlag, 1988. Trad. Françoise Manent, *Carl Schmitt, Leo Strauss et la notion du politique : un dialogue entre absents*, Introduction de Pierre Manent, Paris, Julliard, 1990, 178 p.
1989 – *An Introduction to Political Philosophy : Ten Essays by Leo Strauss*, éd. Hilail Gildin, Detroit, Mich., Wayne State UP, 1989, XXIV-365 p.
– *The Rebirth of Classical Political Rationalism : An Introduction to the Thought of Leo Strauss,* éd. et introduction de Thomas L. Pangle, Chicago UP, 1989. Trad. avec une postface par Pierre Guglielmina, *La Renaissance du rationalisme politique classique*, Paris, Gallimard, 1993, 403 p. (cité désormais RCPR).
1991 – *Le Testament de Spinoza*, Paris, Cerf, 1991, 359 p. Écrits de L. Strauss sur Spinoza et le judaïsme, réunis, traduits et annotés par Gérard Almaleh, Albert Baraquin, Mireille Depadt-Ejchenbaum.
– *On Tyranny*, édition Gourevitch et Roth, New York, The Free Press, 1991, XXII-336 p. [trad. française voir 1949].
1993 – *Faith and Political Philosophy : the Correspondence between Leo Strauss and Eric Voegelin, 1934-1964*, trad. et éd. Peter Emberley et Barry Cooper, University Park, Pennsylvania State UP, 1993, XXXVI-368 p. Volume dans lequel se trouvent réunis, outre la correspondance de Strauss avec Eric Voegelin, deux essais de Strauss – *Jerusalem and Athens : Some Preliminary Reflections* et *The Mutual Influence of*

Theology and Philosophy – deux essais de Voegelin – *The Gospel and Culture* et *Immortality : Experience and Symbol*. À quoi il faut ajouter divers commentaires de H. G. Gadamer, James Wiser, Stanley Rosen, Ellis Sandoz, Thomas Pangle, *et al.*

1996/1997 – *Gesammelte Schriften*, t. 1 *(Die Religionskritik Spinozas und zugehörige Schriften)* et t. 2 *(Philosophie und Gesetz – Frühe Schriften)*, éd. Heinrich Meier, Stuttgart/Weimar, J. B. Metzler Verlag, 1996-1997, XIV-434 p. et XXXIV-635 p. (édition finale en 6 vol., citée GS). On signalera aussi le site électronique de l'éditeur : www.metzler.de

1997 – *Jewish Philosophy and the Crisis of Modernity : Essays and Lectures in Modern Jewish Thought by Leo Strauss*, éd. Kenneth Hart Green, Albany, State University of New York Press, 1997, XVII-505 p. Volume réunissant des inédits sur Freud, Herzl, Buber, l'État d'Israël et des articles déjà publiés sur Spinoza, Cohen et Rosenzweig.

C. *Articles, conférences et études par Leo Strauss*

Note : Tous les articles de jeunesse jusqu'en 1937 sont repris dans leur langue originale (allemand, français, anglais) dans les *Gesammelte Schriften*, éd. Heinrich Meier [voir ci-dessus : 1996/1997].

1921

– *Das Erkentnisproblem in der philosophischen Lehre Fr. H. Jacobis* (thèse inédite, Universität Hamburg, 1-70 p.). Trad. Hans Hartje et Pierre Guglielmina, *Revue de Métaphysique et de Morale*, 99, 3 et 4 (1994), 291-311, 505-532.

1923

– « Antwort auf das prinzipielle Wort der Frankfurter », *Jüdische Rundschau*, 28, 9 (1923), 45.

– « Anmerkung zur Diskussion über "Zionismus und Antisemitismus" », *Jüdische Rundschau*, 28, 83/84 (1923), 501.

– « Das Heilige », *Der Jude*, 7 (1923), 240-242.

– « Der Zionismus bei Max Nordau », *Der Jude*, 7, 10/10, 657-660 ; repris en trad. anglaise (comme les autres articles de Strauss parus dans *Der Jude*) dans *The Jewish Essays from Martin Buber's Journal : « Der Jude » – 1916-1928*, éd. Arthur A. Cohen et trad. Joachim Neugroschel, 120-126, University of Alabama Press, 1980.

1924

– « Paul de Lagarde », *Der Jude*, 8 (1924), 8-15.

– « Cohens Analyse der Bibel-Wissenschaft Spinozas », *Der Jude*, 8 (1924), 295-314.

– Recension de A. Levkowitz : *Religiöse Denker der Gegenwart*, *Der Jude*, 8 (1924), 4-32
– « Soziologische Geschichtschreibung ? », *Der Jude*, 8 (1924), 190-192.
1925
– « Biblische Geschichte und Wissenschaft », *Jüdische Rundschau*, 30, 88 (1925), 744-745.
– « Ecclesia Militans », *Gesammelte Schriften*, t. 2, 351-361.
1926
– « Zur Bibelwissenschaft Spinozas und seiner Vorläufer », *Korrespondenzblatt* (des Vereins zur Gründung und Erhaltung einer Akademie für die Wissenschaft des Judentums), 7 (1926), 1-22; repris dans Kurt Wilhelm (éd.), *Wissenschaft des Judentums im deutschen Sprachbereich. Ein Querschnitt*, Tübingen, J. C. B. Mohr, 1967, 1, 115-137.
1929
– « Franz Rosenzweig und die Akademie für die Wissenschaft des Judentums », *Jüdische Wochenzeitung für Kassel, Hessen, und Waldeck*, 13 décembre 1929.
1931
– Introductions à *Pope, ein Metaphysiker!, Sendschreiben an den Herrn Magister Lessing in Leipzig, Kommentar zu den "Termini der Logik" des Moses ben Maimon, Abhandlung über die Evidenz*, Moses Mendelssohn, *Gesammelte Schriften*, Jubiläumsausgabe, vol. II, Berlin, Akademie-Verlag, 1931.
– Recension de Julius Ebbinghaus : *Über die Fortschritte der Metaphysik*, *Deutsche Literaturzeitung*, 52 (27 décembre 1931), 2451-2453.
1932
– Introductions à *Phädon, Abhandlung von der Unkörperlichkeit der menschlichen Seele, Über einen schriftlichen Aufsatz des Herrn de Luc, Die Seele*, Moses Mendelssohn, *Gesammelte Schriften : Jubiläumsausgabe*, vol. III, part. 1, XIII-XLI, Berlin, Akademie-Verlag, 1932. (Le dernier vol. est paru en 1974; voir cette entrée.)
– « Anmerkungen zu Carl Schmitt, *Der Begriff des Politischen* », *Archiv für Sozialwissenschaft und Sozialpolitik*, 67, 6 (1932), 732-749. Repris dans Heinrich Meier, éd.
– « Das Testament Spinozas », *Bayerische Israelitische Gemeindezeitung*, 8, 21 (1 er novembre 1932), 322-326.
1933
– « Quelques remarques sur la science politique de Hobbes », *Recherches philosophiques*, 2 (1933), 609-622.

1934

– « Maimunis Lehre von der Prophetie und ihre Quellen », *Le Monde oriental*, Uppsala, 28 (1934), 99-139. Repris dans *Philosophie und Gesetz*. Repris dans *Maïmonide*, éd. et trad. R. Brague, 1988.

1936

– « Quelques remarques sur la science politique de Maïmonide et de Farabi », *Revue des études juives*, 100 (1936), 1-37. Repris dans *Maïmonide*, éd. et trad. R. Brague, 1988.

– « Eine vermisste Schrift Farabis », *Monatsschrift für Geschichte und Wissenschaft des Judentums*, 80 (1936), 96-106.

1937

– « On Abravanel's philosophical tendency and political teaching », in *Isaac Abravanel*, éd. J. B. Trend et H. Loewe, 93-129, Cambridge, Cambridge UP, 1937. Repris dans *Maïmonide*, éd. et trad. R. Brague, 1988.

– « Der Ort der Vorsehungslehre nach der Ansicht Maimunis », *Monatsschrift für Geschichte und Wissenschaft des Judentums*, 81 (1937), 93-105. Repris dans *Maïmonide*, éd. et trad. R. Brague, 1988.

1939

– Recension de l'édition par Moses Hyamson de *Maimonides : The Mishneh Torah*, Book 1, *Review of Religion*, 3, 4 (mai 1939), 448-456. Repris dans *Maïmonide*, éd. et trad. R. Brague, 1988.

– « The spirit of Sparta and the taste of Xenophon », *Social Research*, 6, 4 (1939), 502-536. Repris dans la trad. française de *Xenophon's Socratic Discourse*, 1992.

1941

– Recension de James T. Shotwell, *The History of History*, *Social Research*, 8, 1 (1941), 126-127.

– Recension de R. H. S. Crossman, *Plato today*, *Social Research*, 8, 2 (1941), 250-251. Repris dans *WPP*.

– Recension de C. E. Vaughan, *Studies in the History of Political Philosophy*, *Social Research*, 8, 3 (1941), 390-393. Repris dans *WPP*.

– Recension de Karl Löwith, *Von Hegel bis Nietzsche*, *Social Research*, 8, 4 (1941), 512-515. Repris dans *WPP*.

– « Persecution and the art of writing », *Social Research*, 8, 4 (1941), 488-504. Repris dans *PAW*, 1952.

– « The literary character of *The Guide of the Perplexed* », in *Essays on Maimonides*, éd. S. W. Baron, 37-91, New York, Columbia UP, 1941. Repris dans *PAW*, 1952 et dans *Maïmonide*, 1988.

1942

– Recension de C. H. McIlwain, *Constitutionalism, Ancient and Modern*, *Social Research*, 9, 1 (1942), 149-151. Repris dans *WPP*.

– Recension de E. E. Powell, *Spinoza and Religion*, *Social Research*, 9, 4 (1942), 558-560. Repris dans *WPP*.

1943

– Recension de l'édition par S. B. Chrime de Sir John Fortescue, *De Laudibus Legum Angliae*, *Columbia Law Review*, 43, 6 (1943), 958-960. Repris dans *WPP*.

– Recension de John Dewey, *German Philosophy and Politics*, édition revue, *Social Research*, 10, 4 (1943), 505-507. Repris dans *WPP*.

– « The law of reason in the *Kuzari* », *Proceedings of the American Academy for Jewish Research*, 13 (1943), 47-96. Repris dans *PAW*, 1952.

1945

– « Farabi's *Plato* », in *Louis Ginzberg Jubilee Volume*, éd. Alexander Marx, Saul Lieberman, *et al.*, 357-393, New York, American Academy for Jewish Research, 1945. Repris sous une forme modifiée comme Introduction à *Persecution and the Art of Writing*.

– « On classical political philosophy », *Social Research*, 12 (1945), 98-117. Repris dans *WPP*.

1946

– Recension de l'édition par John O. Riedl de Gilles de Rome, *Errores Philosophorum*, *Church History*, 15, 1 (1946), 62-63.

– Recension de Leonardo Olschki, *Machiavelli the Scientist*, *Social Research*, 13, 1 (1946), 121-124. Repris dans *WPP*.

– Recension de Heinrich A. Rommen, *The State in Catholic Thought : a Treatise in Political Philosophy*, *Social Research*, 13, 2 (1946), 250-252. Repris dans WPP.

– Recension de l'édition par Anton C. Pegis de *Basic Writings of Saint Thomas Aquinas*, *Social Research*, 13, 2 (1946), 260-262. Repris dans *WPP*.

– « On a new interpretation of Plato's political philosophy », *Social Research*, 13 (1946), 326-367. Trad. française en appendice à *La Persécution et l'art d'écrire*, Presses Pocket, 1989.

– Recension de Zera S. Fink, *The Classical Republicans : an Essay on the Recovery of a Pattern of Thought in Seventeen Century England*, *Social Research*, 13, 3 (1946), 393-395. Repris dans WPP.

– « Political philosophy and history » (en hébreu), *Iyyun*, 1 (1946), 129-146.

1947

– Recension de Ernst Cassirer, *The Myth of the State*, *Social Research*, 14, 1 (1947), 125-128. Repris dans *WPP*.

– Recension de Alfred Verdross-Rossberg, *Grundlinien der antiken Rechts- und Staatphilosophie*, *Social Research*, 14, 1 (1947), 128-132.

– « On the intention of Rousseau », *Social Research*, 14 (1947), 455-487. Recension de l'édition du *Discours sur les Sciences et les Arts* de Jean-Jacques Rousseau, par George R. Havens. Trad. Pierre Manent, in *Pensée de Rousseau*, 67-94, éd. G. Genette et T. Todorov, Paris, Seuil, 1984.

1950

– Recension de J. W. Gough, *John Locke's Political Philosophy*, *American Political Science Review*, 44, 3 (1950), 767-770. Repris dans *WPP*.

– « On the spirit of Hobbes' political philosophy », *Revue Internationale de Philosophie*, 4, 14 (1950), 405-431. Repris dans *Natural Right and History*, 1953.

– « Natural right and the historic approach », *Review of Politics*, 12, 4 (1950), 422-442. Repris dans *NRH*, 1953.

1951

– « The social science of Max Weber », *Measure*, 2, 2 (1951), 204-230. Repris dans *NRH*, 1953.

– Recension de David Grene, *Man and his Pride : a Study in the Political Philosophy of Thucydide and Plato*, in *Social Research*, 18, 3 (1951), 394-397. Repris dans *WPP*, 1959.

– « On Isaac Husik's work in medieval Jewish philosophy » (en hébreu), *Iyyun*, 2 (1951), 215-223.

1952

– « The origin of the idea of natural right », *Social Research*, 19, 1 (1952), 23-60. Repris dans *NRH*, 1953.

– Préface à *Isaac Husik's Philosophical Essays : Ancient, Medieval, and Modern*, éd. Milton Nahm et Leo Strauss, VII-XLI. Oxford, Basil Blackwell, 1952.

– « On Collingwood's philosophy of history », *Review of Metaphysics*, 5, 4 (juin 1952), 559-586. Trad. O. Berrichon-Sedeyn, *Revue des Sciences Philosophiques et Théologiques*, juillet 1987.

– Recension de Yves R. Simon, *Philosophy of Democratic Government*, *New Scholasticism*, 26, 3 (1952), 379-383. Repris dans *WPP*, 1959.

– « On Locke's doctrine of natural right », *Philosophical Review*, 61, 4 (1952), 475-502. Repris dans *NRH*, 1953.

1953

– « Walker's Machiavelli », *Review of Metaphysics*, 6, 3 (1953), 437-446. Recension de l'édition par L. J. Walker, S. J., des *Discorsi of Niccolo Machiavelli*.

– « Maimonides statement on political science », *Proceedings of the American Academie for Jewish Research*, 22 (1953), 115-130. Repris dans *WPP*, 1959 et dans *Maïmonide*, 1988.

1954
– « Les fondements de la philosophie politique de Hobbes », *Critique*, 10, 83 (1954), 338-362. Repris en anglais dans *WPP*, 1959.
– « On a forgotten kind of writing », *Chicago Review*, 8, 1 (1954), 64-75. Repris dans *WPP*, 1959.
– « The mutual influence of theology and philosophy » (en hébreu), *Iyyun*, 5 (1954), 110-123.
1955
– « What is political philosophy ? (en hébreu), *Iyyun*, 6 (1955), 65-99.
1956
– « Social science and humanism » (en hébreu), *Iyyun*, 7 (1956), 65-73.
1957
– « The State of Israel », *National Review*, 3, 1 (5 janvier 1957), 23. Repris dans *Jewish Philosophy and the Crisis of Modernity: Essays and Lectures in Modern Jewish Thought by Leo Strauss*, éd. Kenneth Hart Green, Albany, State University of New York Press, 1997.
– « How Farabi read Plato's *Laws* », in *Mélanges Louis Massignon*, vol. III (1957), Institut Français de Damas, 319-344. Repris dans WPP, 1959.
– « Machiavelli's intention: the *Prince* », *American Political Science Review*, 51, 1 (1957), 13-40. Repris dans *Thoughts on Machiavelli*, 1958.
– Recension de J. L. Talmon, *The Nature of Jewish History – Its Universal Significance*, *Journal of Modern History*, 29, 3 (1957), 306. Repris dans *SPPP*, 1983.
1958
– « Locke's doctrine of natural law », *American Political Science Review*, 52, 2 (1958), 490-501. Repris dans *WPP*, 1959.
1959
– « The liberalism of classical political philosophy », *Review of Metaphysics*, 12, 3 (1959), 390-439. Recension de E. A. Havelock, *The Liberal Temper in Greek Politics*. Repris dans *LAM*, 1968.
– « What is liberal education? », Discours adressé à University College, University of Chicago, 6 juin 1959. Repris dans *Education for Public Responsibility*, éd. C. Scott Fletcher, 43-51, New York, Norton, 1961. Repris aussi dans *LAM*, 3-8, 1968.
1961
– Recension de W. S. Hudson, *The Weber Thesis Re-Examined*, *Church History*, 30, 1 (1961), 100-102.
– « Relativism », in *Relativism and the Study of Man*, éd. H. Schoeck et J. W. Wiggins, 135-157, Princeton, Van Nostrand, 1961.

1962

– « Liberal education and responsibility », in *Education : The Challenge Ahead*, éd. C. Scott Fletcher, 49-70, New York, Norton, 1962. Repris dans *LAM*, 9-25, 1968.

– « An epilogue », in *Essays on the Scientific Study of Politics*, éd. Herbert J. Storing, 307-327, New York, Holt, Rinehart et Winston. Repris dans *LAM*, 1968.

– « Zu Mendelssohns "Sache Gottes oder die gerettete Vorsehung" », in *Einsichten : Gerhard Krüger zum 60. Geburtstag*, 361-375, Francfort-sur-le-Main, Klostermann, 1962.

1963

– « Replies to Schaar and Wolin », *American Political Science Review*, 57, 1 (1963), 152-155.

– « How to begin to study *The Guide of the Perplexed* », *in* Moses Maimonides, *The Guide of the Perplexed*, trad. Shlomo Pinès, XI-LVI, Chicago, University of Chicago Press, 1963. Repris dans *LAM*, 1968 et dans *Maïmonide*, 1988.

– « "Perspectives on good society", a report on a Jewish-Protestant colloquium sponsored by the Divinity School of the University of Chicago and the Anti-defamation League of B'nai B'rith », *Criterion*, 2, 3 (1963), 1-8. Repris dans *LAM*, 1968.

1964

– « The crisis of our time » et « The crisis of political philosophy », in *The Predicament of Modern Politics*, éd. Harold J. Spaeth, 41-54, 91-103, Detroit, University of Detroit Press, 1964.

– Recension de C. B. Macpherson, *The Political Theory of Possessive Individualism*, *Southwestern Social Science Quaterly*, 45, 1 (1964), 69-70. Repris dans SPPP, 1983.

1965

– « On the plan of *The Guide of the Perplexed* », in *Harry Austryn Wolfson Jubilee Volume*, éd. Saul Lieberman, Shalom Spiegel, *et al.*, 775-791, Jerusalem, American Academy for Jewish Research, 1965.

1967

– *Jerusalem and Athens*, The First Frank Cohen Public Lecture in Judaic Affairs, New York, The City College, City University of New York, 1967. Repris dans *SPPP*.

– « Jerusalem and Athens. Some introductory reflections », *Commentary*, 43 (1967), 45-57. Version abrégée de l'article précédent.

– « John Locke as "Authoritarian" », *Intercollegiate Review*, 4, 1 (1967), 46-48. Recension de Philip Abrams, éditeur et traducteur de *John Locke : Two Tracts on Government*.

– « Liberal education and mass democracy », in *Higher Education and Modern Democracy*, éd. Robert A. Goldwin, 73-96, Chicago, Rand McNally. Version remaniée des articles de 1960 et 1962 sur l'éducation.

– « A note on Lucretius », in *Natur und Geschichte : Karl Löwith zum 70. Geburtstag*, 322-332, Stuttgart, W. Kohlhammer Verlag, 1967. Repris dans *SPPP*.

– « Notes on Maimonides' *Book of Knowledge* », in *Studies in Mysticism and Religion Presented to Gerschom G. Scholem*, 269-283, Jerusalem, Magnes Press, Hebrew University, 1967. Repris dans *SPPP*. Trad. Olivier Berrichon-Sedeyn, « Remarques sur le *Livre de la Connaissance* de Maïmonide », *Revue de Métaphysique et de Morale*, 3 (1989), 293-308.

1968

– « Natural law », *International Encyclopedia of Social Sciences*. Repris dans SPPP.

– « Greek historians », *Review of Metaphysics*, 21, 4 (1968), 656-666. Étude critique de W. P. Henry, *Greek Historical Writing : a Historiographical Essay Based on Xenophon's* Hellenica.

1969

– « Philosophy as rigorous science and political philosophy » (en hébreu avec résumé anglais), *Iyyun*, 20, 1-4 (1969), 14-22 et 315-314 [*Shlomo Pines Sixtieth Anniversary Volume*].

1970

– « Machiavelli and classical literature », *Review of National Literatures*, 1, 1 (printemps 1970), 7-25.

– avec Jacob Klein, « A giving of accounts », *The College*, 22, 1 (avril 1970), 1-5. Repris dans *Writings in Jewish Philosophy*, K. H. Green, éd., State University of New York Press, 1997.

– « On the *Euthydemus* », *Interpretation*, 1, 1 (1970), 1-20. Repris dans *SPPP*.

1971

– « Philosophy as rigorous science and political philosophy », *Interpretation*, 2, 1 (1971), 1-9. Version anglaise de l'article de 1969 paru dans le volume anniversaire de S. Pinès. Repris dans *SPPP*.

1972

– « Machiavelli », in *History of Political Philosophy*, *op. cit.*, 2e édition. Repris dans *SPPP*.

– Introduction à Hermann Cohen, *Religion of Reason out of the Sources of Judaism*, trad. Simon Kaplan, XXIII-XXXVIII, New York, Frederick Ungar, 1972. Repris dans *SPPP*.

1973

– « Note on the plan of Nietzsche's *Beyond Good and Evil* », *Interpretation*, 3, 2-3 (1973), 97-113. Repris dans *SPPP*.

1974

– « Preliminary observations on the Gods in Thucydides' work », *Interpretation*, 4, 1 (1974), 1-16. Repris dans *SPPP*.

– Introductions à *Sache Gottes oder die gerettete Vorsehung*, *Morgenstunden*, *An die Freunde Lessings*, XI-CX, in *Moses Mendelssohn Gesammelte Schriften : Jubiläumsausgabe*, vol. III, part. 2, Stuttgart-Bad Cannstatt, Friedrich Frommann (Günther Holzboog), 1974. L'introduction à *Sache Gottes* est parue dans le volume d'hommages à G. Krüger (1962).

1975

– « The three waves of modernity », in *Political Philosophy : Six Essays by Leo Strauss*, éd. Hilail Gildin, 81-98, Indianapolis et New York, Bob Merrill/Pegasus, 1975. Volume réédité et augmenté sous le titre : *An Introduction to Political Philosophy : Ten Essays by Leo Strauss*, Wayne State University, Detroit (Michigan), 1989, I-XXIV, 365 p. Trad. Yves Hersant, « Les trois vagues de la modernité », *Cahiers Philosophiques*, 20 (1984), 7-23.

– « Xenophon's *Anabasis* », *Interpretation*, 4, 3 (1975), 117-147. Repris dans *SPPP*.

1976

– « Comments on Carl Schmitt's *Der Begriff des Politischen* », in *The Concept of the Political by Carl Schmitt*, éd. et trad. George Schwab, New Brunswick, N. J., Rutgers UP. Trad. anglaise de l'article paru en 1932 [voir ci-dessus 1988].

– « On Plato's *Apology of Socrates* and *Crito* », in *Essays in Honour of Jacob Klein*, Annapolis, Md., Saint John's College Press. Repris dans *SPPP*.

1978

– « An unspoken prologue to a public lecture at St John's College » (In Honor of Jacob Klein, 1899-1978), *Interpretation*, 7, 3 (1978), 1-3.

– Correspondance avec Hans-Georg Gadamer : « Correspondence concerning *Wahrheit und Methode* », *The Independent Journal of Philosophy*, 2 (Wien, 1978), 5-12.

– « Letter to Helmut Kuhn », *The Independent Joumal of Philosophy*, 2 (1978), 23-26.

– « On a forgotten kind of writing », in *The Independent Journal of Philosophy*, 2 (1978), 27-31. Déjà paru en 1954 dans la *Chicago Review*.

1979
– « The mutual influence of theology and philosophy », *The Independent Journal of Philosophy*, 3 (1979), 111-118.
– « Preface to *Hobbes Politische Wissenschaft* », trad. Donald J. Maletz, *Interpretation*, 8 (1979-1980), 1-3.
– « La persécution et l'art d'écrire » et « Un art d'écrire oublié », *Poétique. Revue de théorie et d'analyse littéraires*, 10, 39 (avril 1979), 229-253.
1980
– « The idea of the Holy », in *The Jew : Essays from Martin Buber's Journal « Der Jude » – 1926-1928*, éd. Arthur A. Cohen et trad. Joachim Neugroschel, 232-236, University Al., University of Alabama Press, 1980.
1981
– « Progress or return ? », *Modern Judaism*, 1 (1981), 17-45
– « On the interpretation of Genesis », *L'Homme*, 21 (1981), 5-36. Trad. Nicolas Ruwet, 21-36.
– « Théologie et philosophie : leur influence réciproque », in *Le Temps de la Réflexion*, 2, Paris, Gallimard, 197-216.
1983
– avec Karl Löwith, « Correspondence concerning modernity », *The Independent Journal of Philosophy*, 4 (1983), 105-119.
1986
– « Exoteric teaching », éd. Kenneth Hart Green, *Interpretation*, 14, 1 (janvier 1986), 51-59.
1988
– « Correspondence between Karl Löwith and Leo Strauss », *The Independent Journal of Philosophy*, 5/6 (1988), 177-192.
1989
– « Introduction à l'existentialisme de Heidegger », *Commentaire*, 52 (1989), 767.
1990
– « Some remarks on the political science of Maimonides and Farabi », trad. Robert Bartlett, *Interpretation*, 18, 1 (automne 1990), 3-30.
1996
– « The origins of political science and the problem of Socrates : six public lectures », *Interpretation*, 23, 2 (1996), 125-207. [Édité différemment dans RCPR, 1989.]
– « How to study medieval philosophy », *Interpretation*, 23, 3 (1996), 319-338. [Même remarque.]
– « An untitled lecture on Plato's *Euthyphron* », *Interpretation*, 24, 1 (1996), 3-29.

1997
– « Why we remain Jews », Lecture delivered at the Hillel House, University of Chicago, Publication by State University of New York Press, in *The Jewish Writings of Leo Strauss*, éd. Kenneth Hart Green, 1997.
– « Freud on Moses and monotheism », Lecture delivered at the Hillel House, University of Chicago, Publication by State University of New York Press, in *The Jewish Writings of Leo Strauss*, éd. Kenneth Hart Green, 1997.

II. Littérature secondaire (1931-1997)

Abensour, Miguel et Michel Pierre Edmond, « Leo Strauss », *Encyclopaedia Universalis*.
– « Leo Strauss », *Cahiers de Philosophie Politique*, 2-3 (1985). Voir Edmond, M. P.
Adam, Armin, « Jenseits alter Fronten : neuere Carl Schmitt-Literatur », *Philosophische Rundschau*, 42, 2 (juin 1995), 97-109.
Adams, James Ring, « The power of Strauss », *Forward*, 24 avril 1992, 1-11.
Adler, Eve, recension de Leo Strauss, *Philosophy and Law*, in *AJS Review*, 14 (1989), 263-288.
– « Leo Strauss's *Philosophie und Gesetz* », in *Leo Strauss's Thought*, éd. Alan Udoff, 183-226, Boulder, Colorado, Lynne Rienner, 1991.
Almaleh, Gérard, introduction, trad. et notes à Leo Strauss, *Le Testament de Spinoza*, Paris, Cerf, 1991, 359 p. Voir Baraquin, Albert et Depadt-Ejchenbaum, Mireille.
Altizer, Thomas J. J., « The theological conflict between Strauss and Voegelin », in *Faith and Political Philosophy*, éd. Barry Cooper et Peter Emberley, 267-277, University Park, Pennsylvania, Pennsylvania State UP, 1993.
Altmann, Alexander, recension de Moses Maimonides, *The Guide of the Perplexed*, trad. Shlomo Pinès, « Introductory essay » de Leo Strauss, *Journal of Religion*, 44 (1964), 260-61.
– « Leo Strauss : 1899-1973 », *Proceedings of the American Academy for Jewish Research*, 41-42 (1975), XXXIII-XXXVI.
– « Maimonides and Thomas Aquinas : natural or divine prophecy », *AJS Review*, 3 (1978), 1-19.
– « Maimonides on the intellect and the scope of metaphysics » », in *Von der mittelalterlichen zur modernen Aufklärung*, 60-129, Tübingen, J. C. B. Mohr, 1987.

ALTWICKER, Norbert, Avant-propos à Leo Strauss, *Die Religionskritik Spinozas als Grundlage seiner Bibelwissenschaft*, IX-XII, Hildesheim, Georg Olms, 1981.

ANASTAPLO, George, « On Leo Strauss : A Yahrzeit remembrance », *University of Chicago Magazine*, 67 (hiver 1974), 30-38. Réédité et modifié sensiblement sous le titre : "Epilogue : the thinker as artist", dans *The Artist as Thinker : From Shakespeare to Joyce*, Swallow Press, Ohio University Press, Athens, Ohio, 1983, XIII, 499 p.

– « Shadia Drury on Leo Strauss », *The Vital Nexus*, 1, 1 (mai 1990), 9-28.

ANDREW, Edward, « Descent to the cave », *Review of Politics*, 45 (1983), 510-535.

ARKES, Hadley, « Athens and Jerusalem : the legacy of Leo Strauss », in *Leo Strauss and Judaism*, éd. David Novak, Lanham, Md., Rowman et Littlefield, 1996, 1-23.

ARKUSH, Allan, « Leo Strauss and Jewish modernity », in *Leo Strauss and Judaism*, éd. David Novak, Lanham, Md., Rowman et Littlefield, 1996, 11-130.

ARON, Raymond, « Réponse à Strauss », *in* Max Weber, *Le Savant et le Politique*, Paris, Plon, 1959.

– « Max Weber and modern social science », in *History, Truth and Liberty. Selected Writings of Raymond Aron*, éd. Franciszek Draus, 335-373, Chicago, University of Chicago Press, 1985.

ASSELIN, D. T., « Foundationalism and foundation in Strauss and Maritain », in *From Twilight to Dawn : the Cultural Vision of Jacques Maritain*, Notre Dame, Ind., Notre-Dame UP, 1990.

BAGLEY, Paul, « Harris, Strauss and esotericism in Spinoza's *Tractatus Theologico-Politicus* », *Interpretation*, 23, 3 (printemps 1996), 387-415.

BALAZS, Zoltan, « The interpretation of an interpretation – Leo Strauss on Locke », *Magyar Filozofie Szemle*, 5-6 (1994), 711-747.

BARAQUIN, Albert. Voir ALMALEH, Gérard.

BEINER, Ronald, « Hannah Arendt and Leo Strauss : the uncommenced dialogue », *Political Theory*, 18, 2 (mai 1990), 238-254.

BELAVAL, Yvon, « Pour une sociologie de la philosophie », *Critique*, 77 (octobre 1953), 852-866.

BENARDETE, Seth, « Leo Strauss's *The City and Man* », *Political Science Reviewer*, 8 (1978), 1-20.

BEN-ASHER, Mordechai, « Religion and reason in Maimonides. Contribution to an explanation of the views of Julius Guttmann and Leo Strauss » (en hébreu), *Bash-Sha'ar*, 4 (1961), 78-87.

BERRICHON-SEDEYN Olivier, Préface à Leo Strauss, *La Cité et l'homme*, Paris, Presses Pocket, 1987.

– Avant-propos à Leo Strauss, *Qu'est-ce que la philosophie politique ?*, Paris, Presses Universitaires de France, 1992.

BERMAN, Lawrence, « A re-examination of Maimonides' statement on political science », *Journal of the American Oriental Society*, 89 (1969), 106-111.

– « The structure of *The Guide :* reflections occasioned by L. Strauss and S. Rawidowicz », in *Proceedings of the Sixth World Congress of Jewish Studies*, vol. III, éd. Avigdor Shinan, 7-13, Jerusalem, World Union of Jewish Studies, 1977.

– « Maimonides, the disciple of Al-Farabi », *Israel Oriental Studies*, 4 (1974), 154-178.

BERNS, Laurence, « Leo Strauss : 1899-1973 », *Independent Joumal of Philosophy*, 2 (1978), 1-3.

– Même article, in *The College*, 25, 4. Voir KLEIN, Jacob.

– « Aristotle and the Moderns on freedom and equality », in *The Crisis of Liberal Democracy*, éd. Kenneth L. Deutsch et Walter Soffer, 148-166, Albany, State University of New York Press, 1988.

– « The prescientific world and historicism : some reflections on Strauss, Heidegger, and Husserl », in *Leo Strauss's Thought*, éd. Alan Udoff, 169-181, Boulder, Colorado, Lynne Rienner, 1991.

– « The relation between religion and philosophy. Reflections on Leo Strauss's suggestion concerning the source and sources of modern philosophy », in *Interpretation*, 19, 1 (automne 1991), 43-60.

BERNS, Walter, Herbert J. STORING, « Achievement of Leo Strauss », *National Review*, 25 (1973), 1347-1357.

– Voir STORING, Herbert J.

BERTMAN, Martin A., « Hobbes' science of politics and Plato's *Laws* », *Independent Journal of Philosophy*, 2 (1978), 47-53.

BEST, Judith A., « The innocent, the ignorant, and the rational : the content of Lockian consent », in *The Crisis of Liberal Democracy,* éd. Kenneth L. Deutsch et Walter Soffer, 167-179, Albany, State University of New York Press, 1988.

BIALE, David, « Leo Strauss : the philosopher as Weimar Jew », in *Leo Strauss's Thought*, éd. Alan Udoff, 31-40, Boulder, Colorado, Lynne Rienner, 1991.

BLANCHARD, Kenneth C., « Philosophy in the age of Auschwitz : Emil Fackenheim and Leo Strauss », in *Remembering for the Future*, vol. II, éd. Yehuda Bauer *et al.*, 1815-1829, Oxford, England, Pergamon, 1989.

BLANTON, Ted A. Voir KLEIN, Jacob.

BLITZ, Mark, « Strauss's Laws », *The Political Science Reviewer*, vol. XX (printemps 1991), 186-222.

BLOOM, Allan, « Leo Strauss : September 20, 1899-October 18, 1973 », *Political Theory*, 2 (1974), 373-392.

– *The Closing of the American Mind*, New York, Simon et Schuster, 1987. Trad. *L'Âme Désarmée*, Paris, Fayard, 1987.

– *Giants and Dwarfs*, 235-255, New York, N. Y., Simon et Schuster, 1990.

– « Aristophanes and Socrates : a response to Hall », *Political Theory*, 5 (1977), 315-30.

– « Un vrai philosophe », *Commentaire*, 1 (1978), 91-110.

– Avant-propos à Leo Strauss, *Liberalism Ancient and Modern*, V-VI, Ithaca, N. Y, Cornell UP, 1989.

BLUHM, William T., « Platonism *versus* the natural science of politics : Leo Strauss and his Academy », in *Theories of the Political System*, 3 e édition, 63-70, Englewood Cliffs, N. J., Prentice-Hall, 1978.

BODÉÜS, Richard, « Deux propositions aristotéliciennes sur le droit naturel chez les continentaux d'Amérique », *Revue de Métaphysique et de Morale*, 94, 3 (juillet-septembre 1989), 369-389.

BOLOTIN, David, « Leo Strauss and classical political philosophy », *Interpretation*, 22, 1 (automne 1994), 129-142.

BOUGANIM, Amin, « Une désillusion héroïque : une étude de la pensée de Leo Strauss », *Pardès*, 4 (1986), 54-72.

– *Le Juif égaré*, Paris, Desclée de Brouwer, 1990, 233 p.

BRAGUE, Rémi, « *Oikonomia* et *Enkrateia :* à propos du commentaire de Leo Strauss sur l'*Économique* de Xénophon », in *Archives de Philosophie*, 37, 2 (avril-juin 1974), 275-290.

– Recension de Leo Strauss, *Xenophon's Socrates*, Ithaca & Londres, Cornell UP, 1975, *Archives de Philosophie*, 37, 2 (avril-juin 1974), 321-325.

– « Radical modernity and the roots of ancient thought », *Independent Journal of Philosophy*, 3 (1983).

– « Leo Strauss et Maïmonide », in *Maimonides and Philosophy*, éd. Shlomo Pinès et Yirmiyahu Yovel, 246-268, Dordrecht, Martinus Nijhoff, 1986 (en français).

– « Athènes, Jérusalem, La Mecque. L'interprétation musulmane de la philosophie grecque chez Leo Strauss », *Revue de Métaphysique et de Morale*, 94, 3 (juillet-septembre 1989), 309-336.

– « Leo Strauss and Maimonides », in *Leo Strauss's Thought*, éd. Alan Udoff, 93-114, Boulder, Colorado, Lynne Rienner, 1991. Trad. anglaise de l'article paru dans le volume de Pinès et Yovel.

BRUELL, Christopher, « Strauss on Xenophon's Socrates », *Political Science Reviewer*, 13 (1983), 99-153 ; 14 (1984), 263-318.

– « A return to classical political philosophy and the understanding of the American founding », *Review of Politics*, 53, 1 (hiver 1991), 173-186.

BUIJS, Joseph A., « The philosophical character of Maimonides' *Guide* – A critique of Strauss's interpretation », *Judaism*, 27 (1978), 448-457.
– *Maimonides : A Collection of Critical Essays*, éd. Joseph A. Buijs, 59-70, Notre Dame, Ind., University of Notre Dame Press, 1988.
BURNYEAT, Myles F., « Sphinx without a secret », recension de Leo Strauss, *Studies in Platonic Political Philosophy*, in *New York Review of Books*, 32, 9 (30 mai 1985), 30-36. Pour les lettres des lecteurs sur cet article et les réponses de l'auteur, voir *New York Review of Books*, 10 et 24 octobre 1985 ; 24 avril 1986 ; 31 mars 1988.
CANTOR, Paul A., « Leo Strauss and contemporary hermeneutics », in *Leo Strauss's Thought*, éd. Alan Udoff, 267-314, Boulder, Colorado, Lynne Rienner, 1991.
CARANFA, Angelo, « Machiavelli rethought : a critique of Strauss's Machiavelli », Washington, D. C., UP of America, 1978.
CARPINO, Joseph J, recension de Frederick Wilhelmsen, *Christianity and Political Philosophy*, in *Interpretation*, 8 (1979-80), 204-222.
CATON, Hiram, « Der hermeneutische Weg von Leo Strauss », *Philosophisches Jahrbuch*, 80 (1973), 171-182.
CHALIER, Catherine, « Leo Strauss : entre le théologique et le politique », *Les Temps Modernes*, 551 (juin 1992), 121-144.
CLAY, Diskin, « On a forgotten kind of reading », in *Leo Strauss's Thought*, éd. Alan Udoff, 253-266, Boulder, Colorado, Lynne Rienner, 1991.
COLMO, Christopher A., « Reason and Revelation in the thought of Leo Strauss », *Interpretation*, 18, 1 (automne 1990), 145-160.
– « Theory and practice : Alfarabi's Plato revisited », *American Political Science Review*, 86, 4 (décembre 1992), 966-976.
COOPER, Barry, et Peter EMBERLEY, éd., *Faith and Political Philosophy : the Correspondence Between Leo Strauss and Eric Voegelin*, introduction de Thomas L. Pangle, University Park, Pennsylvania State UP, 1993, XXVI-368 p.
COX, Richard H., « Aristotle and Machiavelli on liberality », in *The Crisis of Liberal Democracy*, Kenneth L. Deutsch et Walter Soffer éd., 125-147, Albany, State University of New York Press, 1988.
CROPSEY, Joseph, « Reply to Rothman », *American Political Science Review*, 56 (1962), 353-359.
– « Leo Strauss on his sixty-fifth birthday » et préface à *Ancients and Moderns : Essays on the Tradition of Political Philosophy in Honor of Leo Strauss*, éd. Joseph Cropsey, New York, Basic Books, 1964.
– « Leo Strauss : a bibliography and memorial », *Interpretation*, 5, 2 (hiver 1975), 133-147.

– « Leo Strauss », *The International Encyclopedia of the Social Sciences*, vol. 18, éd. David Sills, 746-750, New York, The Free Press/ Macmillan, 1979.

CUBEDDU, Raimondo, *Leo Strauss e la filosofia politica moderna*, Naples, Edizioni scientifiche italiane, 1983.

CVEK, Peter, « Strauss and natural right : a critical review », *Vera Lex*, 8, 2-3 (1988).

DALLMAYR, Fred R., « Political philosophy today », in *Polis and Praxis*, 15-46, Cambridge, Mass., MIT Press, 1984.

– « Politics against philosophy : Strauss and Drury », *Political Theory*, 15, 3 (août 1987), 326-337.

DANNHAUSER, Werner J., « Leo Strauss : becoming naive again », *American Scholar*, 44 (1974-1975), 636-642.

– *Masters : Portraits of Great Teachers*, éd. Joseph Epstein, 253-265, New York, Basic Books, 1981.

– « Leo Strauss as citizen and Jew », *Interpretation,* 17, 3 (printemps 1990), 433-447.

– « Athens and Jerusalem or Jerusalem and Athens », in *Leo Strauss and Judaism : Jerusalem and Athens Critically Revisited*, éd. David Novak, Lanham, Md., Rowman et Littlefield, 1996, 155-171.

– Voir BERNS, Walter.

DAVIDSON, Herbert, « Maimonides' secret position on Creation », *Studies in Medieval Jewish History and Literature*, éd. Isadore Twersky, 16-40, Cambridge, Mass., Harvard UP, 1979.

DEANE, Herbert A., recension de Leo Strauss, *What is Political Philosophy ?,* in *American Political Science Review*, 55 (1961), 149-150. Voir aussi : Harry V. Jaffa, « Letter to editor », 55 (1961), 599.

DEPADT-EJCHENBAUM, Mireille. Voir ALMALEH, Gérard.

DEUTSCH, Kenneth L. et Walter Nicgorski, éd., *Review of Politics*, 53, 1 (hiver 1991), numéro spécial sur Leo Strauss.

– Réédition des textes de la *Review of Politics*, 53 : *Leo Strauss : Political Philosopher and Jewish Thinker*, Lanham, Md., Rowman et Littlefield, 1994, IX-396 p.

– et Walter SOFFER, éd., *The Crisis of Liberal Democracy : A Straussian Perspective*, Albany, State University of New York Press, 1988, 304 p.

DEVIGNE, Robert, *Recasting Conservatism : Oakeshott, Strauss and the Response to Postmodernism*, New Haven, Yale UP, 1994, XIII-268 p.

– « Plato, Nietzsche and Strauss », *Political Science Reviewer*, vol. XXVI (1997), 397-431.

DORAN, Robert M., *Theology and the Dialectics of History*, Toronto, University of Toronto Press, 1990.

DRURY, Shadia B., « The esoteric philosophy of Leo Strauss », *Political Theory*, 13 (1985), 315-337.

– « Leo Strauss's classic natural right teaching », *Political Theory*, 15, 3 (août 1987), 299-315.

– *The Political Ideas of Leo Strauss*, New York, St. Martin's Press, 1988.

– « Leo Strauss on the nature of the political », et « Reply to my critics », *The Vital Nexus*, 1, 1 (mai 1990), 29-47, 119-134.

EAST, John P., « Leo Strauss and American conservatism », *Modern Age*, 212-219.

EDEN, Robert, « Why wasn't Weber a nihilist? », in *The Crisis of Liberal Democracy*, University of New York Press, 1988.

– « Tocqueville and the problem of natural right », *Interpretation*, 17, 3 (printemps 1990), 379-387.

EDMOND, Michel-Pierre, *Philosophie politique*, Paris, Masson, 1972.

– Voir ABENSOUR, Miguel.

– « Leo Strauss », *Libre*, Paris, Payot, 6 (1979).

– Préface à Leo Strauss, *Pensées sur Machiavel*, Paris, Payot, 1982.

– Compte rendu de : Leo Strauss, *De la Tyrannie*, *in* Châtelet F., Pisier É., Duhamel (éd.), *Dictionnaire des œuvres politiques*, p. 1004-1017, Paris, Presses Universitaires de France, 1989.

– « Machiavel et la question de la nature », *Revue de Métaphysique et de Morale*, 94, 3 (juillet-septembre 1989), 347-352.

– *Le Philosophe-Roi*, Paris, Payot, 1991, 184 p.

EIDELBERG, Paul, *Jerusalem* vs. *Athens*, Lanham, Md., UP of America, 1983.

EMBERLEY, Peter, « Leo Strauss : Machiavellian or moralist? », *The Vital Nexus*, 1, 1 (mai 1990), 49-59.

– Voir COOPER, Barry.

ENEGRÈN, André, éd., *Revue de Métaphysique et de Morale*, 94, 3 (juillet-septembre 1989 – numéro spécial : « Leo Strauss historien de la philosophie »), Introduction.

FACKENHEIM, Emil L., *To Mend the World*, New York, Schocken Books, 1982.

– « Leo Strauss and modern Judaism », *Claremont Review of Books*, 4 (hiver 1985), 21-23.

– « Reply to my critics : a testament of thoughts », *in* Fackenheim, *German Philosophy and Jewish Thought*, éd. Louis Greenspan et Graeme Nicholson, 251-300, Toronto, University of Toronto Press, 1992.

FERRY, Luc, « Le rejet de la modernité historiciste », in *Philosophie Politique*, I, « Le droit. La nouvelle Querelle des Anciens et des Modernes », 33-105 (seconde édition), Paris, Presses Universitaires de France, 1986.

– « The rejection of historicist modernity in Leo Strauss », in *Political Philosophy*, volume 1, « Rights : the new quarrel between the Ancients and the Moderns », 29-70, Chicago, University of Chicago Press, 1990.

FUCHTWANGER, Ludwig, recension de Leo Strauss, *Philosophie und Gesetz*, in *Jüdische Rundschau*, 29, 9 (9 avril 1935), 7.

FORTIN, Ernest L. (O. P.), *Collected Essays :* vol. I, *The Birth of Philosophic Christianity*, XXIII-349 p.; vol. II, *Classical Christianity and the Political Order*, X-399 p.; vol. III, *Human Rights, Virtue, and the Common Good*, XXVII-332 p., Lanham, Md., Rowman et Littlefield, 1996. Le lecteur trouvera dans ces volumes les articles suivants, qui touchent à Leo Strauss :

– « Christian political theory », *Review of Politics*, 41 (1979), 578-582.

– « Rational theologians and irrational philosophers : a Straussian perspective », *Interpretation*, 12 (1984), 349-356.

– « Interview with Hans-Georg Gadamer on Leo Strauss », *Interpretation*, 12 (1984), 1-13.

– « Faith and reason in contemporary perspective », *Interpretation*, 14 (1986), 371-387.

– « Was Leo Strauss a secret enemy of morality ? », *Crisis*, 7, 12 (décembre 1989), 19-26.

– « Dead masters and their living thoughts », *The Vital Nexus*, 1, 1 (mai 1990), 61-71.

– « Straussian reflections on the Strauss-Voegelin correspondence », *The Review of Politics*, 56 (1994), 337-345.

FOX, Marvin, recension de Moses Maimonides, *The Guide of the Perplexed*, trad. Shlomo Pinès, « Introductory essay » de Leo Strauss, in *Journal of the History of Philosophy*, 3 (1965), 265-274.

– Prolégomène à Abraham Cohen, *The Philosophy of Maimonides*, XV-XLIV, New York, KTAV, 1968.

– *Interpreting Maimonides : Studies in Methodology, Metaphysics, and Moral Philosophy*, Chicago, University of Chicago Press, 1990.

FRADKIN, Hillel « Philosophy and law : Leo Strauss as a student of medieval Jewish thoughts », *Review of Politics*, 53, 1 (hiver 1991), 40-52.

– « Leo Strauss and contemporary Jewish thoughts », in *Contemporary Jewish Thinkers*, éd. Steven T. Katz, New York, B'nai Brith (à paraître).

– « A word fitly spoken : the interpretation of Maimonides and the legacy of Leo Strauss », in *Leo Strauss and Judaïsm*, éd. David Novak, Lanham, Md., Rowman et Littlefield, 1996, 55-85.

FULLER, Timothy, « Philosophy, faith and the question of progress », in *Faith and Political Philosophy*, éd. Barry Cooper and Peter Emberley, 279-295, University Park, Pennsylvania State UP, 1993.

GADAMER, Hans-Georg, « Hermeneutik und Historismus », *Gesammelte Werke*, II, Tübingen, J. C. B. Mohr, 1986.
– « Hermeneutics and Historicism », in *Truth and Method*, 482-491, New York, Crossroad, 1982.
– *Vérité et méthode*, Paris, Seuil, 1996.
– « Interview on Leo Strauss », *interview* réalisée par Ernest Fortin, *Interpretation*, 12 (1984), 1-13.
– « Philosophizing in opposition : Strauss and Voegelin on communication and science », in *Faith and Political Philosophy*, éd. Barry Cooper et Peter Emberley, 249-259, University Park, Pennsylvania, Pennsylvania State UP, 1993.
GALSTON, Miriam, « Philosopher-King *vs.* Prophet », *Israel Oriental Studies*, 8 (1978), 204-218.
GERMINO, Dante, « The revival of political theory », *Journal of Politics*, 25 (août 1963), 437-460.
– « Second thoughts on Leo Strauss's Machiavelli », *Journal of Politics*, 28 (1966), 794-817.
– « Blasphemy and Leo Strauss's Machiavelli, *Review of Politics*, 53, 1 (hiver 1991), 146-156.
– « Leo Strauss "versus" Eric Voegelin on faith and political philosophy », *Rivista Internazionale de Filosofia del Diritto*, 72, 3 (1995), 527-548.
GILDIN, Hilail, « Leo Strauss and the crisis of liberal democracy » et « A response to Gourevitch », in *The Crisis of Liberal Democracy*, éd. Kenneth L. Deutsch et Walter Soffer, 91-103, 114-123, Albany, N. Y., State University of New York Press, 1988.
– Introduction à *An Introduction to Political Philosophy : Ten Essays by Leo Strauss*, éd. Hilail Gildin, VII-XXIV, Detroit, Wayne State UP, 1989.
– « The first crisis of modernity : Leo Strauss on the thought of Rousseau », *Interpretation*, 20, 2 (hiver 1992-1993), 157-164.
– « Déjà Jew all over again : Dannhauser on Leo Strauss and atheism », *Interpretation*, 25, 1 (automne 1997), 125-133.
GILSON, Étienne, *D'Aristote à Darwin et retour*, Paris, Vrin, 1971.
GLENN, Gary D., « Speculations on Strauss's political intentions suggested by *On Tyranny* », *History of European Ideas*, 19 (1-3), 171-177 (juillet 1994).
GOTTFRIED, Paul E., « On the European roots of modern American conservatism », *Thought*, 55, 196-206, 1980.
GOUREVITCH, Victor, « Philosophy and politics », *Review of Metaphysics*, 22 (1968), 58-84, 281-328.
– « The problem of natural right and the fundamental alternatives in natural right and history » et « A reply to Gildin », in *The Crisis of Liberal*

Democracy, éd. Kenneth L. Deutsch et Walter Soffer, 30-47, 104-113, Albany, State University of New York Press, 1988.

– et Michael S. ROTH, introduction à Leo Strauss, *On Tyranny*, I-XXXII, édition revue Victor Gourevitch et Michael S. Roth, New York, The Free Press, 1991.

GOYARD-FABRE, Simone, « L'interprétation nietzschéenne de Leo Strauss et ses limites », *Dialogue*, 33 (Canada), 391-413 (été 1994).

– « Nietzsche, inspirateur de Leo Strauss », in *La Pensée de Leo Strauss, Cahiers de philosophie politique et juridique*, 23 (1993), Presses Universitaires de Caen, 167-192.

GRANT, George P., « Tyranny and wisdom : the controversy between Leo Strauss and Kojève », *Social Research*, 31 (1964), 45-72.

– *Technology and Empire*, 81-109, Toronto, Anansi, 1969.

GRAY, Robert, « Hobbes' system and his early philosophical views », *Journal of the History of Ideas*, 39, 199-215, 1978.

GRAYZEL, Solomon, recension de Leo Strauss, *Persecution and the Art of Writing*, in *Annals of the American Academy of Political and Social Sciences*, 285 (1953), 204-205.

GREEN, Karen, « Rousseau's women », *International Journal of Philosophical Studies*, 4, 1 (mars 1996), 87-109.

GREEN, Kenneth H., « In the grip of the theological-political predicament : the turn to Maimonides in the Jewish thought of Leo Strauss », in *Leo Strauss Thought*, éd. Alan Udoff, 41-74, Boulder, Colorado, Lynne Rienner, 1991.

– « Religion, philosophy, and morality : how Leo Strauss read Judah Halevi's *Kuzari* », *Journal of the American Academy of Religion*, 61, 2 (été 1993), 225-273.

– *Jew and philosopher : the return to Maimonides in the Jewish thought of Leo Strauss*, Albany, State University of New York Press, 1993.

GUNNELL, John G., « The myth of the tradition », *American Political Science Review*, 72 (1978), 122-134.

– « Political theory and politics : the case of Leo Strauss », *Political Theory*, 13 (1985), 339-361.

– « Political theory and politics : the case of Leo Strauss and liberal democracy », in *The Crisis of Liberal Democracy*, éd. Kenneth L. Deutsch et Walter Soffer, 68-88, Albany, State University of New York Press, 1988.

– « Strauss before Straussianism : the Weimar conversation », *The Vital Nexus*, 1, 1 (mai 1990), 73-104.

– « Strauss before Straussianism : reason, Revelation, and nature », *Review of Politics*, 3, 1 (hiver 1991), 53-74.

GUTTMANN, Julius, *Die Philosophie des Judentums*, Munich, Reinhardt, 1933. Trad. Sylvie Courtine-Denamy, *La Philosophie du Judaïsme*, Paris, Gallimard, 1994 (voir spécialement les notes).

– *The Philosophy of Judaism* (en hébreu), trad. Y. L. Baruch, Jerusalem, Bialik Institute, 1981.

– Introduction à Moses Maimonides, *Philosophia Judaica : The Guide of the Perplexed,* 1-36, trad. Chaim Rabin, Londres, East and West Library, 1982.

– *Philosophies of Judaism*, trad. David W Silvermann, Philadelphia, Jewish Publication Society, 1964.

– « Philosophie der Religion oder Philosophie des Gesetzes ? » *Proceedings of the Israel Academy of Sciences and Humanities* (1976), 146-173 (trad. en hébreu), p. 188-207.

HAL, Dale, « The republic and the limits of politics », *Political Theory*, 5 (1977), 293-313.

HAL, Robert W., « Plato's just man : thoughts on Strauss's Plato », *New Scholasticism*, 42 (1968), 202-25.

HALOWELL, John, recension de Leo Strauss, *Natural Right and History*, in *American Political Science Review*, 48 (1954), 538-541.

– Recension de Leo Strauss, *Thoughts on Machiavelli*, in *Journal of Politics*, 3 (1989), 300-303.

HANASZ, Waldemar, « Poetic justice for Plato's democracy ? », *Interpretation*, 25, 1 (automne 97), 35-57.

HARBISON, Warren, « Irony and deception », *Independent Journal of Philosophy*, 2 (1978), 89-94.

HARTMAN, David, *Maimonides : Torah and the philosophic quest*, Philadelphia, Jewish Publication Society, 1976.

HARVEY, Steven, « Maimonides in the Sultan's palace », in *Perspectives on Maimonides*, éd. Joel L. Kraemer, 47-70, Oxford, Oxford UP, 1991.

HARVEY, Warren Zev, « The return of Maimonideanism », *Jewish Social Studies*, 42 (1980), 249-268.

– « Why Maimonides was not a Mutakallim », in *Perspectives on Maimonides*, éd. Joel L. Kraemer, 10-14, Oxford, Oxford UP, 1991.

HAVARD, William C., « The method and results of political anthropology in America », *Archiv für Rechts- und Sozialphilosophie*, 47 (1961), 39-415.

HERBERG, Will, « Athens and Jerusalem : confrontation and dialogue », *The Drew Gateway*, 28, 3 (printemps 1978), 178-200.

HIMMELFARB, Milton, « On Leo Strauss », *Commentary*, 58, 8 (août 1974), 60-66. Pour les lettres à l'éditeur et une réponse de l'auteur, voir *Commentary*, 59, 1 (janvier 1975), 14-16.

HOLMES, Stephen, « Truths for philosophers alone ? », recension de Leo Strauss, *The Rebirth of Classical Political Rationalism*, in *Times Literary Supplement*, 1-7 décembre 1989, 1319-1324. Les lettres à l'éditeur à propos de cet article sont dans : *Times Literary Supplement*, 5-11 et 12-18, janvier 1990.

HORWITZ, Robert H. Voir STORING, Herbert J.

HYMAN, Arthur, « Interpreting Maimonides », *Gesher*, 5 (1976), 46-59.

IVRY, Alfred L., « Leo Strauss on Maimonides », in *Leo Strauss's Thought*, éd. Alan Udoff, 75-91, Boulder, Colorado, Lynne Rienner, 1991.

JAFFA, Harry V., *Thomism and Aristotelianism*, Westport, Conn., Greenwood Press, 1952.

– « The primacy of the Good : Leo Strauss remembered », *Modern Age*, 26 (1982), 266-269.

– « The legacy of Leo Strauss », *Claremont Review of Book*, 3, 3 (automne 1984), 14-21.

– The legacy of Leo Strauss defended », *Claremont Review of Books*, 4, 1 (printemps 1985), 20-24.

– « Crisis of the Strauss divided : The legacy reconsidered », *Social Research*, 54 (1987), 579-603.

– « Dear Professor Drury », *Political Theory*, 15, 3 (août 1987), 316-325.

– « Humanizing certitudes and impoverishing doubts : a critique of *The Closing of the American Mind* by Allan Bloom », *Interpretation*, 16, 1 (automne 1988), 111-138.

– Voir BERNS, Walter.

JOSPE, Raphael, « The number and division of chapters in *The Guide of the Perplexed* » (en hébreu), *Jerusalem Studies in Jewish Thought*, 7 (1988), 387-397.

JUNG, Hwa Yol, « Leo Strauss's conception of political philosophy : a critique », *Review of Politics*, 29 (1967), 492-517.

– « The life-world, historicity, and truth : reflections on Leo Strauss's encounter with Heidegger and Husserl », *Journal of the British Society for Phenomenology*, 9 (1978), 11-23.

– « Two critics of scientism : Leo Strauss and Edmund Husserl », *Independent Journal of Philosophy*, 2 (1978), 81-88.

– « A hermeneutical accent on the conduct of political inquiry », *Human Studies*, 1, 48-82 (janvier 1978).

KABORÉ, Boniface, « La critique anti-historiciste de Leo Strauss : limites et impasses », *Revue de Philosophie*, 13, 2 (automne-hiver 1997), 115-168.

KAUFMAN, Arnold S., « The nature and the fonction of political theory », *Journal of Philosophy*, 51, 5-22 (janvier 1954).

KAUFFMANN, Clemens, *Leo Strauss : zur Einführung*, Hamburg, Junius, 1997, 226 p.

KENDALL, Willmoore, recension de Leo Strauss, *Thoughts on Machiavelli*, in *Philosophical Review*, 15 (1965-66), 247-254.

KENNINGTON, Richard, « Strauss's *Natural Right and History* », *Review of Metaphysics*, 35 (1981-1982), 57-86.

– « Strauss's *Natural Right and History* », in *Leo Strauss's Thought*, éd. Alan Udoff, 227-252, Boulder, Colorado, Lynne Rienner, 1991.

KINZEL, Till, « Leo Strauss (1899-1973) », *Criticon* (Münich), 27, 153 (janvier-mars 1997), 9-12.

KLEIN, Jacob, *in* Winfree Smith, Ted A. Blanton, Laurence Berns, « Memorials to Leo Strauss », *The College*, 25, 4 (janvier 1974), 1-5.

– *A Commentary of Plato's Meno*, Chicago UP, 1965, 256 p.

KLEVEN, Terence, « A study of Part I, chapters 1-7 of Maimonides' *The Guide of the Perplexed* », *Interpretation*, 20, 1 (automne 1992), 3-16.

KLOSKO, George, « The "Straussian" interpretation of Plato's *Republics* », *History of Political Thought*, 7 (1986), 275-93.

KOJÈVE, Alexandre, « Tyrannie et sagesse », *in* Leo Strauss, *De la Tyrannie*, Paris, Gallimard, 1954.

– « Tyranny and wisdom », *in* Leo Strauss, *On Tyranny*, 143-188, Ithaca, N. Y, Cornell UP, 1963. Édition revue et complétée de la correspondance Strauss-Kojève, éd. Victor Gourevitch et Michael S. Roth, 135-176, New York, The Free Press, 1991. Trad. Marc B. de Launay, Gallimard, 1997.

– « The Emperor Julian and his art of writing », in *Ancients and Moderns : Essays in the Tradition of Political Philosophy in Honor of Leo Strauss*, éd. Joseph Cropsey, 95-113, New York, Basic Books, 1964.

– *L'Empereur Julien et son art d'écrire*, Paris, Fourbis, 1990, 59 p.

– *Introduction à la lecture de Hegel*, Paris, Gallimard. Version anglaise éditée par Allan Bloom, trad. James H. Nichols jr., New York, Basic Books, 1969.

– « Hegel, Marx, and Christianity », trad. Hilail Gildin, *Interpretation*, 1, 1 (été 1970), 21-42.

– « The idea of death in the philosophy of Hegel », trad. Joseph J. Carpino, *Interpretation*, 3, 2 et 3 (hiver 1973), 114-156.

– « Kojève-Fessard documents », trad. Hugh Gillis, *Interpretation*, 19, 2 (hiver 1991-1992), 185-200.

KRAEMER, Joel L., « Maimonides on the philosophic sciences in his treatise on the Art of Logic », in *Perspectives on Maimonides*, éd. Joel L. Kraemer, 77-104, Oxford, Oxford UP, 1991.

KRAVITZ, Leonard, *The Hidden Doctrine of Maimonides'* Guide for the Perplexed, *Philosophical and Religious God-Language in Tension*, Lewiston, N. Y., Edwin Mellen, 1988.

KRÜGER, Gerhard, recension de *Die Religionskritik Spinozas als Grundlage seiner Bibelwissenschaft*, *Deutsche Literaturzeitung*, 51 (1931), 24-27.

– Recension de Leo Strauss, *Die Religionskritik Spinozas als Grundlage seiner Bibelwissenschaft*, trad. Donald L. Maletz, in *Independent Journal of Philosophy*, 5/6 (1988), 173-175.

KUHN, Helmut, « Naturrecht und Historismus », *Zeitschrift für Politik*, 3 (1956), 289-304.

– Version anglaise, *Independent Journal of Philosophy*, 2 (1978), 13-21.

LABELLE, Gilles, « Des Anciens aux Modernes (sur *Qu'est-ce que la philosophie politique ?* de Leo Strauss) », *Spirale* (février 1995), Montréal, Canada, 11.

LACHTERMAN, David R., « Strauss read from France », *Review of Politics*, 53, 1 (hiver 1991), 224-245. Compte-rendu critique de la *Revue de Métaphysique et de Morale*, 94, 3 (juillet-septembre 1989), « Leo Strauss historien de la philosophie »,

– « Laying down the law : the theological-political matrix of Spinoza's physics », in *Leo Strauss's Thought*, éd. Alan Udoff, 123-153, Boulder, Colorado, Lynne Rienner, 1991.

LAMPERT, Laurence, « The argument of Leo Strauss in "*What is Political Philosophy ?*" », *Modern Age*, 22 (1978), 38-46.

– *Nietzsche and Modern Times : a Study of Bacon, Descartes and Nietzsche*, New Haven, Conn., Yale UP, 1993, XIII-475 p.

– *Leo Strauss and Nietzsche*, Chicago, Chicago UP, 1996.

LAGRÉE, Jacqueline, « Leo Strauss lecteur de Spinoza : auteur ou lecteur, qui est le dieu caché ? », *Cahiers de philosophie politique et juridique de Caen*, 23 (1993), 115-135.

LAZZERI, Christian, recension de Leo Strauss, *La Philosophie politique de Hobbes*, trad. A. Enegrèn et Marc B. de Launay, Paris, Belin, 1991, *Archives de Philosophie*, 56, 2 (avril-juin 1993) – Bulletin Hobbes V, 34-38.

LAWRENCE, Frederick, « Leo Strauss and the fourth wave of modernity », in *Leo Strauss and Judaism*, éd. David Novak, Lanham, Md., Rowman et Littlefield, 1996, 131-154.

LAWRENCE, Nathan, « Natural right and human nature », *Review of Metaphysics*, 8, 468-479 (mars 1955).

LEFORT, Claude, « La restauration et la perversion de l'enseignement classique ou la naissance de la pensée politique moderne : une interprétation de Leo Strauss », in *Le Travail de l'œuvre Machiavel*, 259-309, Paris, Gallimard, 1972.

– « Trois notes sur Leo Strauss », in *Écrire. À l'épreuve du politique*, Paris, Calmann-Lévy, 1992.

LENZNER, Steven J., « Strauss's three Burkes : the problem of Edmund Burke in *Natural Right and History* », *Political Theory* (1991), 364-390.

LERNER, Ralph, « Leo Strauss », in *Encyclopedia Judaica*, vol. 15, éd. Cecil Roth, 434, Jerusalem, Keter, 1971.

– « Leo Strauss (1899-1973) », *American Jewish Year Book*, 76 (1976), 91-97.

– Avant-propos à Leo Strauss, *Philosophy and Law*, IX-XIII, Philadelphia, Jewish Publication Society, 1987.

LESSAY, Frank, recension de Leo Strauss, *Qu'est-ce que la philosophie politique ?,* trad. O. Sedeyn, coll. « Léviathan », Paris, PUF, 1992, in *Archives de Philosophie*, 57, 2 (avril-juin 1994) – Bulletin Hobbes VI, 47-50.

LEVINE, David L., « Without malice but with forethought : a response to Burnyeat », *Review of Politics*, 53, 1, 200-218 (hiver 1991).

LICHTHEIM, George, « Xenophon *versus* Hegel », recension de Leo Strauss, *On Tyranny*, in *Commentary*, 36, 11, 412-416 (novembre 1963).

LIEBICH, André, « Straussianism and ideology », in *Ideology, Philosophy, and Politics*, éd. Anthony Parel, 225-245, Waterloo, Ont, Wilfrid Laurier UP, 1983.

LOWENTHAL, David, recension de Leo Strauss, *Studies in Platonic Political Philosophy*, in *Interpretation*, 13 (1985), 297-320.

– « The case for teleology », *Independent Journal of Philosophy*, 2 (1978), 95-105.

– « Comment on Colmo », *Interpretation*, 18, 1 (automne 1990), 161-162.

LUDWIG, Bernd, « *Scientia civilis more geometrico* – Die philosophische Methode als architektonisches Prinzip in Hobbes *Leviathan* », *Hobbes Studies*, 8-87 (1995).

LUZ, Ehud, « The Judaism of Leo Strauss » (en hébreu), *Daat*, 27 (été 1991).

MACCORMACK, John R. (éd.), *The Vital Nexus*, 1, 1 (mai 1990), numéro spécial sur Leo Strauss.

MCCORMICK, John P., « Fear, technology and the State : Carl Schmitt, Leo Strauss and the revival of Hobbes in Weimar and National-socialist Germany », *Political Theory*, 22, 4 (novembre 1994), 619-652.

MAHONEY, Daniel J., « Modern man and man *tout court :* the flight from nature and the modern difference » ; recension de Pierre Manent, *La Cité de l'Homme*, in *Interpretation*, 22, 3 (printemps 1995), 417-438.

MALHERBE, Michel, « Leo Strauss, Hobbes et la nature humaine », *Revue de Métaphysique et de Morale*, 94, 3 (juillet-septembre 1989), 353-367.

MANENT, Pierre, « Strauss et Nietzsche », *Revue de Métaphysique et de Morale*, 94, 3 (juillet-septembre 1989), 337-345.

– « Notre destin libéral », Préface à *Carl Schmitt, Leo Strauss, et la notion de politique*, par Heinrich Meier, 7-12. Voir MEIER, Heinrich.

– Recension de Leo Strauss, *Maïmonide*, Essais réunis et traduits par Rémi Brague, Paris, PUF, 1988, *Commentaire*, 45 (1989), 214.

MANSFIELD, jr., Harvey C., « Strauss's Machiavelli » et « Reply to Pocock », *Political Theory*, 3 (1975), 372-384, 402-405.

– *Taming the Prince : the Ambivalence of Modern Executive Power*, The Free Press, 1989. Trad. P. E. Dauzat, Paris, Fayard, 1994, *Le Prince apprivoisé*, 9-414 p.

MARSHALL, Terence, « Leo Strauss, la philosophie et la science politique », *Revue francaise de science politique*, 35 (1985), 605-638.

– Recension de Luc Ferry, *Political Philosophy*, vol. I, « Rights : the new quarrel between the Ancients and the Moderns », in *Interpretation*, 20, 2 (hiver 1992-1993), 217-224.

– « Leo Strauss et la question des Anciens et des Modernes », *Cahiers de philosophie politique et juridique de Caen*, 23 (1993), 35-86.

– « Leo Strauss et la morale », *Commentaire*, 75 (1996), 559-567.

MASTERS, Roger D., « Evolutionary biology and natural right », in *The Crisis of Liberal Democracy*, éd. Kenneth L. Deutsch et Walter Soffer, 48-66, Albany, State University of New York Press, 1988.

MCCOY, Charles N. R., « On the revival of classical political philosophy », *Review of Politics*, 35 (1973), 161-179.

MCSHEA, Robert J., « Leo Strauss on Machiavelli », *Western Political Quarterly*, 16 (1963), 782-797.

MEIER, Heinrich, *Carl Schmitt, Leo Strauss, und « Der Begriff des Politischen » : zu einem Dialog unter Abwesenden,* Stuttgart, J. B. Metzler, 1988.

– *Carl Schmitt, Leo Strauss et la notion de politique : un dialogue entre absents*, trad. Françoise Manent, préface par Pierre Manent, Paris, Commentaire/Julliard, 1990.

– *Die Lehre Carl Schmitts : vier Kapitel zur Unterscheidung politischer Theologie und politischer Philosophie*, Stuttgart, J. B. Metzler Verlag, 1994, 267 p.

– Avant-propos, essai introductif, trad. et notes à *Diskurs über die Ungleicheit/Discours sur l'inégalité* de Jean-Jacques Rousseau (bilingue), Paderborn, UTB-Ferdinand Schöning Verlag, 1984, XCII-532.

– *Die Denkbewegung von Leo Strauss : die Geschichte der Philosophie und die Intention des Philosophen*, Stuttgart/Weimar, J. B. Metzler Verlag, 1996, 65 p.

– « Leo Strauss », *in* Bernd Lutz (éd.), *Metzler Philosophen Lexicon*, J. B. Metzler, Stuttgart, 1989, 760-765.

MERLE, Jean-Christophe, « Leo Strauss et l'idéalisme allemand », *Cahiers de philosophie politique et juridique de Caen*, 23 (1993), 139-163.

MIDGLEY, E. B. F., « Concerning the modernist subversion of political philosophy », *New Scholasticism*, 53 (1979), 168-190.

MILLER, Eugene F., « Leo Strauss : the recovery of political philosophy », in *Contemporary Political Philosophers*, éd. Anthony de Crespigny et Kenneth Minogue, 67-99, Londres, Methuen and Co., 1976.

– « On rules of philosophic interpretation : a critique of Ryn's *Knowledge and History* », *Journal of Politics*, 44 (1982), 409-419.

MOMIGLIANO, Arnaldo, « Ermeneutica e pensiero politico classico in Leo Strauss », *Rivista storica italiana*, 79 (1967), 1164-1172.

– Recension de Leo Strauss, *Socrates and Aristophanes*, in *Commentary*, 44, 10 (octobre 1967), 102-104.

MORGAN, Michael L., « The curse of historicity : the role of history in Leo Strauss's Jewish thought », *Journal of Religion*, 61 (1981), 345-363.

– « Dilemmas in modern Jewish thought », [voir référence suivante] Bloomington, Ind., Indiana UP, 1992.

– « Leo Strauss and the possibility of Jewish philosophy », in *Dilemmas in Modern Jewish Thought*, 55-67, Bloomington, Ind., Indiana UP, 1992.

MORRISEY, Will, recension de Paul Eidelberg, *Jerusalem* vs. *Athens*, in *Interpretation*, 14 (1986), 441-447.

– Recension de *The Crisis of Liberal Democracy : a Straussian Perspective*, éd. Kenneth L. Deutsch et Walter Soffer, *Interpretation*, 16, 3 (printemps 1989), 481-487.

– Recension de Leo Strauss, *An Introduction to Political Philosophy*, éd. Hilail Gildin ; et de Leo Strauss, *The Rebirth of Classical Political Rationalism*, éd. Thomas L. Pangle, in *Interpretation*, 17, 3 (printemps 1990), 465-467.

MOTZKIN, Aryeh Leo, « On the interpretation of Maimonides », *Independent Journal of Philosophy*, 2 (1978), 39-46.

NEUMANN, Harry, « Civic piety and Socratic atheism : an interpretation of Strauss's *Socrates and Aristophanes* », *Independent Journal of Philosophy*, 2 (1978), 33-37.

– Recension de Leo Strauss, *Xenophon's Socratic Discourse*, in *Journal of the History of Philosophy*, 9 (1971), 239-243.

– Recension de Leo Strauss, *Xenophon's Socrates*, in *Journal of the History of Philosophy*, 12 (1974), 252 56.

NICGORSKI, Walter, « Leo Strauss », *Modern Age*, 26 (1982), 270-273.

– « Leo Strauss and liberal education », *Interpretation*, 13, 2 (mai 1985), 233-250.

– « Reason, politics, and Christian belief », recension de Robert Sokolowski, *The God of Faith and Reason*, in *Claremont Review of Books*, 4, 2 (été 1985), 18-21. Voir DEUTSCH, Kenneth L.

NIEMEYER, Gerhart, « Humanism, positivism, and immorality », recension de Leo Strauss, *Thoughts on Machiavelli*, in *Political Science Reviewer*, 1 (1971), 277-294.

– « What is political knowledge ? », recension de Leo Strauss, *What is Political Philosophy ?*, in *Review of Politics*, 23 (1961), 101-107.

NORTON, Paul, « Leo Strauss : his critique of historicism », *Modern Age*, 25 (1981), 143-154.

NOVAK, David (éd.) *Leo Strauss and Judaism : Jerusalem and Athens critically revisited,* Lanham, Md., Rowman et Littlefield, 1996, XVI-200 p.

– « Philosophy and the possibility of Revelation : a theological response to the challenge of Leo Strauss », in *Leo Strauss and Judaism : Jerusalem and Athens critically revisited,* Lanham, Md., Rowman et Littlefield, 1996, 173-192.

ORR, Susan, *Jerusalem and Athens : Reason and Revelation in the Works of Leo Strauss*, Lanham, Md., Rowman et Littlefield, 1995, 245 p.

– « Strauss, reason and Revelation : unraveling the essential question », in *Leo Strauss and Judaism*, éd. David Novak, Lanham, Md., Rowman et Littlefield, 1996, 25-54.

ORWIN, Clifford, « Leo Strauss : moralist or Machiavellian ? », *The Vital Nexus*, 1, 1 (1990), 105-113.

– Recension de Shadia Drury, *The Political Ideas of Leo Strauss*, in *Polis*, 9, 1 (1990), 104-118.

PANGLE, Thomas L., introduction à Leo Strauss, *Studies in Platonic Political Philosophy*, 1-26, Chicago, University of Chicago Press, 1983.

– « The Platonism of Leo Strauss : a reply to Harry Jaffa », *Claremont Review of Books*, 4, 1 (printemps 1985), 18-20.

– « Nihilism and modern democracy in the thought of Nietzsche », in *The Crisis of Liberal Democracy*, éd. Kenneth L. Deutsch et Walter Soffer, 180-211, Albany, State University of New York Press, 1988.

– et Nathan TARCOV, « Epilogue – Leo Strauss and the history of political philosophy », in *History of Political Philosophy*, 3 e edition, éd. Leo Strauss et Joseph Cropsey, 1907-1938, Chicago, University of Chicago Press, 1988.

– Introduction à Leo Strauss, *The Rebirth of Classical Political Rationalism*, VII-XXXVIII, Chicago, University of Chicago Press, 1989.
– « On the epistolary dialogue between Leo Strauss and Eric Voegelin », *Review of Politics*, 53, 1 (hiver 1991), 100-125.
– « Introduction » et « Platonic political science in Strauss and Voegelin », in *Faith and Political Philosophy*, éd. Barry Cooper et Peter Emberley, IX-XXVI, 321-347, University Park, Pennsylvania State UP, 1993.
PINÈS, Shlomo, introduction à Moses Maimonides, *The Guide of the Perplexed*, LVII-CXXXIV, trad. Shlomo Pinès, Chicago, University of Chicago, 1963. Trad. Rémi Brague, *La Liberté de philosopher*, p. 89-226 : « Les sources philosophiques du *Guide des perplexes* », Paris, Desclée de Brouwer, 1997. Article absent des *Collected Works*.
– Préface à Maïmonide, *Le Livre de la Connaissance*, trad. V. Nikiprowetsky et A. Zaoui, Paris, PUF, 1990 (1961), 1-19. Repris dans *Collected Papers*, V, 364-382.
– « Spinoza's *Tractatus Theologico-Politicus*, Maimonides and Kant », *Scripta Hierosolymitana*, 20 (1968), 3-54. Repris dans les *Collected Works of Shlomo Pinès*, vol. V, 660-711 ; trad. Rémi Brague, *La Liberté de philosopher*, 345-421, Paris, Desclée de Brouwer, 1997.
– « On Leo Strauss » (en hébreu), *Molad*, 30, 247-481/n. s. 7, 37-38 (1976), 455-457.
– « On Leo Strauss », trad. Aryeh Leo Motzkin, *Independent Journal of Philosophy*, 5/6 (1988), 169-171.
– « Notes sur la doctrine de la prophétie et la réhabilitation de la matière dans le *Kuzari* », *Collected Works*, V, 211-218. Repris de *Mélanges de philosophie et de littérature juives*, I (1957), 253-260.
– « A lecture on Maimonides' *Guide of the Perplexed* », *Iyyun*, 47 (1998), 115-128 (en hébreu).
– *The Collected Works* of Shlomo Pinès, t. I, II, III, IV, V, éd. Guy G. Stroumsa, Warren Zev Harvey, Moshe Idel, La Haye, Brill, et Jerusalem, Magnes Press, 1996 [particulièrement les t. III et V].
PIPPIN, Robert B., « The modern world of Leo Strauss », *Political Theory*, 20, 3 (août 1992), 448-472.
– « Being, time and politics : the Strauss-Kojève debate », *History Theory*, 32, 2 (1993), 138-161.
PLATT, Michael, « Leo Strauss : three quarrels, three questions, one life », in *The Crisis of Liberal Democracy*, éd. Kenneth L. Deutsch et Walter Soffer, 17-28, Albany, State University of New York Press, 1988.
POCOCK, J. G. A., « Prophet and inquisitor, or a Church built upon bayonets cannot stand : a comment on Mansfield's *Strauss's Machiavelli* », *Political Theory*, 3 (1975), 385–401.

PONTON, Lionel, « Le droit naturel aristotélicien comme division du droit naturel politique », *Laval théologique et philosophique*, 47, 3 (1991), 367-378.

PRUFER, Thomas, « Juxtapositions : Aristotle, Aquinas, Strauss », in *Leo Strauss's Thought*, éd. Alan Udoff, 115-121, Boulder, Colorado, Lynne Rienner, 1991.

RAVITZKY, Aviezer, « Samuel Ibn Tibbon and the esoteric character of *The Guide of the Perplexed* », *AJS Review*, 6 (1981), 87-123.

– « The secrets of *The Guide of the Perplexed :* between the thirteenth and twentieth centuries », in *Studies in Maimonides*, éd. Isadore Twersky, 159-207, Cambridge, Mass., Harvard UP, 1991.

RENAUT, Alain, « L'anti-modernisme juridique de Leo Strauss », in *Philosophie du droit*, 99-127, Paris, Presses Universitaires de France, 1991.

REINECKE, Volker, UHLANER, Jonathan, « The problem of Leo Strauss : religion, philosophy and politics », *Graduate Faculty Philosophy Journal*, 16, 1 (1993), 189-208.

RIEDEL, Manfred, « Political language and philosophy », *Independent Journal of Philosophy*, 2 (1978), 107-112.

RIEZLER, Kurt, *Physics and Reality : Lectures of Aristotle on Modern Physics*, New Haven, Mass., Yale UP, 1940.

RILEY, Philip, « The meaning of history : Leo Strauss and Bernard Lonergan on the "crisis of modernity" », *Logos*, 4 (1983), 71-100.

ROSEN, Stanley, « Hermeneutics as politics », in *Hermeneutics as Politics*, 87-140, New York, Oxford UP, 1987.

– « Is metaphysics possible ? » *Review of Metaphysics*, 45 (1991), 235-257.

– « Leo Strauss and the quarrel between the Ancients and the Moderns », in *Leo Strauss's Thought*, éd. Alan Udoff, 155-168, Boulder, Colorado, Lynne Rienner, 1991.

– Recension de Leo Strauss, *Xenophon's Socrates*, in *Classical World*, 66 (1973), 470-471.

– « Politics or transcendence ? Responding to historicism », in *Faith and Political Philosophy*, éd. Barry Cooper et Peter Emberley, 260-266, University Park, Pa., Pennsylvania State UP, 1993.

ROTENSTREICH, Nathan, « Between Athens and Jerusalem » (en hébreu), in *Studies in Contemporary Jewish Thought*, 139-143, Tel Aviv, Am Oved, 1978.

ROTH, Michael S., « Natural right and the end of history : Leo Strauss and Alexandre Kojève », *Revue de Métaphysique et de Morale*, 96, 3 (1991), 407-422.

– Voir GOUREVITCH, Victor.

ROTHMAN, Stanley, « The revival of classical political philosophy » et « A rejoinder to Cropsey », *American Political Science Review*, 56 (1962), 341-352, 682-686.

RYN, Claes G., « Knowledge and history » et « Strauss and knowledge : a rejoinder », *Journal of Politics*, 44 (1982), 394-408, 420-425.

SABINE, George H., recension de Leo Strauss, *Persecution and the Art of Writing*, in *Ethics*, 63 (1953), 220-222.

SALKEVER, Stephen G., « The crisis of liberal democracy : liberality and democratic citizenship », in *The Crisis of Liberal Democracy*, éd. Kenneth L. Deutsch et Walter Soffer, 245-268, Albany, State University of New York Press, 1988.

SANDOZ, Ellis, « Medieval rationalism or mystic philosophy ? Reflections on the Strauss-Voegelin correspondence », in *Faith and Political Philosophy*, éd. Barry Cooper et Peter Emberley, 297-319, University Park, Pennsylvania State UP, 1993.

SCHAAR, John R. et Sheldon Wolin, recension de *Essays on the Scientific Study of Politics*, éd. H. J. Storing, *American Political Science Review*, 57 (1963), 125-150.

SCHAEFER, jr., David L., « The legacy of Leo Strauss : a bibliographic introduction », *Intercollegiate Review*, 9 (1974), 139-148.

– « Montaigne and Leo Strauss », *Montaigne Studies* (Chicago), vol. II, 2 (1990), 34-57.

– *The Political Philosophy of Montaigne*, Ithaca, NY, Cornell UP, 1990, XV-407 p.

– « Leo Strauss and American democracy : a response to Wood and Holmes », *Review of Politics*, 53, 1 (hiver 1991), 187-199.

– « Shadia Drury's critique of Leo Strauss », *Political Science Reviewer*, vol. XXIII (1994), 80-127.

SCHALL, James V. (S. J.), « Revelation, reason and politics : Catholic reflexions on Strauss » *Gregorianum*, 62 (1981), 349-365, 467-497.

– « A latitude for statesmanship ? Strauss on St. Thomas », *Review of Politics*, 53, 1 (hiver 1991), 126-145.

SCHRAM, Glen N., « Strauss and Voegelin on Machiavelli and modernity », *Modern Age*, 31, 3-4 (été-automne 1987), 261-266.

– « The place of Leo Strauss in a liberal education », *Interpretation*, 19, 2 (hiver 1991-1992), 201-216.

STURM, Douglas, « Politics and Divinity : three approaches in American political science », *Thought*, 52, 333-365 (décembre 1977).

SCHWAB, George, éd., introduction à Carl Schmitt, *The Concept of the Political*, 3-16, New Brunswick, N. J., Rutgers UP, 1976.

SCHWARCZ, Moshe, « The Enlightenment and its implications for Jewish philosophy in the modern period, in light of the controversy between

Leo Strauss and Julius Guttmann » (en hébreu) *Daat*, 1, 1 (hiver 1978), 7-16.

SCHWARZSCHILD, Steven, « Moral radicalism and "middlingness" in the ethics of Maimonides », in *The Pursuit of the Ideal : Jewish Writings of Steven Schwarzschild*, éd. Menachem Kellner, 137-160, Albany, State University of New York Press, 1990.

SCHWEID, Eliezer, « Religion and philosophy : the scholarly theological debate between Julius Guttmann and Leo Strauss », *Maimonidean Studies*, 1 (1990), 163-195.

SEESKIN, Kenneth, « Maimonides' conception of philosophy », in *Leo Strauss and Judaism*, éd. David Novak, Lanham, Md., Rowman et Littlefield, 1996, 87-110.

SHELL, Susan, « Meier on Strauss and Schmitt », *Review of Politics*, 53, 1 (hiver 1991), 219-223.

SKINNER, Quentin, *Machiavelli*, New York, Hill and Wang, 1981. Trad. M. Plon, Paris, Seuil, 1989.

SMITH, J. Winfree. Voir KLEIN, Jacob.

SMITH, Gregory B., « The post-modern Leo Strauss ? », *History of European Ideas*, 19 (1-3), 191-197 (juillet 1994).

SMITH, Steven B., « Leo Strauss : between Athens and Jerusalem », *Review of Politics*, 53, 1 (hiver 1991), 75-99.

– « Destruktion or recovery ? Leo Strauss's critique of Heidegger », *Review of Metaphysics*, 51, 2 (décembre 1997), 345-377.

SOFFER, Walter. Voir DEUTSCH, Kenneth L.

SOKOLOWSKI, Robert, « Revelation and political philosophy », appendice au chap. 11, in *The God of Faith and Reason,* 157-164, Notre Dame, Ind., University of Notre Dame Press, 1982.

STEINTRAGER, James, « Political philosophy, political theology, and morality », *The Thomist*, 32 (1968), 307-332.

STALLEY, R. F., « Sailing through the republic », *Polis*, 11, 1 (1992), 40-51.

STONE, Robert, « Drury against Aristotle », *The Vital Nexus*, 1, no. 1 (mai 1990), 115-117.

STORING, Herbert J., Leo Strauss, Walter Berns, Leo Weinstein, and Robert Horwitz, « Replies to Schaar and Wolin », *American Political Science Review*, 57 (1963), 151-160.

– Voir BERNS, Walter.

STURM, Douglas, « Politics and Divinity », *Thought*, 52 (1977), 333-365.

TARCOV, Nathan, « Philosophy and history : tradition and interpretation in the work of Leo Strauss », *Polity*, 16 (1983-1984), 5-29.

– « Philosophy and history : John Gunnell and Leo Strauss on tradition and interpretation », in *Truth, Interpretation, and Science : Essays in Honor of John G. Gunnell*, éd. John S. Nelson, 69-112, Albany, State University of New York Press, 1986.

– « On a certain critique of "Straussianism" », *Review of Politics*, 53, 1 (hiver 1991), 3-18.

– Voir PANGLE, Thomas L.

TOLLE, Gordon J., recension de Shadia Drury, *The Political Ideas of Leo Strauss*, in *Review of Politics*, 50 (1988), 467-470.

TRICAUD, François, « Sur Strauss lecteur de Hobbes : relecture d'une lecture », *Cahiers de philosophie politique et juridique de Caen*, 23 (1993), 89-111.

TUCKER, George Elliott, éd., *The Independent Journal of Philosophy*, 2 (1978). Numéro spécial consacré à Leo Strauss.

UDOFF, Alan, éd., *Leo Strauss's Thought : Toward a Critical Engagement*, Boulder, Colorado, Lynne Rienner, 1991, VII-327 p.

– « On Leo Strauss : an introductory account », in *Leo Strauss's Thought*, éd. Alan Udoff, 1-29, Boulder, Colorado, Lynne Rienner, 1991.

– Recension de Leo Strauss, *The Rebirth of Classical Political Rationalism,* in *Review of Metaphysics*, 63, 3 (mars 1990), 648-650.

UHLANER, Jonathan. Voir REINECKE, Volker.

UMPHREY, Stewart, « Natural right and philosophy », *Review of Politics*, 53, 1 (hiver 1991), 19-39.

VAJDA, Georges, recension de Moses Maimonides, *The Guide of the Perplexed*, trad. et introduction de Shlomo Pinès, introduction de Leo Strauss, in *Revue des Études Juives*, 123 (1964), 209-216.

– « La pensée religieuse de Moïse Maïmonide : unité ou dualité ? », *Cahiers de civilisation médiévale*, 9 (1966), 29-49.

VATTER, Miguel E., « Taking exception to liberalism : Heinrich Meier's *Carl Schmitt and Leo Strauss : the Hidden Dialogue* », *Graduate Faculty Philosophy Journal*, 19-20, 2-1 (1997), 323-344.

VEATCH, Henry B., « Law and ethics in search of a physics or metaphysics », in *Human Rights – Fact or Fancy?*, 213-249, Bâton Rouge, La., Louisiana State UP, 1985.

– « Telos and teleology in Aristotelian ethics » et « Natural law : dead or alive ? », in *Swimming Against the Current*, 99-116, 254-268, Washington, D. C., Catholic University of America Press, 1990.

VILLA, Dana R., « The philosopher *versus* the citizen : Arendt, Strauss and Socrates », *Political Theory*, 26, 2, 147-172.

VOEGELIN, Eric, recension de Leo Strauss, *On Tyranny*, in *Review of Politics*, 2 (1949), 241-244.

WALSH, David, « The reason-Revelation tension in Strauss and Voegelin », in *Faith and Political Philosophy*, éd. Barry Cooper et Peter Emberley, 349-368, University Park, Pa., Pennsylvania State UP, 1993.

WARD, James F., « Experience and political philosophy : notes on reading Leo Strauss », *Polity*, 13 (1980), 668-687.

– « Political philosophy and history : the links between Strauss and Heidegger », *Polity*, 20, 2 (hiver 1987), 273-295.

WEINSTEIN, Leo. Voir STORING, Herbert J.

WEISS, Raymond L., *Maimonides' Ethics : the Encounter of Philosophy and Religious Morality*, Chicago, University of Chicago Press, 1991.

WEST, Thomas G., « Leo Strauss and the American foundings », *Review of Politics*, 53, 1 (hiver 1991), 157-172.

WILHELMSEN, Frederick D., « Jaffa, the school of Strauss, and the Christian traditions », in *Christianity and Political Philosophy*, 209-225, Athens, Ga., University of Georgia Press, 1978.

WISER, James L., « Reason and Revelation as search and response : a comparison of Eric Voegelin and Leo Strauss », in *Faith and Political Philosophy*, éd. Barry Cooper et Peter Emberley, 237-248, University Park, Pa., Pennsylvania State UP, 1993.

WOOD, Gordon S., « The fundamentalists and the constitution », *New York Review of Books*, 35, 2 (18 février 1988), 33-40.

YAFFE, Martin D., « On Leo Strauss's *Philosophy and Law* : a review essay », *Modern Judaism*, 9 (1989), 213-225.

– « Leo Strauss as Judaic thinker : some first notions », *Religious Studies Review*, 17, 1 (janvier 1991), 33-41.

– « Autonomy, community, authority : Hermann Cohen, Carl Schmitt, and Leo Strauss », in *Autonomy and Judaism*, éd. Daniel H. Frank, 143-161, Albany, State University of New York Press, 1992.

YAHOT, Christophe, « La culture comme force », *Questions*, 9, 2 (décembre 1996), 71-85.

YOLTON, John, « Criticism and histrionic understanding », *Ethics*, 65 (1955), 206-212.

– « Locke on the law of nature », *Philosophical Review*, 67 (1958), 477-498.

ZARKA, Yves C., « Aux fondements de la politique moderne », *Le Débat*, 72 (nov.-décembre 1992), 231-241.

– *Hobbes et la pensée politique moderne*, Paris, Presses Universitaires de France, 1995.

ZUCKERT, Catherine H., *Postmodern Platos : Nietzsche, Heidegger, Gadamer, Strauss, Derrida*, Chicago, Chicago UP, 1996.

ZUCKERT, Michael P., « Of wary Physicians and weary readers : the debates on Locke's way of writing », *Independent Journal of Philosophy*, 2 (1978), 55-66.

INDEX

TABLE DES MATIÈRES

Quatrième partie
L'ART D'ÉCRIRE DES MODERNES

Imprimerie de la Manutention à Mayenne – Janvier 2001 – N° 5-01
Dépôt légal : 1er trimestre 2001